Wilde Hunde beißen nicht

Mark Shand

Wilde Hunde beißen nicht

Eine abenteuerliche Flussreise
entlang des Brahmaputra

Aus dem Englischen von Klaus Pemsel

Frederking & Thaler

Die Deutsche Bibliothek – CIP-Einheitsaufnahme
Ein Titeldatensatz für diese Publikation ist bei
Der Deutschen Bibliothek erhältlich

Die englische Erstausgabe erschien bei Time Warner Books UK, London.
Englischer Originaltitel: »River Dog. A Journey down the Brahmaputra«.

www.frederking-thaler.de

Übersetzung aus dem Englischen von Klaus Pemsel

Text: Mark Shand
Fotos: Mark Shand, Aditya Patankar, Neeraj Pathania, Paddy Mark,
Jaro Dai, John Bulmer, Yatish Bahuguna
Lektorat: Gudrun Honke, Bochum
Herstellung und Satz: Büro Caroline Sieveking, München
Umschlaggestaltung: Petra Dorkenwald, München
Umschlagfotos vorne: Mark Shand (oben), Aditya Patankar (unten)
Umschlagfoto hinten: Neeraj Pathania
Karte: Eckehard Radehose, Schliersee
Reproduktion: Lorenz & Zeller, Inning a. Ammersee
Druck und Bindung: GGP Media, Pößneck

Printed in Germany

ISBN 3-89405-611-8

Wenn du einen hungernden Hund aufnimmst und machst ihn satt, wird er dich nicht beißen.
Das ist der Unterschied zwischen Hund und Mensch.

MARK TWAIN

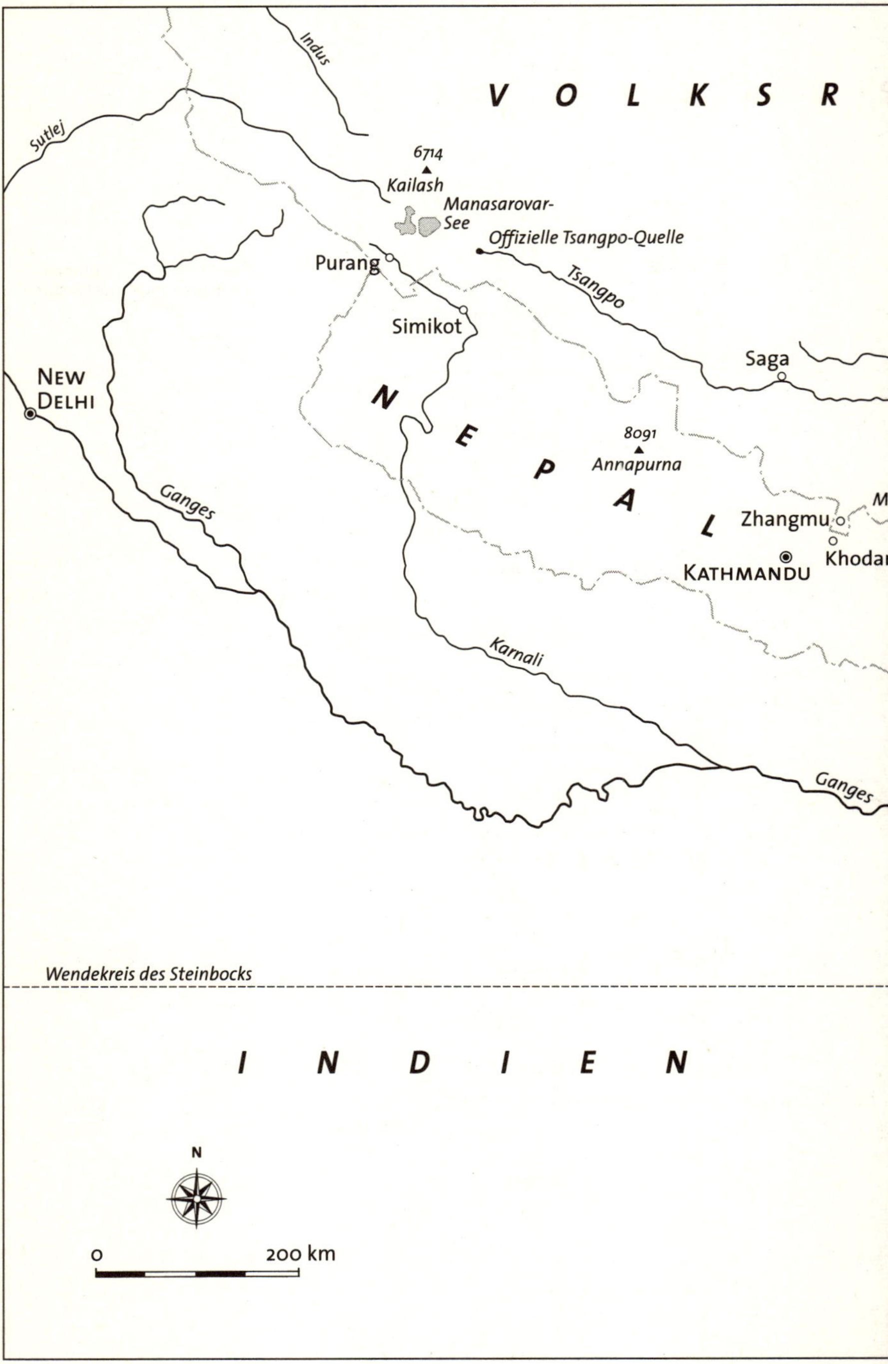

Indus
V O L K S R
Sutlej
6714
Kailash
Manasarovar-
See
Offizielle Tsangpo-Quelle
Purang
Tsangpo
Simikot
Saga
New
Delhi
N E P A L
8091
Annapurna
Zhangmu
Khodar
Kathmandu
Ganges
Karnali
Ganges
Wendekreis des Steinbocks
I N D I E N
N
0
200 km

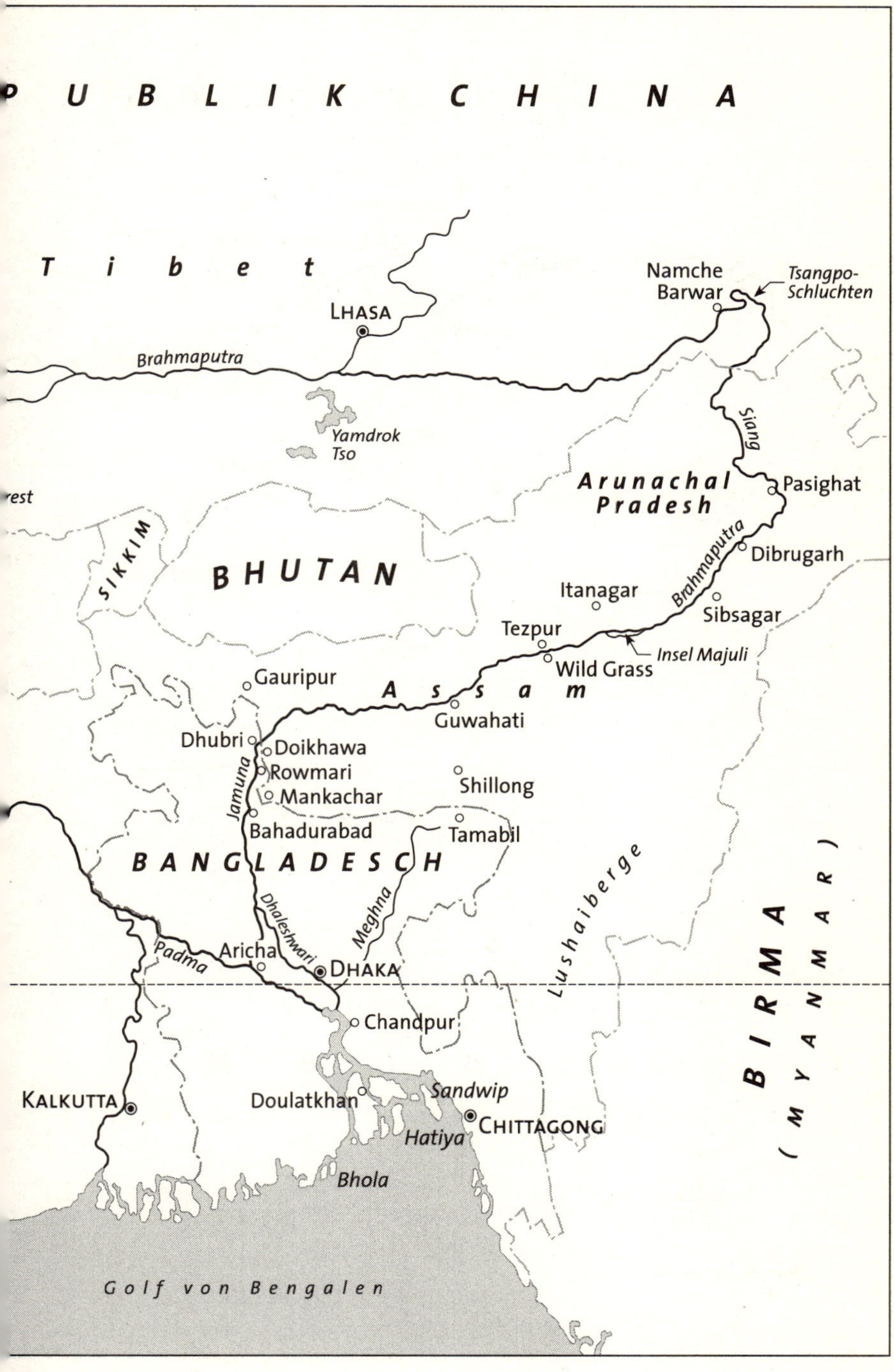
PUBLIK CHINA
Tibet
LHASA
Namche Barwar
Tsangpo-Schluchten
Brahmaputra
Yamdrok Tso
rest
Siang
Arunachal Pradesh
Pasighat
SIKKIM
BHUTAN
Brahmaputra
Dibrugarh
Itanagar
Sibsagar
Tezpur
Insel Majuli
Wild Grass
Gauripur
Assam
Guwahati
Dhubri
Doikhawa
Rowmari
Jamuna
Mankachar
Shillong
Bahadurabad
Tamabil
BANGLADESCH
Lushaiberge
Dhaleshwari
Meghna
Aricha
Padma
DHAKA
Chandpur
BIRMA
(MYANMAR)
KALKUTTA
Doulatkhan
Sandwip
CHITTAGONG
Hatiya
Bhola
Golf von Bengalen

VORWORT

Ganz für sich, geheimnisvoll und abweisend steht auf dem menschenleeren Plateau von Westtibet eine 6 714 Meter hohe Pyramide aus Fels, Schnee und Eis. Auch wenn sie nicht die Höhe vieler anderer Himalayagipfel erreicht, ist sie unendlich mächtiger. Ich spreche von Asiens heiligstem Berg, der von Hindus, Buddhisten, Jains und Bon-Anhängern als Sitz ihrer Götter verehrt wird.

Unter metaphysischem Aspekt hieß er Meru, die Achse des Universums, der Nabel der Welt. Der Legende nach erhob er sich 84 000 Meilen hoch mit vier Mauern aus Kristall, Gold, Rubin und Lapislazuli. Von seinem Gipfel rann ein Bach, der einen See bildete, eine der höchsten und heiligsten Wasserflächen der Welt. Dem See entsprangen vier große Flüsse in Kupferröhren, die den See siebenmal umrundeten, bevor sie ihren Lauf nach Norden, Süden, Osten und Westen begannen.

In seiner irdischen Erscheinungsform hat der Berg zwei Namen: Kailash, der »Kristall«, oder Kangri Rinpoche, das »Schneejuwel«. Der See heißt Manasarovar, der »im Geiste Gottes geborene See«, oder Mapham Tso, der »Türkissee«. Bei den vier Flüssen handelt es sich um den Indus oder Löwenfluss nach Norden, den Karnali oder Pfauenfluss (einen Hauptzufluss des Ganges) nach Süden, den Sutlej oder Elefantenfluss nach Westen und den Brahmaputra, den Pferdefluss, nach Osten.

Wie ein unschätzbares Juwel verlangt der Kailash die bestmögliche Absicherung. Er ist von einigen der größten natürlichen Barrieren der Erde umgeben: im Norden und Osten die weiten und unwirtlichen Wüsten Takla Makan und Gobi und im Süden die weißen Festungsmauern des Himalaya von den Gipfeln des Nanga Parbat im extremen Westen bis zum Namche Barwa im äußersten Osten. Dennoch gelang es im Verlaufe von vier Jahrhunderten einer Schar sonderbarer, unerschrockener und exzentrischer Individuen, in diese Festung einzudringen, angezogen von den jenseits, im »verbotenen Land« Tibet, liegenden Geheimnissen. Sie fanden den Kristallberg und den Heiligen See, sie lokalisierten die Quellen und den Verlauf der vier großen Flüsse. Sie gelangten dabei zu Ruhm und Reichtum, sie erlangten spirituelle Erleuchtung – doch sie spionierten auch. Viele kehrten zurück – einige nicht.

Eine unterschiedlichere Schar lässt sich kaum denken: Jesuitenpriester und japanische Mönche, Glücksritter, Swamis und Shikaris, wohlhabende Reisende, Geografen, Kartografen und Botaniker, Pilger, Staatsbeamte und die unbezwingbaren Pandits – die indischen Erkunder, welche die britische Regierung im 19. Jahrhundert als Spione anwarb.

Die Berichte von ihren Funden waren so unterschiedlich wie die Art und Weise, auf die sie zurückgeschickt wurden – angefangen von mit Blut gemalten Landkarten bis hin zu winzigen Rollen ausführlicher Notizen, in Gebetsmühlen versteckt. Jahrhundertelang blieben viele ihrer Entdeckungen dem Auge der Öffentlichkeit verborgen. Eine oder zwei wurden publiziert und sofort zu Bestsellern, wie Edward S. Landors *In the Forbidden Land* (1898, dt.: *Auf verbotenen Wegen in Tibet*), doch das meiste, das nach offizieller Anerkennung verlangte, war bestimmt für die nüchterne, pedantische und manchmal voreingenommene Auswertung durch die Bastion der viktorianischen Welterkundung – die Royal Geographical Society.

Hier debattierte und sezierte ein erlesenes Komitee befrackter Herren die eingehenden Berichte, um ihren Wahrheitsgehalt zu bestimmen. Kein Stein blieb auf dem anderen. Der Lohn bestand in einem Stipendium der erlauchten Institution. Das Schicksal des Kandidaten lag in ihrer Hand. Mutige Männer traten mit Medaillen behängt und mit Lorbeeren bekränzt heraus oder schlichen sich abgewiesen davon, weil ihre Angaben mit dem Makel der Unzuverlässigkeit behaftet waren. In ein oder zwei Extremfällen mussten aufgrund von Kontroversen Auszeichnungen für null und nichtig erklärt und Stipendien für immer aberkannt werden, was ein ganzes Leben vernichten konnte.

Die erstaunlichen Erkundungen dieser bemerkenswerten Menschen blieben viele Jahre lang nur denen bekannt, die ein bestimmtes Interesse an jener Periode der Asienerkundung hatten. Selbst sie mussten die entsprechenden Bibliotheken durchstöbern, die Zeitschriften, Abhandlungen und Landkarten der Royal Geographical Society durchblättern und sich auf den guten Willen von auf Reisebücher spezialisierten Antiquaren verlassen.

1982 sammelte der Historiker und Entdecker Charles Allen ihre Geschichten in seinem Buch *A Mountain in Tibet: The Search for Mount Kailash and the Sources of the Great Rivers of India*. Dort, inmitten der Abenteuer, Farben und Aufregungen seiner Geschichten, fand ich die Inspiration zu einem Reiseunternehmen, das mich 20 Jahre lang verfolgt, fasziniert und frustriert hat. Es ging um die Reise auf einem Fluss, aber keinem gewöhnlichen Fluss, sondern einem, der drei Länder und drei Religionen umschließt. Charles Allen nannte die mir vorschwebende Reise »das letzte große Asienabenteuer«. Für mich sollte es in vielerlei Hinsicht der letzte große Asienfehlschlag werden. Mein Vorhaben war, dem Brahmaputra von der Quelle bis zur Mündung zu folgen. Es ist noch niemand bekannt, der den Fluss in seiner vollen Länge bereist hat.

1

Der aus Legenden geborene Brahmaputra beginnt seine lange Reise als winziger Gletscherbach und endet nach einer Reise von 2 800 Kilometern so breit wie ein See im Golf von Bengalen.

Brahmaputra heißt »Sohn des Brahma«, des großen Schöpfergottes der Hindu. Dazu bemerkt Jere Van Dyk, einer der Entdecker aus dem 20. Jahrhundert: »Wie eine Hindugottheit hat der Fluss viele Avatare oder Inkarnationen und wechselt Namen und Wesen mit den unzähligen Kulturen und Landschaften.« In Westtibet heißt er Tamchok oder Pferdefluss, während er im zentralen und östlichen Tibet einfach der Tsangpo oder »der Fluss« ist; in Arunachal Pradesh in Nordostindien wird er zur Siang, in Assam ist er traditionell als der Lohit oder Rote Fluss bekannt, und in Bangladesch erhält er nacheinander die Namen Jamuna, Padma und schließlich Meghna.

Die eigentliche Quelle des Brahmaputra liegt etwa 100 Kilometer südöstlich des Kailash im Chemayungdung-Gebirge. Die Quelle, die am Gletscher entspringt, wird Tamchok Khambab genannt – »die aus dem Maul des Himmelspferdes kommt«. Die Tibeter sagen, dass das Wasser kalt ist, der Sand sich aus Katzenaugen und Smaragden zusammensetzt und diejenigen, die aus dem neugeborenen Bach trinken, so stark wie Pferde werden. Von da ab holt sich der Tsangpo, mit einer durchschnittlichen Höhe von 4 000 Metern höchster Fluss der Welt, Kraft und Volumen aus dem schmelzenden Schnee und windet sich nach Osten, womit er das gewaltige Himalayamassiv von den weiten leeren Wüsten Tibets trennt.

In Osttibet stellt sich das schneebedeckte Massiv von Namche Bawar (7 765 Meter) dem heranströmenden Tsangpo entgegen und zwingt ihn zu einer halsbrecherischen Kehrtwende. Von dort an überwindet er auf gut 200 Kilometern ein Gefälle von 3 050 Metern. Wie eine erboste Schlange windet er sich durch eine Reihe kurviger und steiler Einschnitte, die das mit 5 030 Metern nun offiziell anerkannt tiefste Tal der Welt bilden, die Tsangpo-Schlucht.

Als Siang donnert der Fluss über die McMahon-Linie, die umstrittene Grenze zwischen China und Indien, und weiter durch den entlegenen und unzugänglichen Bundesstaat Arunachal Pradesh, das »Land der im Morgenrot leuchtenden Wolken«, eines der letzten unerforschten Gebiete der Erde.

Von Zuflüssen gestärkt, erreicht der Fluss majestätische Breite, während er westwärts durch Assam zieht, wo er weiteren Zulauf aus dem Norden erhält und unter dem Namen Jamuna nach Süden strömt. Wie eine Flutwelle bricht er über Bangladesch herein. Bei jedem Monsun überzieht er etwa zwei Drittel dieses dicht bevölkerten Staats und macht Millionen obdachlos.

Hier begegnet er einem weiteren Strom, der sich seinem Reiseziel nähert – dem heiligen Ganges. Wie bei der Geburt getrennte Zwillinge, die ihren eigenen Weg machen sollen, vereinigen sich die Ganga, die »Mutter aller Flüsse«, und der »Sohn Brahmas«, der Vater aller Flüsse, tausende von Kilometern später in hohem Alter und fließen als Padma dem Meer zu.

Um sich als Trinität zu vollenden, wird er schließlich zum Meghna, indem er sich zu einem Wirrwarr von Wasseradern verzweigt, wie die Wurzeln eines kolossalen, uralten Baums, und als größtes Flussdelta der Welt im Indischen Ozean aufgeht.

Zu Anfang des 20. Jahrhunderts konnte die Entdeckung Tibets eigentlich als abgeschlossen gelten. Die mystischen Legenden vom Berg Kailash und See Manasarovar waren zu soliden geografischen Fakten geworden, und sowohl der Ursprung als auch der Lauf von drei der vier großen asiatischen Flüsse waren ausfindig gemacht und aufgespürt. Aber der genaue Verlauf des indischen Brahmaputra oder des tibetischen Tsangpo stellte Geografen, Kartenzeichner und Entdecker seit Jahrhunderten vor Rätsel. Waren es zwei unterschiedliche Flüsse oder einer? Niemand wusste es, weil niemand es geschafft hatte, die Tsangpo-Schlucht zu überwinden. Allem Anschein nach verschwand der Tsangpo, wenn er auf den Namche Bawar traf. Fantastisch ausgeschmückte Geschichten, Mangel an präzisen Informationen und ungenaue Landkarten hatten zu dem Glauben geführt, der Brahmaputra beginne südlich des Himalaya, während der Tsangpo für die jüngere Form des Irawadi in Birma gehalten wurde. Tatsächlich zeigte eine fantasievolle Karte von 1654 dessen Quelle in einem See nördlich Birmas.

Doch es gab noch eine andere Meinung. Schon 1715 hatte ein junger Jesuitenpriester, Ippolito Desideri aus Pistoia in der nördlichen Toskana, bei einer Reise in Westtibet Informationen erhalten, dass die beiden Flüsse ein- und derselbe waren. »Auf seinem Lauf von West nach Ost überquert er (der Tsangpo) das Zentrum des Dritten Tibet (das eigentliche Tibet) und wendet sich dann nach Südosten, wo er in das Land Lhoba kommt, von wo er nach Rongmati (Assam) herabfließt, eine Provinz von Mogor (Mogul-Indien) jenseits des Ganges, in den dieser Hauptfluss Tibets schließlich mündet.«

Leider verstaubte diese unschätzbare Information zusammen mit allen anderen Arbeiten Ippolitos über Tibet 150 Jahre in den Regalen eines italienischen Landhauses.

70 Jahre später, 1785, kam Major James Rennell, Generalinspekteur von Bengalen, zu der gleichen Schlussfolgerung wie Ippolito. Der als »Vater der indischen Geografie« bekannte Rennell schrieb: »Dieser Fluss muss notwendigerweise schon einen langen Weg zurückgelegt haben, bevor er in die bengalischen Provinzen gelangt, da er 400 Meilen vor dem Meer schon zweimal so groß wie die Themse ist ... als schlüssigste Beweisannahme ist denkbar, dass der Sanpoo und der Burrumpooter ein- und derselbe Fluss sind.«

Um jedoch den populäreren Glauben zu zerstreuen, dass sie zwei völlig getrennte Flüsse seien, war ein Beweis nötig. Zu Beginn des 19. Jahrhunderts, als die Briten nach dem Englisch-Burmesischen Krieg Assam an der äußersten nordöstlichen Grenze Indiens annektiert hatten, nahmen sie den Fluss von zwei Seiten in die Zange. Während sie in Tibet weiterhin dem Flusslauf abwärts folgten, schickten sie nun Expeditionen flussaufwärts, um den Zuflüssen des Brahmaputra von Süden her zu folgen durch die unerforschten und unwirtlichen Dschungel, die nun den Namen Arunachal Pradesh tragen.

Dort mussten die Briten schreckliche Entbehrungen und Gefahren durchstehen, nicht nur in den Fieberdünsten der schwülen Wälder, sondern auch von dort ansässigen Völkern, insbesondere den Abor – ein wildes, als »äußerst unfreundlich und barbarisch, mit freizügigen Manieren und kriegerischem Gebaren« und »dem Empfang von Fremden sehr abgeneigt« beschriebenes Volk. Die Abor oder Adi, wie sie jetzt heißen, blieben noch ein weiteres Jahrhundert ein Stachel im Fleisch der Briten.

Um 1878 schloss sich die Lücke dennoch allmählich. Es blieben nun nur noch etwa 450 Kilometer unerschlossenes Gelände, wo der Fluss in der gewaltigen östlichen Himalayakette in den Eingeweiden der Erde zu verschwinden schien.

Noch 35 Jahre sollte es dauern, bis britische Entdecker die Verbindung zwischen dem Tsangpo und dem Brahmaputra erhärteten, obwohl damals noch weite Bereiche der Tsangpo-Schlucht unerforscht waren. Die Geschwindigkeit, mit welcher der Fluss in jenen unbekannten Gebieten abfiel, war so rasch, dass sie eines der großen Fantasiegebäude der Geografie entstehen ließ: den Glauben, dass in den Tiefen der Schlucht verborgen ein tibetanisches Äquivalent zu den Victoria- oder Niagarafällen existieren müsse. Es brauchte noch weitere elf Jahre, bis der Mythos der »sagenhaften Fälle« sich in nichts auflöste.

Dann folgte eine Spanne von etwa 60 Jahren, bevor eine weitere Erkundung des Brahmaputra unternommen wurde. Das lag vor allem an der Politik. China drang in Tibet ein und weigerte sich, die McMahon-Linie anzuerkennen, die umstrittene Grenze, die im östlichen Himalaya Tibet und Indien trennt und 1914 bei der Konferenz von Simla zwischen den Briten und den Tibetern festgelegt worden war. Nach der indischen Teilung 1947, als sich Indien und Pakistan trennten, verfolgte Premierminister Jawaharlal Nehru die Politik, alle Fremden von der damals als NEFA (North-Eastern Frontier Agency) bekannten Region, nun Arunachal Pradesh, fern zu halten, um die einzigartige Kultur und Autonomie der dort lebenden Völker zu bewahren. Inzwischen stritten sich weiter südlich Bangladesch und Indien, nie die harmonischsten Nachbarn, über die Kontrolle des gewaltigsten Flusses auf dem Subkontinent.

Ende der 1980er-Jahre hatte sich die politische Lage sogar noch zugespitzt. 1962 hatte China einen Blitzkrieg mit Indien angezettelt. Nun kamen wieder Gerüchte von einem Krieg auf. Erneut hatten China und Indien Truppen entlang der McMahon-Linie zusammengezogen, da Indien Arunachal Pradesh als Bundesstaat ausgerufen hatte. Weiter südlich in Assam trat ein weiterer Konflikt immer mehr zutage – traditionelle Guerillagruppen kämpften um Autonomie. Fremde waren in keinem dieser Gebiete besonders willkommen.

Ab 1990 etwa hatte sich das politische Klima dramatisch geändert. Tibet war zugänglicher geworden, und eine begrenzte Anzahl indischer Pilger und sogar ein paar Ausländer durften wieder den Berg Kailash besuchen. Weiter östlich drängten Entdecker, Bergsteiger, Kletterer, Rafter, Wildwasserkanuten, Wanderer, Schluchtengänger, tibetische Gelehrte und Wissenschaftler in die Tsangpo-Schlucht. Die Grenzregion unterhalb der Bergschlucht allerdings, wo der Tsangpo/Brahmaputra Tibet verlässt, blieb weiterhin völlig unzugänglich.

Auch Indien lockerte ein wenig den Griff. Ab 1994 erhielten Gruppen von vier oder mehr Ausländern Einreisegenehmigungen – wenn auch unter Schwierigkeiten und mit großen Kosten –, um ein paar sorgfältig überwachte Bereiche von Arunachal Pradesh zu besuchen. Mein Gebiet war nicht darunter. Und in einer Gruppe wollte ich schon gar nicht reisen. Abgesehen von gemeinsamen Schlauchbootexpeditionen mit der indischen Armee und Grenzpolizei waren das Grenzgebiet, wo der Brahmaputra indisches Territorium erreicht, und ein Stück südlich davon verbotenes Land wie Tibet.

Assam war zwar noch unsicher und stellte Ausländer unter strenge Beobachtung, war aber zum Glück nun offen. Und das bedauerliche Bangladesch litt unter dem genau entgegengesetzten Problem – einem Mangel an Touristen. Dort sah ich keine Probleme für mich.

In der Zeit ab Ende der 1980er-Jahre hatte ich mir die Lage ruhig angesehen, Erkundigungen und Informationen eingeholt und abgewartet. Unterdessen war ich mit wichtigeren Dingen beschäftigt – nämlich zu heiraten und eine Tochter zu zeugen. Doch der Fluss wartete auf mich, und meine Ungeduld wuchs. Und in dem Augenblick, als ich entschied, es sei an der Zeit, in die Gänge zu kommen, fügte sich eins zum anderen. Als letzter Katalysator für die Inangriffnahme eines jahrelang als völlig überzogen erscheinenden Traums erwies sich das Zusammentreffen mit dem Mann, der mich dazu inspiriert hatte, dem Mann, der letztlich vor so vielen Jahren den Keim gelegt hatte – Charles Allen.

Es war im Frühjahr 1996, als ich beim Verfassen eines weiteren Buchs über Elefanten das englische Landleben genoss. Mein früherer Reisegefährte und enger Freund aus Indien, der Fotograf Aditya Patankar, der mich auf allen Elefantenreisen begleitet hatte, hielt sich zum Ausheilen einer Hüftoperation bei mir auf. Charles wollte Aditya aufsuchen, um mit ihm die Fotos für ein neues Indienbuch auszuwählen. Aditya war sich allerdings nicht sicher, ob er kommen würde. »Bei Charles«, erklärte er, »musst du mit allem rechnen. Er ist einmal nach Indien geflogen, um bei einer wichtigen Hochzeit dabei zu sein. Der Sohn eines mit ihm befreundeten Maharadschas heiratete nämlich. Charles ist einen Tag zu spät eingetroffen.«

Ich gebe zu, dass auch ich gespannt war, aber aus anderen Gründen. Sollte ich doch eine Legende kennen lernen, einen Mann, der in den Dschungeln von Assam aufgewachsen war, der schon etwa ein Dutzend Bücher geschrieben hatte, der einer der ersten Ausländer gewesen war, die das »Kuhmaul« erreicht hatten, die traditionelle Quelle des Ganges, und der ausgiebig in der Welt herumgewandert und -geklettert war, ein anstrengender Alleingang durch den Himalaya inbegriffen. Er war einer meiner Helden: ein begabter Autor, ein Entdecker und dazu noch ein Gelehrter.

Zumindest wusste ich nun, dass er halbwegs menschlich war, also fehlbar, hatte ich mir im Lauf der Zeit doch ein eher erschreckendes geistiges Bild von meinem Helden gemacht. Ich hatte mir einen Mann vorgestellt, der sich nicht gerade gern mit Spinnern abgab – einen jener trockenen, schweigsamen Bergsteigertypen, bärtig, wettergegerbt und steinernen Blicks, dem vielleicht schon ein oder zwei Finger oder Zehen abgefroren waren und der ein halb übersetztes Sanskrit-Manuskript in der Tasche stecken hatte, als wäre es nichts. Ich war überzeugt, dass er mich nicht ernst nehmen würde.

Wie sich herausstellte, hätten weder Aditya noch ich uns Sorgen zu machen brauchen. Charles traf pünktlich auf die Minute ein, und er trug nicht einmal einen Bart. Tatsächlich war er glatt rasiert und in bester körperlicher Verfassung, aufrecht, beinahe militärisch im Gehabe – ein echter Sahib. Unter seiner sauber gebügelten Kordhose sahen eher unerwartet Joggingschuhe hervor, und hinter dem Metallrahmen seiner Brille blitzten seine Augen neugierig, humorvoll und aufgeregt. Mir war instinktiv klar, dass ich einen Abenteurer vor mir hatte, und ich hing bereits bei seinen ersten Worten an seinen Lippen.

Mir war, als würde ich in den Schweif eines Kometen hineingezogen. Beim Essen hörte Charles gar nicht mehr auf zu reden. Ich konnte nur zuhören, wie eine außergewöhnliche Geschichte sich in die nächste fügte und dann tangential abschwirrte. Charles zu folgen, war gleichzeitig faszinierend und frustrierend: In etwa 20 Minuten waren wir rauf auf den

Himalaya, runter vom Himalaya, zu Ritualen des Tantra und durch den unvorstellbaren Glanz und Reichtum indischer Höfe zu Zeiten der britischen Herrschaft geschleift worden. Ich aber wollte nur das eine – den Brahmaputra hinab. Und der diesbezüglich größte Experte der Welt saß direkt vor mir. Da konnte ich nicht länger an mich halten.

»Charles«, unterbrach ich, »in Ihrem Buch *A Mountain in Tibet* gibt es eine Zeile, die sich mit dem letzten großen Asienabenteuer befasst.«

Er sah mich verdutzt an.

»Warten Sie«, sagte ich, »ich zeig's Ihnen.« Ich rauschte hinaus und kehrte mit einem gewaltigen Plastikordner zurück, den ich vor ihm aufschlug. »Schauen Sie sich das an«, sagte ich stolz. »Ich habe jeden Zentimeter des Flusses ausgekundschaftet. Glauben Sie, dass das Unternehmen möglich ist?«

Es war so, als wäre ein Wasserhahn hastig zugedreht worden, denn die Stille wurde nur vom Fallen eines gelegentlichen Blatts Papier unterbrochen, als Charles langsam und bedächtig die Seiten meines Brahmaputra-Ordners umblätterte. Mir fiel auf, dass er seltsam aschfahl geworden war.

Das Schweigen dauerte an. Ich sah Aditya an. Der blickte zurück und zuckte mit den Schultern, eine ratlose Miene im Gesicht.

»Äh, Charles«, probierte ich schließlich, »ist da ein Problem aufgetaucht?« Vielleicht hatte er einen Fehler gefunden.

Charles schloss leise den Ordner. Er blickte eine Zeit lang auf den Umschlag und seufzte.

»Gewissermaßen schon«, antwortete er beinahe im Flüsterton. Er schien auf einmal kleiner geworden zu sein. »Aber das hat nichts mit dem Fluss zu tun. Ich habe es immer für durchführbar gehalten. Das Problem ...« Er hielt inne, als würde er nach Worten suchen. »Das Problem besteht darin, dass dies mein Vorhaben war. Von der Reise habe ich geträumt, seit ich mein Buch schrieb.«

O Scheiße, dachte ich. Deshalb also die seltsame Reaktion. Ich konnte es nicht glauben. Mir schnürte es die Kehle zu.

Es entstand eine weitere Verlegenheitspause.

»Ich denke, wir sollten erst mal einen Schluck trinken«, schlug Aditya diplomatisch vor und hoppelte aus dem Zimmer.

»Nun, Charles«, sagte ich endlich zähneknirschend und mit dem Wunsch, er wäre nie über meine Türschwelle getreten, »dann musst du das machen. Es ist deine Geschichte, und du bist der Fachmann.« Es kostete mich Mühe, meine Stimme freundlich klingen zu lassen. In der Vergangenheit wären wir, gemäß der Tradition der großen viktorianischen Entdecker, womöglich aufgestanden, hätten uns feierlich die Hand gegeben, uns gegenseitig Ruhm und Reichtum gewünscht und bekräftigt, der Bessere möge gewinnen – oder wir hätten uns zum Duell herausgefordert. In diesem Augenblick suchte ich mir im Geiste die passende Waffe aus.

Charles erhob sich urplötzlich und beäugte mich eindringlich, als stünde er vor einer gewichtigen Entscheidung. Im Glauben, er könne mich angreifen, wappnete ich mich innerlich. Doch im Gegensatz zu mir war er ein echter Gentleman. Ein schiefes Lächeln zog über sein Gesicht. »Was für eine gequirlte Scheiße«, sagte er auf einmal und lachte los. »Obwohl es mir echt stinkt und ich höllisch eifersüchtig bin, musst du es machen, Mark. Ich glaube, du bist verrückt genug, die Sache durchzuziehen. Und um ehrlich zu sein, arbeite ich gerade an etwas anderem, etwas *wirklich* Außergewöhnlichem.«

»Woran denn?«, fragte ich gespannt.

Er lachte wieder. »Vergiss es. So wie ich dich kenne, würdest du das auch noch klauen.« Charles war wieder voll in Fahrt und sprühte vor Energie. Der Hahn war wieder so plötzlich aufgedreht, wie er abgestellt worden war. »Na, werfen wir mal einen Blick auf die Karten!«

Im Verlauf des Nachmittags erzählte mir Charles alles, was er wusste. Er brachte den Fluss in Farbe und Größe, in Geruch und Stimmung zum Leben, kannte Geschichten, die ich nie in einer Bibliothek finden würde, eine wundervolle, viel sagende Alchimie aus sonderbaren Erzählungen und bizarren Anekdoten, die nur jemand darbieten konnte, der dort gelebt hat.

»Du musst versuchen, den verschollenen Kupfertempel zu finden und das, was das britische Militär den ›Penispark‹ nannte«, erklärte er, während er mit dem Finger auf eine alte Karte des oberen Assam klopfte. »Die waren irgendwo dort. Ich erinnere mich, wie mein Vater davon erzählte, als ich noch klein war. Und wenn du nach Shillong kommst, schau, ob du Million, Billion, Trillion und Schneewittchen ausfindig machen kannst. Sie sind sicherlich ungeheuer alt inzwischen – wahrscheinlich schon tot. Das ist schon lange her.«

Er bemerkte meinen erstaunten Blick.

»Es war Krieg, und in Shillong waren eine Menge Soldaten«, erklärte er. »Auf einem Ball waren die Frauen dort, die Khasi, wie soll ich sagen, recht freigebig mit ihrer Gunst. Insbesondere diese vier wunderschönen Mädchen. Die waren ganz schön verdorben. Ich war damals nur ein junger Spund. Ich habe meine Hühner nach ihnen benannt.«

Als sich der Nachmittag hinzog, entdeckten Charles und ich, dass wir auch einen Helden gemein hatten – den nicht unterzukriegenden Kinthup, einen der außergewöhnlichen indischen Gelehrten des 19. Jahrhunderts, die von der Regierung Ihrer Majestät als Geländespione eingesetzt wurden. Kinthups Auftrag lautete, den Verlauf des Tsangpo/Brahmaputra aufzuspüren, indem er 500 markierte, 30 Zentimeter lange Holzknüppel in den Fluss warf. Dafür gingen vier Jahre beinahe unvorstellbarer Strapazen, Verbissenheit und Tollkühnheit drauf, und am Ende war er so gut wie vergessen. Seine Entschlusskraft, seine Zähigkeit und seine Pflichtergebenheit – und sein Fanatismus für den Fluss – inspirierten uns beide. Er ließ sich nie unterkriegen, er gab nie auf. Wenn ich nur einen Bruchteil von Kinthups Mut auf meiner Reise an den Tag legte, erkannte ich, dann müsste ich Erfolg haben.

Am Ende des Tages waren Charles und ich feste Freunde geworden, und obwohl er nicht mit mir kommen würde, war er ein Mann, mit dem ich, wie ich spürte, reisen konnte. Es gibt sehr wenig Menschen, von denen sich das sagen lässt. Und ohne überheblich zu erscheinen, hatte ich das seltsame Gefühl, dass er auch das Gleiche über mich dachte. Als ich ihm zum Abschied zuwinkte, kurbelte er das Seitenfenster seines Autos herunter. »Ich könnte mich dir in Assam vielleicht anschließen«, sagte er wehmütig. »Ich wollte schon immer den ›Penispark‹ finden.«

2

Die Begegnung mit Charles gab mir den nötigen Schub. Das Träumen war vorbei; jetzt ging es ans ernsthafte Organisieren, was in erster Linie hieß, die Einreisegenehmigungen zu beschaffen. Ich nenne das den Ritt auf dem Amtsschimmel; der Albtraum eines jeden Reisenden, aber eine notwendige und unumgängliche Vorrunde. Ich war in Bezug auf die Ämter sehr sattelfest, da ich in der Vergangenheit schon mit dem labyrinthischen Gestrüpp des indischen Behördendschungels zu tun gehabt hatte – aber diesmal wurde es doch ziemlich surreal. Problematisch war, dass meine Flussreise vom chinesisch kontrollierten Tibet nach Indien führen würde – da hatte es noch nie nachbarschaftliche Harmonie gegeben – und dazu über eine Grenze, die jahrhundertelang auf beiden Seiten geschlossen gewesen war, die umstrittene McMahon-Linie.

Ich hatte mir ausgerechnet, dass die rund 2 800 Kilometer lange Reise etwa sechs Monate beanspruchen würde: drei für den oberen Teil in Tibet und drei für den unteren. Kaum zu glauben, aber der scheußliche, endlose Ritt auf dem Amtsschimmel dauerte viermal so lang: zwei lange, zermürbende Jahre. Am schlimmsten aber war, dass der Amtsschimmel mich schließlich abwarf, als endgültig klar wurde, dass ich diese Grenze nicht überschreiten durfte. Wegen der Spannungen zwischen beiden Ländern würde ich eine dritte Reise machen müssen, einen gewaltigen Umweg nur wegen eines wenige Kilometer breiten Grenzstreifens. Dieses Niemandsland konnte nicht betreten werden. So niederschmetternd das war, ich musste die Reise aufteilen, erst den Fluss hinunter nach Tibet an die Grenze reisen, dann wieder zurück nach Lhasa, von da mit dem Flieger nach Kathmandu und von dort weiter nach Delhi. Von da sollte es in weiteren Etappen zurück an die indische Seite der Grenze gehen bis fast an den

Punkt, von wo ich abgereist war. Ich hätte mir auf der andern Seite quasi zuwinken können. Aber Politik ist eben Politik. Ich musste mich ihr fügen.

Also würde die Reise in zwei Hälften stattfinden. Es war immer noch nicht leicht, alle Einreise- und Aufenthaltsgenehmigungen zu erhalten, doch mit der Umgehung der Grenze hatte ich die größte Hürde für ein Weiterkommen aus dem Weg geräumt. Inzwischen hatten wir Anfang 1998. Da das Ende des schmerzhaftesten Amtswegs schon halbwegs abzusehen war, konnte ich mich allmählich auf die Einzelheiten der Abreise konzentrieren.

Die Logistik überließ ich den erfahrenen Händen von Freunden bei *Tiger Mountain* in Nepal und Indien. Diese Firma war eine Pionierin für Himalaya- und Dschungelexkursionen in Asien, und wenn jemand mich am Leben erhalten konnte, dann sie. Am Oberlauf des Flusses in Tibet, sagten sie mir, würde ich mit einem umfangreichen Hilfsteam reisen: einem tibetisch sprechenden nepalesischen Sherpa, einem Koch, einem Hilfskoch und einem Gehilfen des Hilfskochs, dazu einem Lastwagen mit zwei Fahrern für die Vorräte. Mir kam das ein wenig übertrieben vor. Es klang so, als würde ich zu einer kulinarischen Expedition antreten.

Aus der Firmenzentrale in Kathmandu kam der knappe Bescheid, Tibet sei kalt – bitterkalt. Der Wind würde mir in die Knochen fahren. Und es liege hoch, sehr hoch. Sobald ich dort einträfe, sei ich auf mich allein gestellt. Bla, bla, bla, dachte ich. Und dann teilten sie mir mit, dass es dort kein Essen gab. »Essen«, schrieben sie, »ist Brennstoff. Ohne Brennstoff sterben Sie. Bedenken Sie das.«

Das brauchte ich gar nicht. Es war der endgültige Tiefschlag. Mir ging es erst wieder besser, als ich den Bericht eines jener hartgesottenen viktorianischen Erkunder aus dem 19. Jahrhundert über eine Tibetreise las. Dieser Herr reiste mit 30 Trägern für sein Gepäck und weiteren 30 nur für seine Nahrung, alles zur Verfügung gestellt von der Firma Bovril.

Für den Unterlauf des Flusses, wurde ich informiert, würden mich »ein kräftiger, verlässlicher Wanderer« und ein Koch begleiten. In den Gebieten von Arunachal Pradesh, wo der Fluss absolut nicht schiffbar war, würden wir einen einheimischen Führer und Träger bekommen. Das Essen sei dort kein Problem. Die Adi seien ausgezeichnete Jäger – sie schössen und fingen alles, was sich bewegte. Ratten und Käfer waren offenbar eine Delikatesse. Und in Bangladesh habe eine größere Teefirma die Dienste eines ihrer Angestellten als Führer angeboten.

Die nächste Frage galt der Zeitplanung, die außer von den Einreisegenehmigungen vom Wetter bestimmt wurde. Das Zeitfenster für Tibetreisen war sehr klein, doch für mein Unternehmen war es winzig, beinahe nicht vorhanden. Die beste Zeit, um in das Chang-Tang-Plateau in Westtibet zu gelangen, ist zwischen Mai und Juli nach der Schneeschmelze, wenn die hohen Pässe frei sind. Und realistisch gesehen ist die einzige Zeit, die Schluchten in Osttibet zu überwinden, von September bis November, nach dem Monsun, wenn der Fluss Niedrigwasser hat. Wer die tiefen Schluchten während des heftigen Monsunregens in Angriff nimmt, fordert das Schicksal heraus. Die wolkenbruchartigen Regen machen die schmalen, Schwindel erregenden Pfade, die sich an die Seiten der Steilhänge klammern, beinahe unpassierbar, wenn es dort überhaupt welche gibt: Erdrutsche sind eine alltägliche Gefahr.

Idealerweise sollte der Oberlauf des Flusses in Tibet in zwei Etappen bereist werden: während des Sommers der westliche und zentrale Teil Tibets und im Herbst das östliche Tibet. Für mich aber kam das nicht in Frage. Die Logistik, die Aufenthaltsgenehmigungen und vor allem die Ausgaben schlossen eine solche Lösung aus.

Ich hatte mir drei Monate gegeben. Also musste ich ein Risiko in Kauf nehmen. Ich konnte entweder auf eine frühe Schneeschmelze hoffen, dann Anfang April nach Westtibet reisen und den Weg den Fluss hinunter und durch die Schluchten bis Ende Juni vor dem Monsun zurücklegen – oder erst spät im September oder Oktober aufbrechen, auf einen späten Wintereinbruch hoffen und bis Ende November den Fluss hinab und durch die Schluchten gelangen, bevor Tibet von Schnee und Eis eingeschlossen wurde.

Heutzutage verändern sich die Wetterbedingungen beängstigend plötzlich. Doch auf dem Dach der Welt sind sie notorisch unvorhersagbar. Wenn ich Pech hatte, konnte ich entweder in einem feuchten Grab oder in einem Eissarg enden. Es war ein Hasardspiel, doch ich musste eine Entscheidung treffen, denn mir blieb nur noch ein Monat für das Frühlingsfenster, das schon begonnen hatte, sich rasch zu schließen. Ich votierte für den Eissarg. Ich würde – komme, was da wolle – im September aufbrechen und die Götter um mildes Wetter bitten. Im Januar würde ich dann zurückkehren und mich zum zweiten Teil der Reise durch Indien und Bangladesch aufmachen. Dort sollten die Wetterbedingungen – abgesehen von einem Erdbeben oder einem Zyklon – angenehmer sein.

2 800 Kilometer durch drei Länder. Von 5 715 Metern bis auf Meereshöhe, durch arktische Schnee- und Eisverhältnisse bis zu der fiebrigen Feuchtigkeit von Dschungel und Flussdelta. Für den unteren Teil der Flussfahrt hatte ich von früheren Reisen die Ausrüstung parat, aber das Gebirge war eine neue Herausforderung für mich. Zeit, einkaufen zu gehen, dachte ich glücklich – die einzigen Besorgungen, die ich wirklich gern mache.

Wenn es um Reiseausrüstung geht, bin ich ein Süchtiger, gleich einer Hausfrau am ersten Tag des Schlussverkaufs. Ich versuche das jedes Mal zu bekämpfen, komme aber nicht dagegen an. Die berühmte Schuhsammlung von Imelda Marcos ist nichts gegen Mark Shands »Schutz und Schirm für alle Lebenslagen«, die extrem nutzlose Zubehörkollektion. Und wie Imelda Marcos' Schuhe bleiben die meisten Teile ungenutzt und ungeöffnet und sammeln in der hintersten Ecke eines Schranks Staub an. Zu Weihnachten oder an Geburtstagen haben Verwandte und Bekannte dann die Bescherung: multifunktionelle Schweizer Taschenmesser, digitale Kartenlesegeräte, beheizbare Ohrenschützer und kombinierte Weck-Stoppuhren, die dir auch noch den Puls messen und die Zeit in 100 Zonen anzeigen.

Diesmal aber ging es mir um eine echte Extremausrüstung für extremes Wetter, um die mich auch Reinhold Messner beneiden würde. Eine Ausrüstung, welche die Profis von den Amateuren, die Großen von den Kleinen unterscheidet.

Mit Herzklopfen betrat ich das Geschäft eines Expeditionsausrüsters, den ich schon oft aufgesucht hatte.

»Tag, Mark. Schön, Sie wiederzusehen«, begrüßte mich enthusiastisch ein junger, unverschämt durchtrainierter Australier. »Geht's wieder los? Wohin diesmal? Wieder zu den alten Dickhäutern?«

»Diesmal nicht«, erwiderte ich wehmütig in der Erinnerung an die Einfachheit eines Lunghi (indisches Hüfttuch) und eines Paars Gummilatschen in jener langen, warmen und glücklichen Zeit bei den Elefanten. »Es geht diesmal ein Stück höher, am Anfang zumindest. Himalayagebiet. Sogar darüber hinaus. Tibet. Es soll einen Fluss entlang gehen ...«

»Oh, Tibet«, unterbrach er begeistert. »Bin nie selbst dort gewesen, aber Freunde von mir sagen, es ist kalt, verdammt kalt. Anscheinend friert es sogar einem Eisbären die Klöten ab. Es sei der Wind, sagen sie. Macht einen verrückt. Hört nie auf. Zieht dir in die Knochen. Wir werden Sie versiegeln müssen.« Er rieb sich energisch die Hände. Ich war nicht sicher, ob seine Geste von dem Gedanken an jenen Wind oder von der Erwartung hervorgerufen worden war, was alles benötigt wurde, um mich, wie er meinte, zu versiegeln. Die Antwort ließ nicht lange auf sich warten.

»Heutzutage geht es um Schichten«, fuhr er fort und pflückte Kleidungsstücke von den Kleiderständern wie Äpfel von den Bäumen. »Gehen wir von innen nach außen. Zuerst Thermowäsche – oben und unten. Aber keine Seide. Seide ist out. In Seide schwitzen Sie wie vorm Hochofen, das ergibt eine eisige Schicht auf der Haut. Macht Sie krumm. Das Neueste ist Polyester, mit kleinen Atemlöchern perforiert. Davon brauchen sie zwei Garnituren. Darüber dann Wanderhosen. Müssen den Wind abweisen und viele Taschen haben. Am besten in neutraler Farbe. Nehmen Sie drei. Dann Überhosen. Da schlage ich Mountain Equipment Ultra Fleece vor. Zwei davon. Dazu dann Vlies- oder Flanellhemden. Vlies ist teurer, aber besser. Nehmen Sie zwei. Darüber dann eine Vliesjacke. Schon wieder so ein Fell, was?«, grinste er. »Mann, Ihnen werden wir das Fell über die Ohren ziehen«, sagte er und lachte schallend über seinen eigenen Witz. »Nun, darüber dann eine gut gefütterte Jacke. Synthetik, keine Daunen. Daunen nutzen nichts, wenn sie nass sind. Und schließlich« – er legte eine dramatische Pause ein – »werden wir Sie versiegeln. Goretex – ein supermoderner Raumanzug von Kopf bis Fuß mit fester Kapuze und anständiger Bewegungsfreiheit am Unterarm.«

Ich beäugte den wachsenden Haufen mit Besorgnis und bezweifelte, ob ich überhaupt etwas würde bewegen können, ganz zu schweigen von meinen Armen.

»Das ist Ihre Barriere, Ihr Schild, Ihr Kokon gegen den verdammten Wind. Sehr, sehr teuer allerdings«, bemerkte er mit ernster Miene und strich über die unnachgiebige Oberfläche eines Stücks, das wie ein riesiges, verschrumpeltes Kondom aussah. »Farbe?«

»Schwarz«, sagte ich nachdrücklich.

Er schüttelte missbilligend den Kopf. »Schwarz. Keine gute Wahl. Was passiert, wenn Sie sich verirren oder es sie umhaut? Schwarz auf Schnee? Da werden Sie nur wie ein weiterer dämlicher Felsblock aussehen. Die werden Sie nie im Leben finden. Nehmen Sie etwas echt Grelles, etwa Rot oder Gelb.«

»Schwarz«, wiederholte ich bestimmt. Ich musste allmählich meine Autorität geltend machen. »Schwarz speichert Wärme.«

»Na ja, wenn Sie meinen«, antwortete er eingeschnappt, eindeutig verstimmt darüber, dass sein Fachwissen angezweifelt worden war. »Aber kommen Sie dann nicht her und sagen, ich hätte Sie nicht gewarnt.«

Unwahrscheinlich, dachte ich. Wenn er Recht behielt, wäre ich bloß noch ein weiterer gefrorener Felsbrocken auf einem tibetischen Gletscher.

»Weiter?«, fuhr er fort, darauf bedacht, wieder Oberwasser zu bekommen. »Sie brauchen eine Sonnenkappe, Legionärsstil mit Nackenschutz. Nichts ist schlimmer als Sonnenbrand im Nacken. Da finden Sie keinen Schlaf mehr. Weiß ist am besten«, fügte er pointiert hinzu, »denn es reflektiert die Wärme.«

Ich ersparte mir einen Einwand.

»Und etliche Paare schnell trocknender Handschuhe und Fäustlinge mit winddichtem Überzug. Und, ach ja, eine warme Mütze natürlich. Lowe-Bergkappe mit Ohrenschützern. Ja, das wär's dann«, grinste er triumphierend. »Nun, mein Lieber, probieren wir alles mal an.«

Im beengten Raum der Umkleidekabine zog und zerrte, schob und schwitzte ich, und zwar gehörig. Ich war tropfnass, als ich schließlich heraustrat. Verstohlen spähte ich aus der Tür und betete, dass der Verkaufsraum leer war. Niemand war zu sehen, und so zwängte ich mich heraus. Dann erblickte ich mich in dem hohen Wandspiegel. Ich taumelte zurück und wäre beinahe hingefallen. Was mir da entgegenblickte, war eindeutig nicht ich, nicht einmal etwas Menschenähnliches. Da stand, in ein glänzendes schwarzes Kondom gezwängt, ein riesiger Tropenkäfer.

»Haben wir Sie endlich versiegelt, was? Da bringen Sie nicht mal mehr einen Furz heraus, oder? Wie fühlt es sich an? Heiß, was? Seh schon, Sie schwitzen. Gut.«

»Sind Sie sicher, dass ich das alles brauche?«, japste ich. »Ich kann kaum noch atmen, geschweige denn gehen.«

»Denken Sie daran, was Sie nicht haben, haben Sie nicht. Nun zur Ausrüstung, schauen wir ...«

»Ich ziehe mich jetzt erst mal um«, sagte ich ihm. Ausrüstung. Die bloße Erwähnung des Wortes genügte, um meinen Adrenalinpegel hochzujagen. Ich musste mich beherrschen. Ich legte meine Häute ab, und als wir langsam durch den Laden gingen, kam das Match in Gang.

»Kathadyn-Wasserfilter. Neues Design. Leicht. Einfach zu handhaben durch eine Pumpe. Kriegen Sie mit sechs Ersatzfiltern.«

»Nö, den hab ich schon.« 15–0.

»Wasserflaschen.«

»Nö, hab ich.« 30 – 0.

»Kocher. MSR Whisperlite. Ausgezeichnet. Geht nie aus. Können Sie ein Yak drauf braten.«

»Nein.« 40 – 0. Ich war auf der Gewinnstrecke, konnte tatsächlich Nein sagen. Meine Selbstsicherheit wuchs ins Unermessliche. Bei ihm setzte jetzt Panik ein. Er änderte den Kurs.

»Sonnenbrille«, schlug er verführerisch vor und zog eine aus einem Schaukästchen. »UV/IR-undurchlässig. Unzerbrechlich. Linsen in vier verschiedenen Farben. Verdammt hell dort, wo Sie hingehen. Sonne knallt vom Eis weg. Brennt Ihnen die Augäpfel aus. Nichts ist schlimmer als Schneeblindheit, glauben Sie mir. Setzen Sie die mal auf.«

Ich setzte mir die glänzende metallicblaue Sonnenblende auf. Das sah cool aus, echt cool.

»Okay, die werde ich ...«

»Zwei«, sagte er rasch. »Sie brauchen immer eine in Reserve.« 40-15.

»Vorhin haben Sie doch Flüsse erwähnt«, fuhr er fort, weil er nicht den Schwung verlieren wollte. »Also die hier« – er hielt eine Auswahl dicker, glänzender schwarzer Säcke in unterschiedlichen Größen hoch – »sind hundertprozentig wasserdicht. Von Ortlieb hergestellt. Da können sie Ihre Mutter hineinstopfen und über Bord werfen. Die bleibt an der Oberfläche. Garantiert.«

Die könnten ganz nützlich sein, dachte ich. Aber ...

Er spürte mein Zögern. »Stellen Sie sich vor, Ihr Boot kentert. Ihre ganzen Aufzeichnungen, Tagebücher, Filme, Kameras ...?«

»Okay, okay.« 40 – 30.

»Nehmen Sie am besten sechs in unterschiedlicher Größe.«

»Okay.« Gleichstand. Panik stieg in mir hoch. Der Mund trocknete mir aus.

»Wanderstöcke. Unabdingbar für Ihr Gleichgewicht. Treibt sie die langen, schweren, kalten Pässe hoch.«

»Nnnnnn.«

»Ist alles in Ordnung, Mann? Sie sehen ein wenig mitgenommen aus.«

»Geht schon«, murmelte ich.

»Überlegen sie sich das mit den Stöcken!« Er witterte schon den Sieg. »Die sind nicht nur für Gruftis. Alle Extremgeher, zum Beispiel in der Antarktis, benutzen sie. Alle Bergsteiger ...«

Ich nickte rasch.

»Bob«, brüllte er, »schmeiß uns doch ein Paar Leki-Wanderstöcke runter.« Vorteil für den jungen, unanständig durchtrainierten australischen Verkäufer.

Wir näherten uns nun dem Kassentisch. Von dort war das willkommene Licht der Straße zu sehen. Ich war schon fast draußen. Ich hatte das Gefühl, widerstanden zu haben. Bis jetzt hatte ich nichts gekauft, was ich nicht brauchte. Doch es gab noch ein letztes Hindernis zu überwinden: das große Glaskabinett, in dem die Kinkerlitzchen, die Spielsachen, die echt nutzlosen, teuren Dinge ausgestellt waren. Ich hörte, wie das Schloss des Kabinetts aufsprang.

»Was ist das?«, flüsterte ich. Mein Blick saugte sich an einem kleinen rechteckigen Objekt fest, das einem Handy glich. »Das ist wunderschön.«

»Ah«, sagte er. »Das ist das Allerneueste in der Überlebenstechnologie. Ein echter Gewinn. Das ist ein GPS. Ein Global Positioning System. Damit gehen Sie nicht verloren. Es kann Ihre Position überall auf der Welt bis auf 30 Zentimeter genau bestimmen. Sie schalten es einfach ein und richten es in den Himmel. Dann peilt es einen Satelliten an, und – zack – Ihre Position ist erfasst. Hier, probieren Sie's aus.«

Ich hätte es am liebsten geküsst. Es war niedlich – glatt, klein und fein in meiner schweißigen Hand. Ich schaltete es ein. Es zirpte angenehm, und jede Menge Zahlen tanzten wie von Zauberhand über den hübschen, hellgrünen LCD-Bildschirm. Ich hatte keine Ahnung, wie es funktionierte oder was es bewirkte. Egal. Ich war ganz hin und weg. Es zirpte wieder: »Kauf mich, kauf mich. Ich halte dich am Leben, am Leben, am Leben ...« Spiel, Satz und Sieg. Ich brauchte eindeutig einen Trainer. Imelda und ich ...

Ich hatte noch eine sehr wichtige Entscheidung zu fällen. Ich wollte mit einem Tier reisen. Nach meinen Reisen mit Elefanten konnte ich mir nicht mehr vorstellen, ohne ein Tier zu sein. Tiere geben deinen Reisen eine andere Dimension, sie lenken dich von dir selbst ab und sorgen dafür, dass es dir nie langweilig wird. Tiere stellen immer etwas an. Sie verursachen dir ganz andere Sorgen, verlangen Zuwendung. Und meiner Erfahrung nach schenken sie auch Zuwendung.

Ein Elefant kam eindeutig nicht in Frage. Es gab nur ein Tier, das bei der Geografie, dem Klima und dem Gelände eine solche Reise durchstehen konnte: ein Hund. Die Treue der Hunde ist sprichwörtlich, ganz anders als beim Menschen; sie trösten dich und halten dich nachts warm; und bei Gefahr sind sie das ultimative Alarmsystem. Wenn es außerdem zum Schlimmsten kommen sollte und ich zu verhungern drohte, konnte ich ihn immer noch essen. Ich habe schon vorher Hunde verzehrt, sie sind gar nicht so übel, nur ein bisschen zäh. Ich bin sicher, er würde es verstehen, schließlich sollen sie des Menschen bester Freund sein.

Es gab auch noch eine gewisse Hundetradition zu ehren. Treue vierbeinige Begleiter hatten viele Reisende begleitet, in deren Fußstapfen ich treten wollte. Es gibt tolle Geschichten von Erkundungen mit Bingo, Bongo, Roarer, Sadie, Rover. Der britisch-ungarische Forscher Sir Aurel Stein zum Beispiel nahm um die Wende zum 20. Jahrhundert immer seinen schwarz-weißen Terrier Dash mit auf seine Entdeckungsreisen in Zentralasien. Nicht einen Dash, sondern ganze sieben: Dash eins, zwei, drei, vier, fünf, sechs und sieben hintereinander, weil einer nach dem anderen den Strapazen der anstrengenden Reisen zum Opfer fiel. Doch wenige Geschichten haben einen besseren Ausgang als die der Expedition von Mister St. G. Littledale und seinem Hund Tanny. Aus diesem Stoff sind Hundelegenden gemacht. So etwas lässt mein Herz höher schlagen.

Im Jahre 1895 machte sich Mister St. G. Littledale, ein englischer Gentleman, mit seiner Familie und seinem kleinen Hund Tanny mutig auf ins verbotene Land Tibet. In ständiger Furcht vor Entdeckung durch die Tibeter überstand die Familie Blizzards, desertierende Bedienstete und sterbende Packtiere. Erst knapp 80 Kilometer vor Lhasa wurden sie von 500 bewaffneten Tibetern aufgehalten. Weder ein angebotenes Bestechungsgeld noch Mrs Littledales Erklärung, sie sei die Schwester von Königin Victoria, konnten sie vor der Ausweisung bewahren. Doch die Royal Geographical Society verlieh Mister Littledale die Goldmedaille, und Tanny wurde Ehrenmitglied mit Silberhalsband.

Meine Fantasie ging mit mir durch, und ich sah mich schon bei meinem triumphalen Ende, anderthalb Jahrhunderte später an einem glänzenden Abend bei der Royal Geographical Society. Ich trete vor und verbeuge mich. Frenetischer Applaus. Von einem dicken Samtkissen nimmt der Präsident die Goldmedaille und hängt mir diese für einen Forscher prestigeträchtigste Auszeichnung behutsam um den Hals. Daraufhin bückt er sich und legt ein herrliches Silberhalsband um den Fellnacken meines treuen Gefährten ...

Aber das war reine Fantasie. Die Wirklichkeit sah ganz anders aus. Obwohl ich mit Hunden aufgewachsen bin, hatte ich selbst nie einen besessen. Noch dazu schienen sie mich nicht sehr zu mögen. Ich bin viermal von ihnen angefallen worden und habe immer noch entsprechende Narben. Einen Hund aber gab es, den ich ungeheuer mochte, umgekehrt er mich auch: ein pechschwarzer Bullterrier namens Satan, 30 Kilo reine Muskeln, der Mike Tyson unheimlich ähnlich sah. Ich hatte Satan eine Zeit lang für einen Freund in Pflege genommen. Wir zwei kamen toll miteinander aus. Satans Bruder hatte einen Postboten in Spanien umgebracht. Zu meinem Leidwesen trug Satan die gleichen Mordgene im Leib. Er war ein vierbeiniger Serienmörder. Während unserer allzu kurzen Beziehung zerfleischte er drei Yorkshire-Terrier und den Spaniel eines aufgeblasenen Fatzkes.

Mir war klar, dass ich nun einen anders gearteten Hund auftreiben musste. Irgendwo, davon war ich überzeugt, gab es einen anderen, mit dem ich eine wunderbare Beziehung aufbauen würde. Ich wusste ja, dass ich mit Tieren gut umgehen konnte. Ich hatte einen Elefanten dazu gebracht, mich zu lieben. Bei einem Hund konnte es so schwer nicht sein.

Über meine Freunde bei *Tiger Mountain* startete ich meine erste Suche in Nepal. Sie schlugen einen tibetischen Bullenbeißer vor. Nach diversen Nachforschungen war ich mir aber nicht sicher, ob ich meine dreimonatige Reise mit einem solchen Hund verbringen wollte. Sie gerieten Satan nach: groß und äußerst bissig. Sie waren ausgezeichnete Wachhunde, aber mürrisch und ohne weiteres fähig, einen Dieb zu töten und aufzufressen – und der größte je bekannte tibetische Bullenbeißer war mehr als einen Meter hoch. Irgendwie konnte ich mir lauschige Abende in meinem Zelt mit so einem Monster nicht vorstellen. Wahrscheinlicher war da schon, dass er mich schließlich verschlang.

Ich wandte mich nach Indien, wo ich meine Elefantin Tara gefunden hatte, und rief meinen Freund, den Fotografen Aditya Patankar, an. Aditya war ein adeliger Maratha, ein direkter Nachkomme des wilden Clans, der Indien im 17. und 18. Jahrhundert verwüstet hatte. Als Mann von legendärer Einfallskraft und Wendigkeit würde er, wie ich wusste, mein Ansinnen keinesfalls für zu ausgefallen halten.

»Was willst du denn jetzt?«, fragte er ziemlich übellaunig, als er meine Stimme hörte.

»Einen Hund.«

»Meinen kannst du nicht haben«, bellte er. »Überhaupt, wofür brauchst du einen Hund? Du hast doch schon eine Elefantenkuh.«

Ich berichtete ihm von meiner Idee mit dem Hund.

»Das ist leicht«, meinte er mit einem Hauch von Sarkasmus. »Irgendeine bestimmte Sorte? Geschlecht? Rasse? Such es dir aus. Die gibt's überall – Millionen davon. Tatsächlich schaue ich gerade jetzt aus meinem Fenster auf einen dieser Hunde. Du kannst einen von ihnen haben. Verdammte Aasfresser!«

»Was?«, rief ich entsetzt. »Du meinst einen dieser Straßenköter – einen Pi-Hund?« Die Köter hasste ich. Sie hatten mich auf meinen Elefantenreisen beinahe in den Wahnsinn getrieben, wenn sie die Fersen der Elefanten ankläfften. Mein größtes Vergnügen bestand darin, sie mit einem Katapult zu beschießen.

»Komm wieder auf den Boden, Mark«, erwiderte er knapp. »Niemand, und das meine ich ernst, wird dir einen Hund leihen. Gott weiß, was ihm widerfahren wird. Ein Pi-Hund wäre ideal für deine Reise. Die sind beinhart. Sie fressen alles – einfach alles. Sie sind Überlebenskünstler.«

»Sind sie nicht ein bisschen wild?«, fragte ich zaghaft.

»Nein«, sagte er. »Behandle sie gut, dann werden sie dir bis ans Ende der Welt folgen.«

»Woher weißt du das?«

»Das liegt mir im Blut. Marathas kennen sich mit Hunden aus – vertrau mir.«

»In Ordnung«, meinte ich zögernd. Aber ich war nicht überzeugt. »Wie willst du einen für mich finden?«

»Ich fange ihn selbstverständlich ein.« Er klang so, als hätte ich eine blöde Frage gestellt.

»Einfangen? Wie?« Jetzt war ich gespannt.

»Überlass das mir. Also, wann brauchst du ihn?« Das war tpyisch für den Maratha. Er machte keine Umschweife.

»Es hat noch keine Eile«, stammelte ich. Das ging ja beängstigend schnell. »Meine Anträge auf Einreise- und Aufenthaltsgenehmigungen sind noch nicht durch.«

»Okay.« Er blies die Jagd ab. »Was willst du – Hund oder Hündin?«

Darüber hatte ich noch nicht viel nachgedacht, eigentlich noch gar nicht.

»Nimm einen Rüden«, sagte er bestimmend. »Das ist der bessere Wachhund. Eine Hündin wird läufig. Du würdest den ganzen Weg den Brahmaputra hinunter verfolgt werden.« Er lachte. »Also gut, ich kümmere mich darum.« Die Leitung war tot.

Scheiße, dachte ich. Ein Pi-Hund. Worauf hatte ich mich da eingelassen? So wie ich mein Glück kannte, würde er mich beißen, und ich würde an Tollwut sterben. Ich musste noch mehr nachforschen. Erst sah ich in meinem Wörterbuch nach. »*Pi-dog* (auch *pye-dog, pie-dog*), s. Br. Ind. Verwilderter Hundebastard, Paria-Hund, speziell in Asien.« Das half weiter. Dann schaute ich ›Paria‹ nach. »*Paria*, m., Mitglied einer Kaste in Südindien, niedriger als die vier Brahmanenkasten; jemand von niederer oder gar keiner Kaste; ein sozial Ausgestoßener; ein streunender Köter in ostindischen Städten, ausführlicher Paria-Hund oder Pi-Hund.«

Das klang nicht zu gut. Ich schlug bei Lockwood Kipling nach, Rudyards Vater, der für mein Dafürhalten immer eine verlässliche Quelle in Bezug auf Indien war – und ein Fürsprecher der Erniedrigten und Beleidigten.

> Wir sagen, jemand kann einen Hund genauso gut erhängen als ihm einen Schimpfnamen geben, wobei er damit die Möglichkeit eines Kosenamens einräumt. Doch für den indischen Paria-Hund scheinen keine solchen Zugeständnisse gemacht worden zu sein ... Von der schlimmsten Philosophie verdorben, der er vor einigen Jahrhunderten in Griechenland den Namen gab (d.h. die Kyniker, Anm. d. Übers.), kehrt er charakterlich mehr den Köter als den Hund heraus, als englischen Hunden und Hundeliebhabern bewusst ist. Er zeigt beim Knurren mehr von seinen Zähnen – und er knurrt oft – als der domestizierte Hund; er schleicht sich beim geringsten Anzeichen eines Schlags oder eines Tätschelns mit eingeklemmter Rute davon, und sein schrilles Bellen klingt nach dem langen Ton des großen Hundevaters, des Wolfs, und dessen armen Cousins, des Schakals. Im Kampf stürzt er sich nicht ins Vergnügen der Schlacht, die strenge Freude des englischen Hundes, sondern schätzt das Risiko genau ab und trollt sich mit einer wenig edlen Bedachtheit auf sein Fell. Kurzum, er ist ein *lendi*, ein Köter, ein Feigling.

Diesmal hatte mich Lockwood Kipling im Stich gelassen. Was um alles auf der Welt dachte sich Aditya? Ich gab aber nicht auf – irgendwer musste doch irgendwo etwas Gutes über Pi-Hunde zu sagen haben. Nach langer Recherche stieß ich auf die größte Autorität auf dem Gebiet, Mister W. V. Soman. In seinem Buch *The Indian Dog* bemerkt er:

> Praktisch jeder Autor nennt den Paria-Hund unerzogen, betrachtet ihn als Aasfresser und gesteht ihm einen schrecklichen Ruf zu. Doch wenn sie aufgepäppelt und erzogen werden, erweisen sie sich als die besten Hunde. Sie besitzen die besten Eigenschaften, die von einer guten Rasse erwartet werden, also verdienen sie ehrenhafte Bewunderung mehr als nur Abscheu und Verachtung. In Anbetracht aller Eigenschaften des Paria-Hundes wie Betragen, Charakter, Temperament (das in ungezähmtem Zustand unerfreulich wirken mag) müssen wir zugeben, dass sie den beliebtesten Rassen in keiner Weise unterlegen sind. Ihr mutiges und bedachtes Verhalten steigert ihre Eigenschaften. Ihre Sinne sind sehr scharf. Sie fressen alles von einer verwesten Leiche bis zu Pflanzen.

Das war toll – ein Hund, der von einer verwesten Leiche bis zu Pflanzen alles fraß. Das war sogar ideal.

Aus diesem hervorragenden Kompendium zu indischen Hunden erfuhr ich auch, was Aditya mit diesen Vierbeinern zu tun hatte. Es war tatsächlich ererbt. Es lag ihm, wie er sagte, im Blut. Aditya war ein Maratha. Marathas, lernte ich, waren Hundeanbeter. Ich hatte nicht nur den perfekten Hund, ich hatte auch den perfekten Hundefänger gefunden.

Bedauerlicherweise schien Aditya bei der Huldigung der Hundegötter nicht ganz auf Draht zu sein, wie ich dem bald von ihm erhaltenen Fax entnahm. Die Sache lief nicht nach Plan.

»Vor ein paar Tagen habe ich den passenden Hund für dich gefunden. Aber keinen Hund – sondern eine Hündin. Ich habe das Gefühl, sie ist genau die Richtige: hübsch, klein, gut gebaut und intelligent. Sie ist bräunlich und in keiner zu schlechten Verfassung. Sie treibt sich vor meinem Schnapsladen herum. Die Sache ist nur die, wie soll ich sie fangen? Sie ist unberechenbar und, was nicht überrascht, sehr argwöhnisch.

Das erste Mal hätte ich sie fast erwischt. Ich stellte mein Auto beim Laden ab. Dazu musst du dir vergegenwärtigen, Mark, dass dies alles ziemlich schwierig ist. Ich kenn mich mit der rechtlichen Seite nicht so gut aus. Ich möchte nicht verhaftet werden, deshalb muss es eine

Nacht- und Nebelaktion sein. Jedenfalls habe ich die hintere Tür meines Wagens aufgestellt, etwas Brot auf den Rücksitz platziert und eine Spur mit Brot gelegt, die hinter den Schnapsladen führte. Ich habe mich hinter dem Auto versteckt. Sie kam langsam her und schnappte sich das Brot, zögerte einen Augenblick, als sie am Auto war, sprang dann aber hinein. Ich knallte rasch die Tür zu. Jetzt hatte ich sie. Dachte ich zumindest. Dummerweise war eines der Fenster offen, und da sprang sie hinaus.«

Es fiel mir schwer, dabei ernst zu bleiben. Ich las weiter.

»Ich ließ sie ein paar Nächte in Ruhe, damit sie sich wieder fing. Dann kehrte ich zurück. Diesmal wandte ich eine uralte Guerillakriegsfangtechnik der Marathas an, die wir benutzten, als wir Nordindien terrorisierten: das Netz. Ich stellte wieder genau die gleiche Falle, vergaß dabei aber nicht, die Fenster zu schließen. Doch anstatt mich hinter dem Auto auf die Lauer zu legen, legte ich mich aufs Dach, nicht mit einem Netz – aber mit einer Decke.«

Ich musste laut auflachen. Eine absurdere Lage für einen Maratha war schwer vorstellbar.

»Alles lief genau nach Plan. Als sie zur hinteren Tür kam, ließ ich die Decke auf sie fallen. Ich kann dir sagen, die Hölle war los. Sie heulte. Die Lichter in den umliegenden Häusern gingen an. Ich musste schnell handeln und versuchte mit allen Kräften, sie einzuwickeln, aber sie ging auf mich los. Ich bin fast gebissen worden. Du musst dir klar machen, dass diese Hunde wahrscheinlich alle Tollwut haben. Es ist verdammt gefährlich. Jedenfalls konnte sie wieder fliehen. Aber mach dir keine Sorgen, ich lasse mir noch was einfallen.«

Ich konnte nicht widerstehen. Ich musste ihn anrufen. Er klang gereizt und müde und muss die Erheiterung in meiner Stimme gespürt haben.

»Das ist kein Witz, mein Freund«, nörgelte er verstimmt. »Ich kann kaum sitzen. Ich hab mir gerade eine Tollwutspritze verpassen lassen. Was ich alles für dich tue! Das Auffinden von Tara war im Vergleich dazu ein Spaziergang.«

»Warum versuchst du es nicht mit ein bisschen Anbetung?«, schlug ich leichthin vor.

»Was zum Teufel schwafelst du da?«

»Hundeanbetung«, antwortete ich. »Ich hab herausgefunden, dass deine Leute Hunde anbeten. Geh doch zu eurem Tempel und saug etwas von dieser Kraft auf. Hypnotisier die Hündin. Es liegt dir doch schließlich im Blut. Das hast du mir gesagt.« Langes Schweigen folgte.

»Hör mal«, erwiderte er matt, »ich versuche mein Bestes, dir zu helfen. Noch eine deiner weit hergeholten Geschichten kann ich nicht vertragen. Du fängst schon wieder damit an. Du solltest Romane schreiben. Marathas waren Krieger und keine Hundeanbeter.«

»O doch, das waren sie«, beharrte ich. »Zumindest steht das in dem Buch, das ich grade gelesen habe.«

»Was wahrscheinlich wieder von einem deiner beschissenen Engländer aus der Kolonialzeit geschrieben worden ist«, parierte er. »Mein Gott, die reden alle Schwachsinn.«

»Überhaupt nicht«, erwiderte ich glatt. »Es wurde von einem Inder geschrieben. Die größte Autorität eures Landes für den indischen Hund – Mister W. V. Soman. Hör mal zu!« Ich holte meine Notizen her. »Offenbar haben sich die Ministranten an einem eurer Schreine blaue Wollmäntel übergezogen, Fellgürtel um die Hüften gebunden und die Pilger bellend und heulend wie Hunde empfangen. Sie nahmen es sogar auf sich, ihr Auftreten dem des Gottes – eures Gottes –, dem sie dienten, anzugleichen. Jeder Ministrant hatte einen Napf, in den die Pilger Essbares warfen. Die Ministranten legten die Näpfe hin, rangen miteinander wie Hunde und hielten dann, auf dem Boden liegend, ganz wie Hunde ihre Münder in die Näpfe und schleckten den Inhalt auf. Siehst du ...« Die Verbindung war unterbrochen.

Ich hätte ihn fast noch einmal angerufen, besann mich aber noch eines Besseren. Aditya war einer meiner besten Freunde. Wir hatten so viele Abenteuer gemeinsam erlebt. Ich wusste, er würde die spaßige Seite daran sehen. Niemand, den ich kannte, hatte mehr Humor. Ich wusste auch, dass er einen Hund für mich auftreiben würde. Ich hatte ihn nun vor eine kleine Herausforderung gestellt. Niemand liebte Herausforderungen mehr als Aditya. Er ist der entschiedenste Mann, den ich je kennen gelernt habe.

3

Ich sollte einige Zeit nichts mehr von Adityas Hundefangunternehmen hören. Dafür sollte ich ganz unerwartet von dem Mann, dem ich die Reiseidee weggeschnappt hatte, genau an den Anfangspunkt meiner Reise gebracht werden. Aus heiterem Himmel, alle bürokratischen Hürden überspringend, die mich aufgehalten hatten, lud mich Charles Allen ein, an einer Expedition teilzunehmen, die den Manasarovar-See, den Kailash und vielleicht sogar die exakte Quelle des Brahmaputra zum Ziel hatte.

Charles und ich waren seit unserer schicksalhaften Begegnung in Kontakt geblieben – wenn auch sporadisch. Es war schwierig, ihm auf der Spur zu bleiben. Er glich einem Geist, der geheimnisvoll verschwand und dann genauso geheimnisvoll wieder auf der Bildfläche erschien. Er verriet nie genau, wo er war, wohl absichtlich in Anbetracht dessen, dass ich ihm seinen letzten Traum gestohlen hatte. Er hatte mit verdeckten Karten gespielt. Nun aber war er bereit, sein Blatt aufzudecken. Und was für eines, gleich ein Full House. Nach jahrelangen Forschungen und etlichen gefährlichen Vorstößen war Charles überzeugt, er kenne den genauen Ort einer Legende – der romantischsten Legende überhaupt. Es handelte sich um die sagenhafte untergegangene Stadt Shangri-La, von der Charles glaubte, sie liege in einer tiefen Schlucht in einer entfernten Ecke Westtibets.

Charles hatte bereits drei Reisen nach Tibet unternommen, und jede hatte ihn näher an dieses irdische Paradies herangeführt, dieses verschollene Idyll, wo alles vollkommen, ruhig und friedlich war, ein Ort, wo niemand alterte. Auf seiner letzten Reise hatte er seiner Auffassung nach sogar das Eingangstor zu Shangri-La erreicht. Dort in den dunklen Tiefen einer Meditationshöhle in einem Kloster, das Schwindel erregend an einer

Klippe hing, hatte er den Hüter des Tals getroffen, das die Einheimischen als Garuda bezeichneten. Dieser war ein mächtiger tibetischer Rinpoche oder reinkarnierter Lama. Charles hatte von ihm in Erfahrung gebracht, dass sein Shangri-La nur zwei Tagesreisen über zwei Pässe und einen Fluss entfernt lag. Doch das Karma hatte ihm einen Strich durch die Rechnung gemacht. Krankheit, abschreckende Wetterbedingungen und die chinesische Politik zwangen ihn zum Rückzug.

Anfang Mai rief Charles mich an, um mir zu sagen, dass er nun kurz davor stand, zu seinem letzten Angriff aufzubrechen. Eine unabhängige Produktionsfirma war dabei, einen Vertrag mit der BBC über einen Dokumentarfilm abzuschließen. Ich wunderte mich, dass die BBC ihn nicht direkt in Auftrag gab. Schließlich war Charles kurz davor, etwas so Wichtiges wie den Heiligen Gral zu finden. Und es wunderte mich, dass er mich dabeihaben wollte.

»Weißt du, Mark«, erklärte er, »die Produzenten meinen, der Film braucht beide Seiten einer Medaille, zwei Charaktere, damit er richtig einschlägt. Ich bin der gelehrte professionelle Forschungsreisende – der Experte. Du sollst als grummelnder Skeptiker den Gegenspieler abgeben, den ungläubigen Thomas, den Novizen. Mit einem Satz, der Film braucht noch ein paar Schlaglichter. Es ist ein bisschen wie *Ein seltsames Paar*. Da habe ich an dich gedacht.«

Ich gebe zu, ich fühlte mich nicht gerade geschmeichelt durch meine Rolle in dem angehenden Epos – ich fragte mich sogar, ob auf Charles' Seite nicht ein Element der Rache mitspielte –, aber ich musste die Eitelkeit beiseite lassen. Das war die Chance meines Lebens. Ich konnte sie nicht ausschlagen. Ich würde genau an den Ausgangspunkt meiner Reise kommen. Dadurch könnte ich mich akklimatisieren und etwas Form aufbauen für den September. Ich würde mit dem Experten reisen. Das böte mir die Gelegenheit, meine Ausrüstung auszuprobieren und – was das Beste war – mein neues »Nie-wieder-Verirren«-Gerät zu testen. Ich berichtete Charles aufgeregt von meiner letzten Anschaffung. Er war gar nicht beeindruckt. Er war sogar ziemlich hämisch.

»Hör mal, Mark. Ich habe ein erstklassiges Unterstützungsteam und einen jungen Mann namens Binod Rai als Expeditionsleiter, und er ist der Allerbeste – ein Experte für das Überleben im Gebirge. Binod hat mir schon einmal das Leben gerettet. Ich möchte nicht unhöflich sein, aber ich glaube, ich lege mein Leben lieber in seine Hände als in deine. Und bedenke, ich bin schon dreimal dort gewesen. Kurzum, ich glaube nicht, dass wir dein neues Spielzeug brauchen.«

Ich war mir da allerdings nicht so sicher. Charles, das wusste ich von Aditya, konnte manchmal etwas geistesabwesend sein. Aditya hatte ihn einmal auf einer U-Bahnfahrt von heroischen Ausmaßen begleitet – drei volle Runden mit der Londoner Circle Line. Charles hatte schlicht vergessen auszusteigen. Shangri-La war sicher ungleich schwerer zu finden als Victoria Station.

»Charles«, sagte ich, »nur interessehalber möchte ich wissen, ob du Shangri-La schon lokalisiert hast? Ich meine, bist du sicher, es existiert wirklich?«

»Mach dir darüber keine Sorgen«, meinte er leichthin. »Überlasse das alles mir. Jetzt aber, viel wichtiger: Hast du die richtige Ausrüstung? Dort oben ist es ganz schön kalt.«

»Ich habe alles«, verkündete ich blasiert.

»Hast du gute Stiefel?«, fragte er. »Gut eingelaufene Stiefel? Es gibt nichts Schlimmeres als neue Stiefel. Sie machen einen zum Krüppel.«

Ich schluckte und blickte auf meine Füße herunter. Sie waren umschlossen von zwei brandneuen, hellgelben Klumpen, jeder etwa fünf Kilo schwer. Sie sahen genau wie Noddys Stiefel aus. Ich versuchte sie zur Vorbereitung meiner eigenen Reise gerade einzulaufen. Sie hatten es bereits geschafft, die Blutzufuhr zu meinen Füßen abzuschnüren. Sie waren die schiere Pein.

»Ich selbst mag eigentlich keine Stiefel«, fuhr er fort. »Ich trage so lange Turnschuhe, bis es zu kalt wird. Stiefel machen einen langsam, besonders wenn du es eilig hast. Das habe ich erfahren, als ich von Kathmandu zum Everest-Basislager und zurück gejoggt bin.«

»Was«, japste ich, »du bist durch den Himalaya gerannt?«

»Na ja«, erwiderte er bescheiden, »damals war ich ein Stück jünger und fitter. Das ist lange her.«

Es entwickelte sich allmählich zu einem Albtraum. *Ein seltsames Paar* war es schon lang nicht mehr, eher schon Indiana Jones: *Jäger des verlorenen Schatzes*. Es schien eine Reise mit Harrison Ford zu werden.

Ich probierte einen anderen Weg. »Wir fliegen also von Kathmandu nach Tibet und fahren dann ...«

»Fliegen? Fahren?« unterbrach er. »Was ist so schlecht am Wandern? Die Chinesen haben gerade einen der alten Pilgerpfade aus Nepal geöffnet. Wir werden einer alten Route durch das Karnali-Tal und dann durch den Himalaya folgen. Es wird eine ziemliche Kletterei. Über einen 5 000 Meter hohen Pass. Am wichtigsten dabei ist, dass wir uns so an die Höhe akklimatisieren. Die Höhe kann einen umbringen. Ich habe mit angesehen, wie zwei indische Pilger an Lungenembolie ertrunken sind, weil sie sich nicht akklimatisiert hatten. Ihre Lunge hat sich mit Flüssigkeit gefüllt. Die armen Kerle. Dann wechseln wir nach Tibet über.«

»Und dann ...?«, fragte ich vorsichtig. Vielleicht würden sich die Verhältnisse hier etwas einfacher gestalten.

»Dann. Ach, dann«, fuhr er ungeduldig fort, »sind wir auf uns allein gestellt. Tibet ist wirklich wie die Vierte Welt. Es ist hermetisch in eine Art Zeitschlaufe eingeschlossen. Ärzte oder Infusionen gibt es nicht, keine Hubschrauber, um uns von da oben rauszuholen. Von der Grenze bewegen wir uns mit Lastwagen auf das Dach der Welt. Wir schlagen unser erstes Lager am Manasarovar-See auf, um uns für unsere *parikarama* vorzubereiten – also unsere heilige Umrundung des Kailash. Ich muss zugeben, das ist eine ziemliche Plackerei. Knapp 50 Kilometer rund um den Berg. Der höchste Punkt liegt auf über 6 300 Metern. Da oben wird die Luft etwas dünn. Da spürst du dein Alter.«

Mir schwirrte der Kopf. »Charles, bist du sicher, dass wir uns all dem religiösen Humbug unterziehen müssen? Ich meine, ich hab angenommen, wir würden einfach Shangri-La suchen.«

»Es ist unklug«, warnte er mich ominös, »sich über die Götter dort oben lustig zu machen. Denk daran, das ist der Brunnquell deines Flusses. Du musst Respekt bezeugen, wenn du diese Reise machen willst. Der ganze Humbug, wie du ihn so rüde bezeichnest, ist die Überlebensstrategie schlechthin. Das Kailash-Gebiet ist nicht nur eine der heiligsten Stätten der Welt, es ist auch eine der feindseligsten. Das bedeutet, es ist voller Dämonen und Geister. Wer da überleben will, begegnet ihnen mit Respekt. Um meinetwillen solltest du auch noch im Kopf behalten, dass nur die hoffen können, nach Shangri-La zu kommen, die reinen Herzens sind. Also schlage ich ein Vollbad im Manasarovar-See und eine Umrundung des Kailash vor. Theoretisch löscht das die Sünden von Millionen Lebenszyklen aus. Und in Anbetracht deines vergangenen Lebens«, fügte er fromm hinzu, »ist das von entscheidender Bedeutung.«

»Wenn du es sagst«, erwiderte ich demütig. Schließlich galt er als führende Autorität auf diesem Gebiet.

»Oh, und noch etwas, Mark. Besorg dir eine Bettpfanne. Na ja, keine echte Bettpfanne, sondern eine dieser Plastikflaschen zum Reinpissen, wenn du im Krankenhaus ans Bett gefesselt bist. Die ist lebensnotwendig.«

»Wieso?«, fragte ich ungläubig.

»Lebensnotwendig, um nachts im engen Zelt reinzupinkeln. Glaub mir, du wirst nie, *niemals*, unter *keinen* Umständen nachts dein Zelt verlassen wollen. Dort oben ist es so kalt, dass dir einfach was abfallen kann. Ich schicke dir mein Überlebenshandbuch.«

Wir wollten Anfang Juni aufbrechen, und während der nächsten paar Wochen fügte sich alles zusammen. Die BBC gab *Ein seltsames Paar* in Auftrag. Charles und ich sollten von einem Rumpfkamerateam begleitet werden – von zwei Freunden von mir, mit denen ich schon gefilmt hatte, hartgesottenen Veteranen aus 100 Dokumentarfilmen: vom legendären Regisseur und Kameramann John Bulmer und von Alastair Kenneil, dem Tonzauberer. Charles' junger Sohn George kam als Johns Assistent mit. Die ganze Logistik und Unterstützung war mit militärischer Präzision von Charles' Bruder organisiert worden, einem pensionierten Gurkha-Colonel, der in Kathmandu Reiseausrüstungen verkaufte. In der Zwischenzeit studierte ich mit wachsender Besorgnis Charles' Überlebenshandbuch (es hieß »Charles Allens Handbuch, um lebend wieder aus Tibet zurückzukommen«), füllte eine Seekiste mit Medikamenten und überließ mich den Händen eines Sadisten – eines Privattrainers.

Ich träumte. In meinem Traum trieb ich glücklich in einem Pool in den Tropen und blickte auf einen weiten orangefarbenen Himmel, der sich mit den letzten Strahlen der untergehenden Sonne zu einem gebrannten Ocker verdunkelte. Ich hielt mir einen kühlen Longdrink an die Stirn. Dann wurde alles schwarz – jenes Du-kannst-absolut-nichts-mehr-sehen-Schwarz. Ich wachte mit einem Ruck auf, rang nach Luft, knallte mit dem Kopf gegen ein kaltes, hartes Objekt und spürte, wie meine untere Körperhälfte rasch von so etwas wie einer Eisschicht überzogen wurde. Es war ein wunderbarer Traum gewesen. Die Wirklichkeit war ein Albtraum.

Bei den Strahlen der untergehenden Sonne, die den weiten orangefarbenen Himmel zu gebranntem Ocker verdunkelt hatten, handelte es sich in Wirklichkeit um den verglimmenden Lichtstrahl meiner Taschenlampe. Ich hatte sie während der Nacht aus Versehen angelassen, und sie hatte die orangefarbene Nylondecke meines geodätischen Zelts angestrahlt. Der kühle Longdrink hatte sich in mein Medizinschränkchen verwandelt, gegen das ich mit dem Kopf geknallt war. Doch am schlimmsten war, dass der warme Pool, in dem ich glücklich getrieben war, sich in meinem Schlafsack befand. Irgendwann während dieser langen, nicht endenden Nacht war der Verschluss meines topmodernen Plastikkatheters (auf den Rat meines guten Freundes Charles Allen mit großer Verlegenheit und unter noch größeren Ausflüchten erworben – ich hatte dem Verkäufer gesagt, es sei für einen inkontinenten Verwandten) aufgegangen und hatte freigebig anderthalb Liter meines eigenen Urins in die warme Hülle meines brandneuen Anjungilak-Daunenschlafsacks abgelassen.

Und der Grund, warum ich nach Luft rang? Ich hatte schrecklich wenig Sauerstoff zur Verfügung. Ich kampierte auf 4 560 Meter über Meereshöhe am Dach der Welt in einer entlegenen Ecke Westtibets.

Ich war umgeben von ähnlichen Unterkünften unterschiedlicher Formen und Größen mit 23 Männern und einer Frau – auch unterschiedlicher Formen und Größen – und verschiedener Nationalitäten. Sie alle, darf ich hinzufügen, schliefen entnervend fest, wie ich an den immer wieder anders die Stille des ansonsten ruhigsten Ortes der Welt durchbrechenden Schnarchern feststellen konnte. Dies war die Expeditionstruppe nach Shangri-La. Und irgendwo unter ihnen, zweifellos auch friedlich schlummernd, befand sich unser Leiter, der Mann, dem ich mein Hiersein verdankte – Charles höchstpersönlich. Wenn draußen nicht minus 15 Grad geherrscht hätten, die mich in meinem Zustand augenblicklich in einen Urinblock verwandelt hätten, und ich mich nicht an einem der heiligsten Orte Asiens befunden hätte, wäre ich frohen Herzens hinausgeschlüpft und hätte ihm die Kehle aufgeschlitzt.

Wir waren alle erschöpft. Wertvolle Zeit – beinahe eine Woche – war in Kathmandu vergeudet worden, um unsere Filmgenehmigungen zu erhalten. Und Zeit ist alles in der Volksrepublik der Autonomen Region Tibet, nicht nur aufgrund der unvorhersagbaren Wetterbedingungen, sondern auch aufgrund der schweren Geldstrafen – oder Schlimmerem –, welche die Chinesen denen auferlegen, die den ihnen zugemessenen Zeitraum überschreiten. Unsere Visa galten gerade einen Monat. Wir waren unter Druck. Bei der in Kathmandu verlorenen Zeit mussten wir innerhalb von drei Wochen nach Tibet rein und wieder raus.

In einer Reihe schlauchender Etappen ohne Verschnaufpause waren wir mit dem Flugzeug von Kathmandu in den Kessel von Terai – 60 Grad Hitze – und von da nach Nepalganj im westlichen Nepal gehüpft. Von Nepalganj waren wir in einem verbeulten und ohrenbetäubend lauten russischen Hubschrauber durchgeschüttelt und durchgerüttelt geworden, der uns schwankend und schlingernd durch die Täler und steilen Abgründe der Gebirgsfestung Himalaya nach Norden bis nach Simikot brachte.

Von Simikot aus hatten wir uns einem fünftägigen Gewaltmarsch von 2 000 auf 4 500 Meter durch das Karnali-Tal bis nach Nara Lagna unterzogen, dem »Pass der blauen Schafe«, der ironischerweise als einer der leichtesten Übergänge nach Tibet im westlichen Himalaya galt. Von uns hatte es keiner leicht gefunden. Mit jedem Höhenmeter nahm die Kälte zu. Eisplatten bedeckten den Boden. Meine wunden, von Blasen bedeckten Füße hatten in den Turnschuhen wie Feuer gebrannt, als ich die senkrechten Abhänge hinauf- und hinunterkraxelte (Charles hatte mit den Stiefeln Recht behalten, sie waren viel zu schwer – mit meinen Noddy-Stiefeln war ich lange schon fertig, sie ritten nun feierlich auf dem Rücken eines der Packtiere). Die ersten Anzeichen von Kopfschmerzen setzten mit Hämmern im Hinterkopf ein. Besorgnis erregender aber war, dass meine Finger anschwollen. Sie sahen schon wie eine Packung ungekochter Würste aus.

Wir überquerten den »Pass der blauen Schafe«, einen großen Haufen gefrorener Steine, die mit ausgebleichten Schädelknochen von Yaks und windzerfetzten Gebetsfahnen dekoriert waren. Ein tückischer Wind kam auf und fegte einen Wirbel eisigen Schnees heran. Wie eine selbst ihr Ziel findende Exocet-Rakete drang er in jede Lücke meiner Kleidung. Es war wie eine Warnung der Götter, eine Erinnerung, dass wir an einem Punkt anlangten, von wo aus es kein Zurück mehr gab.

Vor und unter uns lag Tibet. Wir stiegen über einen trügerischen, schmutzig grünen Gletscher zur Grenze ab. Die bestand aus einer schlichten Holzbrücke über den Karnali oder Mapchhu Khambab, den Pfauenfluss, wie er in Tibet heißt. Wir kletterten einen steilen Berg zum Grenzposten hinauf. Ich war schwer enttäuscht. Ich hatte etwas Dramatischeres erwartet, wenigstens ein Schild mit »Willkommen in Tibet«. Das war vielleicht zu viel verlangt. Zumindest ein Schild mit der Ankündigung, dass wir Tibet betreten hatten. Wir fanden lediglich ein paar windumtoste

Betongebäude, über denen eine zerrissene rote Flagge mit fünf goldenen Sternen flatterte, und eine Gruppe erbärmlich aussehender chinesischer Soldaten, die nur dünnes Baumwollzeug anhatten, schlecht sitzende grüne Uniformen, dekoriert mit ein paar schäbigen roten Epauletten, spitze Kappen und weiße Turnschuhe. Sie trugen nicht einmal Waffen. Sie führten Stichproben bei unserem umfangreichen Gepäck durch, lauschten eine Zeit lang meinem Walkman, schnorrten Zigaretten von mir und kehrten dann wieder in die relative Wärme ihrer Baracken zurück.

Wir warteten und warteten auf die Fahrzeuge, die uns über die riesige Weite der tibetischen Steppe bringen sollten. Mir war mittlerweile alles egal. Ich war durchgefroren, krank und lustlos. Ich glaubte nicht, dass irgendwelche Fahrzeuge uns noch abholen würden, geschweige denn zwei Landcruiser, die Charles versprochen worden waren. Angesichts dessen, dass erst vor 24 Jahren die ersten motorisierten Fahrzeuge überhaupt – zwei uralte Autos aus dem Besitz des 14. Dalai Lama – in diesem Land eingetroffen waren, klang das einfach zu gut, um wahr zu sein.

Während alle anderen etwas Schlaf zu finden versuchten und sich zum Schutz vor dem eisigen Wind zwischen die Gepäckstücke geklemmt hatten, machte ich sie verrückt, indem ich nach einem Zeitvertreib suchte. Mein erstes Opfer war ein Rabe, der auf der Spitze des chinesischen Fahnenmasts saß. Ich hatte aber keinen Erfolg damit, ihn mit Steinwürfen herunterzuholen. Rückblickend war das in Anbetracht des Orts, wo wir uns befanden, vielleicht nicht gerade das diplomatischste Verhalten.

Als mich das anödete, zog ich verbotenerweise unser Satellitentelefon heraus, das – wie wir von der Herstellerfirma in England unterrichtet worden waren – überhaupt nur in Notfällen benutzt werden sollte (Anrufe kosteten etwa zwanzig Pfund pro Sekunde). Aus meiner Sicht war ein Notfall eingetreten, und ich weckte einen sehr verstimmten John Bulmer, der mir zeigen sollte, wie es funktionierte. Ich rief zu Hause an, probierte es zumindest. Endlich kam ich durch. Zu meiner Bestürzung meldete sich eine unbekannte männliche Stimme. Erst als ich herausfand, dass ich mit einem Reifenschnelldienst in Acton verbunden war, atmete ich wieder auf. Dennoch war mir danach, das Scheißgerät in den Karnali zu schmeißen.

Die gerade noch rechtzeitige Ankunft unseres Fahrzeugs verhinderte einen Massenmord unter den Expeditionsteilnehmern. Es war ein uralter chinesischer LKW, hergestellt von einer Firma namens Dong Fen. Ich beäugte ihn mit Abscheu. 20 Jahre lang waren mein Leben und mein Kontostand von einem äußerst temperamentvollen, gebrauchten Generator derselben Firma geregelt und geplündert worden. Das Gerät sollte eigentlich Strom für ein Haus liefern, das ich früher in Bali besaß. Es machte einen so fürchterlichen Lärm, dass es sechs Meter in den Boden eingegraben werden musste. Ständig ging es kaputt und widerstand sogar den Kräften des Hohen Priesters von Bali, der unter großem Kostenaufwand angeheuert worden war, um diesem Drachen ein bisschen spirituelles Leben einzuhauchen. Zu meiner Erleichterung explodierte es schließlich wie eine Atombombe und schickte nebst etlichen Splittern einen öligen Rauchpilz in die Stratosphäre.

Mit dem Dong Fen kam das weitere Kontingent des Shangri-La-Expeditionstrupps – die Chinesen. Zwei von ihnen waren gewissermaßen offizielle Aufpasser, die von Lhasa hergeschickt worden waren, um ein wachsames Auge auf uns zu werfen. Ich nannte sie Quertreiber und Schlaumeier und sah sie mir genau an. Mit solchen Menschen, paranoid, hysterisch und immer im Weg, würde ich im September lernen müssen, irgendwie zurechtzukommen. Dann waren da noch vier Fahrer, eine Frau und eine Gans. Die Frau war die Gattin eines Fahrers. Die Gans, so kam es mir vor, war ihr Kind. Obwohl sie, so weit ich weiß, die Fahrt in einem Korb auf einem Dachkäfig über der Fahrerkabine mit einem Strick gefesselt überlebte, hatte ich das ziemlich sichere Gefühl, dass ihre Zukunft eher im Kochtopf lag als in der Rolle eines Ersatzkindes.

Irgendwie passten beinahe 20 Personen und doppelt so viel Ausrüstung in den Dong Fen. Dampfend, zischend, knirschend und murrend beförderte er uns die paar Kilometer nach Purang, dem Hauptort des Bezirks Ngari. Hier war die echte Zollkontrolle. Unsere Papiere und Pässe wurden gründlich untersucht, unser Gepäck sogar noch gründlicher. Sie suchten nach Bildern vom Dalai Lama. Es ist ein kriminelles Vergehen, in der Volksrepublik der Autonomen Region Tibet ein Bild des Dalai Lama bei sich zu haben.

Wir überließen es Binod, mit der chinesischen Bürokratie zurechtzukommen, und entschlossen uns, Purang zu erkunden. Es hatte nichts zu bieten. Es war ein typischer Grenzposten – eine lange Straße, durch die immer wieder ein eisiger Wind fegte. Leere Plastiktüten knatterten unheimlich durch die Luft. Fensterläden klapperten, ein paar chinesische Soldaten lungerten in Gruppen herum, sahen gelangweilt und verfroren aus und rauchten pausenlos. Ein Häuflein grell geschminkter Nutten in hochhackigen Schuhen sah noch gelangweilter und verfrorener aus. Unser Erscheinen löste bloß eine Reihe sanfter Plopps aus, als sie aus knallroten Lippen Kaugummis zu rosa Ballons aufbliesen. Die Geschäfte in Purang schienen an jenem Tag schlecht zu gehen, aber das war vielleicht ungewöhnlich, denn die Straße war mit leeren Kondompackungen übersät. Wo, fragte ich mich, war das echte Tibet, jenes »verbotene Land«, das für Millionen der heiligste Ort der Welt ist, das Land der Götter. Wir sollten es bald herausfinden.

Der Rest unserer Karawane war schließlich auch aufgekreuzt: ein weiterer keuchender, zischender und brodelnder Dong Fen und – wie Charles versprochen hatte – zwei angenehm warme Landcruiser. Wir beluden sie schnell. Ein paar Minuten später zog die Shangri-La-Expedition unter einem sich rasch verdüsternden Himmel im Konvoi nach Norden und kletterte aus dem Karnali-Tal aufs Dach der Welt.

Obwohl ich in jener ersten schrecklichen Nacht im Zelt Charles die Kehle hätte aufschlitzen können, wollte ich ihn am frühen Morgen abknutschen. Als ich mich aus meinem Zelt schälte und meinen fleckigen und anrüchigen Schlafsack zum Trocknen aufhängte (ich hatte vor, allen zu erzählen, ich hätte in der Nacht eine Tasse Tee verschüttet), entfaltete sich vor mir ein Panorama von solcher Schönheit, dass es mir den Atem verschlug, hätte ich noch welchen übrig gehabt. Alles, was Charles in seinem Buch und persönlich beschrieben hatte, traf haargenau zu. Ich stand endlich da, wo jene großen Entdecker einstmals gestanden waren. Und nichts hatte sich geändert.

Hinter mir lag das große weiße Band des Gurla-Mandata-Massivs. Rechts von mir, nur ein paar Schritte entfernt, lag Manasarovar oder Mapham Tso, der »Türkissee«, ein Gebilde aus Saphir, so hell, so blau, so verlockend, dass ich das Gefühl hatte, ich könnte ihn aufheben und in der Hand halten. Kein Wunder, dass er sowohl von Hindus wie von Buddhisten verehrt und geachtet wurde. Die Buddhisten glauben, dass Königin Maya hierher gebracht wurde, um in seinen glitzernden Wassern gewaschen zu werden, bevor sie den Buddha selbst gebar. Die Hindus glauben, er wurde im Geist Gottes, des großen Gottes Brahma, gebildet, der seine Schöpfung ausatmete, damit Pilger unterwegs zum Kailash sich vor dem Anstieg auf den heiligen Berg reinigen konnten. Ich hatte schon geglaubt, er habe sich nur in meiner Vorstellung gebildet. Der See war bloß ein blauer Fleck auf einer alten Karte gewesen, der mich 20 Jahre lang verfolgt hatte. Doch jetzt nicht mehr. Ich hatte endlich die mythologische Quelle des Brahmaputra erreicht und dabei den ersten wichtigen Schritt zu meiner Reise flussabwärts getan.

Im Norden, über dem fernen Horizont direkt vor mir, erhob sich über eine Kette kahler, brauner und windzerklüfteter Hügel das Kronjuwel: der Kailash selbst, ein perfekter Eiskegel, der heiligste aller Berge, die Achse des Universums, der Nabel der Welt.

Die meisten von uns haben in ihrem Leben schon einen Augenblick erfahren, in dem sie sich vor der schieren Gewalt der Naturschönheit ganz klein fühlen. Aber der Kailash raubte mir die Sinne. Ich war wie angewurzelt – hypnotisiert. Ich bin eigentlich kein religiöser Mensch, aber ich konnte sehr gut verstehen, warum Gläubige seit tausenden von Jahren sich beim ersten Anblick des Berges ehrfürchtig niederwerfen. Es war nahezu unmöglich, nicht zu glauben, dass Gott, wenn es ihn gab, hier leben musste. Und er übte auf alle anderen die gleiche Wirkung aus. Ich hatte so lange dort gestanden, dass ich gar nicht bemerkte, wie das ganze Lager aufgewacht war. Viele hatten den Kailash schon vorher erblickt. Aber sie alle standen schweigend im Bann des Berges. Wie schwer die Reise auch gewesen war, ich konnte Charles nicht genug danken. Er hatte mir einen Augenblick geschenkt, der ein Leben lang halten würde.

Aber nicht lange. »Iss ein kräftiges, heißes Frühstück, Mark«, sagte Charles mit gewissem Behagen, »weil es Zeit ist, alle deine Sünden wegzuwaschen. Zeit für deine kleine Taufe.«

Um der Wahrheit die Ehre zu geben, Charles erlegte mir nicht das zum Herzstillstand führende vollständige Bußprogramm in den eisigen Wassern des heiligen Manasarovar auf. Stattdessen ließ er mir die Wahl. Es gebe, erklärte er mir, zwei Arten, sie zu absolvieren: die tibetische und die hinduistische. Die tibetische Art war einfacher und um vieles weniger schmerzhaft – nur eine Hand voll rasch ins Gesicht geklatschtes Wasser, während ein Mantra dazu gemurmelt wurde. Den Tibetern genügte diese symbolische Geste in den heiligen, heilenden Wassern. Die hinduistische Art ist buchstäblicher – dreimaliges völliges Untertauchen.

Ich wählte Letzteres, nicht weil ich ein Macho bin oder vielmehr masochistisch, aber aus etlichen guten Gründen, wie ich meinte. Erstens vertrat Charles die Ansicht, dass meine Reinigung unabdingbar war, wenn wir eine Chance haben sollten, Shangri-La zu finden, und hängen lassen wollte ich ihn auf keinen Fall. Aber wichtiger noch war, dass es für meine Reise unabdingbar war. Ich musste meine Verehrung zollen, um mir Glück zu sichern. Wenn ich es also jetzt nicht tat, müsste ich es tun, wenn ich im September wieder herkam. Doch dann würde es viel kälter sein, wenn das noch möglich war. Charles war im vorherigen Jahr ganz untergetaucht, obwohl er mir besorgt erzählte, er sei dabei beinahe gestorben. Er dachte, sein Herz wäre stehen geblieben, und sein Kopf sei noch drei Tage lang völlig betäubt gewesen. Aber ich hatte das Gefühl, ich sollte ihm folgen – es war eine Frage der Loyalität gegenüber dem Leiter. Und schließlich stehe ich dem Hinduismus näher als dem Buddhismus.

Während meiner früheren Reisen in Indien mit meinem Freund Aditya Patankar waren wir oft als Erstes am Morgen in eisige Sturzbäche gesprungen, um unsere Seelen zu reinigen, und hatten dabei den Namen des allmächtigen Shiva angerufen: »O Bholay, o Bholay Shankar, o Bholay!« Ich war schon fast ein Fan, eigentlich ein Anhänger des großen Mondgottes der Berge geworden. Und noch wichtiger war, dass ich meiner Verehrung direkt unter seiner heiligen Nase Ausdruck geben würde. Denn der Wohnsitz des Herrn der Berge befand sich auf dem Gipfel des Kailash. Da saß er zurückgelehnt auf seinem Tigerfellteppich, so weiß wie der Schnee, in dem er residiert, so weiß wie der helle Mond der Weisheit in seinem Haar, und blickte direkt auf mich – nach Süden –, nach Indien. Wie konnte ich ihn da nicht ehren?

Durch ein gehaltvolles Frühstück gestärkt, zog ich mich bis auf ein Lunghi aus, rannte auf den Rand des heiligen Sees zu, rief den Namen des großen Gottes an und machte mich bereit zum Sturz in die eisigen Fluten. Bloß gab es keine eisigen Fluten, sondern nur eine Eiskruste über einem schwammigen Sumpf. Ich rannte immer weiter hinaus. Inzwischen waren die Zelte nur noch Flecke am Horizont, und meine Füße hatten sich in flechtenbehangene Eisblöcke verwandelt. Ein paar Meter voraus flatterte eine Gruppe Seeschwalben auf, von der seltsamen rosigen Erscheinung, die auf sie zuraste, in Panik versetzt. Wasser, dachte ich. Da muss Wasser sein, tiefes Wasser. Der Wind hatte nun zugenommen, ein kalter, grausamer Wind. Geist und Körper waren schon fast völlig erschöpft. Es schüttelte mich so stark, dass ich das Gefühl hatte, mir würden die Zähne ausfallen. Das Wasser reichte mir bloß bis zu den Knöcheln. Eine zaghafte Stimme in mir flüsterte: Ja! Doch eine viel lautere schrie: Nein! Ich brachte es einfach nicht über mich. Also bückte ich mich, spritzte mir etwas Wasser ins Gesicht, intonierte ein Mantra und sprintete zum Zelt zurück.

Charles und Binod kamen her, um mich mit warmem Tee aufzumuntern. Ich aber war untröstlich. Ich hatte das Gefühl, ich hätte alle hängen gelassen und jeden Augenblick könnte der Herr der Berge sein drittes Auge öffnen, das Auge, das die verborgene Wahrheit sieht, und mich in ein Häuflein Asche verwandeln. Das war schlechtes Karma, davon war ich überzeugt.

Aber ich hatte noch eine weitere Chance zur Erlösung sowohl vor sterblichen wie vor göttlichen Augen. Wir brachen die Zelte ab und fuhren in unseren Fahrzeugen nordwärts, näherten uns über die Bharka-Ebene dem Kristallberg, um mit unserer 50 Kilometer langen *parikarama* zu beginnen. Eine Umrundung, heißt es, tilgt die Sünden eines Lebens. Und das genügte mir schon.

Als wir näher kamen, türmte sich der große Berg immer höher auf. Und je größer er aufragte, desto kleiner fühlte ich mich. Nicht klein im wörtlichen Sinn, sondern dürftig. Er hypnotisierte mich. Dank seiner Kraft schickte er eisige Tentakel aus, die mich wie ein riesiger weißer Magnet anzogen. Er ist ein Zauberberg. Und im Gegensatz zu anderen Bergen vergleichbarer Höhe steht er allein. Er steigt wie eine gigantische Pyramide direkt aus der Ebene auf, von seinen Nachbarn in der Kangri-Tse-Kette auf beiden Seiten durch zwei senkrechte Abgründe getrennt. Er erschien mir gleichzeitig zugänglich und auch wieder nicht. Da es Sommer war, lag nur auf dem Gipfel und den schmalen Schultern des Kailash Eis. Sein Rumpf lag bloß – eine kompakte Masse aus gezacktem schwarzem und braunem Fels.

Er hat vier eindeutig abgesetzte Flächen, die mit den Kompasspunkten übereinstimmen. Auf der Südseite, der wir uns nun näherten, befindet sich eine tiefe Rinne, die senkrecht vom Gipfel herabläuft, von einer Reihe waagrechter Schichten durchkreuzt. Es sieht tatsächlich aus wie ein Kreuz oder eher ein Swastika (Hakenkreuz), weshalb der Kailash den Namen Swastika Mountain erhalten hat.

»Die waagrechten Bänder«, erklärte Charles geduldig, »sind der Legende nach die Kratzspuren der Fingernägel des großen Bon-Priesters

Naro Bon-Chung, als er in einer heroischen Schlacht um die Vorherrschaft von dem buddhistischen Yogi und tibetischen Dichter Milarepa geschlagen wurde.«

Ich fürchte, zu diesem Zeitpunkt war ich schon nicht mehr ansprechbar. Nicht weil ich nicht interessiert war, sondern weil sich mein Kopf anfühlte, als würde er bald explodieren. Wir befanden uns nun an die 300 Meter höher, genauer gesagt auf 4700 Metern. Wir schlugen unser Lager im Talgrund des Lha Chhu auf, wo der Lha Chhu, der göttliche Fluss, in die Ebene eintritt, wobei die hellen, orangefarbenen Plastikkuppeln der kleinen Zeltstadt unserer Pilgergenossen noch etwas Farbe hinzufügten. Das war das Eingangstor zum Kristallberg, der Ausgangspunkt für die *parikarama*.

Wir sollten unsere *parikarama* früh am nächsten Morgen beginnen – sehr früh. Die meisten Tibeter schaffen die Runde in nur einem Tag, aber Ausländer brauchen gewöhnlich drei Tage und manchmal mehr.

In der ganzen Nacht schlief ich kaum. Meine Kopfschmerzen hatten zugenommen, und mein Herz raste alarmierend, pochte gegen meine Rippen, als wollte es den Brustkorb sprengen. Vielleicht hätte ich zu Binod gehen und ihm sagen sollen, wie es mir ging, aber es erschien mir einfach zu lächerlich. Am Morgen, als ich die Nase aus dem Zelt steckte, war es hundsgemein kalt. Die Luft war von Staub und fliegendem Geröll erfüllt, das ein bestialischer Wind herwirbelte, der seine Kräfte am Nordende des Tals von Lha Chhu gesammelt zu haben schien und nun in all seinem Zorn durch die hohe, enge Kluft stürmte. Ippolito Desideri, der junge italienische Jesuitenpriester, der den Kailash 1715 erreichte, beschrieb ihn als »schrecklich, kahl, steil und bitterkalt«. In diesem Augenblick stimmte ich ihm voll zu.

Es war schon Zeit, sich anzuziehen, sich komplett anzuziehen. Es war Zeit für den schwarzen, knittrigen Überzieher: das tropische Käferkostüm. Eine halbe Stunde später, nach viel Ziehen und Zerren, bei dem mein Herzschlag über jede Messskala hinausschoss, zwängte ich mich aus dem Zelt. So unförmig, wie ich war, konnte ich kaum stehen, geschweige denn gehen. Da halfen nicht einmal meine brandneuen Leki-Stöcke. Wild entschlossen streifte ich mir meine blaue, UV/IR-undurchlässige Brille über, wickelte mir einen Seidenschal ums Gesicht, zog meine Skimaske, die Handschuhe und die gefütterten Fäustlinge über, schnallte mir mühsam den Rucksack um und marschierte langsam das lange Tal hoch.

Die anderen waren zum Filmen vorausgegangen, und ich konnte sie in der Ferne gerade noch ausmachen, winzige Punkte, die immer wieder aus den Staubfahnen auftauchten, welche die Hufe des Yakkonvois aufgewirbelt hatten, der unsere Zelt- und Filmausrüstung transportierte. Es war so, als würde ich in einem Windkanal marschieren – ein Schritt vor, zwei Schritt zurück; ein Schritt vor, drei Schritt zurück. Zu meiner Rechten, über mir, weit über mir, gewährte der Berg einen kurzen Blick auf seine von steilen, windvernarbten Granitflanken bewachte Westfront.

Das war nun die leichteste Strecke unserer *parikarama*, eigentlich bloß ein sanfter Hang. Für mich aber glich sie der Besteigung des Everest. Ich wollte es nicht wahrhaben, aber ich wurde allmählich ernstlich krank. Ich hatte schon Halluzinationen. Ich war überzeugt, ein kleiner Mann säße auf meiner rechten Schulter und dresche mit einem Hammer auf meinen Hinterkopf ein. Ich versuchte mehrmals, ihn mit einem meiner Leki-Stöcke herunterzuschlagen, wobei ich beinahe Binod aufspießte, der von mir unbemerkt direkt hinter mir herging. Der gute alte Binod wusste genau, dass ich mich abmühte, und hatte mich das Tal hinauf beschattet. Er zog eine Wasserflasche heraus und zwang mich zu trinken. Er sagte mir, ich würde Flüssigkeit zurückhalten. Das war gefährlich, aber für mich war es das kleinere von zwei Übeln. Allein der Gedanke, mich aus der Enge meiner Tropenkäferausrüstung zu schälen und dann durch weitere acht Schichten Kleidung zu fummeln, um den für das Wasserlassen benötigten Teil meiner Anatomie zu finden, war eine zu abschreckende Vorstellung. Mir kamen allmählich auch Zweifel an der Wirksamkeit meiner Außenhülle aus Goretex. Da fielen mir die Worte des jungen, ungeheuer durchtrainierten australischen Verkäufers in jenem freundlichen Londoner Laden ein. Obwohl es nur ein paar Wochen her war, kam es mir wie zwei Jahre vor.

»Habe ich Sie nicht voll versiegelt, mein Herr? Da können Sie keinen Furz mehr rausquetschen, oder?«

Es ging mir nicht darum, einen Furz herauszuquetschen. Es ging mir viel mehr um den Furz oder zutreffender und höflicher, den Wind, der sich hereinzuquetschen schien. Ich kam zu dem Schluss, wenn sich jemand nicht hermetisch versiegelte, dann war er voll ausgeliefert. Dieser Wind konnte tatsächlich einem Eisbären die Klöten kappen.

Wir mühten uns weiter voran, wobei Binod mich ritterlich unterstützte. Eine halbe Stunde später trafen wir Charles hustend auf einem Fels sitzend an. Zu meinem Kummer sah auch er nicht allzu gut aus. Er glaubte, sich eine Brustinfektion eingefangen zu haben, der die zunehmende Höhe auch nicht zuträglich war. Doch Charles war aus viel härterem Holz geschnitzt als ich und versuchte mich durch den Bericht aufzuheitern, dass vor wenigen Monaten an genau dem Punkt, wo wir gerade saßen, zwei deutsche Wanderer in einem Blizzard umgekommen waren. Es war nicht gerade das, was ich in diesem Augenblick hören wollte. Binod musste sich nun um zwei Krüppel kümmern.

Etwas weiter vorn bot sich uns ein außergewöhnlicher Anblick – zumindest mir. Ein Tibeter lag flach mit dem Bauch auf dem Boden. Er trug eine Art Fellschürze und hatte ein Paar Turnschuhe in den Händen. Er erhob sich plötzlich, markierte den Punkt, wo seine Stirn den Boden berührt hatte, und fiel wieder nach vorn – und so weiter. Es wirkte ein bisschen so, als würden wir einer Spannerraupe zuschauen.

Charles erklärte, dass dies die gottesfürchtigste Form der Verbeugung sei, bekannt als *gyang chatsel*, die Ehrenbezeigung mit voll hingestrecktem Körper. Mit diesem Niederwerfen in Schnee, Eis und Geröll käme der Pilger in 13 Tagen um den Heiligen Berg. Wir erfuhren, dass er bereits zwei *koras* hinter sich hatte und hoffte, noch weitere elf zu absolvieren. 13 *koras* um den Heiligen Berg löschten nicht nur die Sünden der vergangenen, gegenwärtigen und zukünftigen Leben aus, sie erlaubten es ihm auch, die heiligste aller *koras* zu unternehmen – um das innere Heiligtum des Heiligen Bergs –, was nur Meister und Erleuchtete tun. Ich war eingeschüchtert – nein, gedemütigt. Genau genommen war ich von einer derartigen Ehrerbietung und Glaubenshingabe schockiert. Sie machte mir auch meine eigene Jämmerlichkeit bewusst, insbesondere als er mich gut einen Kilometer später überholte.

An die letzten paar Stunden kann ich mich nicht ganz erinnern, so krank war ich. Schließlich, auf etwa 5 000 Metern, erreichten wir das Ende des Tals von Lha Chhu, wo sich der Weg gabelte. Geradeaus ging es zur Quelle eines weiteren der vier großen asiatischen Flüsse, nicht meines, aber des Senge Khambab, des Löwenflusses, des Indus. Wir schwenkten direkt um die Ecke des Kailash-Massivs und über den Fluss Lha Chhu, der inzwischen bloß noch ein vereister Bach war. Da stand unser Zeltlager. Ein Feuer aus Yakdung brannte hell. Ich folgte dem Rauch immer höher, bis er sich in den Gazewolken verlor, die über einen 1 200 Meter hohen Steilhang schneegestreiften Felsens rasten: die dunkle, abweisende Nordseite des Kristallbergs. Es war das Beängstigendste, was ich je in meinem Leben erblickt habe.

Kopfschmerzen und Erschöpfung, übermäßige Atemknappheit bei Anstrengung, das Gefühl eines rasenden Herzschlags, Appetitlosigkeit, Übelkeit, Erbrechen, Schwindelgefühl, Schlafstörungen und unregelmäßiges Atmen im Schlaf – das sind die Symptome von AHK oder Akuter Höhenkrankheit. In jener schrecklichen Nacht hatte ich sie alle, ganz besonders die Übelkeit. Bei Erreichen des Lagers hatte ich keine Lust verspürt, zu essen, zu trinken oder gar mich auszuziehen. Ich war einfach in mein Zelt gefallen, hatte mich in den Schlafsack gewickelt und zum großen Gott der Berge 1 200 Meter über mir gebetet, den Schmerz zu lindern, mir zu erlauben, meine *parikarama* um seine heilige Heimstätte abzuschließen, und mich dabei von den Sünden meines Lebens freizusprechen. Hatte ich doch so viel gesündigt? Offenbar schon. Das Leiden verstärkte sich noch in der Nacht. Da ich Binods Zelt nicht beschmutzen wollte, verbrachte ich die meiste Zeit draußen auf allen vieren und würgte meine Eingeweide hoch. In diesem jämmerlichen, unterkühlten Zustand fanden mich die anderen früh am nächsten Morgen.

Ich konnte partout nicht verstehen, warum niemand sonst litt, obwohl Charles zugegebenermaßen nicht allzu gut aussah. Nicht nur war sein Gesicht geschwollen, sondern sein Husten hatte sich nun in ein alarmierendes Brustrasseln verwandelt. Edelmütig versuchte er mich wieder aufzumuntern, indem er mir erzählte, er habe, als er am Morgen in seinen Rasierspiegel schaute, seiner Großmutter ins Gesicht gesehen.

»Das kann jedem passieren, Mark«, versicherte mir Binod. »Ich habe es auch schon durchgemacht. Ich habe schon gesehen, wie es eine Menge Leute traf – durchtrainierte Leute, junge Leute, alte Leute. Sogar Leute, die rauchen«, fügte er missbilligend hinzu, als er sah, wie ich mir heute schon meine fünfte Benson & Hedges anzündete. Es war erst halb sechs Uhr morgens. »AHK ist immer noch ein Rätsel und kann jeden treffen. Nun versuche ich«, fuhr er fort, »eine letzte Prozedur – ich werde dich komprimieren. Wenn das nicht hilft, musst du absteigen. Ich bin für dein Wohlergehen verantwortlich, und letztlich ist der Abstieg die einzig verlässliche Heilmethode.«

Eine halbe Stunde später lag ich eingesargt wie eine ägyptische Mumie in einem großen, roten zylindrischen Frankfurter Würstchen – einer tragbaren Kompressionskammer. Im Grunde gaukelt sie, ohne dass ich jetzt auf technische Einzelheiten eingehe, dem Körper vor, er befinde sich 1000 Meter tiefer. Ich hatte anfangs Gesellschaft in meinem Würstchen – eine Fliege. Beängstigenderweise hauchte sie nach ein paar Minuten ihr Leben aus. Ich verbrachte etwa eine Stunde in dieser Kammer. Es war ziemlich entspannend. Meine Sicht war auf ein kleines Rechteck aus klarem Plastik einen Zentimeter über meiner Nase beschränkt, durch das ich auf mein verschwommenes Ebenbild in der Linse von John Bulmers Kamera blickte. Als ausgebuffter Profi ließ er sich keine gute Szene entgehen. Gelegentlich tauchte Charles' ebenfalls verquollenes Gesicht in meinem Blickfeld auf, als er sich niederbeugte und mir durch das dicke Plastik das letzte Ergebnis des Testspiels mitteilte, dessen Übertragung er in seinem Radio empfangen hatte.

Ich fühlte mich besser, als ich schließlich herausstieg, doch unglücklicherweise nur für kurze Zeit. Bald zwang mich der Aufruhr meiner Eingeweide wieder in die Knie. Es gab keinen anderen Ausweg mehr als den Abstieg. Ich konnte niemandem in die Augen sehen. Ich hatte das Gefühl, alle im Stich gelassen zu haben. Ganz elend kehrte ich in Begleitung eines Sherpa langsam durch das Tal von Lha Chhu ins Basislager zurück, während die anderen sich tapfer voranmühten.

Wie sich herausstellte, schaffte es keiner rund um den Berg. Bis zum Abend kehrten alle zurück. Offenbar hatten die Yakführer sich geweigert weiterzugehen, indem sie behaupteten, der Schnee um den 5760 Meter hohen Drolma-Pass sei viel zu hoch für ihre Tiere. Ob das eine echte Sorge oder eine Kriegslist war, um mehr Geld herauszuschinden, entzieht sich meiner Kenntnis. Um gerecht zu sein, muss ich aber einräumen, dass Yaks in jenem Jahr einen hohen Preis hatten. Tausende waren nach den heftigen frühen Schneefällen verhungert, die viele der nomadischen Gemeinschaften Tibets im Spätherbst vorigen Jahres ausgelöscht hatten. Doch im Grunde meines Herzens glaubte ich, die Gruppe hätte es geschafft, wenn sie die Grundausrüstung selbst getragen hätte. Sie waren, wie mir schien, zurückgekehrt, nur um nett zu mir zu sein.

Das war jedoch nicht das Schlimmste. Ich hatte in allen Bereichen völlig versagt – spirituell, geistig und physisch –, zuerst am Manasarovar und nun am Kailash. Ich hatte die beste Gelegenheit versäumt, die vollkommene Gelegenheit, als das Wetter am mildesten war. Ich musste es im Winter nochmal anpacken. Ich erkannte, dass ich es viel zu leicht genommen hatte. Charles hatte mir ja gesagt, es sei nicht ratsam, die Götter zu verspotten. Jetzt war es schon schlimm genug gewesen; im Winter war hier einer der unwirtlichsten Plätze der Welt.

Wir nutzten die Nacht, um auszuruhen und uns zu sammeln. Wir hätten das gern länger getan, da wir alle erschöpft waren, aber die Zeit war knapp, und so brachen wir früh am nächsten Morgen nach Nordwesten auf, um Shangri-La zu suchen. Ich warf einen letzten Blick auf den Kristallberg. Er war unter einem Nebelschleier beinahe verschwunden. Nur seine eisige Spitze war sichtbar, die wie ein aktiver Vulkan eine Dunstfahne ausstieß. Anscheinend lachte er mich aus.

Was während der nächsten paar Tage geschah, liegt nicht an mir zu erzählen, sondern an Charles. Wir legten in einer Woche per Fahrzeug, zu Fuß, mit Pony und Yak einen langen und schweren Weg zurück. In einem entlegenen Tal im Nordwesten von Tibet machte Charles eine wichtige archäologische Entdeckung: die Überreste einer alten und untergegangenen tibetischen Kultur. Ob wir tatsächlich in Shangri-La waren, bleibt zweifelhaft. Es ist nun an Charles, den Archäologen und Historikern, die Teile zusammenzusetzen und das Puzzle zu vervollständigen. Für den Fall, dass wir Shangri-La wirklich gefunden haben, kann ich mit allerhöchster Befugnis mit einem Mythos aufräumen – der Legende der ewigen Jugend. Als ich wegging, fühlte ich mich 150 Jahre alt.

Am Ende unserer Expedition, auf dem Rückweg aus Tibet, machte es Charles – vielleicht unabsichtlich – gut, dass er im letzten Monat mein Leben zur Hölle hatte werden lassen. Wir hatten kurz vor dem Scheitel eines der höchsten Pässe angehalten, der von Fahrzeugen zu überqueren ist – auf dem 5 150 Meter hohen Pass Maryam La. Dieser Pass ist der einzige Weg aus Westtibet, doch nur zu bestimmten Zeiten im Jahr. Wenn jemand sich zeitlich verschätzt, wird er eingeschlossen, bis der Schnee im nächsten Frühling schmilzt. Ein kleines Rinnsal, kaum eine Handspanne breit, gluckerte fröhlich neben uns, als wir unser Mittagessen verzehrten.

»Wie heißt dieser Wasserlauf?«, fragte ich Charles.

»Oh«, erwiderte er beiläufig, »das ist der Tsangpo, der Brahmaputra. Nun ja, die ersten Ansätze dazu.«

»Der WAS?«, stieß ich mit einem feinen Sprühregen aus Corned-Beef-Sandwich heraus. »Du meinst, das ist der Anfang des Flusses? Die Quelle des Brahmaputra?«

Höflich reichte mir Charles eine Serviette. »Nun, da du es erwähnst«, antwortete er, »berührst du eine interessante Frage. Es ist eigentlich ein Zufluss, wenn auch bestimmt einer der höchsten. Seine offizielle Quelle ist, wie du, Mark, aus all deinen Forschungen sicher weißt«, erläuterte er pointiert, »gut 90 Kilometer südöstlich von hier im Gletscherfeld des Chemayungdung geortet worden. Ich nehme an, es hängt davon ab, was eine Quelle ausmacht.«

Das war eine gute Frage, die meinen Verstand in Gang setzte. In der Tat wusste ich aus meinen Nachforschungen, dass der Chemayungdung-Gletscher mit einer Höhe von 5 120 Metern gemessen worden war. Doch hier war ich in der Nähe des Scheitelpunkts des Maryam La, der auf 5 150 Meter anstieg, was zweifellos höher war. Wer hatte also Recht?

»Meinst du, ich kann das hier als die Quelle beanspruchen?«, fragte ich Charles aufgeregt.

»Nun ja, das ist auch wieder zweifelhaft, Mark«, erwiderte er eher nüchtern. »Das müsste die Royal Geographical Society entscheiden. Und alle möglichen anderen Experten. Wir sind nicht gerade Geografen oder Vermesser.«

Aber das focht mich nicht an. Ich hatte einen der höchsten Zuflüsse oder Quellen des gewaltigen Flusses erreicht, und das genügte mir. Das hieß, dass ich effektiv meine Reise angetreten hatte. Ich jubelte. Das drückte sich dadurch aus, dass ich ein paar Tanzschritte machte, mich direkt über das Rinnsal stellte, die Pose eines unerschrockenen Entdeckers einnahm und Charles bat, eine Aufnahme von mir zu machen.

»Fehlt nur noch ein Strohhut«, bemerkte er, »dann könntest du Henry S. Landor sein.«

Das mochte stimmen, aber für mein Empfinden war es etwas unterhalb der Gürtellinie. Landor hatte auch behauptet, der Erste zu sein, der eine der Quellen des Brahmaputra entdeckt hatte. Und er trug gewöhnlich einen Strohhut. Der spielte eine tragende Rolle bei einem unglücklichen Zwischenfall in seinem außergewöhnlich gewaltsamen, verstiegenen Bestseller *In the Forbidden Land (Auf verbotenen Wegen in Tibet)* von 1898, seinem Reisebericht aus Tibet. Einer seiner »Kulis«, wie er sie nannte, der Gänseeier in Landors Hut trug, war ausgerutscht und hingefallen, wobei Hut wie Eier kaputtgingen.

Mir wird übel, wenn ich daran denke, was dem armen Mann widerfuhr, wenn ich die totale Verachtung und den Hass in Betracht ziehe, die

Landor für die Tibeter empfand. Er hielt sie alle für dreckig, degeneriert und feige, im Grunde verschlagene Wilde. Bei einem anderen Zwischenfall fiel ein unglücklicher Tibeter, dem er begegnete, seinem heftigen Temperament zum Opfer. »So packte ich ihn denn bei seinem Zopf und versetzte ihm eine Anzahl kräftiger Schläge ins Gesicht. Als ich ihn losließ, warf er sich heulend zu Boden und flehte um Verzeihung. Um ihm meine Autorität ein für alle Mal einzuschärfen, ließ ich ihn vor den versammelten Schorkas meine Schuhe mit der Zunge belecken. Darauf wollte er sich davonschleichen, aber ich ergriff ihn nochmals beim Zopfe und stieß ihn die Stufen hinab.«

Auf seiner Reise nahmen die Tibeter Landor gefangen. Er wurde zusammengeschlagen, ausgehungert, gefoltert, beschossen und dann beinahe hingerichtet. Er war der schlimmste Typ des englischen Kolonialherren: eitel, arrogant und absolut gnadenlos. Doch er war ein echter Exzentriker, und wenn seinen Geschichten Glauben geschenkt werden darf, bemerkenswert mutig. Obwohl er unleugbar diesen Fleck erreichte, tat fast jeder angesehene Geograf Landors Behauptungen und Erzählungen als Ausbund reiner Fiktion ab.

Ich stand nun an genau der Quelle, die Landor in aller Bescheidenheit nach sich benannt hatte. In seinem Buch hatte er geschrieben:

> Ein kleines, kaum 15 Zentimeter breites Bächlein rann zwischen Steinen in der Mitte des Tales hinab und wurde bald durch andere Bäche vergrößert, die sich auf den Bergen zu beiden Seiten aus schmelzendem Schnee bildeten. Es war eine Quelle des großen Brahmaputra, eines der größten Flüsse der Welt. Ich muss gestehen, dass ich stolz war, der erste Europäer zu sein, der diese Quelle erreicht hatte, und ich empfand ein kindliches Vergnügen, mich über diesen heiligen Strom zu stellen, der, weiter unten von so ungeheurer Breite, hier von einem Manne mit den Beinen bequem überspannt werden konnte. An der Ursprungsquelle tranken wir von seinem Wasser …

Nun, beinahe ein Jahrhundert später, verspürte ein weiterer Engländer, eingestandenermaßen nicht so jung und sicherlich nicht mit den gleichen Eigenschaften ausgestattet, das gleiche kindliche Vergnügen, über dem winzigen geheiligten Bach zu stehen, der, weiter unten von so immenser Breite, hier von einem Mann mit leicht auseinander stehenden Beinen überspannt werden konnte. Er trank auch von dessen Wassern an dem Fleck, wo es seine Geburt erlebte, befleißigte sich aber noch einer weiteren symbolischen Geste. Er streckte seine Hände in das eisige klare Wasser, holte einen kleinen, glatten runden Kieselstein heraus, wickelte ihn in ein Taschentuch und steckte ihn sorgfältig in die Innentasche seiner Jacke.

Sobald wir den Pass Maryam La hinter uns hatten, ließ mich das Flüsschen, das beinahe neben dem kleinen staubigen Weg verlief, auf dem wir fuhren, nicht mehr los. Der Wasserlauf gewann aus der Schneeschmelze der höheren Lagen an Breite, Umfang und Tempo und rann nach Westen, ein glattes, sich windendes Band, dessen kalte, samtene Oberfläche die Farbe polierten Stahls hatte – der höchste Fluss der Welt, vom riesigen Massiv der Himalayakette beschützt, die majestätisch zu unserer Rechten aufragte.

Wir hatten auf unseren Visa noch genau zwei Tage übrig und noch hunderte von Kilometern in unseren Landcruisern zu fahren. Während einer dieser endlosen die Knochen durchrüttelnden Reisetage, als der Tsangpo vor meinen Augäpfeln wie ein alter Stummfilm flimmerte, begann ich zu planen, wie ich den Fluss hinabkommen würde. Die Idee kam mir ganz plötzlich. Ich erkannte auf einmal, dass abgesehen vom hohen glazialen ersten Abschnitt und vom unteren Teil, wo der Fluss in 150 Kilometern durch die Ehrfurcht gebietenden Tsangpo-Schluchten über 3 000 Meter abfiel, der mittlere Teil, der längste Flussabschnitt – knapp 800 Kilometer – mit einem Boot befahrbar war. Hier verlief der Tsangpo, soweit ich wusste, durch ein langes, flaches, sich windendes Tal, wo er ein typischer Wildfluss wurde, der gutmütig mäandernd seinen Weg durch die Schotterbänke zog.

Das Problem bestand in dem Bootstyp, der zu bekommen sein würde. Hier war nicht gerade eine internationale Bootmesse. Zur Verfügung standen entweder längliche, hölzerne »Kastenboote«, ein wenig wie schwimmende Särge, oder kleine runde Coracles, Boote aus Yakfell und Weiden. Ich benutze möglichst immer die vor Ort erhältlichen Transportmittel, aber das ging etwas zu weit. Ein winziges Missgeschick würde meine Reise und vor allem mein Leben beenden. Dazu bedurfte es nur einiger Sekunden in dem eisigen Wasser.

Was ich brauchte, war eins dieser neumodischen, tragbaren Schlauchboote – ein Raft, welches selbst in den schäumendsten Stromschnellen der Welt der Schwerkraft trotzte – mit ein paar zusätzlichen Einrichtungen: einer

Hundehütte und einem starken Außenbordmotor. Der Außenborder würde mir zusätzliches Tempo geben. Die Zeit, wie ich herausfand, war in Tibet nicht auf meiner Seite. Ich war ziemlich sicher, ich könnte dieses Fortbewegungsmittel in Nepal finden – einem Paradies für Wildwassersportler.

In Saga sagte ich dem Tsangpo für ein paar Monate Adieu. Wir überquerten den Fluss auf einem uralten, flachen Kahn, der an einer Winde hing, und fuhren direkt nach Süden über das Dach der Welt auf Nepal zu.

Hier erst wurde mir klar, welch schmales Zeitfenster mir blieb. Der steile, abschüssige Weg durch das Herzstück des Himalayamassivs, den wir hinabzockelten, war noch vor einem Monat unpassierbar gewesen, in ein Laken aus Schnee und Eis gehüllt. Nun war er zu einem Fluss geworden – zu einem außergewöhnlich gefährlichen, schlammigen Sturzbach. Der Monsun hatte zugeschlagen, und zwar hart. Wir wurden bald von einem immensen Erdrutsch aufgehalten, der am Vormittag einen Bus voller Erwachsener und Schüler über die Kante geschwemmt hatte – einen 300 Meter tiefen Abhang bis unten ins Tal. Tragischerweise hatte niemand überlebt. Es dauerte einen nervenaufreibenden Tag, an dem wir jeden Augenblick erwarteten, von einem weiteren Erdrutsch getroffen zu werden, bis wir die Ausrüstung von unserem Fahrzeug über die blockierte Fahrbahn zu einem anderen gebracht hatten, das es schaffte, von der chinesischen Grenzstadt Zhangmu hier heraufzukommen.

Nachdem wir die Freundschaftsbrücke überquert hatten, die als Grenze zwischen Tibet und Nepal fungiert, machten wir in der kleinen nepalesischen Grenzstadt Khodari Halt, um die Zollformalitäten zu erledigen. Ich kaufte mir eine Tasse Tee und wanderte zur Brücke zurück. Ich schaute nach oben durch den strömenden Regen zu den hohen, nebligen Pässen und darüber zum Dach der Welt. Ich begann zu zittern – nicht vor Kälte, sondern vor Angst. In zwei Monaten würde ich wieder herkommen.

Charles und die anderen flogen von Kathmandu aus direkt nach London zurück. Ich blieb noch ein paar Tage, diskutierte mit den Führern bei Tiger Mountain die Logistik: die Verfügbarkeit von stromschnellentauglichen Schlauchbooten und Vorkehrungen, um meinen Hund von Indien nach Nepal einzufliegen und weiter nach Tibet. Dann schloss ich mich meiner Familie in den Tropen an, um mich zu erholen. Nach dem, was ich durchgemacht hatte, brauchte ich nicht nur ihre Wärme und Behaglichkeit, sondern ein bisschen echte Hitze in meinen Knochen, bevor ich mich der Rückkehr in die Kälte stellen konnte.

4

Als ich Anfang September nach London zurückkehrte, gab es gute und schlechte Nachrichten. Die gute Nachricht: Alle meine Anträge auf Einreise- und Aufenthaltsgenehmigungen waren bewilligt. Das hätte ein Grund zum Feiern sein können – der anscheinend nicht enden wollende Ritt auf dem Amtsschimmel war endlich vorbei. Doch die schlechte Nachricht war weitaus verstörender. Sie kam von meinen Freunden in Nepal. Der Winter, berichteten sie, sei früh hereingebrochen – ungewöhnlich starker Schneefall habe im Kailash-Gebiet in Westtibet eingesetzt. Dieses Fenster schloss sich rasend schnell. Es war vielleicht sogar schon ganz und gar zu. Ich könne es probieren, bekam ich zu hören, aber sie rieten mir ernstlich davon ab. Das Problem liege bei meiner Ausrüstung, die, wie ich mit Entsetzen feststellte, von einem weiteren Mitglied der Familie Dong Fen transportiert werden sollte. Es gab keine Garantie, dass das Fahrzeug die hohen vereisten Pässe überwinden konnte. Schlimmstenfalls wäre ich den ganzen Winter über eingeschlossen. Nahrung ist Treibstoff, hörte ich sie noch sagen: Ohne Nahrung stirbst du.

Mich befiel das große Zittern. Das letzte Mal war schon schlimm genug gewesen, die Erinnerung war mir noch entsetzlich frisch im Gedächtnis. Das Gebirge und ich standen bislang offenbar nicht in trautem Einvernehmen, und außerdem musste ich an meine Familie denken. Aber um sicher zu gehen, dass ich keine Überreaktion zeigte oder mich als Weichei gebärdete, rief ich den Experten an – Charles. Ihm ging es nicht gut, ganz und gar nicht gut. Die Brustinfektion, die er sich in Tibet eingefangen hatte, hatte sich zu einer Rippenfellentzündung ausgewachsen und die Lunge befallen.

»Du solltest nicht im Traum daran denken«, lautete seine keuchende Antwort.

Das gab den Ausschlag. Doch es war schwer hinzunehmen, dass mir, wo ich schon so weit gekommen war, ein Hindernis von der Größe in die Quere kam. Es war fast surreal. Was zum Teufel ging hier vor? Hatte ich noch schlechtes Karma aus meiner fehlgeschlagenen Götterverehrung? Oder war es etwas Persönlicheres zwischen mir und dem Fluss? Dessen Kraft war unheimlich, nicht bloß im physischen Sinne. Vielleicht wurde ich schon paranoid, aber in mir setzte sich der Gedanke fest, dass der Fluss mich manipulierte, mir tatsächlich klar zu verstehen gab, ich solle fernbleiben. Ich wollte mich aber nicht geschlagen geben. Ich wollte ihn überrumpeln und durch die Hintertür hineinschlüpfen. Ich würde die Reise nicht nur in zwei Hälften machen, sondern auch von hinten nach vorn. Anstatt in Tibet zu beginnen, würde ich mich zuerst um den Unterlauf kümmern, die 1 400 Kilometer ab dem Punkt, wo er über die McMahon-Linie nach Nordostindien strömt, bis zur Mündung im Golf von Bengalen. Dann – mit den Launen des Flusses besser vertraut – würde ich im zeitigen Frühjahr nach Tibet zurückkehren und den Oberlauf erneut in Angriff nehmen.

Wenn jemand Geduld zeigt, so hatte ich auf meinen Reisen im Osten immer herausgefunden, dreht sich das Rad, wenn auch langsam, zu seinen Gunsten. Und wie durch Zauber fügte sich nun alles zusammen. Ich rief bei *Tiger Mountain* in Delhi an. Aufgrund vergangener Erfahrungen war ich mir sicher, dass sie mich nicht im Stich lassen würden. Wenn ich bereit sei, kam die Antwort, wären sie es auch. Und dann, ein paar Tage vor meinem Abflug nach Indien, erhielt ich eine ausgezeichnete Nachricht – eigentlich die beste überhaupt.

Sie kam von Aditya Patankar, dem erstklassigen Hundefänger des Riesenlandes. Offenbar hatte er einige Zeit im Tempel mit der Huldigung des Hundegottes der Marathas, Bhairoba, verbracht. Aditya war wieder im Vollbesitz seiner Kräfte. Sein Fax lautete:

Pie (so habe ich ihn genannt. Passend, glaube ich, und kurz genug, damit du seinen Namen nicht vergisst) ist in meinem Haus! Allerdings ist es nicht das Tier, das ich fangen wollte, sondern ein großer schwarzer Rüde. Heute Morgen lief er mir auf der Spur meiner Hündin Coffee ins Haus. Ich schätze, es hat so sein müssen – es gibt, wie du weißt, keine Irrtümer im Leben! Er ist ein Straßenkämpfer und erinnert mich an einen schlachtenerprobten Maratha-Krieger. Er reagiert sehr gut auf mich und wird sich um dich kümmern. Das Abrichten fängt heute Abend an, Aditya. P. S.: Kaufe ein paar gute, starke Hundeketten, sie sind hier schwer zu bekommen.

Ich konnte es nicht glauben. Endlich habe ich einen Hund, dachte ich begeistert. Und was für einen – einen vom Typ eines schlachtenerprobten Maratha-Kriegers. Das klang nach einem Tier, das auf sich aufpassen konnte.

Ich machte mich auf zur Tierabteilung von Harrod's, um die Leinen für Pie zu kaufen. Diese Abteilung des Kaufhauses hatte sich seit meiner Kindheit drastisch verändert. Damals entwischte ich oft in dessen ohrenbetäubendes, exotisches und nach Heu, Vogelsamen und Fell riechendes Magazin, um den Einkaufstouren meiner Mutter zu entfliehen. Es waren mit die schönsten Zeiten für mich, durch das erstaunliche und magische Labyrinth von Käfigen zu wandern, aus denen es kreischte, quiekte, zirpte, grunzte und mich mit einer Myriade Arten verwirrte, die die Geheimnisse ferner Länder heraufbeschwörten. Hier hatte ich zum Entsetzen meiner Mutter Charlie gekauft, einen schillernden Hirtenstar, der mich jeden Morgen mit dem Absingen von »I Love you« in breitem irischem Akzent weckte. Hier hatte ich mir zum noch größeren Entsetzen meiner Mutter Tiki angeeignet, meinen schlauen und schnellen indischen Mungo, der eine ältere Dame in einem italienischen Restaurant fast zum Herzinfarkt brachte, als er ihr bestrumpftes Bein bis zum Schoß hoch und von da auf den Tisch kletterte, um ihr dabei zu helfen, die Muscheln in ihren *spaghetti alla vongole* zu öffnen. Und hier war im Gemüt des Kindes wohl auch die Leidenschaft geweckt worden, die Geheimnisse jener fernen Orte zu entdecken.

Aber das Harrod's von heute war ein ganz anderer Ort. Nur wenige weiße Kaninchen mit roten Augen, eine Schar gelangweilter Hamster, die in ihren Rädchen liefen, und ein Wurf winziger, flauschiger Welpen füllten nun mit ihren Farben und Schreien die Käfige, die mich einst verwirrt und betäubt hatten. Alles war ganz zu Recht – jedenfalls für die Tiere – politisch korrekter geworden.

Ich betrat die Zubehörabteilung und steuerte die Ecke für Hunde an.

»Ich hätte mir gern Hundeleinen angesehen«, bat ich höflich die matronenhafte Verkäuferin. »Starke Hundeleinen.«

»Wir haben gerade eine neue Kollektion hereinbekommen, Sir«, erwiderte sie hoheitsvoll. »Sie sind ideal für das Ausführen Ihrer kleinen Lieblinge im Park. Wir haben festgestellt, dass sie sehr beliebt sind. Sie haben austauschbare Halsbänder, erhältlich in 13 verschiedenen Farben und aus feinstem Krokodilleder. Für 50 Pfund extra können wir den Namen Ihres kleinen Lieblings auf einer Goldplakette am Halsband eingravieren.«

»Nein, Sie verstehen mich nicht richtig«, antwortete ich und schob die Auswahl sagenhaft teurer und sagenhaft feingliedriger Filigranleinen, die sie mir anbot, beiseite, da sie alle gerade stark genug waren, eine Maus im Zaum zu halten. »Schauen Sie, ich möchte eine ordentliche Kettenleine, eine wirklich starke. Wissen Sie, eine dieser Drosselleinen, eine, die meinen kleinen Liebling kurz hält, wenn er nicht folgt.«

Ihre Augen, in einem hellen Indigo stark ummalt, wurden hinter ihrer Bifokalbrille ganz groß vor Indignation. Sie warf die knallroten Lippen auf, als saugte sie an einer Zitrone, und schien vor mir zu wachsen, als sie ihren umfangreichen Busen vorwölbte. »Nun, Sir«, erwiderte sie hochnäsig, »so etwas führen wir bei Harrod's nicht.«

Ich wollte mich nicht einschüchtern lassen. »Aber wissen Sie, wo ich sie kriegen kann?«

»Nirgends, nehme ich an«, erwiderte sie verächtlich und drückte ihren Busen noch mehr heraus. »Ich glaube nämlich, die sind verboten. Kann ich Ihnen mit etwas anderem dienen?«

Rein zufällig kam ich auf dem Weg zum Mittagessen mit meinem Neffen in Soho an einem Sexshop vorbei. Das Schaufenster zeigte die übliche knappe, angeblich verführerische Unterwäsche, ein paar Videos, deren vor nackter Haut strotzende Hüllen unzensierten schwülen Sex und als Sonderangebot einen Vibrator gratis dazu anpriesen, und einen Schaukasten mit etwas, das ich nur als Folterinstrumente beschreiben kann: eine schwarze Henkerskappe, eine Sammlung lederner Zwangsjacken mit Metallstacheln, Peitschen, sonderbare spitze Objekte an etlichen Ketten sowie eine viel dickere Kette, die mit einer Schlinge an ein noch dickeres Kettenhalsband angeschlossen war. Ich sah einmal nach rechts und nach links und huschte schnell hinein. Ein gelangweilter junger Mann mit einem Fächer aus Pfauenfedern, die ich erst später als seine eigenen Haare erkannte, kauerte über einer Theke und las einen Comic.

»Ähm, ähem, was kostet diese äh, diese Kettengeschichte im Fenster?«

»Wölche dönn?« fragte er, zu gelangweilt, um von seinem Comic aufzublicken. »Der Nippelstecher, das Pimmelschloss, der Kitzlerring, die Schoßklemme, der Eierquetscher ...?«

»Nein, nein, nein, die lange Kette«, unterbrach ich ihn, »die mit dem Halsband.«

Ach«, erwiderte er mit weiter auf den Comic gesenktem Blick, »der Halswürger. 39,99 plus Mehrwertsteuer. Ich geb's Ihnen für glatte 30. Beliebtes Nümmerchen. Schneidet die Blutzufuhr voll ab.«

»Eigentlich ist es für einen Hund«, warf ich schwach ein.

»Das sagen alle, Mann.«

Ein paar Minuten später, nachdem ich mich vergewissert hatte, dass die Luft rein war, schlich ich mit gesenktem Kopf aus dem Laden, den Halswürger in einer braunen Papiertüte an die Brust gedrückt.

Am Abend vor der Abreise, als die Oktobernächte schon kühler wurden, packte ich für ein wärmeres Klima. Ich dachte daran, mein GPS mitzunehmen, das Charles angewidert zurückgewiesen hatte. Aber ich entschied, es dazulassen. Wie konnte ich überhaupt so blöd sein und mich verirren? Ich brauchte ja nur meinem Fluss zu folgen. Ich packte allerdings noch Hundeartikel mit ein: Bälle, Plastikknochen, eine Quietschmaus und natürlich den Halswürger. Ich war sehr aufgeregt. Bald sollte ich meinen Hund Pie kennen lernen, und ich wollte einen guten ersten Eindruck hinterlassen.

Ich packte auch eine Auswahl nützlicher Hundehandbücher und ein paar alte Nachschlagewerke zu Hunden mit ein. In einem war ich auf die weisen Worte eines griechischen Philosophen gestoßen, der gesagt hatte, wenn du einen Hund von einem Menschen unterscheiden willst, musst du herausfinden, ob er treu ist oder nicht. Ist er treu, handelt es sich um einen Hund; wenn nicht, handelt es sich um einen Menschen.

In einem weiteren fand ich beunruhigendere Informationen: Hundefleisch ist bei gewissen Nomadenvölkern Assams ein Spezialgericht, und bei besonderen Anlässen gilt mit Reis gefüllter Hund als traditionelle Delikatesse. Daraus schloss ich, dass ich ein wachsames Auge auf meinen Hund werfen müsste. Er würde mit Heißhunger betrachtet werden, malte ich mir aus – eine Köstlichkeit. Aber wenn jemand ihn essen sollte, dann nur ich.

Das Beste aber war ein kleiner Band mit dem Titel *Indian Notes about Dogs: Their Diseases and Treatment* von einem Major Chambers aus dem Jahr 1881. Im Abschnitt »Praktische Regeln« lernte ich, wie einem gewöhnlichen Hund eine Pille zu verabreichen ist; wie sie einem großen oder wilden Hund zu verabreichen ist; wie Hunden ein Einlauf gemacht werden kann; wie einem Hund für Operationen die Schnauze zuzubinden ist und – verstörenderweise – wie ein Hund zur Ader zu lassen ist. Es enthielt auch den nützlichen Absatz, wie mit einem Hund an Bord eines Schiffes umzugehen ist, was in Anbetracht meiner Reise äußerst sinnvoll war. Mitgenommen hatte ich auch vom selben Autor ein ausgezeichnetes Taschenwörterbuch – Hindustanisch speziell für Hunde –, das für Menschen, die mit dieser Sprache nicht so vertraut sind, praktisch war und mir bei Notfällen das Nachschlagen in großen Wörterbüchern ersparen würde.

Daraus lernte ich so nützliche Wörter wie *ganr* – der Anus, *bhaunknhna* – bellen, *paitmenmarora lugga* oder *koolinj* – Kolik, *dust lugga* oder *paichulta* – Dünnschiss, *pissoo* – ein Floh, *kuf* oder *phen* – schäumen, *hart* oder *ugla* hart – das Vorderbein, *bhoonbhun kurna* – knurren, *gurm hona* oder *mustee* – läufig sein, *chartna* – lecken, *keera* – Maden, *nur* – ein Rüde, *moonh bund kurna ka chumra* – ein Maulkorb, *kutkutana* oder *cheecheeyana* – jaulen und schließlich *bachadena* – Junge werfen.

Ich hatte das Gefühl, ich war bestmöglich vorbereitet, um einen fremden Hund kennen zu lernen, mich hoffentlich mit ihm anzufreunden und ihn auf eine Flussreise mitzunehmen.

Bei einem kleinen Abschiedsessen am Tag meiner Abreise drückte mir mein Schwager – ein praktisch veranlagter Kerl und ein Hundekenner – ein Päckchen in die Hand.

»Das«, verkündete er mit Kennermiene, »ist der Schlüssel zum Herzen eines Hundes. Garantiert sicher, versagt nie. Aber verwende es sparsam.« Ich war echt gespannt. Anscheinend hatte er mir so etwas wie einen magischen Hundetalisman geschenkt. Ich wollte das Päckchen gleich aufmachen.

»Nein, nein, nein«, fuhr er dazwischen. »Warte, bis du deinen Hund triffst. Vertrau mir.«

Noch am Abend flog ich nach Osten in die offenen Arme von Mutter Indien.

Herbst in Nordindien: Meine liebste Jahreszeit; diese frische Übergangsperiode zwischen dem Durchziehen des Monsuns und der Ankunft des Winters. Die Tage waren heiß und immer noch etwas feucht. Die Nächte waren kühler, aber immer noch warm genug, um ohne Pulli auszukommen.

Aditya holte mich vom Flughafen in Delhi ab.

»Wo ist Pie?«, wollte ich wissen.

»Immer der Reihe nach«, sagte er und reichte mir einen Zettel. »Das ist von *Tiger Mountain*. Lies es. Es ist dringend.«

Ich las ihn ungeduldig. Aditya hatte Recht. Es war dringend. Mein Abflug von Delhi war schon für übermorgen gebucht. Das ließ mir weniger als 48 Stunden, um Pie kennen zu lernen und ihn an mich zu gewöhnen, ihn irgendwie mit ins Flugzeug zu nehmen, den Mann zu treffen, der mein Führer sein würde, meine letzte Aufenthaltsgenehmigung abzuholen, die bereit liegen sollte – obwohl der Bürokratie nie zu trauen war –, und in letzter Minute noch irgendwelche Vorkehrungen zu treffen. Es würde eine höllische Hetze werden.

Von Delhi in den Nordosten Indiens stand mir ein Zickzackweg bevor – sowohl durch geografische als auch bürokratische Hürden bestimmt. Das Flugzeug sollte uns nach Guwahati, der Hauptstadt von Assam, bringen, wo ich schon nach einem passenden Boot für den Unterlauf des Flusses schauen würde. Wenn das erledigt war, sollte ich per Hubschrauber nach Itanagar fliegen, der neuen Hauptstadt von Arunachal Pradesh. Hier musste ich mich offiziell anmelden – die Einreise in den Bundesstaat wurde scharf überwacht, doch meine Aufenthaltsgenehmigung bot mir einen einzigartigen Zugang zu den strengsten Sperrgebieten. Darüber hinaus bestand vielleicht sogar die Chance, dort den Regionalminister von Arunachal zu treffen, mit dessen Hilfe ich womöglich einen weiteren Hubschrauber bekommen könnte. Dieser würde mich direkt an die höchste Stelle des Flusses zu einem Ort namens Gelling bringen, nahe der McMahon-Linie. Ansonsten müsste ich den ganzen Weg den Fluss hinauf wie auch wieder hinab zu Fuß zurücklegen, denn der einzige Fahrweg, der 50 Kilometer vor der Grenze aufhörte, war von Erdrutschen verschüttet und für Fahrzeuge unpassierbar.

Wenn ich es schaffte, einen Helikopter zu bekommen, würde der von Pasighat abfliegen, der kleinen Grenzstadt zwischen Arunachal Pradesh und Assam, wo der Brahmaputra vom Gebirge herab in die Ebenen von Assam donnert. Pasighat lag eine Tagesreise von Itanagar entfernt. Dort sollten die letzten Mitglieder des Teams zu uns stoßen: unser lokaler Führer – ein Mann vom Volk der Adi, der sich in den Sperrgebieten auskannte – und unser Koch.

Delhi – Guwahati – Itanagar – Pasighat – McMahon-Linie: Das waren etwa 1 500 Kilometer Luftlinie. Mein Weg würde etwa doppelt so lang werden, aber ich hoffte, auf die Art so rasch, wie es physisch möglich war, an die höchste Stelle zu kommen. Wie in Tibet war mein Visum für Arunachal Pradesh nur einen Monat lang gültig.

Aber jetzt wollte ich Pie kennen lernen. »Wie ist er denn? Wie läuft das Abrichten? Wird er mich mögen? Ist er gesund ...?« Begierig bombardierte ich Aditya mit hunderten von Fragen.

Wart's nur ab, mein Freund«, meinte er viel sagend. Mein Gepäck wurde rasch auf den Rücksitz eines uralten, aber auf Hochglanz polierten Ambassador-Taxis verstaut. Hier grüßte mich ein weiteres vertrautes Gesicht – Ajit, der Taxibesitzer. Ich hatte Ajit vor ein paar Jahren kennen gelernt und ihn immer für meine Fahrten angeheuert, wenn ich in Delhi war. Autofahren birgt in Delhi große Gefahren, und mit den Fahrern ist es sogar noch schlimmer. Gute, verlässliche Taxilenker sind schwer, fast unmöglich zu finden. Ajit war ein Juwel. Er ließ mich nie im Stich, war immer pünktlich und wusste alles, was einer über die Hauptstadt wissen muss. Er war wie ich Anhänger von Ganesh, dem allmächtigen, elefantenköpfigen Beschützergott, dem Herrscher über die Anfänge. Ein Ebenbild aus Plastik saß stolz auf seinem Armaturenbrett. Wenn er bremste, leuchtete es in einem Kaleidoskop bunter Lichter hübsch auf. Ich sah, dass er ganz neue Sitzbezüge hatte – hellblau und mit Schaumstoff gefüttert.

»Schöne neue Sitze«, bemerkte ich.

»Danke sehr, Sir«, grinste er glücklich. »Wenn Sie das nächste Mal kommen, neues Auto.«

Das war durchaus im Bereich des Möglichen: Ich bezahlte Ajit lachhaft über Tarif, aber er war es wert. Er war unersetzlich.

»Hast du die Kette, die Leine?«, fragte mich Aditya, als wir nach Delhi hineinfuhren.

Ich zog die Würgekette heraus.

»Mein Gott!«, rief er, als er das Lustinstrument für einen Sadomasochisten aufmerksam betrachtete. »Die ist ein bisschen groß und verdammt schwer. Ich meine, es geht um einen Hund, keinen Elefanten, den du diesmal zügeln musst. Bist du sicher, das ist für einen Hund?«

»Absolut«, log ich.

»Aber die ist zu groß und zu schwer für Pie. Ich meine, er ist ziemlich groß, aber doch nicht so. Weißt du was, wir halten schnell bei einer Tierhandlung an. Schauen wir mal, ob wir dort etwas Passenderes finden.«

Die Tierhandlung, großspurig *Windsor Pet Shop* geheißen, war dem Traditionskaufhaus in Knightsbridge unendlich überlegen, unendlich billiger, und die Verkäufer waren unendlich weniger hochnäsig. Ich erstand geeignete Kettenleinen mit Lederhalsbändern, noch mehr Spielsachen und einen hübschen weichen Hundeteppich in modischen Tigerstreifen. Ich sah schon, dass Aditya ungeduldig wurde, insbesondere, als ich mit dem hilfreichen Verkäufer das Für und Wider einer Futterschüssel aus Metall oder Plastik diskutierte.

»Um Gottes Willen, Mark, mach halblang. Es ist nur ein Pi-Hund. Ein jeder würde denken, du hättest eine verhätschelte reinrassige Edeltöle.«

Doch für meinen Pie kam nur das Beste infrage. Wenn es nach mir gegangen wäre, hätte ich mir eine Schüssel extra anfertigen lassen, so wie Madame Pompadour, die Lazare Duvaux, den berühmten französischen *marchand-mercier*, für ihre Hunde ein komplettes Service edelster Futternäpfe aus feinstem weißen Vincennes-Porzellan herstellen ließ. Schließlich entschied ich mich für eine Metallschüssel. Die sah zumindest fein aus. Und bedeutsam. Und vornehm. In meinen Augen glänzte sie wie eine unbezahlbare Suppenterrine aus gediegenem Silber.

Auf dem Weg zu Adityas Wohnung machten wir noch einmal beim Fleischer Halt. Ich war leicht beunruhigt, als er mit einer über die Schulter geschlungenen Ziege heraustorkelte. Besorgnis verwandelte sich in äußerste Nervosität – und äußerste Eifersucht –, als wir Adityas Wohnung ansteuerten. Es ertönte ein tiefes Bellen, das, als wir uns der Tür näherten, in hysterisches, erregtes Winseln überging. Pie hängt offensichtlich sehr an Aditya, dachte ich unglücklich. Aditya öffnete die Tür. Ich erhaschte nur einen flüchtigen Blick – sehr verschwommen – auf etwas Schwarzes, das an mir vorbeiflog und hinter einem Busch verschwand.

»Jetzt sieh dir das an«, sagte Aditya stolz. »Schau, er muss seit vier Stunden dringend pinkeln. Aber er hat gewartet. Das ist das Gute an Pi-Hunden«, fuhr er mit Kennermiene fort. »Sie sind von Natur aus ans Haus gewöhnt und unglaublich sauber. Es liegt ihnen im Blut.«

»Woher weißt du das?«, fragte ich argwöhnisch, als wir geduldig warteten, bis Pie seine ausgiebige Entleerung hinter sich gebracht hatte.

»Das liegt mir im Blut«, erwiderte er. »Erinnere dich, wir sind Hundeanbeter. Du hast es mir ja gesagt. Jetzt komm, lass dir Pie vorstellen, deinen neuen besten Freund.«

Ich hätte mir um die Übertragung der Zuneigung keine Sorgen zu machen brauchen, denn unversehens lag ich flach auf dem Rücken, über mir ein großer schwarzer Hund mit langen Beinen und scharfen Krallen, der mein Gesicht in Sabber badete. Ich schubste ihn von mir herunter und kam wieder auf die Beine, Brust und Schenkel von seinen Krallen gezeichnet. Er sprang wieder hoch. Ich packte ihn am Kopf und erwiderte die Zuneigung, indem ich ihm einen Kuss auf die lange Schnauze drückte. Pie, mein Pie. Mein Hund.

Er war wunderbar, eine Art Kreuzung zwischen einem Labrador und einem Schakal. Sein Fell – was noch davon übrig war, denn große rosige Flecken zierten seine Flanken und seinen Rücken – hatte die weichen, seidigen Haare eines Labradors. Er war auch untersetzt wie ein Labrador, doch da endete die Ähnlichkeit. Seine Schnauze war lang und spitz. Er hatte mächtige Kiefer, üble Zähne und starken Mundgeruch. Sein Schwanz – was noch davon übrig war, denn es fehlte die Spitze – musste einmal lang und buschig gewesen sein. Er wedelte ständig damit. Und er war auf alle Fälle gezeichnet – seine Schnauze wies kreuz und quer tiefe weiße Linien auf, und ihm fehlte ein Stück des spitzen Ohrs. Wegen der nackten Flecken rosiger Haut war ich ein wenig beunruhigt.

»Was ist das?«, fragte ich Aditya.

»Räude.«

»Räudig! Pie ist ein räudiger Hund!«, rief ich entsetzt. »Ist das nicht ansteckend?«

»Ich weiß es nicht genau«, erwiderte er leichthin, »und er hat auch noch die Krätze. Die ist höchst ansteckend. Aber mach dir keine Sorgen, ich hab schon mit der Behandlung angefangen. Darüber reden wir später. Machen wir einen Spaziergang mit ihm. Ich möchte dir zeigen, wie gut ich ihn abgerichtet habe. Wir sollten ihn aber lieber an die Leine nehmen. Er hat ein wenig die Angewohnheit abzuhauen.«

»Ich dachte, du sagtest, er sei schon abgerichtet.«

»Schau, ich hab ihn erst ein paar Tage. Und er ist halb wild.«

Das ist untertrieben, dachte ich, als Pie mich an der gespannten Leine die Straße entlangzerrte. Wir gelangten an einen kleinen, staubigen Park, wo eine Gruppe abgemagerter Hunde in der Sonne lag. Was von Pies

Mähne noch übrig war, sträubte sich, als er giftig bellend nach vorn sprang. Die Hundemeute verdrückte sich mit eingekniffenen Schwänzen.

»Jetzt schau dir das an, mein Freund«, sagte Aditya stolz. »Sie wissen, wer hier der Boss ist. Er ist ein echter Maratha. Mutig wie ein Löwe. Er wird sich auf alles werfen.«

Ja, ja, dachte ich. Ich sah schon Ärger kommen.

»Gut, jetzt übernehme ich, Mark. Nun, schau nur genau hin und lerne.«

»Warum lässt du es mich nicht zuerst versuchen?«, sagte ich. »Pie muss sich an *mich* und *meine* Stimme gewöhnen. Und ich hab nicht viel Zeit.« Ich musste Pie rasch meine Autorität aufprägen. Und, ich gebe es zu, ich wollte Aditya beeindrucken.

Er dachte einen Augenblick nach. »Du hast Recht«, erwiderte er zähneknirschend. »Aber lass ihn an der Leine.«

Ich nahm die Leine fest in die Hand und schritt durch den Park. Augenblicklich schoss Pie nach vorn und zog mir fast den Boden unter den Füßen weg. Ich riss an der Leine und brüllte: »*Suckhna*! Pie, *suckhna*!« Nichts geschah. Er zog nur fester. »*Suckhna*, Pie!«, brüllte ich wieder, »*suckhna*!« Er war nicht zu bremsen; ich musste rennen, um mit ihm Schritt zu halten. Nach Luft ringend, probierte ich es wieder: »*Suckhna*, Pie!«

»Fuß, Pie! Fuß!«, dröhnte eine tiefe Stimme plötzlich durch den Park. Pie stemmte sich in die Bremsen und blieb keuchend neben mir stehen.

Aditya kam her. »Was um alles in der Welt hast du denn da geschrien?«, fragte er ungläubig.

»*Suckhna*«, keuchte ich trotzig. »Das heißt ›Fuß‹ auf Hindi. Es ist aus meinem Hindi-Wörterbuch für Hunde.«

»*Suckhna?*«, fragte er noch ungläubiger. »Was zum Teufel ist *suckhna*? Das hab ich noch nie gehört. Es ist sicher kein Hindi und heißt gewiss nicht Fuß.«

»Doch«, beharrte ich. »Hier, ich zeig's dir.« Ich zog das kleine Taschenwörterbuch von Major Chambers, *Indian Notes about Dogs*, heraus. »Schau dir den Wortschatz an. Da sind alle möglichen nützlichen Ausdrücke. Hier, schau – *suckhna* – bei Fuß.«

Aditya nahm mir das Buch aus der Hand und zog verzweifelt die Augenbrauen hoch. »Zunächst einmal«, erklärte er geduldig, »wird es »suchna« wie im Wort Suche und nicht wie Sack ausgesprochen und ist kein Befehl. Lass dir das von einem Inder sagen, mein Freund«, fügte er sarkastisch hinzu. »Und noch etwas. Glaubst du ehrlich, ich käme auf die Idee, Pie Hindi beizubringen, da ich doch deine letzten Bemühungen, es für Tara zu lernen – von der Aussprache wollen wir gar nicht reden – noch ganz gut im Ohr habe?«

»Was soll das heißen?«, erwiderte ich verstimmt. »Sie hat mich wunderbar verstanden.«

»Erst nach mehr als 1 000 Kilometern. Erinnerst du dich an das Chaos, das sie unterwegs angerichtet hat?«

Da musste ich ihm Recht geben. Taras Ungehorsam hat mich ein kleines Vermögen gekostet, das an die Bauern ging, deren Ernten sie tagtäglich verschlang.

»Vergessen wir deine englischen Hundebücher. Konzentrieren wir uns auf das Grundlegende. Wir fangen mit drei Befehlen an.« Er machte Pies Leine los. »Pie – Fuß!«, befahl er. Gehorsam hielt Pie mit ihm Schritt. »Pie – Halt!«, befahl er. Gehorsam blieb Pie wie angewurzelt stehen, während Aditya von ihm wegging. »Pie – sitz!«, befahl er. Gehorsam setzte Pie sich hin. »Da«, erklärte Aditya, »das ist alles, was du im Augenblick wissen musst.«

Ich war tief beeindruckt. Indiens erstklassiger Hundefänger schien wirklich mystische Macht über Hunde zu haben.

»Nun gut, Mark«, sagte Aditya, »du bleibst da und übst mit Pie. Ich hole das Auto. Bloß die drei Kommandos: Fuß, Halt und sitz. Glaubst du, du kannst sie behalten? Solltest du lieber«, meinte er viel sagend. »Es ist wichtig, dass du irgendwie die Kontrolle behältst, wenn du bedenkst, wo du untergebracht bist.«

Da musste ich ihm beistimmen. Meine Gastgeberin, Ayesha Jaipur oder Ihre Königliche Hoheit, die Rajmata Gayatri Devi aus Jaipur, ist eine lebende Legende. Sie gilt als eine der schönsten Frauen der Welt und ist früh Witwe des charismatischen, Polo spielenden Ehemannes, des berühmten Maharadschas von Jaipur, geworden. Ihr Leben ist filmreif. Sie gehört zum indischem Hochadel, hat im Alter von acht Jahren ihren ersten Panther geschossen, sich mit ihrem Mann dem weltweiten Jetset angeschlossen, ist als Abgeordnete mit einer der größten Mehrheiten der Welt ins Parlament gewählt, von Indira Ghandi ins Gefängnis geworfen worden und hat später eine der erfolgreichsten Mädchenschulen in Indien gegründet. Sie ist eine der Letzten ihrer Art; ein wahrhaft großer Charakter mit einem unbezwingbaren Geist und verschrobenem Humor. Meine Frau und ich nannten unsere Tochter nach ihr.

Ayesha, ganz ihrem Wesen entsprechend, hatte nicht mit der Wimper gezuckt, als ich ihr mitteilte, ich brächte einen weiteren Gast mit, einen Pi-Hund, aber dennoch war ich ein wenig beunruhigt, wie sie auf dieses große schwarze Biest reagieren würde, über das ich bis jetzt keine Kontrolle hatte.

Ich hatte aber noch meine Geheimwaffe. Aus meiner Tasche zog ich die braune Papiertüte, die mir mein Schwager überreicht hatte, bevor ich abflog – den magischen Hundetalisman oder, wie er es nannte, den Schlüssel zum Herzen eines Hundes. Ich öffnete aufgeregt die Packung. Mir war selbst nicht klar, was ich zu erwarten hatte, aber gewiss nicht das, was ich fand. In der Tüte war noch eine Tüte, gefüllt mit Chocolate Goodboys. Was für einen Hund in Indien, fragte ich mich verwundert, hat mein Schwager sich vorgestellt? Einen Chihuahua? Einen Yorkshire Terrier? Einen Sieger der Schönheitskonkurrenz von Crufts? In diesem Augenblick hätte ich ihn umbringen können.

Dennoch hatte ich keine andere Wahl und vor allem keine Zeit zu verlieren. Ich entschied, dem »Schlüssel zum Herzen eines Hundes« eine Chance zu geben. Ich öffnete die Packung und entnahm ihr einen der kleinen zylindrischen Schokobonbons. Pie war, wie ich bemerkte, seltsam ruhig geworden. Er hatte aufgehört, an der Leine zu zerren, und starrte mich an – oder eher meine Hand –, mit einem schiefen Ohr und heraushängender Zunge. Es könnte klappen, dachte ich. Langsam senkte ich die Hand auf Pie zu und sagte »sitz!«. Er sprang augenblicklich auf, und ich schaffte es gerade noch rechtzeitig, meine Hand zurückzuziehen, bevor sie durch ein Zuschnappen seiner gemeinen Kiefer am Handgelenk abgetrennt worden wäre.

Ich versuchte es erneut. »Sitz!«, sagte ich und senkte den Bonbon behutsam tiefer. Zu meiner Freude setzte sich Pie auf seine Hinterbacken. Meine Hand wollte ich nicht noch einmal aufs Spiel setzen, also warf ich ihm den Goodboy zu, den er sauber fing. Erwischt, dachte ich glücklich.

Dann versuchte ich es mit dem nächsten Manöver – ihn bei Fuß zu halten. Er benahm sich mustergültig. Er folgte aufs Wort. Solange ich einen der magischen Schokobonbons bereithielt, war er Wachs in meinen Händen. Jedes Mal gab ich ihm eine Belohnung.

Als Nächstes probierte ich es mit dem schwersten Test. Ich ließ ihn von der Leine und befahl ihm, sich hinzusetzen. Wieder gab es eine Belohnung, bevor ich rückwärts langsam von ihm wegging. Er saß da und beobachtete mich. Ich hielt nach ein paar Metern an. »Halt!«, sagte ich. Pie blieb sitzen. Dann nahm ich ein weiteres Schokobonbon heraus.

»Halt, Pie!«, warnte ich. Er kam vor Aufregung ins Zittern. »Halt!«, warnte ich ihn nochmals. Dann schnippte ich den Goodboy in die Luft. Pie schoss auf mich zu, sprang hoch, fing die Schokolade und setzte sich mit einem erwartungsvollen Blick mir zu Füßen. Das war einfach, dachte ich. Ein abgerichteter Hund.

Mittlerweile war Pie ein echtes Goldstück. Solange das magische Päckchen in meiner Tasche steckte, wich er keinen Millimeter von mir. Ich schlenderte mit lässig über die Schulter gehängter Leine über den Park zu dem Platz, wo Aditya mit Ajit am Auto wartete.

Aditya schaute argwöhnisch erst mich, dann Pie an. »Wie hast du das geschafft? Du hast ihm doch keine Drogen gegeben, oder?«

»Natürlich nicht«, log ich. Also eigentlich war es ja keine richtige Lüge, nur eine Notlüge. »Ich habe einfach deine exzellenten Anweisungen ausgeführt. Pie und ich sind jetzt ein Herz und eine Seele. Du weißt, ich hab ein Händchen mit Tieren.

»Mm«, brummte Aditya.

Ich sah schon, dass er nicht überzeugt war, weil er unmöglich übersehen konnte, dass Pie meine Tasche aufreißen wollte. Es war Zeit, das Thema zu wechseln. »Sollten wir ihm nicht was zu fressen geben?«, fragte ich unschuldig. »Er muss schon fast verhungert sein.«

»Das ist das Letzte, was wir tun sollten, Mark«, erklärte Aditya dezidiert. »Pie wird es im Auto schlecht, schrecklich schlecht. Ich weiß das. Du gehst mit ihm auf die Rückbank und lernst ihn näher kennen. Nach deinen Worten bist du mit Pie ja ein Herz und eine Seele. Ich setze mich nach vorn.«

Ajit, der sich zweifellos um seine neuen blauen Sitzpolster sorgte, hatte bereits das hübsche weiche Tigerfellimitat über den Rücksitz geworfen. Ich stieg ein, wobei Pie sich fest an meine Tasche hielt, und wir fuhren los, um den Hund seiner Hausdame vorzustellen.

Dann ging alles recht schnell. Erst eine heiße Nase, dann das Keuchen. Und danach – ich kann nur annehmen, aus Mangel an Gras, das Hunde oft fressen, damit es ihnen besser geht – fing Pie an, auf der Suche nach einem Ersatz dafür heftig mit seinen langen, scharfen Krallen zu scharren. Erst riss er die weiche Hundedecke mit dem hübschen Tigermotiv in Fetzen, und dann – sehr zum Verdruss eines immer aufgeregter werdenden Ajit, der die Sache verkomplizierte, indem er aufgrund wiederholter Blicke in den Rückspiegel das Auto alarmierend ins Schlingern brachte –, buddelte sich Pie durch die brandneuen Sitzpolster und verschlang die Schaumstofffüllung.

»Ich glaube, er muss kotzen«, schrie ich.

Ajit trat auf die Bremse, doch es war zu spät. Bevor ich uns beide aus der hinteren Tür bugsieren konnte, übergab sich Pie reichlich über mich, über den Rücksitz, über die hintere Tür und über den Rücken der Vordersitze, wobei er eine interessante, aber übel riechende Mischung aus einem halben Pfund Schokobonbons und zerfetzter Tigerfellhundedecke, gewürzt mit blauen Schaumstoffkrümeln, hinterließ.

In diesem entlarvenden Zustand traf ich am Wohnsitz Ayeshas in Delhi ein. Zum Glück für mich war sie nicht da, doch ihre alten Hausangestellten, die ich schon seit Jahren kannte, beäugten mein Eintreffen mit kaum verhohlener Belustigung. Aditya übernahm schnell die Kontrolle, während ich mich im Gästebadezimmer säuberte. Ajit wurde weggeschickt. Mit bemerkenswert glücklicher Miene drückte er ein weiteres dickes Bündel Geldscheine an sich, das dazu dienen sollte, die Sitzpolster zu ersetzen. Aditya machte mit Pie einen Spaziergang im Garten, wo dieser noch etwas Gras verschlang, noch ein paar Mal kotzte und bald wieder ganz der Alte war.

Aditya und ich setzten uns draußen auf die Veranda. Ich konnte es nicht riskieren, Pie ins Haus zu bringen. Ein dunkelblaues Schaumstoffsitzpolster ist eine Sache, Ayeshas Chintzsofas sind eine ganz andere. Und da spürte ich das Jucken, ein Kribbeln, als würden meine Füße brennen. Ich zog mein Hosenbein hoch und blickte auf eine sich vergrößernde Schwiele aus fahlen roten Punkten.

»Mein Gott«, rief ich aus, »das hat mir grade noch gefehlt. Ich hab die Krätze.«

Aditya sah sich mein Bein genau an. »Mm«, brummte er beiläufig. »Nein, sieht mir mehr nach Flohbissen aus.«

»Flohbisse!«, rief ich entsetzt. »Was soll ich bloß tun? Wir können Ayeshas Räume doch nicht mit Flöhen verseuchen.«

»Keine Sorge, wir lassen Pie draußen. Wir töten sie später ab. Ich muss dir zeigen, wie er gebutoxt wird.«

»Gebutoxt? Was ist denn das?«

»Tödliches Gift. Tötet alles – Krätze, Räude, Flöhe –, sogar den Hund selbst, wenn du ihm nicht das Maul verbindest. Also das ist eine ziemlich vertrackte Prozedur. Lass mich es dir erklären.«

Gerade als Dr. Patankar, Indiens erstklassiger Hundefänger, sich in Indiens erstklassigen Tierarzt verwandelte und sich über die medizinische Versorgung von Vierbeinern erging, schwebte eine elegante Erscheinung in einem smaragdgrünen Chiffonsari um die Ecke.

»Ah, da sind Sie beide ja. Ich habe mich schon gefragt, wo Sie stecken«, sagte sie. »Und das ist ...?«

»Pie«, sagte ich. »Pie, das ist Madam Ayesha.« Es klang lachhaft, so als ob ich jemanden förmlich bei einer Cocktailparty vorstellte. Pie wedelte gehorsam mit dem Stummelschwanz.

»Hallo, Pie«, begrüßte sie ihn und tätschelte ihm leicht den Kopf. »Was für ein sonderbarer Hund. Aber doch ganz süß. Wo haben sie ihn gefunden, Aditya?«

»Na ja, Ayesha, eigentlich hat er mich gefunden. Er spazierte gewissermaßen in mein Haus. Ich nenne das Bestimmung, Sie doch auch?«

»Hm«, sagte sie, uns eindeutig kein Wort glaubend. »Ist er stubenrein?«

»Absolut«, logen wir gleichzeitig.

»Und ist er geimpft worden?«

»Oh, gegen alles«, erwiderte Aditya glatt und zog Pies Impfscheine hervor. »Gegen Staupe, Hepatitis, Parainfluenza, *leptospira bacterin*, Tollwut, Würmer – er hat alles abgekriegt.«

»Hat er Flöhe?«

»Keinesfalls«, sagte ich, während mein rechtes Bein höllisch juckte.

Sie besah sich Pie etwas genauer. »Sieht aus, als hätte er ein wenig die Räude, möglicherweise auch Krätze. Womit behandeln Sie ihn, Aditya? Butox?«

»Ja, Ayesha. Er hat schon zwei Bäder hinter sich.«

»Gut. Stellen Sie sicher, dass Sie ihm für mindestens zwei Stunden nach dem Bad ordentlich die Schnauze verbinden. Es kann für Hunde tödlich werden, wenn sie ihr Fell lecken.«

Ich lächelte in mich hinein. Indiens erstklassiger Hundefänger und Tierarzt hatte jemand Ebenbürtigen gefunden. Ayesha wandte sich an mich.

»Ich hoffe, Sie haben ihn gefüttert, Mark. Der arme Hund sieht schrecklich mager aus.«

»Äh, er hat erst eine Art Imbiss bekommen«, brummelte ich, »aber wir haben Fleisch gekauft.«

»Gut, ich lasse den Koch später etwas für ihn kochen. Nun ruhe ich mich erst mal aus. Gehen Sie doch in den Lodi-Gärten mit ihm spazieren. Es ist hübsch dort, es wird ihm gefallen. Bis später.« Sie wandte sich zum Gehen, drehte sich aber noch einmal mit gerümpfter Nase um. »Hat sich jemand übergeben?«

»Nein«, logen wir.

»Komisch, ich hätte schwören können ... na gut, bis später.«

Pie und ich gönnten auch Aditya etwas Ruhe und machten uns auf in die Lodi-Gärten. Als wir dort anlangten, war es spätabends, der Augenblick kurz vor Sonnenuntergang – oder, wie es in Indien heißt, *ghau dhauli*, die Stunde des Rinderstaubs –, wenn alles in eine weiche goldene Glut getaucht ist. Vor dem Eingang hing ein merkwürdiges Schild: »Hunden ist vor acht Uhr früh und nach fünf Uhr abends der Eintritt verboten.« Vielleicht meinten Sie fünf Uhr früh. Jedenfalls achtet in Indien wie beim Schlangestehen niemand auf Schilder, und so gingen wir rein.

Endlich entspannte ich mich. Es war ein langer Tag gewesen, und morgen würde es hektisch werden – so vieles war noch zu erledigen, bevor ich Delhi verließ. Im Augenblick allerdings schlug ich mir das alles aus dem Kopf und genoss einfach die Gesellschaft meines neuen besten Freundes. Wir spazierten in den Schatten der großen Sandsteingrabmäler aus dem 16. Jahrhundert und lauschten dem Kreischen und Keifen der Sittiche und Spatzen, die sich in den hohen Akosha-Bäumen entlang der gepflegten Wege gegenseitig den Platz streitig machten. Gelegentlich begegneten wir pummeligen, schnaufenden Paaren in identischen, meist dunkelroten Trainingsanzügen und brandneuen weißen Nikes, die sich in Form scharfen Gehens auf dem Gartenkurs etwas Abendsport gönnten. Ihr scharfes Gehen wechselte rasch in verschärften Dauerlauf, wenn sie im Dämmerlicht das schwarze Ungetüm erblickten, das mich an der Leine hinter sich herzog.

Wir erreichten das große Bara Gumbad, das quadratische Grabmal aus dem 15. Jahrhundert, gekrönt von der imposanten Kuppel, die ihm den Namen gab. Wie die meisten dieser großartigen mittelalterlichen Denkmäler war es von Grafitti entstellt. Pie – ich muss es zu meiner Schande gestehen – entstellte es weiter, indem er am stuckverzierten Eingang sein

Bein hob. Bei der Rückkehr trafen wir andere stolze Besitzer, die ihren Hunden ein wenig abendlichen Auslauf gönnten.

»Guten Abend, wunderschöne Jahreszeit. Herrlicher Abend, nicht wahr? Famos. Sie haben da einen interessanten Hund. Welche Rasse? Etwas von einem Lab, würde ich sagen. Oder vielleicht Schäfer. Das ist Rani – sie ist ein reinrassiger Lab. Und das ist die kleine Tilly – unsere Peki.«

Die kleine Tilly merkte gar nicht, wie nahe sie daran war, von Pie zum Abendessen verspeist zu werden. Ich hatte Mühe, meinen Hund zu bändigen.

»Da haben Sie ja ein recht reizbares junges Kerlchen. Also, viel Glück und noch einen schönen Abend.«

Ich hatte das Gefühl, meinen Hut ziehen zu müssen. Ich hätte mich genauso gut im Hyde Park befinden und dort, um es mit den Worten der hochnäsigen Verkäuferin bei Harrod's zu sagen, meinen kleinen Liebling spazieren führen können. Bloß war ich in Indien, und mein kleiner Liebling – ein wilder Pi-Hund – führte *mich* spazieren.

In Ayeshas Haus sah ich, dass für Pie ein besonderes Essen zubereitet worden war. Seine Silberschüssel war bis zum Rand gefüllt mit Milch, Brot und gekochtem Huhn. Ich sah mir das Huhn argwöhnisch an. »Aditya, das kann er nicht fressen. Ihm bleiben die Knochen im Hals stecken, und er erstickt.«

»Mark«, erwiderte er matt, »wir haben es hier nicht mit einem eurer englischen Rassehunde zu tun. Das ist ein wilder Straßenköter. Der verschlingt alles.«

Pie steckte seine Schnauze in die Schüssel, schlabberte Milch und Brot auf und verschlang mit zwei Bissen die beiden Hühner. Dann schoss er auf der Suche nach mehr Fressen in die Küche.

Ich entschied, Pie sollte bei mir schlafen. Schließlich mussten wir uns näher kennen lernen. In den nächsten paar Monaten müssten wir auf engstem Raum miteinander auskommen. Ich kettete ihn an den eisernen Bettpfosten, breitete mein Handtuch als Decke aus, füllte seine neue Metallschüssel mit Wasser, verteilte Spielsachen strategisch um ihn herum, damit er sich nicht einsam fühlte, und schloss die Tür meines Schlafzimmers, um mich den anderen beim Abendessen anzuschließen. Ich hatte noch kaum einen Bissen hinuntergeschluckt, als ein schreckliches Jaulen durchs Haus hallte, gefolgt von vier dumpfen Schlägen und einem Geräusch wie von einer wild gewordenen Kettensäge.

»Es wäre wohl klüger, Pie draußen zu halten«, bemerkte Ayesha. »Ich habe das Zimmer erst frisch tünchen lassen.«

Gekränkt schoss ich in mein Zimmer und versuchte, die Tür zu öffnen, aber die war blockiert. Ich drückte stärker und schaffte es, mich hineinzuquetschen. Pie hatte das Bett an die Tür gezogen. Er stand betrübt inmitten der Überreste zerfetzter Handtücher und zerbissener Spielsachen und war mit einer feinen weißen Schicht abgeraspelter Farbe bedeckt. Er wedelte mit seinem Stummelschwanz, sprang hoch und leckte mir das Gesicht ab. Ich brachte es nicht über mich, ihn zu tadeln. Der arme Pie – er war einsam und orientierungslos. Alles in seiner Welt hatte sich so rasch verändert. Er war fast über Nacht von einer Müllhalde ins Königshaus gelangt. Es ging ihm etwa so wie Eliza Dolittle. Dann sah ich die Rückseite der Tür. Oder was noch davon übrig war. Sie erinnerte mich an das vernarbte und zerkratzte Gesicht des Kailash. Ich sah Pie an. Er sah mich an und wedelte fröhlich mit dem Schwanz.

»Alles in Ordnung?« Ayeshas Stimme schwebte durchs Haus.

»Ähm, ja schon, Ayesha«, antwortete ich. »Er fühlt sich nur ein bisschen einsam. Ich bringe ihn nach draußen – dort wird er sich glücklicher fühlen. Aditya«, schrie ich, »hilf mir mal, ja?« Ich packte ein Bündel Leinen und Ketten, zerrte Pie aus dem Zimmer, schloss es ab und ging in die Küche, wo Aditya wartete. Wir fanden bald einen idealen Platz für Pie, eine kleine Veranda an der Rückseite der Küche.

»Da können wir ihn anketten«, sagte er und rüttelte an einem dicken Wasserrohr, das an der Küchenwand herabführte.

Ich schnappte mir Pie, legte ihm zwei Leinen an, führte die Ketten um die Leitung und band sie zusammen. Ich zog daran, um den Knoten festzuzurren.

»Bist du sicher, dass der Knoten fest genug ist? Er sieht ein wenig wirr aus, dein Knoten.«

»Na hör mal, Pie ist doch kein Elefant«, erwiderte ich gereizt. Ich fühlte mich allmählich erschöpft. Der Jetlag forderte seinen Tribut. Es war ein langer Tag gewesen. »Er ist ein Hund. Er müsste Houdini sein, um da rauszukommen. Hier, probier's mal.«

Aditya zog an der Kette. »Ja, die ist fest.«

Wir gingen wieder herein zu Ayesha, um noch einen kleinen Schluck zu trinken. Ich hatte kaum an meinem Whisky genippt, als das Winseln wieder anfing. Ich erhob mich.

»Nein, lass ihn«, sagte Aditya. »Er beruhigt sich schon. Das hat er auch getan, als ich ihn das erste Mal bei mir hatte. Trau mir – er schläft bald ein.«

Schließlich hörte das Winseln auf. Ich fühlte mich echt glücklich; ich war in guter Gesellschaft bei gutem Whisky und guten Gesprächen, und vor allem hatte ich jetzt einen eigenen Hund. Nach etwa einer Stunde verkündete Ayesha, sie gehe zu Bett. Aditya und ich blieben noch eine Weile auf und tranken.

»Na, wir haben's wieder geschafft, mein Freund«, sagte er. »*Jaimata* – auf dein Wohl. Auf Pie und deine Reise.« Wir stießen an.

»Ich wünschte, du kämst mit«, erwiderte ich nostalgisch. »Es ist nicht das Gleiche.«

»Sei dir da nicht zu sicher – es könnte durchaus sein, dass ich irgendwo dazustoße. Wie dem auch sei, jetzt gehen wir mal und sagen Pie Gute Nacht. Ich muss nach Hause.«

Wir schlenderten in die warme, nach Jasmin duftende Nachtluft. Fledermäuse huschten über uns. Alles war so ruhig und friedlich.

Aditya legte den Finger an die Lippen. »Psst«, flüsterte er, »Wir wollen ihn ja nicht wecken.«

Wir gingen um die Küche herum und spähten auf die kleine Veranda. Es war sehr dunkel. Wir spähten genauer hin.

»Wenigstens werde ich nicht durch dein Schnarchen geweckt«, flüsterte ich Aditya zu. »Pie ist ein sehr ruhiger Schläfer.«

»Er schläft gar nicht!«, rief Aditya aus. »Er ist verschwunden!«

»Was? Du machst wohl ...«

»Ich mache keine Scherze, mein Freund«, unterbrach er mich. »Schau hin – er hat das Abflussrohr komplett aus der Wand gerissen. Es ist auch weg.«

Das darf doch nicht wahr sein, sagte ich mir. Das passiert nicht mir. Das ist ein Albtraum. Wie ein Schlafwandler betrat ich langsam die Veranda. Aditya hatte Recht. Sie war leer – bis auf ein paar rostige Schrauben und Muttern auf dem Boden und ein halbes Abflussrohr, das locker von der Wand hing.

Panik setzte ein. »Wir müssen ihn finden!« Ich zitterte am ganzen Körper vor Schock. »Scheiße, Scheiße, Scheiße!«

»Beruhige dich erst mal«, sagte Aditya entschieden und packte mich am Arm. »Er kann nicht weit sein. Er hat ja ein Abflussrohr am Hals.«

Langsam legte sich meine Panik. Ich konnte wieder klar denken. »Ja. Aber er hat einen höllischen Vorsprung. Mindestens zwei Stunden. Ich wette, er ist abgehauen, als das Winseln aufhörte. Es ist alles deine Schuld«, klagte ich Aditya unfair an. »So viel zu deiner Hundemagie.«

Mittlerweile waren die Lichter im Haus angegangen, und die Bediensteten stolperten heraus. Aditya erklärte die missliche Lage. Bald tauchten Taschenlampen auf.

Dann hallte eine gebieterische Stimme durch die stille Nacht. »Wer ist da?«

»Himmel noch mal«, sagte ich zu Aditya, »das ist Ayesha – wir haben sie aufgeweckt. Jetzt sind wir dran.«

Ayesha tauchte aus dem Dunkel auf. »Was um alles in der Welt geht hier vor?«

»Ähm – Pie ist weg, Ayesha«, sagte ich.

»Weg? Wohin weg?«

»Er, äh, ist verschwunden – äh, mit Ihrem Abflussrohr.«

»Ich dachte, Sie haben gesagt, Sie hätten ihn angebunden.«

»Ja, das hab ich. Aber er, äh, er hat das Abflussrohr mitgezogen.«

»Also wirklich, Mark und Aditya, erst verliert ihr einen Elefanten – damals, als ihr auf einem Dickhäuter durch Indien geritten seid – und nun verliert ihr einen Hund.«

Wir standen wie begossene Pudel vor ihr.

»Den Elefanten haben wir wieder gefunden«, warf ich schwach ein.

»Ja, ich weiß«, antwortete sie vernichtend, »aber ein Elefant ist, wie Sie wissen, beträchtlich größer. Pi-Hunde sind nicht gerade eine gefährdete Art. Allein in Delhi gibt es etwa fünf Millionen.«

»Aber keiner läuft mit einem Abflussrohr herum«, sagte ich, mich an den letzten Strohhalm klammernd. Im selben Augenblick tauchte ein Bediensteter aus dem Dunkel auf. Er trug etwas Langes und Schweres. Das abgebrochene Abflussrohr. Er hatte es am Tor gefunden.

»Jetzt nicht mehr«, bemerkte Ayesha unnötigerweise. »Hört mal her, ich rufe bei der Polizei an und bitte sie, eine Fahndung zu starten. Obwohl das nicht viel nützt. Ich bezweifle, dass ein Pi-Hund bei ihnen oberste Priorität genießt. Ich schlage vor, Sie beide – Sie können mein Personal mitnehmen – machen sich auf die Suche. Versuchen Sie bitte, nicht zu viel Lärm zu veranstalten. Ich möchte nicht, dass die ganze Nachbarschaft geweckt wird. Ich sehe Sie am Morgen. Gute Nacht.«

»Gute Nacht, Ayesha.«

Aditya übernahm augenblicklich das Kommando. »Nun gut«, sagte er bestimmend und schien die bevorstehende Aktion schon zu genießen, »wir teilen uns auf. Und wir wenden die alte Maratha-Suchtechnik an. Mark, du gehst deinen Weg in die Lodi-Gärten zurück. Die Jungs und ich durchkämmen die Häuser und Gärten der Umgebung. Wir treffen uns in einer Stunde wieder hier. Uhrenvergleich. Es ist jetzt Mitternacht. Okay?«

Tagsüber sind die Lodi-Gärten grün und anheimelnd, voller Leben. Nachts sind sie ausgesprochen unheimlich. Das Tor war verschlossen, also kletterte ich über die Mauer und begann meine Suche auf dem langen, leeren Hauptweg. »Pie«, gellte ich, »Pie, Pie, komm her. Fuß, Pie!« Keine Reaktion – nur Stille. Ich zuckte zusammen, als sich etwas im Gebüsch bewegte. Rasch leuchtete ich mit der Taschenlampe hin und erwischte ein Glitzern wie von Rubinen, als ein Mungo mich anschaute und dann geräuschlos im Unterholz verschwand. Ich ging immer weiter, rief seinen Namen, während meine Stimme unheimlich hallte, als sie von den dunklen und stummen Gräbern zurückgeworfen wurde.

Ich überquerte die Athpula, die verzierte Brücke aus dem 16. Jahrhundert in der nordwestlichen Ecke des Parks, und machte mich von dort aus auf den Rückweg. Wie konnte das nur passiert sein? Ich wollte es einfach nicht wahrhaben. Mir war elend zumute. Ich hatte Schuldgefühle. Armer Pie. Wo zum Teufel steckte er?

Unglücklich kletterte ich wieder über die Parkmauer. Im Grunde meines Herzens wusste ich, dass ich ihn verloren hatte. Auf dem Rückweg hielt ich jeden spätnächtlichen Spaziergänger auf, der entweder rasch einen großen Bogen um den Verrückten machte, der seine Leidensgeschichte erzählen wollte, oder wertvolle Zeit damit vergeudete, mich nach meinem Alter, bürgerlichen Stand, Beruf, meinem schönen Land und dem bedauerlichen Niedergang des englischen Krickets auszufragen. Ich wandte mich sogar an einen alten Sadhu, der zugedröhnt an einer Mauer saß. Er nickte weise, verstand kein Wort, als ich ihm mein Herz ausschüttete. Doch er segnete mich und knöpfte mir 100 Rupien ab.

Am Haus traf ich einen niedergeschlagenen, müden Aditya mit Ayeshas Personal an. Sie hatten auch kein Glück gehabt. Aditya war von jedem Hausbesitzer, den er aufgeweckt hatte, beschimpft worden und nur knapp ernsthaften Übergriffen seitens des Personals entgangen. Immerhin hatte er Ajit am örtlichen Taxiplatz gefunden. Nun hatten wir zumindest vier

Räder. Ajits Rücksitz war, wie ich bemerkte, von noch plüschigeren Sitzpolstern bedeckt – dickes, pelziges Velours in kräftigem Rot.

In den noch verbleibenden Nachtstunden durchkämmten wir die Stadt, hielten Autos an, Polizisten, Politiker, Bettler; wir suchten sogar die Polizeiwache auf, wo wir auf Bitten eines äußerst verwirrten Beamten mit dem Ausfüllen ellenlanger Fragebögen weitere Zeit verschwendeten. Er konnte einfach nicht begreifen, warum wir einen Pi-Hund finden wollten.

Es war praktisch schon taghell, als wir wieder zu Ayeshas Haus kamen. Fahles Licht glomm am Osthimmel auf. Ich stieg aus dem Auto.

»Mark, sieh zu, dass du ein bisschen Schlaf findest«, meinte Aditya gütig. »Wir probieren es morgen in allen Tierheimen. Wir finden ihn, keine Sorge. Ich hole dich gleich am Vormittag ab.«

Ich schleppte mich ins Schlafzimmer. Pies früheres Chaos umgab mich, das mich schmerzhaft daran gemahnte, was hätte sein können. Ich drückte eine Quietschmaus fest an die Brust und sank in unruhigen Schlaf.

Einige Stunden später wachte ich mit einem scheußlichen Gefühl auf – eine Kombination aus Schlafmangel, Jetlag, Kater, Besorgnis und Schuldgefühlen. In meinem Bauch kringelten sich Schlangen. Ich richtete mich halbwegs präsentabel her und trat zum Frühstücken mit Ayesha auf die Veranda heraus.

Sie blickte von ihrer Zeitung auf. »Sie müssen sich schrecklich fühlen«, tröstete sie mich gütig.

»Ganz recht, Ayesha. Ich habe einen Jetlag. Mir fehlt Schl...«

»Ich rede nicht davon, wie Sie sich fühlen, sondern was Sie für Pie empfinden. Das arme Kerlchen. Es ist womöglich überfahren worden.«

In meinem Bauch brodelte es, als die Schlangen dort einen Hochzeitstanz aufführten. Zum Glück kam Aditya gerade rechtzeitig, um mich abzuholen, bevor Schuldgefühle und Besorgnis eine weitere Renovierung der Residenz der Rajmata erforderlich machten. Ich musste versuchen, mir Pie aus dem Kopf zu schlagen. So wie es aussah, war der Tag ausgefüllt genug. Bei meinem ersten Termin sollte ich das entscheidende Papier abholen, das mir das Betreten des verbotenen Gebiets an der McMahon-Linie erlauben würde: eine Aufenthaltsgenehmigung, von der mir Leute gesagt hatten, sie wäre unmöglich zu bekommen.

Aditya brachte mich hin, denn er hatte sich edelmütig bereit erklärt, die Tierheime Delhis auszukundschaften, und ich betrat mit schwindelndem Kopf und kribbeligem Bauch das wirbelnde Chaos um den Olymp der indischen Bürokratie, das Lok Nayak Bhavan, das weiträumige und labyrinthische Hauptgebäude des Innenministeriums, Abteilung Ausländerfragen.

Die Bürokratie stellt dir in vielen Ländern Fallen, aber in Indien ist sie eine Kunst, eine Institution, ein altmodischer Koloss, der, wie mir viele meiner indischen Freunde bestätigt haben, den Sprung ihrer großen, innovativen Nation ins 21. Jahrhundert behindert hat. Ein Bekannter erzählte mir einmal, wenn alle Akten aus allen Ministerien Indiens nebeneinander gelegt würden, würden sie achtmal um die Welt reichen. Aber das ist nicht Indiens Schuld. Es ist unsere Schuld – die der guten alten Briten. Wir haben die Bürokratie erfunden. Indien hat sie nur perfektioniert.

Die lange Odyssee meiner Akte begann vor zwei Jahren und entwickelte sich zu einer epischen Papierreise gigantischen Ausmaßes. Wenn ich für meine Akte Flugmeilen hätte reklamieren können, als sie von Ost nach West und von West nach Ost hin und zurück befördert wurde, könnte ich für den Rest meines Lebens erster Klasse fliegen. Schließlich landete meine Akte wie bei allen Ausländern im Innenministerium.

Dort fängt der Papierstau erst richtig an: eine zentimeterweise voranschreitende Reise von einem Büro zum andern. Das nennt sich »den schwarzen Peter weitergeben«. Kein Beamter will die Verantwortung auf sich nehmen, möglicherweise einen Fehler zu machen oder eine falsche Entscheidung zu treffen. Also wird die Akte weiter und immer weiter geschoben, bis sie manchmal wieder zum Ausgangspunkt zurückkehrt. Das kann sich zu einer entnervend frustrierenden Aufgabe auswachsen. Es kann dich tatsächlich in den Wahnsinn treiben. Es sei denn, du kennst jemanden.

Zum Glück hatte ich eine Geheimwaffe: den unschlagbaren und einfallsreichen Dinesh Kumar vom britischen Hochkommissariat für Indien.

Dinesh hatte die Reise meiner Akte durch den Irrgarten des Innenministeriums täglich verfolgt und ihr immer gerade den richtigen Schub gegeben, wenn sie anfing, Staub anzusammeln, um sicherzustellen, dass sie ihren langen Weg im *sanctum sanctorum* des Ministeriums beschloss – dem Büro des Direktors. Hier, in diesem unpassend kleinen Zimmer im dritten Stock, konnte einen eine schlichte Unterschrift groß machen oder vernichten.

In dieses Büro nun geleitete uns ein Trupp aufgeregter und nervöser Boten. Drinnen war das reinste Irrenhaus. Außer dem Direktor, seiner Sekretärin, Dinesh und mir befanden sich acht Menschen im Raum. Der Direktor war hinter einem Stapel Akten auf seinem Schreibtisch kaum auszumachen, denn noch dazu waren diese acht darüber gebeugt und redeten auf ihn ein: eine in Trainingsanzügen gekleidete Gruppe von einer holländischen Baggerfirma, ein bärtiger Muslim, das Gerippe eines argentinischen Mädchens, deren Haut die Farbe von Butterblumen hatte und die in einem langen, fließenden Gewand wie aus dünnen Mullbinden steckte. Ich stellte mich so weit entfernt wie nur möglich von ihr hin. Sie sah höchst ansteckend aus. Sie alle wollten das Gleiche – die Verlängerung ihres Visums – und schrien alle durcheinander.

Der Direktor nahm den Irrsinn gelassen hin. Er saß zurückgelehnt in seinem Stuhl, die Hände hinter der Lehne, ein amüsiertes Glitzern in den intelligenten Augen, die durch eine riesige bifokale Brille mit Schildpattgestell vergrößert wurden. Er hatte das alles schon gehört und gesehen. Seit Jahren. Niemand konnte ihm etwas vormachen. Plötzlich hob er die Arme. Totenstille trat ein. Sogar eine fallende Stecknadel wäre zu hören gewesen. Es war nicht angeraten, sich mit dem Direktor anzulegen. Er blickte zu Dinesh und mir, lächelte und wies uns einen Platz an. Acht erboste Blicke bohrten sich anklagend in mich.

»Wenn Sie alle so nett wären, Moment mal« – er konsultierte seinen Terminplan –, »am nächsten Dienstag wiederzukommen, wäre ich Ihnen sehr verbunden. Ich habe jetzt eine wichtige Sitzung.«

Die sechs holländischen Baggerführer, der bärtige Muslim und das knallgelbe argentinische Hippiemädchen rauschten stumm an mir vorbei. Ich wagte nicht aufzublicken, konnte aber ihren Zorn spüren. Die Tür schlug zu. Der Direktor seufzte – ein müder Seufzer der Erleichterung. Er stand auf, schüttelte uns die Hand, setzte sich wieder, kramte in seinen unzähligen dicken Akten, suchte sich eine besonders dicke heraus und zog daraus ein zweiseitiges Dokument.

»Also, Mister Shand«, hub er an, »das ist in der Tat ein historischer Augenblick, nicht nur für Sie, sondern auch für mich. Ich habe noch nie eine solche Aufenthaltsgenehmigung unterzeichnet. Meines Wissens hat das auch sonst noch niemand getan.«

Er schraubte die Kappe von einem dicken schwarzen Füllfederhalter – einem ungeheuer wichtig aussehenden, der nur zum Unterzeichnen bedeutender Dokumente in Gebrauch genommen wurde. Dann hielt er einen Moment inne. Mir blieb das Herz stehen.

»Überprüfen Sie es bitte, Mister Shand«, riet er mir. »Es sind gewisse Regeln darin aufgestellt, die Sie unbedingt einhalten müssen. Lesen Sie es bitte sehr sorgfältig durch.«

Mit zitternden Händen nahm ich das Dokument entgegen, das mich zwei Jahre meines Lebens gekostet hatte. Es hatte einen herrlich aufregenden Titel – »Aufenthaltsgenehmigung für Schutzgebiete« – und führte alle Orte auf, die ich besuchen durfte. Magische Orte mit Namen, die einen ins Schwärmen bringen – Namen wie Tuting, Korba, Gelling, Jidu, Bomda und das Hochtal von Yamne. Ich verschlang jeden Einzelnen wie eine verbotene Frucht.

Dann prüfte ich die Bedingungen.

a) Der Antragsteller hat sich bei den Behörden des Bundesstaates zu melden und sich strikt an die aufgeführten Orte und Routen zu halten.
b) Der Antragsteller sollte allein zurechtkommen und sich nicht darauf verlassen, dass die Armee ihm irgendwelche Hilfestellung gibt, außer bei einer Notfallevakuierung aus humanitären Gründen.
c) Der Antragsteller wird sich mit GSO 1 (Nachrichtendienst), HQ Kommando Ost, Fort William, Kalkutta, bei Antritt und Abschluss der betreffenden Reise in Verbindung setzen.

Ich schluckte vor Erleichterung, als ich las:

d) Keine Landkarten, Bildmaterial oder Global Positioning Systems außer der Straßenkarte dürfen auf die Reise mitgenommen werden.

Wieder ein nutzloses Kinkerlitzchen, dachte ich mir froh, das einmal auf dem Gabentisch landen wird.

e) Der Antragsteller darf keine Einheit, Einrichtung, Ausrüstung der Armee filmen, fotografieren, auf Video aufzeichnen oder Skizzen davon anfertigen und auch nicht in formloser Weise mit den dort stationierten Armeeangehörigen in Kontakt treten.
f) Einschränkungen, so sie von der Zentralregierung oder den Organen des Bundesstaates angeordnet werden, müssen streng eingehalten werden.

»Ich werde mich an alle Bedingungen halten, Sir«, antwortete ich ernst und gab dem Direktor das wertvolle Dokument zurück. Mit einem ausgreifenden Federstrich wurde mein Schicksal besiegelt, als er die Aufenthaltsgenehmigung mit dem bedeutsam aussehenden Füller unterschrieb.

Ich hätte himmelhoch jauchzen können, als ich mit dem Dokument in der Hand aus dem Ministerium trat. Schließlich hatte ich Geschichte geschrieben. Ich hatte erreicht, was für unmöglich gehalten wurde, nämlich das Labyrinth durchquert. Aber ich war gar nicht so glücklich, nicht richtig. Ich hatte meinen Hund verloren.

Vielleicht gibt es noch Hoffnung, dachte ich. Vielleicht hatte Aditya in einem Tierheim Glück gehabt. Mit dem Herzen auf der Zunge kehrte ich in Ayeshas Haus zurück und traf auf einen erschöpften Aditya, der stumm auf der Veranda saß. Ich sah seiner Miene an, dass er keinen Erfolg gehabt hatte.

»Tut mir Leid, mein Freund. Ich war in jedem Tierheim in Delhi – kein Glück.«

»Was ist ihm deiner Meinung nach passiert? Hoffentlich ist er nicht überfahren worden.«

»So wie ich ihn kenne, Mark, geht es ihm gut. Denk dran, er ist ein Überlebenskünstler. Er ist ein Pi-Hund.«

»Ich begreife nur nicht, warum er ausreißen wollte. Ich dachte, er mochte mich ziemlich – ich meine, uns beide.«

»Darauf gibt es keine Antwort. Es sollte einfach nicht sein. Das weißt du. Das ist Indien. Da gibt es keine Zufälle.«

»Aber wo auf Erden finde ich einen anderen Hund?«, winselte ich. »Ich fliege morgen.« Ich merkte, dass ich wie ein verzogener Junge in einem Spielwarengeschäft klang. Wenn ich das eine Spielzeug zerbrach, würde ich das neuere Modell kriegen. Aber ich hatte das Gefühl, dass irgendwo da draußen auf dem riesigen Subkontinent ein Hund auf mich wartete. Vielleicht war Pie nicht der richtige. Vielleicht gab es einen anderen, vielleicht hatte es nicht sollen sein, wie Aditya meinte.

Aditya musste wieder nach Hause. »Ich hab ein Geschenk für dich«, sagte er und übergab mir ein schmales braunes Päckchen. Ich machte es auf. Es war ein Buch von Miriam Fields-Babineau und hieß *Dog Training*. In dicken fetten gelben Lettern stand unter dem Titel das Wort »BASICS«. »Ich dachte mir, du findest es nützlich.«

»Sehr nett von dir«, bedankte ich mich überschwänglich, »aber wie dir wohl klar ist, habe ich gerade keinen Hund.«

»Wirst du aber bald. Denk an das alte Hindusprichwort.«

»Welches denn?«, fragte ich argwöhnisch.

»Hund findet Hund.« Und mit einem fröhlichen Winken stieg Indiens erstklassiger Hundefänger, erstklassiger Hundeabrichter, erstklassiger Hundearzt und nun erstklassiger Hundeverlierer ins Auto und fuhr davon.

Wie schwierig es auch sein mochte, ich musste aufhören, weiter an Pie zu denken. Meinen nächsten Termin hatte ich im Büro von *Tiger Mountain*. Unterwegs machte ich noch einen Abstecher zum *Windsor Pet Shop*. Ich entschied mich gegen luxuriöses Hundespielzeug oder weiche Hundedecken. Es war mir nun klar, dass Pi-Hunde, wenn ich je wieder einen fand, damit nichts anzufangen wussten. Stattdessen kaufte ich zwei neue identische Leinen. Der höfliche junge Verkäufer, der sich natürlich freute, mich wiederzusehen, war etwas verwirrt.

»Haben Sie jetzt noch mehr Hunde, Sir?«

Augenblicklich noch nicht, dachte ich bekümmert. »Ja«, sagte ich aber fest und drückte mir die Daumen.

»Welches Geschlecht?«, erkundigte er sich höflich.

»Weiblich«, erwiderte ich. Nun, warum nicht? Möglich war alles.

»Und wie heißt sie denn?«

Das brachte mich aus der Fassung, aber nur kurzfristig. Erst dachte ich an Tara. Aber Tara, das wusste ich, würde sich beleidigt fühlen. Wie die meisten Elefanten mochte sie keine Hunde. Sie wäre auch äußerst eifersüchtig. Auf jeden Fall würde das auch viel zu viel Verwirrung stiften. Aber als ich an Tara dachte, fiel mir *Kipling Camp* ein, ihr Zuhause. Darauf fiel mir mein Freund Bob Wright ein, Taras Halter und Besitzer von *Kipling Camp*. Und bei dem Gedanken an Bob musste ich an Taras Erzfeindin, die andere verhätschelte Prinzessin von *Kipling Camp*, denken – Vicky, Bobs extrem fette und extrem verzogene gelbe Labradorhündin.

»Vicky«, antwortete ich.

»Das ist ein feiner Name, Sir.«

Im Büro von *Tiger Mountain* wurde mir mein Führer vorgestellt. Yatish war ein kleiner, untersetzter Mann mit auffallendem schwarzem Schnurrbart. Er hatte eine kräftige Statur und war wie ich leicht übergewichtig. Und wie ich hatte er seine besten Jahre schon hinter sich. Doch anders als ich wirkte er sehr still und verschwiegen, sogar introvertiert: der Typ, der alles für sich behält. Eigentlich genau das Gegenteil von mir. Ich rede unaufhörlich. Das macht Leute manchmal verrückt. Wenn Yatish sprach, was kaum vorkam, brummelte er. Ich fragte mich etwas beunruhigt, wie wir miteinander auskommen würden, da wir ja viel Zeit in großer Nähe verbringen würden.

Als allerdings Landkarten und logistische Überlegungen zur Sprache kamen, wurde er lebendig. Karten für unser Zielgebiet waren schwer aufzutreiben und gute Karten beinahe ungreifbar. Wenn es welche gab, waren sie wegen der heiklen Lage der Region nicht allgemein erhältlich. Zum Glück hatte ich es geschafft, eine Reihe amerikanischer Satellitenkarten in die Hand zu bekommen. Die waren sehr umfangreich, beinahe zu unhandlich zum Mitnehmen. Dummerweise lautete Punkt d in meiner Aufenthaltsgenehmigung: »Keine Landkarten, Bildmaterial oder Global Positioning Systems außer der Straßenkarte dürfen auf die Reise mitgenommen werden.«

Wir entschieden, nur den für uns relevanten Abschnitt auszuschneiden und ihn zu verstecken. Dann stellte sich heraus, dass Yatish ein Ass im Ärmel hatte. Er hatte gute Verbindungen zum Militär. Und was noch besser war, Yatish konnte auch »in formloser Weise mit den dort stationierten Armeeangehörigen in Kontakt treten«, was mir laut Punkt e meiner Aufenthaltsgenehmigung verboten war.

Wir würden am Morgen nach Guwahati aufbrechen und von dort weiter nach Itanagar, wo ich mich bei den Behörden des Bundesstaates melden und mit dem Vertreter von *Tiger Mountain* im Nordosten Verbindung aufnehmen musste. Von dort aus würden wir weiterreisen nach Pasighat, wo ich auf die anderen beiden Mitglieder meines Teams treffen würde: Topgay, unseren Koch aus Ladakh, und meinen Adi-Führer Jaro, wegen seiner Kenntnisse und seiner Fähigkeiten als exzellenter Jäger so etwas wie eine Legende im »Land der im Morgenrot leuchtenden Wolken«. Zumindest dieser Teil meiner Reise – durch Arunachal Pradesh – ist unter Dach und Fach, dachte ich erleichtert.

Ich musste aber immer noch klären, wie ich durch Assam und Bangladesch den Fluss hinabgelangen würde. Ich rief in Guwahati an und sprach mit einem Bekannten, Manju Barua. Manju besaß ein schönes Naturcamp in Assam am Ufer des Brahmaputra, das *Wild Grass* hieß. Ich hoffte, es später auf meiner Reise zu besuchen. Inzwischen sollte Manju für mich ein Boot für die Flussfahrt durch Assam auftreiben. Das erste

Gefährt, das er für mich gemietet hatte, erfuhr ich unter dem Rauschen und Knacken einer schlechten Verbindung, sei gesunken. Er hatte aber offenbar schon Ersatz gefunden – ein Regierungsboot. Doch es gebe ein Problem. Es hatte nach seiner Beschreibung »einen sehr geruchsintensiven Abtritt«. Ich versicherte ihm, dies sei meine geringste Sorge. Ich erkundigte mich nach der Größe des Boots. »Ziemlich groß«, lautete die vage Antwort.

Dann kamen Warnungen. Assam, ermahnte mich Manju, glich keinem Vergnügungsritt auf einem Elefanten durch Indien. Obwohl es offiziell für Ausländer geöffnet war, bestand immer die Gefahr von Aufständen, besonders auf dem Fluss. Piraterie und Entführungen lagen im Bereich des Möglichen. Und ein »weißer Sahib« stellte ein ganz schön verlockendes Ziel dar. Er wollte nicht wertvolle Zeit und Geld für Verhandlungen vergeuden, um mich herauszuhauen. Ich war froh, dass er überhaupt daran dachte. Das hätte sonst keiner getan. Ich versicherte ihm, ich benähme mich tadellos, spürte aber, dass er mir nicht glaubte. Doch das war egal. Da Assam nun mehr oder weniger für mich geklärt war, war ich schon ganz gut dran. Die Logistik für Bangladesch konnte ich mir für später aufheben. Ich hatte schon genug auf meinem Teller.

Ein ernstes Problem bestand aber darin, dass ich noch immer keinen verdammten Hund hatte. In meinen letzten wenigen Stunden in Delhi würde ich mit Sicherheit keinen mehr finden. Blieb nur noch Guwahati. Und dort, fiel mir plötzlich ein, könnte ich Glück haben. Eine weitere Bekannte von mir, Reeta Dev Verma, wohnte dort. Sie war, wie ich wusste, eine große Hundeliebhaberin. Und Reeta hatte einen Bruder, Ranesh Roy, der *Manjus Naturcamp Wild Grass* leitete. Wir waren uns nie begegnet, aber Ranesh war in Guwahati, falls ich Hilfe brauchte. Brauchte ich. Ich brauchte einen Hund.

Als ich endlich in Ayeshas Haus ankam, erschöpft und erschlagen, taumelte ich ins Bett und begann in Adityas Geschenk, *Dog Training: BASICS*, zu lesen. Am Anfang des ersten Kapitels, »Warum abrichten?«, schlief ich schon ein.

Früh am nächsten Morgen, beladen mit Rucksäcken, zwei neuen Leinen und einer großen glänzenden Schüssel – aber noch ohne Hund –, bestiegen Yatish und ich den Flieger nach Guwahati oder, wie die Stadt in den alten Hindutexten der *Kalik Purana* hieß, Pragyotishpura, die »Stadt der östlichen Lichter«, wo der große Gott Brahma die Sterne erschuf.

5

Ich vergesse immer, wie weit Delhi im Norden liegt. Als das Flugzeug eine scharfe Rechtskurve flog, um in südöstlicher Richtung durch Smog und vereinzelte Wolken in den klaren blauen Himmel darüber aufzusteigen, konnte ich durch das Fenster links die Himalayakette sehen. Mich fröstelte, als ich mir diese kalte, eisige und anscheinend undurchdringliche Festung ansah. Doch vor ein paar Monaten, so erinnerte ich mich, hatte ich mit Charles einen Sprung in der schimmernden Wehr gefunden. Und in wenigen Monaten würde ich es dort noch einmal probieren. Nur etwa 6 000 Meter unter mir, auf der anderen Seite des gewaltigen weißen Gebirges, zog ein eisiger Fluss unbeirrbar ostwärts. Als wir an den himmelan strebenden Gipfeln Annapurna, Everest und Kangchenjunga vorbeidüsten, gedachte ich der tapferen Männer und Frauen, die sich die steilen eisigen Flanken heraufgekrallt hatten, manche von ihnen sogar ohne Hilfe von Sauerstoffgeräten.

Das Flugzeug ging nun tiefer. Unten blitzte die Sonne von einem glitzernden Flickwerk aus Grün und blendendem Weiß zurück, als wäre ein großer Berggott von seinem hohen Sitz herabgestiegen und hätte einen unschätzbaren Teppich aus Smaragden und Diamanten ausgebreitet. Als wir noch weiter nach unten schwebten, wurden die Smaragde heller, aber kleiner, die Diamanten größer, aber matter. Wir flogen nun über etwas, das wie ein Meer aussah – eine karamelfarbene See. Das waren die gewaltigen Weiten des Brahmaputra oder – wie er bei den Ahom hieß, dem eroberungslüsternen Shan-Volk, das Assam mehr als 600 Jahre beherrscht hatte – »Nam-Dao-Phi«, der Fluss des Sternengottes.

Pragiyotishpura, die »Stadt der östlichen Lichter«, erfüllte die durch den Namen gesetzten Erwartungen nicht – der leuchtende Glanz war im

Lauf der Jahrhunderte entschieden verblasst. Ihr derzeitiger Name Guwahati oder »Markt der Betelnüsse« wirkte sehr viel passender, als Yatish und ich in einem Ambassador-Taxi mit beängstigendem Tempo über eine von Schlaglöchern übersäte Straße auf die Stadt zuratterten. Endlose Plantagen mit hohen, eleganten Betelnusspalmen in Reih und Glied säumten die Straße wie Soldaten auf einem Exerzierhof.

Guwahati war eine brodelnde, verschmutzte, chaotische Metropole, Nordostindiens am schnellsten wachsende und bedeutendste Stadt – das Versorgungszentrum für die große Öl- und Teeindustrie des Landes. Erst als wir uns unserem Hotel näherten, konnte ich mir allmählich ein Bild davon machen, wie entzückend sie einst die Ufer des Brahmaputra gesäumt haben muss, der wie eine große Wasserader durch die Stadt floss.

Schon während dieser Fahrt erhaschte ich erste Blicke auf meinen Fluss durch die vorbeiziehenden Palmen einer Esplanade zerbröckelnder alter Herrschaftshäuser mit Gärten bis zum Wasser: ein behäbiger brauner Teppich, der sich offenbar bis ins Unendliche erstreckte. Doch die äußere Erscheinung kann täuschen. Unter der glatten Oberfläche, über die unzählige Fahrzeuge tuckerten, dampften, glitten und segelten, wand sich ein schreckliches Labyrinth tückischer Gegenströmungen, Strudel, Wirbel und permanent sich verlagernder Sandbänke. Der Fluss spendete nicht nur Leben – er nahm es auch. Nichts in diesem magischen Land ist so, wie es scheint. Das bewahrheitete sich auf das Genaueste, als ich den Taxifahrer fragte, warum sich am Ufer eine Menschenmenge versammelt hatte.

Er erklärte, dass erst gestern ein *bhut-bhuthi* – der örtliche assamesische Name für das lange, elegante Kanu, das als Fähre dient (abgeleitet von dem ohrenbetäubenden Geräusch des Motors) – gesunken war. Von den 60 Menschen an Bord hatte niemand überlebt. Die Menge bestand aus Verwandten und Trauernden, die an den Ort gekommen waren, der ihnen ihre Lieben genommen hatte, um ihnen zur Reise in ein anderes Leben Lebewohl zu sagen, indem sie deren Asche in den heiligen Fluss streuten. Der Brahmaputra war sowohl ein Ende als auch ein neuer Anfang.

Etwas anderes fiel mir noch auf. Nichts Komplexes, Mystisches, Geheimnisvolles, Tragisches, Bezeichnendes oder Schönes, sondern nur tief Verstörendes: Während der ganzen zweistündigen Fahrt hatte ich keinen einzigen Hund gesehen. Mir fiel die Erklärung in meinem Wörterbuch zu dem Begriff Pi- oder Paria-Hund ein – ein herrenloser Köter aus den östlichen Städten. Guwahati war Indiens größte östliche Stadt.

Ich erkannte Ranesh Roy augenblicklich, als wir die Empfangshalle betraten. Ich kannte seine Schwester schon seit Jahren, und die Familienähnlichkeit stach ins Auge. Reeta erfreute sich der typischen Schönheit assamesischer Frauen. Mit den leicht schrägen Augen, den hohen Wangenknochen, den langen Gliedern und der herrlichen Haut, Erbe ihrer großen Shan-Vorfahren, repräsentierten sie den wahren Gehalt dieses heißen, tropischen, beinahe orientalischen Bundesstaats. Selbst der asketische Mahatma Ghandi war von ihrer Schönheit überwältigt. Er nannte sie einfach »hübsch«.

In der Familie Roy hatten diese Gene auch die Männer gesegnet. Ranesh war elegant, schlank gewachsen und vor allem respektlos. Und wie es der Zufall wollte – wenn es den in Indien überhaupt gab –, stellte sich heraus, dass er Schulkamerad des Maratha Aditya Patankar war, wenn er ihn auch seit über 30 Jahren nicht gesehen hatte.

Ich war fasziniert. »Wie war er denn als Junge?«, fragte ich Ranesh.

»Ganz wie Sie«, erwiderte er mit einem schelmischen Glitzern im Blick. »Ein echter Lausbub, der immer Streiche ausheckte. Doch er war ein verteufelt guter Sportler – der beste in der Schule.«

Das traf zu. Mir fiel ein, dass ich vor Enttäuschung fast geweint hatte, als Aditya mich auf dem Tennisplatz in Grund und Boden spielte, noch vor unserer Reise mit Tara. Und im Lauf der Jahre, selbst nach seiner Hüftoperation, hatte ich seinem vernichtenden, täuschenden und langsam anschwirrenden Offspin immer noch kaum etwas entgegenzusetzen. Der Maratha konnte auch einen Kricketball im Rechteck springen lassen.

»Ich möchte Ihnen nur eines klar machen, Mark«, sagte Ranesh auf einmal.

»Was denn?«, erwiderte ich verblüfft.

»Von mir bekommen Sie keinen.«

»Keinen was?«, sagte ich noch bestürzter.

»Keinen meiner Hunde.«

Hunde, fand ich heraus, als Ranesh und ich uns in der Bar niederließen, um die Biersorten Assams zu testen, gehörten zur Familie. Er war ganz verrückt nach ihnen. Ein wehmütiger Blick trübte seine Augen, als er ausführlich alle die Hunde beschrieb, die er besessen hatte. Derzeit hatte er nur einen – die kleine Hündin Sumo, die bei ihm in Wild Grass lebte, das er für Manju leitete.

»Übrigens«, fragte ich, »wo ist Manju?«

»Manju ist nicht auf seinem Posten«, sagte Ranesh. »Was möglicherweise gut für Sie ist. Sie erfreuen sich augenblicklich nicht der größten Beliebtheit. Er hat die letzten paar Wochen damit verbracht, ein Boot für Sie zu suchen.«

»Ein Boot ist momentan das Letzte, was ich brauche«, erwiderte ich betrübt und leerte mein Glas in einem Zug. »Ich brauche einen Hund.« Ich schaute auf die Uhr. Die Zeit war wie im Flug vergangen. »Mist!«, rief ich. »Ich hab glatt vergessen, Reeta anzurufen.«

In genau diesem Augenblick trat der Empfangschef zu uns. Ein Anruf für Ranesh. Er hob den Hörer an der Bar ab und hielt ihn dann auf Armeslänge von sich entfernt, die Augenbrauen amüsiert hochgezogen. Ein blechernes, schrilles Stakkato hallte durch den mit Marmor verkleideten Raum.

»Das ist für Sie«, sagte Ranesh munter. »Meine Schwester will ein Wörtchen mit Ihnen reden.«

»Hi, Reeta! Ich wollte gerade ...«

»Untersteh dich, mir Ausflüchte aufzutischen«, gellte sie in die Leitung.

»Aber ...«

Die Lautstärke schwoll an, sodass ich wie Ranesh den Hörer auf Armeslänge weg hielt.

»Warum hast du mich verdammt nochmal nicht angerufen?«, unterbrach sie. »Ich bin eine deiner ältesten Freundinnen. Ich kenne dich schon seit 30 Jahren, und du wusstest, dass ich hier bin. Stattdessen hängst du mit meinem Bruder rum und säufst höchstwahrscheinlich.«

»Reeta, Reeta«, brüllte ich. Das musste ich, um bei ihr durchzudringen. »Ich wollte dich ja anrufen. Ich bin gerade erst eingetroffen«, log ich. »Ich bin dabei, einen Hund aufzutreiben. Mein anderer Hund in Delhi war leider nicht ganz passend ...«

»Wag es nicht, mich anzulügen«, unterbrach sie mich wieder. »Dein Flieger ist vor Stunden gelandet. Ich hab's nachgeprüft. Und ich weiß Bescheid, was mit deinem Hund passiert ist. Es ist ein nationaler Skandal. Du hast ihn verloren. Typisch.«

»Aber ...«

»Steig sofort ins Auto und komm her zu mir. Ich habe Hunde. Wenn du nett zu mir bist, könnte ich dir einen leihen. Und bring meinen Bruder mit.«

Yatish entschied sich dazubleiben und murmelte etwas von Hubschrauberarrangements. Ranesh und ich machten uns durch den dichten Verkehr auf den Weg in die Außenbezirke Guwahatis. Eine Stunde später erreichten wir Reetas Haus Beltola, zweifellos nach dem großen *bel* oder Holzapfelbaum benannt, der in ihrem Garten stand. Belbäume haben einen religiösen Bezug – und zwar zu meinem alten Freund, dem allmächtigen Shiva. Er schien während dieser Reise nie weit entfernt von mir zu sein. Das war tröstlich. Die Blätter des *bel* wurden dem großen Herrn des Tanzes angeboten, um seinem erhitzten Körper Kühlung und Linderung zu verschaffen, als er das Gift der »brodelnden Meere« trank, um die Welt zu retten. Ich dachte, jetzt könnte ich ein paar dieser Blätter gebrauchen, um ihren Zorn zu kühlen und zu lindern.

Zum Glück hatte sich Reeta in der Zwischenzeit beruhigt und führte mich bald durch Assams erste Aidsklinik, die sie in ihrem Haus eingerichtet hatte. Ich hatte im Moment allerdings kein Interesse für Aids, dafür aber für Hunde. Ich konnte sie hören, wie sie in einem fort bellten – ein hohes, hysterisches Bellen –, einer dabei lauter als der andere. Reeta stellte mich, als wir hineingingen, diesem einen vor, oder sie versuchte es zumindest. Rani, eine zugegeben süß aussehende Mischlingshündin, war höchst neurotisch, wie ich sehen konnte. Reeta erklärte, dass sie gerade geworfen hatte. Ich war kein Hundekenner – jedenfalls noch nicht –, aber etwas an Rani sprach mich nicht an. Ich wusste, sie würde eine Reise wie meine nicht genießen und nicht davon profitieren. Und vor allem mochte sie mich nicht. Ich probierte, sie zu beschwichtigen, indem ich ihr eine Reihe Kekse anbot, aber sie nahm sie nicht an. Sie weigerte sich sogar, in meine Nähe zu kommen. Es war eine ungemütliche Situation, die viel Diplomatie erforderte. Schließlich war ich in keiner besonders starken Position. Mir wurde hier tatsächlich ein Hund angeboten. Ich brauchte dringend einen, da ich morgen abreisen sollte. Reeta war eine sehr alte Freundin von mir, und ich wollte sie nicht vor den Kopf stoßen. Rani wurde mir auf dem Präsentierteller serviert. Aber ich wollte sie nicht.

»Wow!«, sagte ich. »Sie ist wunderhübsch, Reeta. Wie willst du dich nur von ihr trennen? Sie himmelt dich eindeutig an.«

Reeta schnurrte vor Behagen.

»So sehr ich es möchte«, fuhr ich fort, »habe ich doch das Gefühl, es wäre falsch, sie zu nehmen. Sie gehört hierher zu ihren Welpen – ihrer Familie – und zu dir.«

Aus dem Augenwinkel konnte ich Ranesh grinsen sehen. Er wusste, worauf ich aus war.

»Noch dazu«, fuhr ich zungenfertig fort, »wird die Ärmste sicher geschwängert. Wo ich hingehe, gibt es jede Menge wilder Hunde; und dann würden noch mehr streunende Hunde herumlaufen. Und da sie ein Weibchen ist, könnte sie leicht angefallen werden ...«

Plötzlich hatte ich die seltsame Empfindung, dass jemand oder etwas mich intensiv beobachtete. Wie durch eine unsichtbare starke Kraft wurde mein Blick nach links in die dunklen Schatten unter der Stiege gezogen, direkt in ein weiteres Augenpaar – unergründliche, leicht schräge Augen, die mich kühl abschätzten.

»Wer ...? Was ist das?«, hörte ich mich sagen, meine Stimme mehr ein Echo.

Reeta drehte sich herum. »Ach«, sagte sie beinahe abweisend, »das ist Vikki.«

»Vikki?« Mir stellten sich die Nackenhaare auf. Ich bekam am ganzen Körper eine Gänsehaut. Gab es wirklich so etwas wie Zufall?

»Ich habe ihn erst vor ein paar Wochen aufgenommen«, erklärte Reeta. »Er trieb sich dauernd vor dem Haus herum. Er war so räudig, dass er kaum mehr ein Haar am Körper hatte – er hat sich bemerkenswert erholt. Aber den kannst du nicht haben. Mein Hausdiener vergöttert ihn. Er ist ein sonderbarer Hund – sehr selbstständig.«

Aber ich hörte gar nicht hin. Was da still und unabhängig unter der Treppe saß, bannte mich mit kühlen, hypnotischen Augen.

»Vikki«, sagte ich leise. »Komm, komm her.«

»Vergiss es«, schaltete sich Reeta ein, »er gehorcht dir nicht. Meine Güte – merkwürdig ...«

Plötzlich tapste Vikki aus den dunklen Schatten des Treppenhauses langsam, vorsichtig über den Marmorboden direkt auf mich zu. Er ging so weich, dass er auf der Luft zu schweben schien. Wenn ich nichts von seiner Vorgeschichte gewusst und er keine große Narbe über dem linken Auge gehabt hätte – wahrscheinlich die Erinnerung an einen Straßenkampf –, wäre ich nie darauf gekommen, dass er ein Pi-Hund war. Er glich vielmehr einem reinrassigen Hund, einem kleinen Husky, einem nicht ganz ausgewachsenen Schlittenhund mit kurzem, dickem goldenem Fell, beinahe rostrot wie die Farbe von Herbstlaub, und einer wunderschön cremefarbenen Brust. Er war etwa 60 Zentimeter hoch mit einem kompakten, muskulösen Körper, der in einer hübschen buschigen Rute auslief, die sich nach oben ringelte. Ein paar Haare an der Spitze waren pechschwarz, als wäre er damit unversehens an eine frisch gestrichene Tür geraten. Er hatte kleine spitze Ohren und eine kohlschwarze, leicht stumpfe Schnauze; seine ganze Erscheinung strahlte Aufgewecktheit und Intelligenz aus. Er blieb einen Moment stehen, um sich zu kratzen. Mir fiel auf, dass drei seiner Krallen an der Pfote seines linken Hinterlaufs einen rosa Ton hatten, so wie Perlmutt. Er stand auf und kam langsam noch näher, wobei seine außergewöhnlichen Augen, zwei tiefe Teiche von der Farbe geschmolzener Schokolade, nicht von mir abließen. Er setzte sich vor meine Füße und schnüffelte an meinen Knien, als würde er mich prüfen. Ich bot ihm einen Keks an. Er schnappte nicht danach, sondern nahm ihn sanft entgegen, wobei er kleine weiße und scharfe Zähne entblößte. Im Gegensatz zu Pies üblem Mundgeruch hatte er einen süßen Atem, fast so, als hätte er sich gerade die Zähne geputzt. Mir klopfte das Herz. Ich würde alles tun, um diesen Hund zu bekommen. Er blickte zu mir auf, als lese er meine Gedanken, und dann, ganz plötzlich, sprang er mir auf den Schoß, ringelte sich zusammen und schloss seine kühlen, hypnotischen Augen. Er hatte Besitz von mir ergriffen.

Ich wusste, ich brauchte mich nicht mehr umzuschauen. Das wurde mir mit der gleichen Gewissheit wie bei der ersten Begegnung mit Tara bewusst – dies war der Hund für mich. Jeder andere Hund sähe im Vergleich zu ihm blass aus – selbst, ohne gefühllos sein zu wollen, mein Pie. Ich begriff nun Adityas Ausspruch, dass Pie einfach nicht für mich bestimmt war. Pie war eine Affäre gewesen – wenn auch eine intensive, meteorische. Seine Flucht bewies, dass Aditya ihn gegen seinen Willen eingefangen hatte. Hier aber war es anders. Dieser Hund, das wusste ich, hatte auf mich gewartet.

»Braver Junge«, sagte ich so unbekümmert wie möglich im Versuch, meine eigene Verwunderung zu verbergen, während ich mit den Fingern durch sein weiches Fell fuhr. Er roch angenehm nach Shampoo und frisch gemähtem Gras.

Reeta war beeindruckt – es fiel schwer, es nicht zu sein –, aber ich sah schon, dass sie sich noch nicht entschieden hatte. Vikkis Schicksal hing gefährlich in der Schwebe. Ranesh sprang mir aber zur Seite.

»Das ist bemerkenswert«, rief er aus, »fast so, als würde er dich schon sein Leben lang kennen.«

Mir war auch so, als würde ich ihn schon mein ganzes Leben kennen. Wir blickten Reeta erwartungsvoll an – alle drei. Vikki hatte seine außergewöhnlichen Augen geöffnet. Ihnen war schwer zu widerstehen.

»Also gut, Mark«, sagte sie schließlich, nachdem sie eine scheinbare Ewigkeit überlegt hatte. »Du kannst ihn haben. Aber unter einer Bedingung.«

»Welcher?«, fragte ich wachsam.

»Vikki ist jetzt dein Hund. Ich werde ihn immer als deinen Hund betrachten. Aber wenn du deine Reise hinter dir hast, kommt er wieder hierher.«

»Versteht sich, Reeta«, log ich wie gedruckt. Er würde nur über meine Leiche wieder hierher zurückkommen. Vikki gehörte in die freie Natur, nicht auf die Straßen. Ich würde ein passendes Heim für ihn finden, eine wunderbares Heim, so wie ich es für Tara gefunden hatte.

Aber etwas anderes musste ich noch klären: Vikkis Namen. Vikki war ein Rüde, und obwohl Vikki möglicherweise eine Kurzform von Vikram war – ein geläufiger indischer Name –, kam ich damit nicht zurecht. Es war ein bisschen so wie bei dem Lied *A Boy Named Sue* von Johnny Cash. Ich konnte mir nicht vorstellen, »Vikki, Vikki, lass das!«, zu schreien, während er wie von Sinnen mal eine Dschungelhündin rammelte. Ich wusste, ich war pedantisch, aber wenn Vikki den Namen behielt, blieb er in meinen Augen immer ein Mädchen.

Ich erklärte das Reeta so taktvoll wie möglich. Ich bezweifelte sogar, dass Vikki überhaupt wusste, dass er einen Namen hatte, egal welchen. Und selbst wenn, war es nicht von Belang. Tara, meine Elefantenkuh, erzählte ich Reeta, hieß vorher Toofan Champa. Ich hatte ihren Namen geändert, sobald ich sie gekauft hatte, stellte ich klar, und im Gegensatz zu Vikki war sie etliche Jahre schon bei dem gleichen Besitzer gewesen.

Reeta seufzte matt. »Okay. Aber wie willst du ihn nennen?«

»Warum nennst du ihn nicht nach mir?«, schlug Ranesh auf einmal vor.

Reeta war entsetzt. »Nach dir? Ranesh ist ein abschreckender Name für einen Hund.«

Selbst ich stimmte zu.

»Nein, nein«, meinte er. »Nicht Ranesh. Bhaiti. Bhaiti heißt auf Assamesisch »kleiner Bruder«. Schließlich bin ich Reetas kleiner Bruder. Was meinst du?«

Bhaiti, dachte ich. Bhaiti. Das gefiel mir. Das ging glatt von den Lippen. Und vor allem hieß es, dass ich schließlich männliche Gesellschaft in meiner Familie hatte. Ich war gegenüber dem schöneren Geschlecht immer in der Minderheit gewesen – eine Ehefrau, eine Tochter und eine große Elefantenkuh. Nun hatte ich einen kleinen Bruder zum Spielen; das sorgte für ein bisschen Ausgleich. Ich hatte meinen Hund gefunden.

Ich hatte schon vorher daran geglaubt, aber nun war ich mir völlig sicher: Es gibt keine Zufälle. Zumindest nicht in Indien. Alles, was geschehen war, hatte so sein sollen. Noch bevor ich Aditya kennen lernte, Jahre vor unserer Elefantenreise, hatte sein Schwiegervater eine Labradorhündin namens Tara besessen. Tara brachte Junge zur Welt. Unter ihnen war ein aggressives Kerlchen, das sich immer mit anderen anlegte. Er hatte eine Narbe über dem linken Auge. Bhaiti hatte eine Narbe über dem linken Auge. Ich habe eine Narbe über dem linken Auge. Adityas Schwiegervater nannte das aggressive Kerlchen »Mark«.

Ich nahm Bhaiti mit zu einem kleinen Proberundgang durch Reetas Garten – an der Leine. Ich war zwar zuversichtlich, dass er nicht zu den Hunden gehörte, die ausreißen, aber angesichts meiner letzten Erfahrung wollte ich nichts riskieren. Er hatte, für mich nicht überraschend, etwas Widerstand geleistet, als ich ihm das fremde, unbekannte Objekt – das Lederhalsband – um den Hals legte. Doch er entspannte sich augenblicklich und trottete folgsam neben mir her. Dann blieb er auf einmal stehen und fing vor Aufregung zu zittern an. Er starrte steif wie ein Zeigestock auf etwas. Ich folgte seinem Blick. Wenige Zentimeter über dem Rasen schwebte eine Art Libelle. Bhaiti war, wie sich herausstellen sollte, der ultimative Insektenkiller. Alles, was flog, schnappte er sich.

Ich ließ ihn von der Leine und sah zu, wie er lautlos über das Gras wetzte, in die Luft sprang und mit einem einzigen Zuschnappen seiner kleinen scharfen Zähne sein Opfer verschlang. Dann kehrte er zurück und setzte sich neben mich. Ich bildete mir ohnehin schon etwas ein auf ihn, nun aber kam noch Besitzerstolz und wohl auch ein neurotischer Beschützerinstinkt hinzu. Obwohl er eindeutig starke Jagdgene in sich trug und sich in den weiten, unerforschten Wäldern von Arunachal Pradesh bestens amüsieren würde, kam es absolut nicht in Frage, dass jemand ihn mit Reis gefüllt und als Delikatesse auf einem Bananenblatt drapiert bei einer traditionellen Zeremonie servierte. Niemand sollte Bhaiti essen – ich schon gar nicht. Lieber würde ich sterben.

Nach einigen weiteren Insektenexekutionen legten wir gemeinsam eine Verschnaufpause ein und streckten uns im Schatten des Belbaumes aus. Ich sah uns schon vor mir, wie wir uns im Schlafsack in unserem Zelt zusammenkuschelten und bis spät in die Nacht Geheimnisse austauschten. Es war so, wie Ranesh gesagt hatte. Ich hatte das Gefühl, er kannte mich schon sein Leben lang, als er es sich in meiner Armbeuge gemütlich machte und den Kopf auf meine Brust legte. Aber es kam noch etwas hinzu. Mir war, als kannte ich den Hund oder hätte von einem Hund gelesen, der so wie dieser hier aussah. Plötzlich fiel es mir ein. Es war in einem Buch, und zwar erst kürzlich; in dem von Mister Soman, der größten Autorität bezüglich des Pi-Hundes. Er hatte – wenn ich mich recht erinnerte – einen Hund genau wie Bhaiti beschrieben – einen Jagdhund. Und wenn ich mich nicht irrte, stammte der Hund von irgendwo hier aus der Gegend. Ich konnte es nicht erwarten, wieder ins Hotel zu kommen, um das zu überprüfen.

Aber erst musste ich noch etwas anderes erledigen. Endlich war mir ein Hund gewährt worden. Die Götter hatten mir zugelächelt trotz meiner fehlgeschlagenen Bußübungen am Kailash und Manasarovar. Nun würde ich es ihnen vergelten und den Segen für meine Reise erbitten. Ich wollte dem großen Shakti-Tempel der Muttergöttin Khamakya einen Besuch abstatten.

Das Aufsuchen Khamakyas war für mich ein besonderes Ritual. Ich hatte den Tempel auf meinen Indienreisen schon zweimal besucht: einmal als junger Rucksacktourist und später mit meiner Freundin und Elefantenpriesterin Parbati Barua, der »Königin der Elefanten«. Für den vollen Genuss der Macht der Muttergöttin musste Khamakya offenbar dreimal besucht werden. Ein gutes Vorzeichen, denn der dritte Besuch stand nun an. Ranesh bot mir freundlicherweise die Dienste seines Familienpriesters oder *panda* an, der mir bei meiner Huldigung zur Seite stehen sollte. Ich überließ Bhaiti Reeta, damit sie sich von ihm verabschieden konnte, und brach auf.

Der Tempel stand in herrlicher Lage auf einem steilen Hügel, hierzulande Nilacha, der Blaue Berg, geheißen. Von hier aus bot sich eine verblüffende Aussicht auf den Brahmaputra und an klaren Tagen noch viel weiter zu den Gipfeln des östlichen Himalaya in Bhutan. Es ist ein uralter Kraftplatz aus der Zeit vor den Ariern, und seine Rituale sind in Blut getränkt. Der Hindumythologie zufolge wurde er im Zusammenhang mit einer heroischen Geschichte von Liebe, Lust und Leidenschaft geschaffen.

Der allmächtige Shiva (ja, derselbe Gott, dem ich auf dem Dach der Welt in Westtibet vor ein paar Monaten nicht die rechte Ehre erweisen konnte, der Gott, der auf dem Gipfel des Kristallbergs wohnte) verliebte sich einmal in ein wunderschönes Mädchen namens Sati. Satis Vater Daksha, offensichtlich ein strenger, konservativer und fantasieloser Zeitgenosse, war entsetzt darüber, dass seine Tochter den verschrobenen und wundervollen Gott heiraten sollte, der verfilzte Dreadlocks trug und mit seinen Kumpels auf der Spitze des Kristallbergs auf einem Tigerfell abhing und sich bekiffte. Daksha weigerte sich, zu ihrer Hochzeit zu kommen. Für Sati war es eine derartige Schande, dass sie an Kummer starb. Und der allmächtige Shiva war darüber so bekümmert und verärgert, dass er kreuz und quer durch die Welt streifte und dabei den Leichnam Satis zur Buße auf seinem Kopf trug.

Die anderen Göttergewaltigen sorgten sich um Shivas Seelenheil, denn in einer Reinkarnation war er der Herr des Tanzes. Die Gefahr bestand, dass er mit dem gefahrvollen, wirbelnden Tanz der Zerstörung beginnen könnte, womit er imstande war, die ganze Welt zu vernichten. Wenn er damit anfing, würde er sein drittes Auge – das große, alles sehende Auge – öffnen und alles in Brand setzen.

Gott Vishnu sollte sich des Problems annehmen. Er bestieg seinen Adler – den sagenhaften Garuda –, flog zum verschneiten Wohnsitz Shivas, wo dieser sich grämte, und warf sein *Chakra* – seinen rasiermesserscharfen Diskus – auf Satis Leichnam. Die fiel in 51 verschiedenen Teilen auf 51 verschiedene Orte der Erde. Jeder der Orte, wo ein Teil niederfiel, galt als heilig. Satis Vagina fiel auf diesen Hügel und leitete die weibliche Shakti-Anbetung im Tempel der gewaltigen Muttergöttin Khamakya ein.

Nachdem der ursprüngliche Tempel von den Muslimen im frühen 15. Jahrhundert zerstört worden war, wurde seine Restaurierung 100 Jahre später mit einer grandiosen Opferzeremonie gefeiert, bei der, so heißt es, eine ganze »Hekatombe« Opfer, darunter 140 Menschen, enthauptet und ihre Köpfe der Muttergöttin auf Bronzetabletts dargeboten wurden.

Khamakya ist schon immer ein Opfertempel gewesen. Noch heute ist das Opfer der Kern des Rituals. Es werden nur männliche Exemplare aller Arten enthauptet. Der alte Sanskrittext, die *Kalika Purana*, stellt fest, dass Vögel, Schildkröten, Alligatoren, Fische, Büffel, Bullen, Ziegenböcke, Mungos, Eber, Nashörner, Antilopen, Leguane, Hirsche, Löwen und Tiger hier geopfert wurden. Die Artenliste setzt sich noch weiter fort und enthält natürlich auch Menschen. Aber seltsamerweise, wie ich entdeckte, keine Elefanten oder Hunde. Ich war also an den richtigen Ort gekommen.

Gefährdete Tierarten und Menschen sind nun von der Opferliste gestrichen worden, doch der Tempel hat deshalb nichts von seiner Macht eingebüßt. Die Leute kommen noch immer aus ganz Indien mit Tauben, Hühnern und Ziegen, um sie der großen Muttergöttin zu opfern. Bei meinem letzten Besuch stieß ich auf eine Familie, die eine viermonatige, 3 500 Kilometer lange Reise vom Süden bis hierher gemacht und die ganze Zeit einen jungen Büffel mit sich gezerrt hatte.

Doch mit Macht kommt auch Geld. Und mit Geld kommen die *pandas*, die Priester. Sie saßen in langer Reihe an einer Mauer vor dem Tempel, geduckt wie Geier, und warteten geduldig auf die Überreste einer Schlachtung. Und genau wie Geier hüpften sie alle, als sie mich sahen – die leichte Beute einer reichen Zusatzmahlzeit –, von der Mauer, breiteten ihre scharlachroten Schwingen aus und kreisten mich ein. Ich wurde nur von Raneshs *panda*, der mich buchstäblich aus ihren gierigen Klauen reißen musste, davor gerettet, bis auf die Knochen ausgeplündert zu werden.

Wir zogen unsere Schuhe aus und schritten den schmalen Pfad hinauf, der gesäumt war von Buden, in denen alle möglichen religiösen Opfergaben verkauft wurden. Alles nur Vorstellbare war hier zu haben. Mir war nicht nach einem Blutopfer, also begnügte ich mich mit einigen Bündeln Räucherstäbchen, Girlanden aus Ringelblumen und süß gewürztem rosigem Mandelgebäck, einem Strauß roter Lotusblüten und einem Korb voller Kokosnüsse. Ich hatte auch jede Menge an Scheinen zu fünf und zehn Rupien bei mir. Ranesh hatte mich vor der Geldgier der *pandas* gewarnt, und ich hatte meine größeren Banknoten vor dem Besuch des Tempels umgewechselt.

Unter dem Gewicht meiner Pflanzengaben taumelnd, stolperte ich in die eigentliche Tempelanlage. Drinnen herrschte ein furchtbarer Lärm – jede Menge *pandas*, die stöhnten, sangen und mit Glöckchen läuteten. Ziegen meckerten in Todesangst. Hühner gackerten und gluckten. Tauben flatterten und gurrten. In der Luft lag schwerer Weihrauchduft. Aber es gab noch einen anderen Geruch. Der hüllte mich ein und drang mir in alle Poren. Es war mehr ein Geschmack: der scharfe metallische Geschmack frischen Bluts.

Unter der Führung meines scharlachrot gekleideten *pandas* folgten wir einem bunten Band Anbeter um die Anlage. Wir hielten an vor dem großen Steinbild eines Elefanten – eines blutroten Elefanten, von einer glitzernden Schicht aus einer scharlachroten Paste überzogen. Daneben hing eine Messingglocke. Erinnerungen daran, als ich beim letzten Mal als Anhänger meiner Elefantenpriesterin Parbati Barua den Tempel besuchte, überkamen mich, Erinnerungen an das Elefantenmantra, das sie mir gegeben hatte, als sie mich für würdig genug befand, und an den elefantenköpfigen Armreif, den sie hier gesegnet und mir dann geschenkt hatte.

Mit gesenktem Kopf rezitierte ich still mein Mantra, entfernte mit dem Daumen etwas von der knallroten Paste von der Statue und salbte damit meine Stirn. Dann läutete ich dreimal die Glocke. Ich war ebenso überrascht wie erfreut, als mein *panda* mich an der Hand zum Eingang des von einer Kuppel gekrönten Tempels führte. Bei meinen früheren Besuchen war mir der Zutritt zum geweihten unterirdischen inneren Heiligtum verwehrt worden. Als ich das letzte Mal hier war, hatte Parbati meine Gaben genommen und sie der Göttin in meinem Namen dargeboten. Nun – vielleicht hatte die große Göttin mich wegen meiner Beharrlichkeit endlich als echten Gläubigen anerkannt – sollte ich eintreten dürfen. Direkt vor dem Eingang kamen wir an einem Opferstein vorbei. Ein fülliger *panda* säuberte sein langes scharfes Schwert, während ein Jünger den kopflosen Kadaver einer Ziege entfernte und ein weiterer Wasser über die Steinfläche goss. Der glatte Steinboden unter meinen nackten Füßen war glitschig von Blut und Wasser. Zu meiner Erleichterung sah ich, dass die Anbeter ihre Opfergaben nicht in den Tempel selbst trugen. Ich hatte mir ein Horrorkabinett vorgestellt, eine Art dunkles, gräuliches Schlachthaus.

Hier übten *pandas* die Macht aus. Meiner führte mich direkt an das Ende der langen Warteschlange und aus hellem Sonnenlicht in tiefe Dunkelheit. Einen Augenblick lang war ich völlig blind. Dann, angeleuchtet nur von flackernden Kerzen in Tontöpfchen, wurden wir mit den anderen Gläubigen durch einen langen Tunnel geschoben. Es war heiß, und die Luft war getränkt von überwältigendem Weihrauchduft.

Immer tiefer gelangten wir in den inneren Kern des Tempels; eine prähistorische Höhle, ein mächtiger und alter Schrein traditioneller Verehrung aus der Zeit vor den Ariern. Hier im Gedränge eifriger Gläubiger wurde die Stille nur durch das weiche Patschen nackter Füße auf glattem

Stein, dem gelegentlich hörbaren Einatmen und dem Murmeln einer Gruppe dunkeläugiger *pandas* durchbrochen.

Mein *panda* schaffte es, mich durch die Menge zum Zentrum des Schreins selbst zu ziehen, wobei mich die schiere Masse Menschen aus dem Gleichgewicht brachte. Hier lag, aus einem großen schwarzen Granitblock gehauen, von einem reinweißen Musselintuch bedeckt und von Massen karmesinroter Blumen umkränzt, eine uralte Yoni – Satis mythologisches Geschlechtsteil. Von oben, aus einer natürlichen Quelle in den Felsen, tröpfelte ständig Wasser. Einmal im Monat, heißt es, wird die Quelle so wie beim Menstruationszyklus der Frau rot und tränkt das Musselin wie Blut.

Ich konnte in dem winzigen, verdunkelten, klaustrophobischen Kämmerchen kaum atmen. Die Luft war nicht nur erstickend und schwer, sie schien auch mit erotischer Energie aufgeladen. Die Farbe Rot – die des Opferns – herrschte überall vor, befleckte die uralten Wände, die immer dichter an mich heranzurücken schienen. Mir war so, als steckte ich in einem riesigen Schoß. Ich hatte das Gefühl, gleich ohnmächtig zu werden. Rasch murmelte ich meine Gebete, bot meine Opfergaben dar, schlug eine Kokosnuss auf, gab eine großzügige Spende, bekam dafür einen heiligen Faden um das rechte Handgelenk gebunden und erhielt ein weiteres rotes Mal auf die Stirn – den Segen der Muttergöttin persönlich, übertragen durch die spirituellen Hände des obersten *pandas*. Nach Luft ringend, kämpfte ich mich buchstäblich durch das Gemenge den unterirdischen Gang hoch und stolperte an die frische Luft und ins Sonnenlicht.

Gesegnet und apachenmäßig bemalt, kam ich wieder in Reetas Haus und zu Bhaiti – meinem Brüderchen. Er sprang an mir hoch. Ich bückte mich, strich mit dem Daumen ein bisschen von der scharlachroten Paste von meiner Stirn und tupfte es ihm zwischen die Augen. Nun hatten wir beide den Segen für unsere gemeinsame Reise. Ich stieß einen gewaltigen Seufzer der Erleichterung und Freude aus und drückte ihn fest an mich. Endlich, dachte ich, kann ich mich entspannen.

Allerdings nicht für lange. Unsere Träumerei wurde von Reeta unterbrochen, die durchs Haus schrie. Yatish sei am Telefon. Und es sei dringend, sehr dringend. Widerwillig gingen Bhaiti und ich hin, um den Anruf entgegenzunehmen. Eine Entspannung, so schien es, kam nicht in Frage. Wir sollten auf der Stelle zum Flugplatz aufbrechen, denn wir mussten sofort nach Itanagar reisen. Der Regionalminister sei vor Ort, würde aber am folgenden Morgen zu einer Rundreise durch seinen Staat aufbrechen. Der einzige Weg, schnell dorthin zu gelangen, war mit dem zweimal die Woche verkehrenden Hubschrauber, der in zweieinhalb Stunden abflog.

Ich sagte Yatish, ich hätte nun einen Hund gefunden. Könnte mein Hund mit in den Hubschrauber? Absolut nicht. Hunde durften nicht an Bord, versicherte er mir. Er hatte es gerade noch mit dubiosen Mitteln geschafft, uns zu buchen. Ich war erschrocken. Soeben hatte ich ein Brüderchen bekommen, und schon sah es so aus, als müsste ich ihn zurücklassen.

»Wie kommt Bhaiti dann hin?«

»Überlass das mir, Mark«, erwiderte Yatish. »Ich habe jemanden, der ihn fährt.«

»Der muss aber verdammt gut sein«, sagte ich. Die Fahrzeit von Guwahati nach Itanagar betrug etwa zehn Stunden, und ich wollte Bhaiti nicht den Händen eines völlig Fremden überlassen. Wie bald er dort eintreffe, fragte ich. In einigen Tagen, kam die Antwort. Einige Tage, dachte ich. Einige Tage ohne Bhaiti. Mir war elend. Yatish verfiel schon in Panik. Er beschwor mich, schnell zu machen. Ich erklärte Reeta und Ranesh die Lage,

»Gut, ich komme mit«, sagte Reeta. »Bhaiti war noch nie in einem Auto. Ich muss dich auch noch aufklären, wie er medizinisch versorgt wird.«

Unter den düsteren, drohenden Blicken von Reetas Hausdiener und zum Klang von Ranis hysterischem Kläffen stiegen wir in ein Taxi und rauschten zum Hotel.

»Jetzt hör zu«, sagte Reeta, als wir auf dem Rücksitz des Autos hin und her geworfen wurden. Dann legte sie ungestüm mit ausführlichen Anweisungen über Hygiene, Ernährung und Medizin los. Ich war nicht besonders aufmerksam. Sich hier hinten im Taxi, das ohne Stoßdämpfer dahinraste, zu konzentrieren, fiel schon schwer genug, von Notizen machen gar nicht zu reden. Ich hatte alle Hände voll zu tun, mich um Bhaiti zu kümmern. Der arme Hund, eindeutig von der fremdartigen und neuen Fortbewegungsart traumatisiert, war mir winselnd unters Hemd gekrochen. Ich konnte mir kaum ausmalen, wie er die Fahrt nach Itanagar überstehen oder die anderen Transportmittel auf unserer Reise aufnehmen würde.

Reetas Diktat endete erst, als wir quietschend in den Hof des Hotels einfuhren. Ein weiteres Taxi wartete schon mit laufendem Motor und aufgeklapptem Heck, in das Yatish mit Hilfe eines jungen Mannes unsere Taschen lud. Yatish stellte uns vor: das sei Neeraj, der sich ein paar Tage um Bhaiti kümmern und ihn dann nach Itanagar bringen würde.

Neeraj war ein weiterer Reiseführer von *Tiger Mountain* und mir auf Anhieb sympathisch. Er hatte eine wohltuende Ausstrahlung, das spürte ich. Er war geselliger als Yatish, und obwohl er jünger und weniger erfahren war, wünschte ich mir fast, er würde mich begleiten. Hier, das wusste ich, war jemand, mit dem ich reisen konnte.

Und vor allem mochte er Bhaiti – und Bhaiti, der sich von der Taxifahrt rasch erholt hatte, mochte ihn. Er blieb dicht bei Neeraj und wich Yatish beinahe aus, der ihn eher abschätzig mit einem kurzen herablassenden Tätscheln begrüßt hatte. Ich sah mir das Ganze interessiert an. Tierischen Instinkten ist immer zu trauen; sie irren sich selten. Ich nahm Neeraj beiseite.

»Neeraj«, sagte ich ernst – äußerst ernst. »Wenn Bhaiti etwas zustößt, während er in deiner Pflege ist, bringe ich dich um.«

Seine Augen weiteten sich vor Schreck. Dann lachte ich auf.

»Sir«, sagte er.

Ich unterbrach ihn gleich. »Bitte nenn mich nicht Sir.«

»Okay, Sir, ich übernehme die Verantwortung für Bhaiti. Ihrem guten Hund wird nichts passieren.« Er legte die Hand aufs Herz. »Bei Bolenath – dem allmächtigen Shiva.«

»Du bist Anhänger von Shiva?«, erkundigte ich mich erfreut. »Ich auch – also gewissermaßen.«

»Natürlich, Sir. Er wird Sie und Bhaiti beschützen.« Er zog ein Kettchen aus geschnitzten Holzperlen von seinem Handgelenk. »Bitte nehmen Sie das, Sir. Es ist von Bolenath gesegnet worden. In meinem Heimattempel.«

Die spontane Geste rührte mich. Ich dankte ihm und versuchte dann mein Bestes, Reetas Anweisungen, wie Bhaiti medizinisch und kulinarisch zu versorgen war, weiterzugeben.

»Machen Sie sich keine Sorgen, Sir«, sagte er feierlich. »Ich kenne mich mit Hunden aus. Ich habe selbst zwei. Ich erledige alles Nötige. Bis bald in Itanagar. Ich komme schnell nach.«

Es war Zeit, sich von Reeta und Ranesh zu verabschieden. Ich konnte Reeta gar nicht genug danken. Sie hatte mir etwas ganz Besonderes geschenkt – ein weiteres Mitglied meiner wachsenden Familie indischer Tiere. Ich bückte mich zu Bhaiti und flüsterte ihm ins weiche, gespitzte Ohr: »Wir sehen uns bald wieder, Brüderchen. Sei brav.« Er leckte mich sanft – ein weiches Lecken unterm Kinn. Dann stieg ich ins Taxi und fuhr mit Yatish in großer Hast zum Flughafen. Wie ein Kind, das wieder ins Internat muss und seinen Eltern Lebewohl sagt, winkte ich andauernd aus dem Rückfenster, bis Bhaiti außer Sicht war – mein neuer bester Freund, der eine Menge Abenteuer mit mir erleben würde.

6

Bei Itanagar waren die wichtigsten englischsprachigen Reiseführer, *Lonely Planet* und *Rough Guide*, jene beiden großen Rivalen, einmal übereinstimmender Meinung, indem sie feststellten, es sei »nicht besonders interessant«, beziehungsweise es biete »für Reisende wenig Interessantes«. Ich holte mir die wertvolle Auskunft aus den beiden umfangreichen Bänden über Indien (ich wünschte, sie wären einmal kleiner und leichter erhältlich), als ich eingezwängt hinten im Hubschrauber saß, der uns entlang des Brahmaputra die 400 Kilometer nordöstlich von Guwahati brachte. Wie wir es letztlich schafften, noch in den Hubschrauber zu kommen, ist ein Rätsel, und zwar eines, das der geheimnisvolle Yatish mir nicht anvertrauen wollte. Er grummelte irgendwas davon, dass er zwei hohe Beamte von der Passagierliste habe streichen lassen, Verwandte des Regionalministers, was in meinen Augen einen verheißungsvollen Auftakt für das bevorstehende Treffen mit dem mächtigen Mann darstellte.

Ich blickte hinab auf die riesige Wasserfläche unter uns. Nur ein paar 100 Kilometer nordwestlich von hier, jenseits des Himalayakamms, war der Ursprung – ein winziges Gletscherrinnsal. Hier aber waren selbst aus 1 800 Meter Höhe die Ufer kaum zu sehen. Jedes Jahr gießt diese mächtige Wasserader während des Monsuns ihren Zorn aus, verbreitet virusgleich Schrecken, Chaos, Leid und Tod. Doch in diesem Jahr hatte sich der Fluss selbst übertroffen. Assam und Bangladesch hatten unter den schlimmsten Überschwemmungen ihrer Geschichte gelitten.

Itanagar, die Hauptstadt von Arunachal Pradesh – des Landes, »wo die Sonne Mutter Indien zum ersten Mal küsst«, eines grünen Bundesstaats von der Größe Portugals – drückt sich in das Vorgebirge des östlichen Himalaya, unter einem dichten Waldbaldachin fast völlig getarnt.

»Ein Netzwerk hervorragend beschaffener Straßen verbindet alle Bereiche der Hauptstadt, die mit ihren Neubausiedlungen, wenn sie nachts unter künstlichem Licht erstrahlen, höchst wunderbar aussieht«, schrieb Mister S. Dutta Choudhury 1981 in den *Arunachal Pradesh District Gazetteers, Subansiri Division.*

Auf einer dieser steilen, hervorragend beschaffenen Straßen fuhren wir der Hauptstadt entgegen, die nur wenige Kilometer vom Hubschrauberlandeplatz entfernt lag. Ich hatte nicht das Gefühl, in Indien zu sein. Die kühle, frische, von Fichtenwäldern gewürzte Luft und die Stille legten eher einen Sommeraufenthalt in den Alpen nahe. So still war es, dass sogar eine in den Heuhafen fallende Stecknadel zu hören gewesen wäre. Mister Dutta Choudhury hatte nicht gelogen. Die Straßen waren in hervorragendem Zustand. Die Inder hatten sie in aller Eile angelegt, um die Militärbasen zu verbinden und den gefährdeten Bundesstaat zu schützen, der im Westen an Bhutan, im Osten an Birma und im Norden an das von China besetzte Tibet grenzt. Denn die Chinesen waren 1962 südlich immerhin bis zur Stadt Tezpur am Ufer des Brahmaputra vorgedrungen.

Doch Mister Dutta Choudhury lag falsch mit dem »künstlichen Licht«, das nachts die Stadt verzauberte. Als wir über eine Hügelkuppe kamen, war Itanagar, das irgendwo unter uns liegen musste, nur zu erahnen, denn ein Stromausfall tauchte es in Dunkelheit. Das unauffällige Hotel Subansiri, nach dem Fluss benannt, der durch Itanagar dem Brahmaputra zustrebt, war leer. Yatish und ich waren die einzigen Gäste. Noch bis vor kurzem hatten die Hotels in Itanagar gute Geschäfte mit Holzhändlern gemacht. Doch vor einem Jahr hatte der Oberste Gerichtshof das Holzfällen verboten. Nun sind die Hotels auf sporadische Touristen angewiesen – vielleicht das kleinere Übel von beiden.

Arunachal Pradesh ist die letzte verbliebene Lunge dieses großen Subkontinents, der bereits 90 Prozent (obwohl die offizielle Statistik beträchtlich niedriger ausfällt) seiner Wälder verloren hat. Es verfügt über etwa 55 000 Quadratkilometer jungfräulichen, zerklüfteten und hügeligen Geländes mit einer Bevölkerung von knapp über einer Million. Wenn die Regierung das Verbot aufhöbe – und sie steht unter beträchtlichem Druck, das zu tun –, würde Indien nicht nur sein letztes zusammenhängendes Waldgebiet verlieren, sondern auch die dort lebenden Völker, für deren Schutz Nehru so hart gekämpft hat, der Auslöschung preisgeben.

Von einem Hotelboy geführt, der unsere Taschen und eine flackernde Kerze trug, stiegen wir die Marmortreppe zu unseren Zimmern hoch. Als wir meines betraten, wurde die Kerze ausgeblasen und wir fast mit dazu, denn wie ein Hurrikan wirbelte der Deckenventilator los, als mit einem plötzlichen Stromstoß der Generator des Hotels ansprang.

»Sie haben das Luxuszimmer Nummer eins, Sir. Vollklimatisiert«, schrie der Boy glücklich, als wir uns gegen Windstärke zehn ins Zimmer vorkämpften.

Ich bedankte mich, gab ihm ein Trinkgeld und stellte rasch den Ventilator ab, worauf Yatish ankündigte, dass wir gleich wieder aufbrechen müssten. Ein Wagen war eingetroffen, um uns zum Abendessen mit dem Vertreter von *Tiger Mountain* in Nordostindien, einem Herrn mit dem vorzüglichen Namen Ozing Dai, zu bringen. Es war schon acht Uhr abends. Nach dem Essen sollten wir den Regionalminister treffen. Ich machte mir Sorgen, ob wir das in der knappen Zeit schaffen würden. Itanagar wirkte auf mich nicht wie eine Stadt mit einem quirligen Nachtleben.

Ich fand Ozing Dai unwiderstehlich. Schon wegen seines Namens war ich geneigt, ihn zu mögen, und vor allem wegen der Beschreibung, die *Tiger Mountain* mir in Delhi von ihm gegeben hatte – dass er zweifellos der unorganisierteste Mann sei, dem sie jemals begegnet waren. Aber das für mich wirklich Ausschlaggebende war, dass Ozing unter schrecklichem Stottern litt. In dem Zuchthaus, das sich als meine Internatsschule ausgab, wurden Stotterer und Bettnässer als Ausgestoßene betrachtet. Wir wurden alle in denselben Schlafsaal gesteckt. Ozing hätte da voll reingepasst. Da er aus einer wohlhabenden Adi-Familie stammte, verstärkte sein Stottern nur seinen lässigen Charme und seine Unfähigkeit, etwas ernst zu nehmen.

»Oh, g-g-gütiger G-g-gott«, begrüßte er mich. »Wieder ein verd-dammter Engländer, der mich ver-r-rückt macht. Ich d-d-dachte, wir seien sie alle l-l-losgeworden.« Sein Gesicht mit dem strähnigen Schnauzbart wie bei einem chinesischen Kaiser sah beständig überrascht aus. Und seine Pilzkopffrisur erinnerte mich ein wenig an Peter Sellers in der Rolle des Fu Manchu, aber er war noch witziger. »Ein Engländer und sein H-h-hund«, kicherte er. »Nun gut, und w-w-was kommt dann? Übrigens, w-w-wo ist denn Ihr H-h-hund?«

»Mein Hund, Ozing«, erwiderte ich und versuchte, dabei sauer zu klingen, »sollte eigentlich bei mir sein, aber weil Sie Yatish befahlen, mich so schnell wie möglich herzubringen, um mit dem Regionalminister zu sprechen, konnte ich ihn im Hubschrauber nicht mitnehmen.«

Er kicherte wieder. »Der Regionalminister ist n-n-nicht hier.«

»Nicht hier«, japste ich ungläubig.

»Ich d-d-dachte, er sei hier«, gestikulierte er herum, »aber das ist er n-n-nicht. Heute h-h-hier, morgen da. Wer weiß?«

Ich hätte ihn umbringen können. Die wertvolle Zeit hätte ich besser damit verbracht, eine Bindung zum kleinen Bhaiti aufzubauen. »Herrgott noch mal, Ozing«, sagte ich. »Also war die ganze Hetze reine Zeitverschwendung?«

»Zeitverschwendung, Mark«, meinte er, »ist ein alter B-b-brauch der Adi, wie Sie bald herausfinden werden. Da wir nichts zu t-t-tun haben, finden wir, dass Zeitverschwendung uns wenigstens eine B-b-beschäftigung gibt. Aber Sie k-k-können offiziell bei d-d-der staatlichen Autorität nachfragen.«

»Wann?«, fragte ich argwöhnisch.

»Jetzt g-g-gleich«, grinste er und stellte mir seinen Essensgast vor, den Obersten Sekretär von Arunachal Pradesh, einen entspannt aussehenden Mann, seinem mehr nordindischen Aussehen nach kein Einheimischer. Der Oberste Sekretär war von Delhi hierher versetzt worden.

»Ich habe gehört, ich soll mich bei Ihnen melden, Sir.«

Er hob sein Glas: »Hiermit haben Sie sich gemeldet.«

Das war ja einfach, dachte ich. Es mag eine irre Hetze gewesen sein, um hierher zu kommen, aber mir dämmerte allmählich, dass, wenn schon in Indien alles gemach läuft, es in Arunachal Pradesh noch gemächlicher ging. Es wirkte alles wunderbar zwanglos.

»Ich glaube, wir können Ihnen vertrauen, Mark«, fuhr der Oberste Sekretär mit einem Augenzwinkern fort. »Auf jeden Fall wissen wir immer, wo Sie sind. Ozing hat alles im Griff.« Er lachte schallend.

Es sollte ein unterhaltsamer und unglaublich lauter Abend werden. Ozing ließ nicht nur sein Haus außen renovieren, auch seine Frau, eine reizende und gastfreundliche Dame, hörte nie zu reden auf. Ich glaubte zu begreifen, warum Ozing sein Stottern entwickelt hatte. Er hatte wohl jahrelang versucht, ihr ins Wort zu fallen, es aber nie geschafft. Ohne jeden Zweifel war er von ihr eingeschüchtert.

»Ozing, Ozing«, kreischte sie alle paar Minuten. »Komm und hilf mir in der Küche. Füll die Gläser nach.« Die häuslichen Aufforderungen erfolgten pausenlos. Es war nicht zu übersehen, wer hier die Hosen anhatte. Zwischen ihren Bitten und dem beständigen Klopfen schaffte ich es, Ozing zu fragen, warum sie hinten ausbauten. Dem Krach nach ging es um einen Wolkenkratzer.

»Ein Hundezwinger«, erklärte er. »Aber t-t-tatsächlich ist es nur eine Art, uns daran zu erinnern, dass w-w-wir zu diesem L-l-land gehören. Wir müssen so tun, als w-w-würden wir mit dem Rest Indiens mithalten, indem w-w-wir ein bisschen L-l-lärm veranstalten.«

Als ich mich von ihm verabschiedete, fragte ich ihn nach meinem Treffen mit dem Regionalminister.

»Vielleicht m-m-morgen oder übermorgen«, erklärte er. »Bedenken Sie, da er das Staatsoberhaupt ist, m-m-muss er ein Beispiel geben. Er m-m-muss mehr Zeit verschwenden als andere.«

Und so kam es auch. Während der nächsten paar Tage wartete ich und versuchte nach Kräften, den Müßiggang der Adi zu kultivieren – die Geduld der Adi. Es war schwer. Ich rief Ozing wiederholt an, weil ich unbedingt etwas Neues erfahren wollte. Ozing war immer weg und mit Gott weiß was beschäftigt. Yatish und ich versuchten es etliche Male mit Konversation, aber dann fuhr er für einen Tag zu seinem Bruder, dem Colonel der Assam Rifles, der eine Rundreise durch Arunachal machte, um Militärbasen zu inspizieren. Als Yatish zurückkam, berichtete er, dass Militärhubschrauber Hilfsgüter in die Gebiete einflogen, die während des Monsuns von der Außenwelt abgeschnitten gewesen waren. Es bestehe die Möglichkeit, dass wir in einem von ihnen eine Mitfluggelegenheit ergattern könnten, wenn der Regionalminister nicht herkam. Yatish, wurde mir klar, war ein findigerer Mensch, als ich ihm zugetraut hatte. Was Hubschrauber anging, war er Spitze.

Inzwischen schmollte ich und machte mir in meinem Zimmer Sorgen um Bhaiti. Ich wagte mich nicht hinaus, für den unwahrscheinlichen Fall, dass Ozing wegen meines Treffens mit dem Regionalminister anrief. Es war ein seltsames Gefühl, der einzige Ausländer in einer Hauptstadt zu sein, wie klein sie auch sein mochte – Itanagar hatte gerade 17 000 Einwohner. Ich wurde allmählich rammdösig.

Um die Zeit totzuschlagen, legte ich mich aufs Bett und sah mir an, was jeder gelangweilte Hotelgefangene auf der Welt sich ansieht: CNN. Wie üblich gab es nur Katastrophenmeldungen. Ein schrecklicher Hurrikan, der Hurrikan Mitch, hatte El Salvador, Nicaragua und Guatemala heimgesucht. Es war der Sturm des Jahrhunderts. Bislang waren zwei Millionen Menschen obdachlos und über 8 000 tot.

Ich wusste, dass auch die Region hier für Naturkatastrophen anfällig war. Am 12. Juni 1897 schlug das größte Erdbeben in Assams jüngster Geschichte zu. Es erreichte 8,8 Punkte auf der Richterskala und hinterließ mehr als 1 500 Tote. Eine Woche darauf soll auf einer Teeplantage ein Glas Wasser am Tisch immer noch gezittert haben. Und ein weiteres Beben ereignete sich 1950, dessen Auswirkungen auf etwa einer Million Quadratkilometern zu spüren waren und das den Marktflecken Sadiya, wo Charles Allen seine Kindheit verbracht hatte, von der Landkarte tilgte.

Katastrophen. Mein Gott, ich hoffte, dass Bhaiti wohlauf war. Plötzlich fiel mir ein, dass in meiner Tasche vergraben sich noch Mister Somans Buch über den indischen Hund befand. In der Hetze nach Guwahati hatte ich das völlig vergessen. Ich schlug begierig das Kapitel über den Paria und den Bastard auf, wobei ich im Geiste Bhaitis kurzes, dickes rostbraunes Fell streichelte. Es bestätigte, was ich in der Minute unseres Zusammentreffens geahnt hatte: Wie ein Husky, Samojede oder finnischer Spitz gehörte Bhaiti zu den Spitzen. Möglicherweise war er sogar reinrassig. Und tatsächlich stammte er aus Assam – oder noch genauer, aus Tripura, einem Bundesstaat, der früher zu Assam gehörte. Er kam aus den Lushaibergen. Er war ein Tripuri-Hund.

Tripuri-Hunde, las ich bei der Autorität Soman, sind zwischen 40 und 50 Zentimeter hoch und haben muskulöse, kompakte Körper. Das traf exakt auf Bhaiti zu. Die Schnauze ist normalerweise fuchsartig, die Ohren sind klein und hochgestellt, und der Gesamtausdruck ist klug und intelligent. Ganz wie Bhaiti. Die Nase ist schwarz, die Augen sind hellbraun und leicht schräg. Bhaiti hatte hübsche, leicht schräge Augen, die hellbraun waren wie Tümpel geschmolzener Schokolade. Augen zum Umfallen sexy – assamesische Augen. Die Füße, fuhr Mister Soman fort, sind klein, und sie stehen gut auf den Zehen. Bhaiti hatte exquisite Füße und ein todsicheres Gleichgewichtsgefühl. Das Fell ist gewöhnlich kurz, aber dicht, und die Rute ist buschig und eng über den Rücken geringelt. Ich dachte an Bhaitis hübschen, buschigen, stark geringelten Schwanz mit dem feinen schwarzen Tupfen am Ende. Die Farben reichen von Schwarz bis Hellbraun, aber auch mit Beimischungen von Weiß. Das war Bhaitis wunderschöne cremige Brust. Und dann kam der Knaller. Tripuri-Hunde sind großartige Jäger, und die Einheimischen verwenden sie oft zur Hatz auf Wildschweine und Hirsche. Sie sind äußerst selten und ganz und gar nicht geeignet für die Stadt. Leider sind sie schon fast ausgestorben, weil sich in den Städten die Rassen mischen. Kein Wunder, dass Bhaiti auf mich gewartet hatte. Er musste aus der Stadt raus. Ich wusste, er gehörte in die freie Natur. Auf keinen Fall musste er zurück zu Reeta, das war ein Versprechen. Wo wir hingingen, würde er frei sein. Aber zuerst musste er herkommen. Wo zum Teufel war er? Warum brauchte Neeraj so lange?

Im selben Augenblick glaubte ich, ein weiteres Erdbeben sei im Anmarsch, als die Tür beinahe aus den Angeln flog und Bhaiti, dem Neeraj auf den Fersen folgte, in mein Zimmer sauste.

Ich hätte mir kein liebevolleres Wiedersehen erträumen können. Es war im wahrsten Sinne des Wortes umwerfend, als Bhaiti auf das freie Bett sprang, davon abfederte, wie ein Marschflugkörper auf meiner Brust landete und mich rücklings aufs Bett warf. Dann leckte er mir das ganze Gesicht ab. Besorgt bemerkte ich, dass seine Nase heiß und trocken war und sein Fell den seidigen Glanz verloren hatte, den ich in Erinnerung hatte.

Neeraj erklärte, das komme von den Impfungen, die er erhalten hatte, und vergehe bald wieder. Bhaiti, erzählte er mir stolz, hatte bei den Spritzen nicht einmal gezuckt, und wie zum Beweis zeigte er mir den nagelneuen Impfpass. Ich wurde böse, als ich sah, dass der Tierarzt »lokaler Mischling« in das Kästchen »Rasse« geschrieben hatte. Offenbar war er kein Hundeexperte. Ich strich den lokalen Mischling durch und trug stolz »Tripuri-Hund aus den Lushaibergen« ein.

Wir probierten, ihn mit einer dicken Suppe aus Milch, Eiern und Gemüse zu füttern, mit liebevoller Sorgfalt vom Küchenpersonal zubereitet, das auch dem Zauber Bhaitis verfallen und obendrein erfreut war, etwas zu tun zu haben. Nun hatten sie vier Gäste im Hotel. Bhaiti aber rümpfte nur die Nase und gähnte. Neeraj und ich verspeisten sie stattdessen.

Neeraj schlief sofort ein, während ich für Bhaiti ein Bett neben meinem herrichtete, wofür ich den Großteil der Hotelbadetücher nahm, und mich darauf legte, um nachzuprüfen, ob es weich genug war. Ich war sicher, ein guter Nachtschlaf würde ihn wiederherstellen. Da wir nun wieder zusammen waren, wollte ich so schnell wie möglich aufbrechen. Ich rief noch einmal Ozing an. Diesmal hob er wundersamerweise ab, aber vom Regionalminister gab es noch immer keine Spur. Ich sagte ihm, das sei egal. Mir reiche es, in Itanagar herumzuhängen. Bhaiti sei hier und der Regionalminister würde vielleicht nie auftauchen. Ich wolle die Gelegenheit ergreifen und über Yatishs Kontakte in Pasighat einen Hubschrauber auftreiben.

»Bitte kommen Sie und holen Sie uns hübsch früh ab, Ozing«, sagte ich. Ich wusste, es würde eine lange Fahrt werden.

»Versteht sich, Mark«, versprach er. »Bei S-s-sonnenaufgang.«

Das glaube ich erst, wenn ich es sehe, dachte ich. Die Chance, dass Ozing irgendwo früh eintraf, war gering.

Dann brachte ich Bhaiti zu Bett. »Schlaf gut, Brüderchen«, flüsterte ich und kroch unter meine Laken, wo ich bald einschlief, den auf seinem Handtuchbett eingerollten Bhaiti an meiner Seite. Mitten in der Nacht spürte ich etwas Warmes und Weiches, das sich an mich drückte. Bhaiti hatte sich einsam gefühlt.

Am nächsten Morgen wurde ich von Bhaiti geweckt, der mir das Gesicht leckte. Er war hungrig. Im Speisezimmer verschlang er ein riesiges Frühstück. Vermutlich ist es das einzige Restaurant auf der Welt, das nicht nur Hunde zulässt, sondern sie vor den anderen Gästen füttert.

Natürlich war Ozing nicht erschienen, und so beschlossen Neeraj und ich nach dem Frühstück, Bhaiti zu baden. Er hatte ein Bad nötig. Sein Fell war matt und stank – wie es sich für einen Tripuri-Hund nicht gehörte. Wir stiegen die Treppe im Hotel hinauf zum Dach. Es war ein herrlich heißer Tag. Wir gossen ihm kübelweise Wasser über, doch bevor es uns gelang, ihn mit meinem Shampoo einzuseifen, entwischte er Neerajs Griff und tollte übers Dach. Die meisten Hunde mögen Baden nicht, aber das hier war lachhaft. Anscheinend gehörte mir ein Hund mit pathologischem Hass auf Wasser. Erst nach fünf Versuchen bekamen wir ihn sauber – kein gutes Zeichen, dachte ich, angesichts unserer künftigen gemeinsamen Reise, bei der Flüsse eine entscheidende Rolle spielten. Doch das Endergebnis war die Mühe wert. Bhaitis vorher glanzloses Fell, von der heißen Sonne getrocknet und vom Conditioner geschmeidig gemacht, strahlte nun direkt und setzte einen schönen Kontrast zu seiner cremeweißen Brust. Ich hätte ihn für die nächste Schönheitskonkurrenz anmelden können.

Ozing traf vier Stunden zu spät ein, um Yatish, Bhaiti und mich nach Pasighat zu fahren. Ich kochte vor Ungeduld und begann, ihm den Kopf zu waschen, gab aber bald auf. Ozing war Ozing. Er würde sich nie ändern. Darin bestand sein Charme.

Ich verabschiedete mich von Neeraj. Er hatte hinten in Ozings Jeep neben Yatish ein bequemes Bett für Bhaiti hergerichtet. Es wurde allmählich Zeit, dass Yatish Bhaiti genauer kennen lernte. Dann endlich brachen wir zur siebenstündigen Fahrt nach Pasighat auf – der nächsten Station auf meiner Reise zum Fluss.

Unsere Route verlief in einer großen Schlinge: Erst ein allmählicher Abstieg in den Süden nach Assam, dann eine lange Fahrt nordöstlich über die Überschwemmungsebene des Brahmaputra und schließlich eine Wende zurück nach Norden in die Berge von Arunachal Pradesh. Leider endete Arunachal Pradeshs Netzwerk hervorragend beschaffener Straßen abrupt, sobald wir Itanagar verlassen und die Grenze zu Assam überquert hatten. Assam ist in besseren Zeiten schon nicht berühmt für die Qualität seiner Straßen, doch nach den schlimmsten Regenfällen in der Geschichte waren sie beinahe unpassierbar – ein von Kratern übersäter, das Rückgrat folternder Höllenpfad –, und um uns herum sahen wir Spuren wie nach einer großen Schlacht. Die Ortsbewohner bahnten sich langsam und teilnahmslos wie Bombenopfer einen Weg durch die Überreste ihrer Häuser. Lastzüge waren umgestürzt und glichen aufgeblähten Metallleichen. Gruppen kleiner Jungen und Mädchen paddelten auf Holzbrettern – womöglich die Knochen ihrer Häuser – über schlammige, mit Lotuspflanzen verstopfte Teiche, doch ihr Lachen brachte ein bisschen Erleichterung von der schrecklichen Tragödie, die noch die Luft erfüllte. Die meisten Brücken waren weggespült worden, und so warteten wir in langer Reihe zwischen Lastwagen und anderen Fahrzeugen, bevor wir über wackelige, hastig zusammengezimmerte Bambuspontons hinüberzuckeln konnten. Am Rand einer kleinen Stadt kamen wir am Hotel Raj vorbei, dessen Beton die Überschwemmung überlebt hatte, doch die Flutmarke war unmittelbar unter den obersten Fenstern noch deutlich zu sehen. Sein Schild beschrieb exakt die Gegebenheiten – »Schlafen und Fluten«.

Nicht nur die Straßen hatten sich verändert, sondern auch die klimatischen Bedingungen. Hier in der Überschwemmungsebene war es wärmer und stickiger, Palmen und Bananen ersetzten den Fichtenwald von Arunachal Pradesh. Es war wieder mehr wie Indien – eine Rückkehr aus der Ordnung ins Chaos.

Auf dieser langen unbequemen Reise entdeckte ich eine andere Seite von Ozing. Er entspannte sich mehr, und sogar sein Stottern wurde schwächer. Ozing, erkannte ich bald, war unglaublich belesen und ein ausgezeichneter Historiker, nicht nur in Bezug auf sein eigenes Land, sondern auch bewandert in englischer Frühgeschichte und besonders, was die Dichter und Schriftsteller und speziell William Shakespeare anging. Er unterhielt mich munter mit Geschichten von seinen Vorfahren, den wilden Abor, nun bekannt als Adi, welche die Briten dem Gespött preisgegeben hatten, und er akzentuierte seine Erzählung mit Sonetten unseres großen Barden und Dichters.

In der Zwischenzeit machte das Leben auf dem Rücksitz keinen großen Spaß. Schon auf guten Straßen sind in einem indischen Maruti-Jeep die Vordersitze der einzige bequeme Platz. Aufgrund eines Konstruktionsmangels hat das Fahrzeug so gut wie keine Federung. Du fühlst dich wie in einem Blechkoffer, der über die Niagarafälle geworfen worden ist. Yatishs Kopf knallte dauernd gegen das Dach. Bhaiti hatte völlig aufgegeben, sich in dem Lager vergraben, das Neeraj ihm hergerichtet hatte, und quetschte sich zwischen den Rücksitz und Ozings Lehne. Ich tauschte den Platz mit Yatish und tat mein Bestes, um meinen Hund zu trösten.

Auf halbem Wege hielten wir in einer kleinen Stadt zu einer Teepause an. Eine Tür weiter war eine Apotheke. Da ich ein Hypochonder bin, konnte ich nicht widerstehen. Ich liebe Apotheken, insbesondere indische. Sie sind mit den überraschendsten Dingen angefüllt. Ich erwarb eine ayurvedische Salbe gegen Prellungen, eine neue Zahnbürste und ein Antizeckenpulver für Bhaiti, von einem Herrn namens Dr. Khan hergestellt. Dem Aufdruck nach war Dr. Khan anscheinend bemerkenswert hoch qualifiziert und hatte seine Ausbildung in London, New York, Kalkutta, Delhi und Moskau vollendet. Die Gebrauchsanweisung war etwas verwirrend: »Verteilen Sie täglich das Pulver großzügig auf dem Körper des Tiers, und wischen sie es nach zehn Minuten ab.« Dem konnte ich noch folgen. Aber die nächste Zeile: »Stellen Sie sicher, dass das Pulver in alle Ritzen und Ecken der Zwänge gelangt.« Sogar eine Telefonnummer von Dr. Khan in Kalkutta war angegeben. Ich überlegte, ob ich ihn anrufen sollte.

Es war früher Abend, als wir die Grenze zwischen Assam und Arunachal Pradesh erreichten. Mein Reisepass und meine Aufenthaltsgenehmigung wurden von der Grenzpolizei gründlich unter die Lupe genommen, dann winken sie uns durch. Nach praktisch nur wenigen Metern war es so, als wären wir in eine andere Welt eingetaucht. Die Straße wurde auf einmal wieder glatt, und wir schienen durch einen Garten Eden zu gleiten. Es war so grün und leer. Ich kurbelte das Fenster herunter. Die Luft war wundervoll rein und roch nach dem Laub, das uns umgab, als wir unter einem Baldachin schnellwüchsiger Bambusreihen durch einen langen grünen Tunnel sausten.

Die Veränderung bei Bhaiti war genauso außergewöhnlich. Er streckte seinen Kopf neben meinem aus dem Fenster, die Augen glänzten, die Ohren waren aufgestellt, und seine kleine schwarze Schnauze war in die Luft gerichtet. Dann bellte er. Es war ein Freudengebell. Bhaiti erwachte wieder zum Leben – legte den Mantel seines früheren Daseins als streunender Straßenköter ab, um das zu werden, wofür seine Gene ihn vorgesehen hatten – ein glücklicher Jagdhund. Bhaiti kehrte heim – heim in die Berge.

Wir waren nun wieder im Adi-Gebiet mit seinen Palisadendörfern, wo die herkömmlichen Häuser schlicht rechteckig sind oder quadratische Bambuskonstruktionen auf Stelzen, die kompliziert verflochtene Dächer aus Palmblättern haben. Das Gegenstück bildeten hie und da herkömmliche assamesische Häuser, eine Nachahmung britischer Tudor-Landhäuschen mit schwarzem Fachwerk. Aber hauptsächlich gab es Wald zu sehen, die hoch aufragenden Bäume standen dicht gedrängt, uralt, schweigend und abweisend zu beiden Seiten der Straße.

Es war fast dunkel, als wir Pasighat erreichten, das sich über einen Hügel erstreckte, um den der Brahmaputra in einem weiten Bogen seinen Arm legte. Hier war der Fluss majestätisch und ruhig, weil er sich nach seiner 500 Kilometer langen turbulenten, gewundenen Talfahrt durch den Himalaya im Norden hier in den Ebenen richtig ausbreiten konnte.

Pasighat, Hauptort der Region Ost-Siang, glich einem verkleinerten britischen Marktflecken mit Alleen und Häuserreihen, umgeben von wohl geordneten Parks im Postkartenformat. Es strahlte eine Atmosphäre vornehmer Ruhe aus. Früher war es das britische Verwaltungszentrum und bildete zusammen mit seiner Schwesterstadt Sadiya etwas südöstlich, die 1950 vom großen Erdbeben zerstört wurde, einen der zwei östlichsten Außenposten von Britisch-Indien.

Pasighat und Sadiya wurden zu Beginn des 19. Jahrhunderts, als die East India Company beschlossen hatte, ihren Einfluss in diesem gerade befreiten Land weiter geltend zu machen, die Ausgangspunkte der britischen Bemühungen, dem Lauf des Brahmaputra seine Geheimnisse zu entreißen. Beide Orte waren auch bedeutende Handelszentren, wo die Abor, die Bergmenschen, mit Leuten vom Flachland in Assam Handel trieben – mit Stoffen, Garnen, Salz, Haushaltsgeräten, landwirtschaftlichem Gerät, Hirschfellen, Wachs, Krapp, Ingwer, Elfenbein und Tigerfellen.

Im Sommer kamen die Tibeter jenseits von Gelling über den Kebang-La-Pass herunter, um Handel zu treiben, und brachten Steinsalz, Eisen, warme Decken, handgewebte Stoffe, Schwerter, Türkisketten, blaue Steingutperlen, Garne verschiedener Farben, Schnupftabak, Moschus, graue Ambra, Porzellan, Silber und große Bronzetöpfe mit. Im Austausch nahmen sie unbehandelte Häute, Hirschgeweihe sowie weißen und roten Reis mit.

Heute besteht in Pasighat noch immer ein kleiner Markt, wo selbst Angebautes, Gewürze und Stoffe verkauft werden. Es hat sich wirklich nicht so viel geändert – ein kleines Stück Britisch-Indien, das in einer Zeitschlaufe konserviert ist.

Ozing ließ uns am Gästehaus der Regierung aussteigen, wo wir unterkommen sollten, und widmete sich dann seinen eigenen mysteriösen Geschäften. Dieses Gästehaus, ein dreistöckiger Neubau aus Stein, hatte Zimmer nach Osten und Süden mit der Annehmlichkeit überdachter Balkone. Es war leer. Bhaiti und ich wählten die Suite, die vom Balkon aus einen herrlichen Blick auf den Brahmaputra hatte. Ich sah mir das Bad an. Es schien direkt aus der Zeitschrift *Haus und Garten* zu stammen, ein weitläufiges Marmor-Atrium mit einer verwirrenden Zahl altmodischer, verchromter Wasserhähne. Zwanzig im Ganzen. Ich drehte sie alle auf. Aus dem großen verchromten Duschkopf über mir benetzte ein leichter Sprühregen meinen Nacken, und aus einem anderen Hahn flüchtete eine verblüffte Kakerlake.

Doch das Gästehaus verdiente mindestens einen, wenn nicht zwei Sterne für seine Mahlzeiten, zubereitet von einem Koch, der so war, wie eigentlich alle sein sollten: dick, fröhlich und ungeheuer hilfsbereit. Cookie, wie ich ihn nannte, bereitete für Yatish, Bhaiti und mich ein üppiges Mahl zu. Heiße, teigige Chapatis, liebevoll in seinen weichen pummeligen Händen geformt, drei verschiedene Currys (Fisch, Huhn und irgendein Fleisch), lockerer Basmatireis und Schalen voll dampfenden, frischen Gemüses.

Yatish, ziemlich erschöpft und angeschlagen von der Reise, nahm sein Essen mit aufs Zimmer, und so saßen Bhaiti und ich bei einem trauten

Candlelight-Dinner, das der hervorragende Cookie auftrug. Wir machten noch einen kurzen Verdauungsspaziergang. Es war eine herrliche Nacht, der Osthimmel funkelte voller Sterne, ein dunkelblaues, mit Diamanten besetztes Cape. Zu unserer Rechten hörten wir das Rauschen des Flusses, der seine Reise nach Westen antrat.

Ich blickte nach Norden auf die Reihen welliger Hügel und fragte mich, welche Abenteuer Bhaiti und mir bevorstanden. Morgen würden wir mit etwas Glück klar sehen. Und morgen, fiel mir wieder ein, als Bhaiti zufrieden die saubere, knusprige Luft schnupperte, würden wir auch die letzten beiden Mitglieder unserer kleinen Gruppe kennen lernen: unseren Adi-Führer und unseren Koch.

Ich hatte ausgemacht, dass Bhaiti und mir Tee und Kekse gebracht werden sollten – zu einer nach meinem Dafürhalten christlichen Zeit, um 7 Uhr. Wir hatten beide etwas Ruhe nötig. Viel zu früh aber wurde heftig an meine Schlafzimmertür geklopft. Benommen blickte ich auf meine Uhr. Es war erst 6. Vielleicht hat es in Arunachal Pradesh eine Zeitumstellung gegeben, dachte ich, als ich aus dem Bett stieg und die Tür öffnete. Anstelle eines lächelnden Hausboys mit Tee und Keksen wurde ich von einem fertig angezogenen, hektischen Yatish begrüßt.

»Wir müssen los, Mark. Sofort!«

»W-warum? W-wohin?« Ich war noch völlig verschlafen.

»Zum Hubschrauberlandeplatz. Zu unserem Flug.«

»Wie? Was?«, fragte ich gereizt. Yatish schien von Hubschraubern besessen zu sein. Er dachte an nichts anderes.

Er unterbrach mich ungeduldig. »Die indische Luftwaffe, Mark. Wie ich Ihnen gesagt habe, schaffen sie Vorräte in die Dörfer hinauf. Schauen Sie, gerade hebt einer ab.«

Ich blickte aus dem Fenster. Weiter unten konnte ich einen Hubschrauber abheben sehen. Er schwebte einen Augenblick, schwenkte dann nach rechts und stieg rasch höher, um über die umgebenden Bergrücken im Osten zu gelangen.

»Ich hab es nachgeprüft«, fuhr Yatish hastig fort. »Einer fliegt nach Gelling. Aber ich weiß nicht, wann – sie schwärmen in sämtliche Richtungen. Alles hängt vom Wetter ab. Wir müssen da runter. Jetzt gleich.«

»Wie kommen wir da rein?«, fragte ich.

»Sie müssen Ihren ganzen Charme spielen lassen. Insbesondere mit einem Hund. Sie kennen die Bestimmungen.«

Ich sparte mir eine Antwort. Zum Teufel mit den Bestimmungen. Niemals würde ich ohne Bhaiti irgendwohin reisen. »Was ist mit dem Rest der Truppe?«, fragte ich. »Wo sind sie?«

»Warten schon am Flugfeld. Und Ozing wartet unten, um uns hinzubringen.«

Ich zog mich rasch an, stopfte meine Sachen in eine Tasche, leinte Bhaiti an und schoss nach unten. Eine lächelnde dicke, vertraute Gestalt stand an der Tür und hielt ein Päckchen in der Hand. Es war der unübertreffliche Cookie.

»Omeletts und Chapatis für Sie, Sir. Und zwei Eier, hart gekocht – sechs Minuten – für Bhaiti«, sagte er und überreichte mir das Päckchen. Ich hätte ihn umarmen können.

»Möchten Sie mitkommen, Cookie?«, fragte ich. Ich hätte ihn überallhin mitgenommen.

Er lachte, wobei sein ganzer Körper wackelte wie eine Kinderhüpfburg.

»Nein, Sir. Kein Essen dort oben. Cookie würde sterben. Ich warte mit ganzem Menü auf Sie. Sie werden es brauchen.«

Wir dankten ihm und stiegen in Ozings Jeep.

»G-g-guten Morgen, Mark, und g-g-guten Morgen, Bhaiti. Schöner T-t-tag zum Fliegen«, kicherte er beim Abfahren.

»Danke, Ozing. Übrigens, wo sind Sie gestern Nacht hin?«

»Ich war auf meinem Campingplatz.«

»Ihrem Campingplatz? Sie haben einen Campingplatz?« Ich war hellhörig geworden.

»S-s-sehr luxuriöser Platz«, erwiderte er. »Für Kunden von T-t-tiger Mountain. Sehr t-t-teuer allerdings. Sie k-k-könnten es sich nicht leisten. Aber v-v-vielleicht gebe ich Ihnen Rabatt«, kicherte er. »Sie k-k-können bei ihrer Rückkehr dort absteigen. *Wenn* Sie zurückkehren.« Ozing hat einen Campingplatz, dachte ich. Das war etwas, das ich mir anschauen musste.

Wir erreichten den Rand des Felds, das als Abflugplatz diente, und luden unser Gepäck aus.

»Ich w-w-werde Sie wahrscheinlich nicht mehr s-s-sehen«, meinte Ozing und versuchte, eine ernste Miene zu wahren. »Ich h-h-habe den ganzen Morgen R-r-rauchsignale an meine Leute da oben geschickt. Ich h-h-habe ihnen mitgeteilt, dass w-w-wieder ein blöder Engländer raufkommt, um ihr Land auszuplündern, wie Ihre blöden Vorfahren. Sie w-w-werden Sie womöglich umbringen«, sagte er. »Wenn Sie sich anständig aufführen, l-l-lässt mein Onkel Jaro sie eventuell am L-l-leben.«

Ich spürte, wie mir jemand leicht auf die Schulter klopfte, und wirbelte herum. Ich weiß nicht, wen ich erwartete, aber sicherlich nicht den kleinen, starken, leger gekleideten, lächelnden Mann mit gütigen Augen, Goldglanz im Haar und einer Zahnlücke vorn, der vor mir stand. Jaro war mein Adi-Führer. Seinem Ruf gemäß hatte ich, nun ja, jemanden erwartet, der mehr dem traditionellen Bild entsprach, wenigstens eine Knarre trug oder möglicherweise noch Pfeil und Bogen. Oder vielleicht auch barfuß ging. Stattdessen trug Jaro ein rosafarbenes Polohemd, eine schicke Hose und Schuhe mit Schnürsenkeln. Nur auf dem Rücken trug er etwas, das ihn als legendären Führer vom Volk der Adi verriet, nämlich einen herrlich geflochtenen Rattanrucksack. Darin steckte ein rosa Knirps-Regenschirm. Er ergriff meine Hand und schüttelte sie kräftig.

»Mm«, brummte er, einen Ton, den er, wie ich noch herausfinden sollte, immer von sich gab, bevor er etwas sagte, so als denke er noch über seine Worte nach. »Ich bin Jaro. Sie sind Mark. Willkommen.« Er lächelte. »Mm. Wie alt sind Sie?«

»40«, log ich.

»Mm«, begann er wieder und sah mich prüfend an. »Ich glaube, Sie sind älter. Vielleicht 48?« Ich nickte widerstrebend. »Mm, gut«, sagte er. »Ich bin jünger – 43. Wir bringen es zusammen auf 91 Jahre. Wir sind alte Männer. Wir werden langsam gehen.«

Mich freute diese Ankündigung. Ich hatte mir schon vorgestellt, die steilen Hügel hinaufkeuchen zu müssen, um mit einem agilen, jungen, schnell ausschreitenden Adi-Jäger mithalten zu können. Jaro kniete sich hin und pfiff – ein seltsam tiefes Pfeifen. Bhaiti neigte den Kopf und winselte dann, ein kleines Freudengewinsel. Er schlich zu Jaro hinüber und setzte sich ihm zu Füßen.

»Mm, guter Jagdhund«, sagte er und kraulte Bhaiti an den Ohren. »Er wird unsere Reise genießen.«

Einer, der sich auskennt, dachte ich erfreut.

Yatish schien auch froh zu sein, zweifellos so erleichtert wie ich darüber, dass wir ein langsames Tempo einschlagen würden. Aber da war noch ein Teammitglied – das letzte unserer kleinen Gruppe: Topgay, unser Koch aus Ladakh –, und er wollte oder konnte nicht langsam gehen. So wie bei Jaro entsprach der erste Eindruck überhaupt nicht dem, was ich mir unter einem Koch vorstellte – keine Ähnlichkeit mit Cookie, beispielsweise.

Topgay war keinesfalls dick; er war auch nicht schlank, groß oder muskulös. Er war schlaksig. Er hatte keinen Zentimeter überflüssiges Fleisch an sich. Er trug Shorts. Seine Beine waren lang und sehnig, die Beine eines Windhunds. Topgay stammte von den steilen, kalten Bergflanken Ladakhs. Er war ein echter Gebirgler – still, sanft, bescheiden und scheu. Und nichts, wie ich noch herausfinden sollte, wurde ihm zu viel. Als glücklich verheirateter Mann mit einer großen Familie war keine Übereinstimmung mit seinem Namen gegeben, Topgay. Deshalb nannte ich ihn Topguy, was weitaus passender war. Was für eine Mannschaft! Ich hätte mir keine bessere wünschen können.

Wir verabschiedeten uns von Ozing. Er war überglücklich, dass er die Verantwortung für so einen b-b-blöden Engländer an Jaro übergeben konnte. Topguy nahm alle unsere Taschen an sich, als wären sie federleicht, schlang sie sich über die Schultern, und wir marschierten auf das Flugfeld.

Dort warteten wir, und warteten und warteten den ganzen Tag, sahen zu, wie die Hubschrauber landeten und beinahe augenblicklich neu beladen wieder abhoben zu einem weiteren Abstecher nach Anini oder Along – aber nicht nach Gelling. In Gelling, hatte Yatish sich erkundigt, herrschte gerade schlechtes Wetter – tief hängende Wolken. Er hatte vom Flugleiter auch erfahren, dass eine Schlechtwetterfront heranzog, was bedeutete, dass in den nächsten Tagen wahrscheinlich keine Hubschrauber starten würden. Daher unser früher Aufbruch. Es hieß, entweder heute oder eine lange Wartezeit in Pasighat.

Ich bin von Natur aus kein geduldiger Mensch. Ich brauche nach der Ankunft in Indien gewöhnlich mindestens ein paar Wochen, bloß um mich dem langsameren Landesrhythmus anzupassen. Diesmal aber war es verrückt gewesen, beinahe surreal. Seit meiner Ankunft in Delhi hatten wir entweder eine Riesenhetze oder völligen Stillstand gehabt – wie jetzt. Was mussten wir noch über uns ergehen lassen, ehe wir an diesen Fluss kamen? Und der arme Bhaiti. Mir war ganz elend. In was zog ich ihn da hinein? Er hatte einen fürchterlichen Tag. Der Klang der Hubschrauber versetzte ihn in Angst, und er steckte seinen Kopf wieder in mein Hemd. Ich trug ihn in eine kleine Holzhütte, wo alle warteten. Er rollte sich unter einem Tisch zusammen, auf dem Jaro mit der Geduld und Geschicklichkeit des geborenen Jägers Schach spielte und nacheinander das gesamte Bodenpersonal matt setzte. Jaro, fand ich heraus, war der Gari Kasparow von Nordostindien. Er hatte seinen Bundesstaat schon bei vielen indischen Meisterschaften vertreten.

Mir fiel die Decke auf den Kopf. Ich musste raus hier. Ich bat Jaro, sich um Bhaiti zu kümmern, und versuchte, meinen Frust dadurch abzureagieren, dass ich wie ein Irrer am Feld auf und ab lief.

Gegen 15 Uhr kam Yatish endlich her, um mich von meinem Leid zu erlösen. Der nächste Helikopter, sagte er, fliege nach Gelling. Das Wetter habe aufgeklart. Wenige Minuten später dröhnte der schon allzu vertraute Lärm über das Feld. Ich rannte auf die Landefläche und wartete, vom aufgewirbelten Staub geblendet, als der Hubschrauber sanft wie eine große schwarze Fliege aufsetzte. Der Motor wurde abgestellt, und die Rotoren kamen langsam zum Stillstand.

Zwei schneidige junge Burschen stiegen aus dem Cockpit. Sie trugen spiegelnde Fliegersonnenbrillen und eng anliegende orangefarbene Fliegeroveralls, die über glänzend polierten Stiefeln endeten. Sie sahen so einschüchternd, so offiziell und, na ja, so nach Befehlsgewalt aus, dass ich mich dabei ertappte, wie ich salutierte, obwohl ich nie Militärdienst abgeleistet habe. Sie fingen beide an zu lachen, nahmen ihre Brillen ab und stellten sich vor.

»Ich bin Shantunu Basu, und das ist mein Flugoffizier Prakash.« Ich schüttelte ihnen die Hände. »Na, Mister Shand, was transportieren wir denn heute für Sie? Wieder einen Elefanten?« Shantunu bemerkte mein Erstaunen.

»Ich kenne Sie aus Ihren Büchern«, lachte er. »Aber Sie sehen älter aus.«

Endlich berühmt. Das hätte zu keinem günstigeren Zeitpunkt kommen können.

»Diesmal keinen Elefanten, nur einen Hund«, erwiderte ich. »Und vier weitere Menschen, darunter mich.«

»Schade, ich wollte schon immer einen Elefanten durch die Luft transportieren. Wir schaffen vier Tonnen. Es wäre eine ziemliche Herausforderung gewesen. Auf jeden Fall ist es mir ein Vergnügen. Bringen Sie Ihre Leute und Ihren Hund so schnell wie möglich an Bord. Wir haben es eilig. Die hiesigen Wetterverhältnisse sind nicht unbedingt vorhersehbar.

Könnte ein etwas rauer Trip werden. Aber«, fügte er grinsend hinzu, »wir schaffen das schon.«

Und wie sie es schafften. Denn diese Piloten waren die Haudegen der Hubschraubereinheit der indischen Luftwaffe – die crème de la crème –, diejenigen, die es eng und knapp liebten. Ihr Geschwader nannte sich die »First of the Ranas« –, und ihr Motto beschrieb sie adäquat: »Unverzagt, unerschrocken«.

Wir drängten uns rasch in den Laderaum, wo zwei schmale Holzbänke an jeder Seite als Sitze dienten. Der übrige Raum wurde von der Ladung eingenommen, die auf einem fahrbaren Gepäckwagen in der Mitte gestapelt war. Der Hubschrauber hatte keine Rückseite, er war nach hinten offen.

Shantunu lud mich ein, nach vorn zu kommen. Er sagte mir, ich hätte dort einen herrlichen Ausblick auf den Fluss. Ich lehnte ab. Ich musste mich um meinen Hund kümmern, der aus offensichtlichen Gründen nicht ins Cockpit durfte. Yatish nahm meinen Platz ein, während Topguy, Jaro, die Helfer und ich uns hinten zusammendrängten. Als die Rotoren sich zu drehen begannen, stieß Bhaiti ein Geheul aus und versuchte verzweifelt auszureißen. Ich nahm es ihm nicht übel. Der Lärm war ohrenbetäubend. Ich schaffte es, ihn im Griff zu behalten, und presste ihn an meine Brust. Er steckte den Kopf in mein Hemd und, abgesehen von einem ständigen Zittern, rührte er sich während des ganzen Flugs keinen Zentimeter.

Shantunu und Prakash erfüllten das Motto ihres Geschwaders, »Unverzagt, unerschrocken«, denn bald gingen wir rasch tiefer, raspelten auf dem Hügel, den ich durch die offene Rückseite sehen konnte, fast die Wipfel der Bäume ab. Wir überflogen eine Anhöhe und sausten in die Tiefe. Wenige Minuten später setzten wir sauber auf einem breiten Feld auf, – das zugleich Landefeld und Fußballplatz eines der entlegensten Außenposten Indiens war: Gelling.

Ich blickte aus dem Fenster. Anscheinend stand für uns ein Begrüßungskomitee bereit, das sich nicht nur aus den aufgereihten Dorfbewohnern zusammensetzte, die am Rande des Fußballplatzes auf ihren Hacken kauerten, sondern erschreckenderweise auch aus drei Soldaten in Tarnanzügen. Sie standen in Habachtstellung an einem kleinen Holztisch mit zwei Holzstühlen. Ich trug Bhaiti aus dem Laderaum in die kühle, frische Luft und ließ ihn von der Leine. Er drehte voll durch. Er schlug mehrere Purzelbäume auf dem Gras, schüttelte den Kopf von einer Seite auf die andere, wie um den Hubschrauberlärm abzuschütteln, meuchelte flink eine Fliege, die es gewagt hatte, seinen Kopf anzusteuern, und rannte in vollem Tempo dreimal um den Fußballplatz. Nun war er wieder glücklich.

Jaro und Topguy holten unser Gepäck, während Yatish sich mit dem Militär abgab. Ich verabschiedete mich von meinen unerschrockenen Piloten. Sie mussten gleich wieder abheben – der Himmel zog sich zu. Shantunu riss sich ein kleines dreieckiges Abzeichen ab, das an seiner Uniform haftete. Er drehte es um, schrieb etwas drauf und reichte es mir. Es war das Emblem des Geschwaders – der 127. Hubschraubereinheit, der »First of the Ranas«. Vorn war das kleine Abbild eines Hubschraubers mit den Worten »Unverzagt, unerschrocken«. Hinten hatte er draufgeschrieben: »Mark – alles Gute, Shantunu, Gelling, 2. November.«

»Zumindest können Sie jetzt beweisen, dass Sie so weit gekommen sind«, sagte er.

Ich schüttelte ihm die Hand und bedankte mich.

»Viel Glück«, sagte er und stieg wieder ins Cockpit. »Wenn Sie in Schwierigkeiten geraten, schicken Sie ein Rauchsignal. Wir hauen Sie raus.«

Ich winkte, als sie abhoben, und sah, wie der Hubschrauber schräg nach rechts zog und nach Süden flog, bis er unsichtbar wurde, weil sein dunkelgrüner Rumpf mit den steilen Wänden der bewaldeten Täler entlang des Flussbetts verschmolz. Als ich die Hand sinken ließ, überfiel mich plötzlich ein seltsames Gefühl der Einsamkeit. Nach all der Zeit war ich endlich hier angekommen und vermisste meine Familie. Doch dann spürte ich eine aufmunternde Wärme, die sich an mein Bein drückte. Ich war ja nicht ganz allein.

Ich schlenderte zum Holztisch hinüber. Die drei Soldaten standen stramm und salutierten. Ich salutierte zurück. Bis jetzt hielt ich mich noch streng an die Anweisungen in meiner Aufenthaltsgenehmigung, Abschnitt e. Ich trat *nicht* in formloser Weise mit den vor Ort stationierten Armeeangehörigen in Kontakt. Der Lieutenant, der in Abwesenheit des Captains der Assam Rifles, der ein paar Tage Urlaub genommen hatte, den Befehl hatte, fragte, ob ich einen Imbiss wollte. Das brachte mich etwas in Verlegenheit. Laut Abschnitt b meiner Genehmigung sollte ich allein zurechtkommen und keine Hilfeleistung von der Armee in Anspruch nehmen, außer bei einer Notfallevakuierung aus humanitären Gründen. Das hier war keine Notfallevakuierung. Jetzt zumindest noch nicht. Aber mir wurde Hilfe angeboten – zugegeben, es handelte sich nur um Lebensmittel. Ach, zum Teufel, dachte ich, lebe wild und gefährlich, also nahm ich dankend an.

Binnen Minuten waren wir damit beschäftigt, einen Imbiss zu verdrücken – Limonade und Ingwerkekse –, während drei Soldaten hinter uns Stellung bezogen hatten, die sich nur rührten, um unsere Gläser zu füllen. Es war wirklich eine höchst unpassende Situation. Ich fragte Yatish, wohin Jaro und Topguy verschwunden seien. Er brummte irgendwas Unzusammenhängendes. Ich fragte nach.

»Sie bleiben im Dorf«, erwiderte er und sagte damit, dass wir es nicht tun würden.

»Aber bleiben wir nicht alle zusammen?«, fragte ich.

»Nein, das ist Militärgelände. Sie und ich bleiben auf dem Armeestützpunkt knapp zwei Kilometer weiter oben. Keine Außenstehenden, nicht einmal die Dorfbewohner, dürfen dort hinein. Es ist Sperrgebiet.«

Ich war entsetzt. »Aber Sie und ich sind Außenstehende«, warf ich ein. Ich wollte, dass wir alle zusammen blieben. Wir waren doch ein Team.

»Befehle, Mark«, erwiderte Yatish viel sagend und endgültig.

Mir war danach, weiter darüber zu reden, aber ich besann mich eines Besseren. Yatish mit seinen Verbindungen zum Militär wusste offenbar etwas, was ich nicht wusste. Aber mir war das nicht geheuer, und so stand ich abrupt auf und verließ den Tisch.

Yatish eilte mir nach und versuchte, es wieder gutzumachen. »Hören Sie«, sagte er, »wir schlafen direkt unter der McMahon-Linie. Und ich habe schon um die Erlaubnis ersucht, ob wir noch weiter gehen können, direkt hoch zur Linie, zum letzten indischen Kontrollposten mit Blick auf Tibet.«

Ich sah ihn überrascht an. Das war eine unerwartete Initiative. Yatish musste im Stillen wieder Strippen gezogen haben. Ich fühlte mich aufgeregt, obwohl ich dieses Abenteuer nicht mit Jaro und Topguy erleben würde.

»Und Bhaiti?«, fragte ich unschuldig.

»Ich glaube nicht, dass das Militär Hunde als Sicherheitsrisiko ansieht«, erwiderte er.

»Und was ist mit mir?«, sagte ich. »Ich könnte James Bond sein.«

»Sie werden genauestens überwacht.«

Ich fragte mich schon, ob Yatish nicht etwas paranoid war. Schließlich hatte ich, obwohl ich mich in einem Sperrgebiet aufhielt, die Genehmigung von der indischen Regierung erhalten. Sie betrachtete mich offensichtlich als nicht besonders bedrohlich und gewiss nicht als Spion. Und wenn ich schon einer wäre – was ja nicht der Fall war –, läge meine Loyalität fest bei Mutter Indien.

Wir begannen den steilen Aufstieg zur Militärbasis. Ich bemerkte eine lange Reihe hoher, elegant flatternder Gebetsfahnen, die einen kleinen steinernen *gompa* umgaben, ein Kloster, das mehr an Tibet als an Indien erinnerte. Das machte mir bewusst, wie weit nördlich ich mich befand. Die Dorfbewohner trugen auch eher tibetische Züge. Sie hatten rote Wangen, und die Frauen trugen glänzende chinesische Seidenjacken über langen Wollröcken. Yatish erklärte, dass die Bewohner der umliegenden Ortschaften buddhistische Monpa und Memba waren, die letzten Überlebenden einer buddhistischen Kultur von weiter oben im Norden, jenseits der McMahon-Linie in Tibet.

Gerade als wir das Dorf verließen, stellte sich mir ein alter, in einen roten Wollmantel gekleideter Mann mit tibetischen Zügen in den Weg. Um seinen Hals hing eine Kette aus Türkissteinen, und er paffte aus einer Bambuspfeife mit einem silbernen Kocher. Er verbeugte sich drei- oder viermal vor mir. Leicht verunsichert, verbeugte ich mich ebenfalls. Dann verbeugte er sich wieder. Und so ging es weiter. Es war lachhaft – wir zuckten auf und nieder wie zwei alte Pfauenmännchen in einem Revierstreit.

»Er hält Sie für einen Japaner«, sagte Yatish.

»Einen Japaner?«, fragte ich ungläubig. Ich bin schon oft für einen Australier gehalten worden, aber ein Japaner – das ging zu weit. Ich war empört.

Yatish berichtete mir, dass 1992 eine gemeinsame indisch-japanische Schlauchbootexpedition hier von Gelling aus gestartet, die gewaltigen und nicht kartierten Stromschnellen der Siang bis Pasighat hinuntergeschossen war und von da ab den Brahmaputra flussabwärts bis zur Grenze von Indien und Bangladesch. Der alte Mann, der in seinem Leben noch nie Fremde gesehen hatte, nahm daher an, dass alle Ausländer Japaner seien.

So höflich, wie ich konnte, verbeugte ich mich rasch noch einmal und ging weiter. Zumindest war es den Japanern nicht gestattet worden, erzählte mir Yatish, dorthin einen Fuß zu setzen, wohin wir nun unterwegs waren. Da fühlte ich mich gleich besser. Tatsächlich war, soweit ich wusste, seit mehr als einem halben Jahrhundert nur ein einziger Ausländer dort gewesen, wohin wir wollten.

Sein Name war Verrier Elwin, der große englische Philanthrop und Kämpfer für indigene Völker. Er wurde 1902 in Dover als Sohn eines anglikanischen Bischofs geboren, traf 1927 in Indien ein und verfiel sofort seinem Zauber. Er lernte Mahatma Gandhi kennen und begeisterte sich unter seinem Einfluss so für Indiens Unabhängigkeit, dass er die Verbindung zu seiner Kirche und seinem Land kappte und sich in einem abgelegenen Dorf mitten in Indien niederließ. Zunehmend widmete er sich der einheimischen Bevölkerung, eröffnete Schulen und ein Lepraheim, reiste, fotografierte und schrieb unermüdlich über ein Volk nach dem anderen. Er hatte, wie ich wusste, Gelling 1954 besucht und war womöglich noch weiter vorgedrungen, als Nehru ihn zum Berater für die Angelegenheiten indigener Völker bei der *North-East Frontier Agency* ernannte. Ich war stolz, in seine Fußstapfen zu treten.

Doch erst musste ich zur Militärbasis gelangen. Wir waren erschöpft, als wir sie erreichten – nach mehr als drei Kilometern vom Dorf immer bergauf. Wir kamen an ein großes Tor, von einem hohen Stacheldrahtzaun umgeben. Drinnen bemerkte ich ein Volleyballfeld, ein paar Holzschuppen mit Wellblechdächern, Bunker, eine lange Leine, an der Wäsche trocknete, und eine kleinere Hütte, durch Sandsäcke gesichert, mit Antennen und einer Satellitenschüssel am Dach. Das war eindeutig das Kommunikationszentrum, und von dort ertönte der blecherne Klang eines Bollywood-Discohits.

Ich war ziemlich enttäuscht. Ich hatte, nun ja, eine massive Verteidigungslinie erwartet, mit MGs, Mörserstellungen und Soldatenschwadronen in höchster Alarmbereitschaft. Wir standen hier schließlich an Indiens letzter Verteidigungslinie gegen die Großmacht China.

Ich merkte auf einmal – bei der Niederschrift dessen, was ich damals in mein Tagebuch eintrug –, dass ich in den Verdacht des Geheimnisverrats geraten könnte, der Weitergabe wertvoller Informationen an die Chinesen. Ich könnte für einen Spion gehalten werden. Aber das war einfach überdreht, denn die moderne Technologie ist heutzutage so hoch entwickelt, dass Inder, Chinesen, Amerikaner – alle, die die richtige Ausrüstung hatten – mein stolperndes Vorankommen wahrscheinlich auf Monitoren in verborgenen Bunkern an geheimen Orten verfolgten, weil es von Satelliten übermittelt wurde, die regelmäßig irgendwo im All über mir herflogen.

Allerdings sollte ich nicht in den Hauptteil des Lagers gelassen werden. Ich wurde von meiner militärischen Eskorte einen steilen Hang links von der Basis hinaufgeleitet. Wir kamen an eine Holzbude, umgeben von einer Rabatte blühender Büsche. Dahinter befand sich ein Steilhang und dahinter nichts. Nichts außer dem Paradies. Ein überwältigendes Panorama des Siangtals. Weit unten konnte ich die Siang – meinen Fluss – als schlanke Silberschlange sich durch das grüne Tal winden sehen. Ihr Rauschen, gerade noch vernehmlich, war Musik in meinen Ohren.

Das war unser neues Heim, das Offiziersquartier. Der nette, aber abwesende Kommandant der Basis, den ich aus Sicherheitsgründen Captain K. nennen werde, hatte offensichtlich sein Quartier geräumt, um uns Unterkunft zu bieten. Anscheinend wurden wir erwartet. Unsere Unterkunft war schlicht, aber bequem. Captain K. hatte keine Mühen gescheut, damit wir uns gut aufgehoben fühlten. Ein Teppich war auf den gestampften Boden gebreitet worden. Zwei einfache Bettgestelle standen Seite an Seite, die Matratzen von frischen Laken mit aufgedruckten rosa Rosen bedeckt. Und sogar für Bhaiti war eine Decke hingelegt worden.

Wir machten uns augenblicklich über den *chung* her – die indische Militärration aus Büffelfleisch –, schwappten alles mit Contessa-Rum hinunter, eine weitere aufmerksame Geste des Captains. Yatish fiel bald erschöpft in sich zusammen.

Bhaiti und ich spazierten nach draußen. Es war immer noch hell. Ich setzte mich auf einen Holzstuhl auf dem rechteckigen Vorplatz und genoss die unglaubliche Aussicht auf den Fluss unter mir. Ich fragte mich, ob Verrier Elwin wohl genau hier gesessen hatte. In seiner Autobiografie schreibt er:

> Wenn alle Federn, die Dichter je in den Händen gehalten haben, sich ans Werk machten, bezweifle ich immer noch, ob sie die Faszination dieses wundervollen Flusses in Worte zu fassen vermöchten. So erlesen, so geheimnisvoll, so unterschiedlich in seinen Reizen. An einer Stelle fließt er durch sanft geneigte Wälder, an einer anderen zwängt er sich durch hohe Schluchten. Seine Farbe wechselt ständig, und wenn er in feinen Nebel gehüllt vor verschneiten Gebirgszügen zu

sehen ist, die in der Ferne aufragen, so ist das einer der lieblichsten Anblicke, die sich dem menschlichen Auge bieten. Die Siang ist eine harte Herrin, und manchmal erschöpfte sie mich so vollständig, dass sie mir wie der Fluss ohne Wiederkehr vorkam. Tatsächlich wäre ich glücklich, eines Tages meinen Körper an ihren Wassern zu betten.

Der Fluss ohne Wiederkehr, dachte ich, als ich meinen Körper ein wenig später 600 Meter über den Wassern in die wärmende Hülle meines Schlafsacks bettete. Bhaiti, auf seiner Decke am Erdboden einsam und verfroren, schloss sich mir bald an.

Am nächsten Morgen aber hatte der »Fluss ohne Wiederkehr« bereits einen Bannfluch ausgesprochen. Es stellte sich nämlich heraus, dass ich nirgendwohin konnte – weder flussaufwärts noch flussabwärts. Captain K. war spät in der vergangenen Nacht nach einem Gewaltmarsch von knapp 50 Kilometern aus dem weiter flussabwärts gelegenen Dorf Tuting eingetroffen. Es war ihm sehr peinlich, aber er musste mich unter Arrest setzen. Kein richtiger Strafarrest, eigentlich mehr ein Hausarrest – zeitweiliger Gewahrsam. Wir waren anscheinend zu schnell gewesen und früher als erwartet in Gelling angekommen. Ich diskutierte heftig mit dem unglücklichen Captain und hielt ihm wie ein verzogener Junge meine Aufenthaltsgenehmigung unter die Nase. Er aber blieb eisern. Er hatte noch keine offizielle Benachrichtigung vom Hauptquartier erhalten – von GSO 1 (Nachrichtendienst), HQ Kommando Ost, Fort William, Kalkutta. Das ist die reinste Ironie, dachte ich. Indien hatte sich nach mehr als 200 Jahren Fremdherrschaft die Briten vom Hals geschafft. Jetzt aber konnte es einen ungeduldigen Engländer nicht loswerden.

Das Problem lag, wie wir nach stundenlangen Diskussionen zwischen mir, Yatish und dem Captain endlich erhärten konnten, in der Kommunikation – oder vielmehr ihrem Fehlen. Anscheinend war GSO 1 (Nachrichtendienst), HQ Kommando Ost, Fort William, Kalkutta, der Auffassung, dass ich mich bei ihnen vor meiner Abreise nicht gemeldet hatte, wie es Abschnitt c meiner Aufenthaltsgenehmigung vorschrieb: »Der Antragsteller wird sich mit ... bei Antritt und Abschluss der betreffenden Reise in Verbindung setzen.« Aber ich hatte mich in Verbindung gesetzt – zugegeben nicht persönlich. Vom betreffenden Ministerium in Delhi war am Tag des Erhalts der Aufenthaltsgenehmigung eine schriftliche Mitteilung nach

Kalkutta geschickt worden – oder hätte geschickt werden sollen. Diese Mitteilung war anscheinend nie eingetroffen. Vielleicht, dachte ich, wollen sie, dass ich mich persönlich bei ihnen melde. Aber nach meiner Auffassung und auch nach der des Wörterbuchs bedeutet »liaise«, wie es im Dokument hieß, »eine Verknüpfung herstellen« oder »eine Verbindung herstellen, in Verbindung setzen«. Ich hatte es kaum für notwendig gehalten, den langen Umweg zum Hauptquartier in Kalkutta zu machen.

Was mich auf die Palme brachte und nicht in meinen Schädel ging, war, warum sie von hier nicht zum Hauptquartier in Kalkutta funken konnten. Das Hauptquartier konnte das Ministerium in Delhi kontaktieren, welches dann Kalkutta rasch meine erfolgte Fühlungnahme bestätigen konnte. Dann könnte die Bestätigung hierher zurückgefunkt werden. Mir kam das alles sehr einfach vor angesichts des Fortschritts der Kommunikationstechnologie.

Ein verlegener Captain K. erklärte, genau das habe er versucht. Aber Gelling konnte nicht direkt mit Kalkutta in Verbindung treten. Die Funksprüche mussten über Along, eine Stadt im Südwesten von Gelling und Sitz des regionalen Hauptquartiers der Assam Rifles, weitergeleitet werden. Und diese Funkverbindung zwischen Gelling und Along bestand nur zu einer bestimmten Tageszeit – am Abend. Außer bei einem Notfall. Captain K. würde es am Abend wieder versuchen.

Ich legte dar, dass dies ein Notfall sei. Er ging zu Recht davon aus, dass es keiner war. Ich musste mich geschlagen geben. Eine chinesische Invasion oder eine Notfallevakuierung standen kaum bevor – bloß ein aufdringlicher Engländer und sein Hund, die zum Fluss wollten. Ich fragte mich, ob Langeweile für eine Notfallevakuierung aus humanitären Gründen laut Abschnitt b meiner Genehmigung ausreichte.

Unglaublicherweise zog sich dieses Verwirrspiel noch weitere drei Tage hin. Der schuldlose Captain K. wurde immer verzweifelter, als er mich jeden Abend über den Stand der Dinge aufklärte. Beim ersten Versuch war die zuständige militärische Schaltstelle in Along auf einer Bergtour. Am folgenden Tag, als die Bergtour beendet war, waren die Behörden in Kalkutta und Delhi nicht erreichbar. Es war ein Sonntag. Captain K. gab sich jede erdenkliche Mühe, unseren Zwangsaufenthalt so angenehm wie möglich zu gestalten. Er machte sich endlose Sorgen um uns – ob unser Essen den Erwartungen entsprach oder ob unsere Unterbringung bequem genug war. Jeden Abend kam er mit einer Flasche Contessa-Rum aus Armeebeständen, um mich, wie er wohl hoffte, zu beruhigen. Möglicherweise handelte er sogar befehlswidrig laut Abschnitt e meiner Aufenthaltsgenehmigung: »... und auch nicht in formloser Weise mit den dort stationierten Militärangehörigen in Kontakt treten«. Aber hier handelte es sich eindeutig um einen Notfall. Der befehlshabende Offizier hatte, wenn er vom Hauptquartier abgeschnitten war, die Befugnis, nach eigenem Ermessen zu handeln. Er war weisungsberechtigt.

In der Zwischenzeit wurde ich rammdösig. Yatish gab auf und verzog sich ins Bett. Ich fühlte mich wie ein Kriegsgefangener. In das Lager durfte ich nicht – meine ganze Welt bestand aus einem zwei Quadratmeter großen Flecken Land hoch oben auf einem Hügel – zugegeben mit einer großartigen Aussicht. Das aber machte mich nur noch verrückter. Weit unten im Süden säuselte verlockend die Siang. Im Norden lag noch verheißungsvoller ein undurchdringlicher, bewaldeter Bergkamm – die McMahon-Linie.

Schließlich brachte Bhaiti die Rettung. Er spürte meine Enttäuschung und bewahrte mich davor, völlig durchzudrehen und mich vom Steilhang zu stürzen. Bhaiti wurde als Hund – aber nicht als gewöhnlicher Köter, sondern als Superspürnase – nicht als Sicherheitsrisiko angesehen. Jeden Tag schlich er sich ins Lager, wo er sich, dem Umfang seines Bauches nach zu schließen, nicht nur mit allen Soldaten angefreundet hatte, sondern ganz besonders mit dem Koch.

Von Bhaiti erhielt ich interessante und lebenswichtige Informationen. Wir legten uns Seite an Seite und flüsterten miteinander, was Yatish sehr verblüffte (er war eindeutig nicht nur mit einem Irren auf Reisen, sondern auch mit einem sprechenden Hund). Denn Bhaiti fütterte mich freizügig mit Hundeklatsch: von den anderen drei Hunden im Lager und besonders von der feschen braunen Hündin, auf die er es abgesehen hatte, von der Geheimdeponie hinter der Kantine, wo die Essensreste entsorgt wurden, und von der erstaunlichen Vielfalt des Wildes, das in dieser Gegend reichlich zu finden war. Davon wurde mir stolz Etliches vorgelegt, so als ob er sich darum sorgte, dass ich nicht genug zu essen bekam: eine Auswahl großer geflügelter Insekten, eine Anzahl verschiedener Nagetiere und ein oder zwei Eidechsen.

Und Bhaiti zeigte mir auch unser geheimes Versteck, das er entdeckt hatte. Ein rutschiger Pfad führte von meinem Gefängnis hinunter zu einem alten, unbenutzten Bunker. Dort, von niemandem gesehen, in der dunklen Abgeschiedenheit dieses künstlichen Tunnels, verbrachten wir die langen Stunden, spielten verstecken, teilten uns die Ingwerkekse, die wir beide am liebsten mochten, und malten uns die bevorstehende Reise aus und welche Geheimnisse der Fluss für uns wohl auf Lager hätte. Da lernte ich Bhaiti richtig kennen. Er und ich waren uns ähnlich: nach außen einigermaßen erfinderisch und unabhängig, aber im Innern voll weicher, sehnender Zuneigung. Es war unerlässlich, immer einen Ansprechpartner zu haben. Wir waren ein ideales Paar.

Spät am vierten Abend, als ich mit Bhaiti gerade den Verlauf seiner letzten geheimen Mission besprochen hatte, betrat ein strahlender Captain K. das Quartier. Die Funkverbindung war zustande gekommen. Das Hauptquartier hatte uns freigegeben, und nicht nur das, es hatte auch die Freigabe erteilt, die McMahon-Linie aufzusuchen. Endlich grünes Licht. Ich sollte Geschichte machen.

Bei Anbruch der Dämmerung am nächsten Morgen – mit einer Tagesration und viel Wasser sowie unter Aufsicht eines altgedienten Spähers der Grenzschutztruppe, der nicht uniformiert war, sondern Jeans und T-Shirt trug, zogen wir nach Norden um das Militärlager herum und auf die vor uns liegenden steilen Berge zu. Captain K. hatte uns strikte Anweisungen erteilt. Unter keinen Umständen sollten wir, in dem sehr unwahrscheinlichen Fall, dass wir auf eine chinesische Patrouille stoßen würden, auch nur irgendwie Kontakt aufnehmen. Wir sollten uns nicht rühren. Offenbar galt dies auch für die Patrouillen, die täglich die McMahon-Linie abgingen. Ich begriff nun, warum unser Späher, den ich aus Sicherheitsgründen S. nennen will, Zivil trug. Wenn eine chinesische Patrouille uns zufällig erblicken würde, ließ sich keine Verbindung zum Militär herstellen. Dann aber hinterfragte ich die Logik dieser List. Ich konnte verstehen, dass Yatish, S. oder auch Bhaiti bei einer verborgenen chinesischen Patrouille kein Interesse oder Unbehagen auslösen würden – doch ein Ausländer, ein Engländer? Schließlich war das ja kein stark frequentierter Wanderweg, für den in Hochglanzbroschüren irgendwelcher Alpenvereine geworben wurde.

Wir stiegen höher, bis wir die Baumgrenze erreichten, und da betraten wir eine stumme, dunkle Welt. S. flüsterte mir zu, dass wir nun mitten auf der McMahon-Linie seien – der Pufferzone zwischen Tibet und Indien. Ich konnte es nicht glauben. Weil so wenig, eigentlich gar keine geografischen Informationen über die McMahon-Linie existierten, hatte ich mir eine tatsächliche Linie vorgestellt – eine, die überschritten werden konnte – ja eine Art Strich, wo ich mit einem Fuß in Indien und dem anderen in Tibet stehen konnte.

Doch die McMahon-Linie ist eine Grauzone – eine sehr große Grauzone, die damals 1911 von Sir Henry McMahon, dem Generalgouverneur von Britisch-Indien auf der Konferenz von Simla gezogen wurde und hunderte von Kilometern von West nach Ost verläuft, entlang der Ostkette des Himalaya von Bhutan nach Birma. Tatsächlich existiert die McMahon-Linie auf chinesischen Landkarten gar nicht; stattdessen erstreckt sich das rote Territorium noch weitere knapp 200 Kilometer nach Süden bis zu den Ufern des Brahmaputra nördlich von Guwahati.

Durch dieses umstrittene Land mühten sich meine Wenigkeit, Yatish und Bhaiti, den ich an meinen Gürtel angeleint hatte, hinter S., der uns einen Pfad durch den dichten Bambuswald hieb. Gelegentlich blieb er stehen und lauschte, was unnötig schien, da Yatish und ich mit unserem Keuchen und Schnaufen genügend Lärm machten. Jede chinesische Patrouille innerhalb von sieben Kilometern hätte uns gehört.

Ich fieberte vor Aufregung. Ein fallendes Blatt oder plötzliches Rascheln interpretierte ich als eine chinesische Patrouille, die stumm und getarnt ein paar Meter links von mir im dichten Dschungel auf Lauer lag. In einer Grotte legten wir eine Verschnaufpause ein. Dem Müll auf dem Boden nach zu schließen – Zigarettenpackungen und Überreste eines ausgebrannten Feuers –, war hier das regelmäßige Biwak für Patrouillen. Aber nur für indische Patrouillen, wie ich zu meiner Enttäuschung feststellte, als ich sorgfältig jede zerknüllte Zigarettenpackung, Kippe und bedruckte Seite nach chinesischen Schriftzeichen absuchte.

Wir stiegen weiter auf. Das Dach des Bambusdickichts wurde allmählich dünner. Bäume ragten über uns auf, durch deren Laub einzelne Sonnenstrahlen wie Laser stachen und den Waldboden in einen mit Goldmünzen übersäten Teppich verwandelten. Es war still bis auf vereinzelte Vogelrufe weit über uns und hin und wieder das Summen eines Insekts, das Bhaiti verrückt machte und mich fast von den Füßen riss, wenn er um mich herumwirbelte und meine Beine mit der Leine umwickelte. Wir erreichten einen Baumriesen, dessen Umfang beinahe vier Meter betrug. S. machte mich auf tiefe Schürfspuren aufmerksam, aus denen noch frisches Harz austrat. Hier hatte ein Himalayaschwarzbär erst vor kurzem seine Krallen geschärft.

Das Gehen wurde viel leichter. Durch die Ritzen, die das Tageslicht in den Wald links von mir riss, erblickte ich ein Tal. Anscheinend bewegten wir uns an der Kante eines Steilhangs entlang. Der endete abrupt, als wir auf eine Lichtung traten. Unter uns war nichts mehr – bloß ein Abgrund von 1 000 Metern zum Fluss hinunter, den wir selbst aus dieser Höhe noch schwach brausen hörten, wie er durch die Schlucht donnerte. Vor uns stieg eine wellige Bergkette zu beiden Seiten des Abgrunds immer höher. Durch diese Gebirgsspalte strömte der Fluss, weder Siang noch Brahmaputra, sondern Tsangpo. Wir schauten auf Tibet. Wir hatten den äußersten Punkt von Indiens nordöstlicher Grenze erreicht. Weiter ging es nicht. Ich sah auf die Uhr. Es war exakt 13.16 Uhr.

In der Ferne blitzte oben im Tal etwas auf. Ich nahm meinen Feldstecher heraus (den ich in meinem Rucksack versteckte, obwohl ich laut meiner Genehmigung gegen keine Auflagen verstieß) und erblickte durch die hochauflösende Linse eine kleine Ortschaft, wo die Sonne von den Blechdächern zurückstrahlte. Das, dachte ich mir aufgeregt, war vielleicht Metok, der Endpunkt, bis zu dem ich mit meiner tibetischen Aufenthaltsgenehmigung am Nordteil des Flusses vorstoßen durfte. In ein paar Monaten könnte ich dort stehen und statt nach Norden nach Süden auf diesen indischen Außenposten schauen. Vielleicht war S. dann sogar hier.

Ich hob die Arme zum Winken. Ich war überzeugt, dass irgendwo tief in einem Bunker in Beijing eine Schar konfuser Chinesen, die ihre Schlitzaugen ungläubig aufrissen, einen Bildschirm anstarrten, auf dem ein vergrößertes Bild, von einem Satelliten übertragen, meine Haarfarbe kenntlich machte. Da winkte ein Ausländer ihnen wie irr zu. Ich malte mir die Verwirrung, dann Besorgnis und schließlich Panik aus, als ein dringlicher Anruf an das Staatsoberhaupt erging, mit der Bitte um eine klärende Entscheidung.

S. und Yatish hielten mich für übergeschnappt. Andererseits war aber Bhaiti so aufgeregt wie ich und fing laut zu bellen an. Ich hob ihn hoch, und wir winkten beide. Jetzt konnte ich mir das Keuchen gesteigerter Verblüffung der Beobachter um diesen Bildschirm – »Ausländer hat Hund« – und weitere hektische Botschaften vorstellen, die ans Oberkommando geschickt wurden, um mehr klärende Entscheidungen zu fällen. Schließlich feierten Yatish, S. und ich, als ich meine Fantasie ausgelebt hatte, den historischen Augenblick mit einem Schluck Rum und einer Packung Ingwerkekse für Bhaiti.

Doch mir war danach, den Augenblick mit etwas Dauerhafterem zu taufen. Ich bemerkte einen großen Baum, der in die Lichtung ragte. Ich borgte mir das Buschmesser von S. und schnitt ein Stück Rinde aus dem Stamm. Aus meinem Rucksack nahm ich einen wasserfesten Stift und schrieb meinen Namen, das Datum und meine Staatsangehörigkeit hin, wobei ich noch kindisch hinzufügte: »Rule Britannia«. Das sollte die Chinesen daran erinnern, dass wir, wenn uns das Land jetzt auch nicht mehr gehörte, es früher einmal besessen hatten. Und sie hätten verdammt noch mal die Vereinbarung in Simla vor über 90 Jahren unterzeichnen sollen. Um Salz in die Wunde zu reiben, drückte ich eine goldene Packung Benson & Hedges Zigaretten platt und heftete sie an einen Baum. Das würde sie verwirren, dachte ich. Bond hätte es gut geheißen.

S. wies darauf hin, dass wir wieder zurück mussten. Die Nacht brach in diesem östlichsten Landesteil früh herein. Als ich hier auf der hohen Abbruchkante stand und wieder auf das Dach der Welt blickte, hielt ich einen Augenblick inne, um an all die langen Reisen zu denken, die mich hierher gebracht hatten – von den Seiten in Charles' Buch vor so vielen Jahren, durch Sexshops und Tierhandlungen bis ins Herz des bürokratischen Labyrinths, von einem heiligen Berg bis zu einem Opfertempel, vom Finden und Verlieren eines Hundes in den Straßen einer Hauptstadt bis zum erneuten Finden eines vierbeinigen Gefährten am anderen Ende des Subkontinents im Haus einer Freundin in der »Stadt der östlichen Lichter« und schließlich, weiter im Nordosten, wieder über meinen Fluss und zu dessen indischem Anfangspunkt. Das waren keine getrennten Reisen, erkannte ich, als wir uns auf den Rückweg machten. Das war alles Teil meiner Flussreise. Und morgen, zwölf Schwindel erregende Tage nach meiner Ankunft in Indien, würde der nächste Abschnitt beginnen: Wir würden hinuntergehen, um den Fluss selbst zu treffen.

Früh am nächsten Morgen verabschiedeten wir uns von Captain K. Er würde in ein paar Tagen seinen Urlaub antreten. Den hatte er verdient. Wenn wir auch nicht mehr in Gewahrsam waren, blieben wir doch immer noch in den Händen des Militärs, respektive einer bewaffneten Eskorte, die laut Captain K. nach Tuting ausrücken sollte. Ersatz sei bereits hierherauf unterwegs. Ich wunderte mich darüber. Ich glaube, wahrscheinlicher war es, dass Befehle vom HQ Kommando Ost, Kalkutta, eingetroffen waren, ein Auge auf einen gewissen Engländer und seinen Hund zu werfen und sie vor Unheil zu bewahren.

Wir marschierten hinunter nach Gelling. Jaro und Topguy warteten mit einer Trägerschar auf uns, deren Rücken sich unter großen Bambuskörben krümmten, die mit Proviant, Zelten und allem möglichen Kram angefüllt waren. Es war peinlich – denn diese Träger waren alles junge barfüßige Mädchen. Aber es war schön, Jaro und Topguy wiederzusehen, denn es hatte alles schon so lange gedauert. Stolz und zielstrebig machten sich Bhaiti und ich auf den steilen Weg hinunter zum Flussbett, gefolgt von einer mittlerweile kleinen Armee.

Das Unheil schlug beinahe augenblicklich zu.

7

Es war wohl meine Schuld oder schlechtes Karma – oder eine Mischung aus beiden. Darauf erpicht, mit gutem Beispiel voranzugehen oder vielleicht Yatish, Jaro, Topguy, den Trägerinnen und der Armee vorzuführen, wie fit und trittsicher ich war, lief ich in viel zu hohem Tempo den 300 Meter langen, gewundenen Abhang hinunter und wurde dadurch noch schneller, dass Bhaiti mich wie einen Wasserskifahrer am Ende seiner langen Leine hinter sich herzog. Wir sausten um eine Ecke. Der Weg teilte sich um einen kleinen grauen Steinstupa, der rechts von uns einen unscheinbaren buddhistischen Schrein markierte. Bhaiti ging im Uhrzeigersinn links herum. Ich wählte gegen den Uhrzeigersinn die rechte Umgehung. Der Leine blieb nur der Weg durch die Mitte, voll in den Stupa. Wir rumpelten in einer knirschenden Kollision auf der hinteren Seite zusammen. Glücklicherweise blieben Bhaiti und ich unverletzt. Der Stupa aber nicht. Ich sah entsetzt mit an, wie der kleine Abschlussstein des Stupas, der die Form einer Lotusknospe hatte, eine Sekunde lang wackelte und dann zu Boden fiel. Bhaiti und ich blickten uns an. Unheil, dachten wir.

In dem Bewusstsein, dass mir nur ein paar Sekunden blieben, bevor meine Verschandelung eines Heiligtums entdeckt wurde, kletterte ich auf den Stupa und setzte den Stein behutsam wieder an seinen Platz. Wenn nicht ein Erdbeben kam, schätzte ich, würde ich damit durchkommen.

Ich hielt die Luft an, als die Soldaten stumm vorbeidefilierten, gefolgt von der Schar der schnatternden Trägerinnen, einem schwer beladenen Topguy und einem langsam gehenden Yatish. Ich stieß einen Seufzer der Erleichterung aus und wartete auf Jaro. Er blieb am Stupa bei mir stehen.

»Hallo, Jaro«, grüßte ich ihn arglos.

»Mm, Mark« sagte er und schaute mich nachdenklich an. »Beweg dich lieber langsamer. Denk dran, wir sind alte Männer. Auf den Wegen hier kann leicht ein Unfall passieren.« Er verschwand im Gebüsch und kehrte mit einer Hand voll Schlamm und Kieseln zurück, stieg auf den Stupa, hob kurz den Schlussstein hoch und setzte ihn wieder ein, indem er ihn mit der Paste aus Schlamm und Kieseln befestigte. Er bewunderte seine Handarbeit und stieg wieder herunter. Dann lächelte er mich an. Ich lächelte kleinlaut zurück, ganz schön gedemütigt.

Allerdings bleibt schlechtes Karma schlechtes Karma, auch wenn der Schaden repariert wird. Minuten später überbrachte uns ein besorgt dreinblickender Topguy, der den Hügel hinaufgesprintet war, obwohl er immer noch seine ungeheure Last trug, die Nachricht, dass Yatish sich bei einem Sturz das Knie verletzt hatte. Es hatte ihn bös erwischt. Er lag auf einem Baumstamm, das Gesicht aschfahl vor Schmerz. Jaro zog ihm das Hosenbein hoch. Das Knie war geschwollen und wurde schon blau. Jaro betastete es behutsam mit den Fingern und erklärte, es sei nichts gebrochen, eher sei ein Band gerissen oder gezerrt.

Yatish wusste es genauso gut wie ich. Wir wussten es alle. Seine Reise war vorbei. Aber er wollte nicht aufgeben und schlug mein Angebot aus, ins Militärlager zurückzukehren, um erste Hilfe zu bekommen. Schließlich war das ein echter Notfall, der eine Evakuierung aus humanitären Gründen nach Abschnitt b meiner Aufenthaltsgenehmigung rechtfertigte. Er würde es bis Tuting schaffen, sagte er mir. Es seien nur 20 Kilometer. Wenn sich sein Bein bis dahin nicht erholt hatte, würde er die Lage noch einmal überdenken. Ich fragte mich, ob das ein weiser Entschluss war. Aber Yatish war zäh, und es war jetzt nicht angebracht, mit ihm zu streiten. Ich verabreichte ihm starke Schmerztabletten, rieb Arnika in sein Knie, und so humpelte er, von Jaro auf der einen Seite und meinem Leki-Stecken auf der anderen Seite gestützt, langsam den Weg hinunter. Topguy war bereits davongelaufen, um zu den Trägerinnen aufzuschließen und unser Nachtlager vorzubereiten. Wie Yatish den langen Tag über das tückische und steile Gelände hinter sich gebracht hat, werde ich wohl nie erfahren.

Als Bhaiti und ich weiterzogen, warnte mich Jaro noch, vorsichtig und langsam zu gehen, da sich an einer Stelle der Weg teilte. Ich solle, wies er mich an, nicht die linke Abzweigung nehmen. Die führte nämlich zu einer langen Bambusbrücke über die Siang. Ich solle die rechte Abzweigung nehmen und an der rechten Uferseite weitergehen. Ich glaube, ihm entging meine Aufregung bei der Erwähnung der Bambusbrücke nicht. Ich hatte bei Verrier Elwin eine Beschreibung dieses »Wunders unverbildeter Ingenieurskunst« gelesen. Er schärfte mir nochmals ein, nicht die Brücke zu überqueren. Sie sei möglicherweise nicht sicher.

Bhaiti und ich überquerten einen Zufluss der Siang, indem wir von Felsbrocken zu Felsbrocken sprangen und unsicher über gestürzte Bäume balancierten. Dann ging es wieder höher, aus dem Nebel heraus in den heißen Sonnenschein. Es war sehr feucht. Links, am Ende eines rund 300 Meter langen Steilhangs, ergaben sich durch das dichte Laubwerk bisweilen Blicke auf den Fluss. Doch ich konnte ihn immer hören, als er über ein Labyrinth aus Stromschnellen durch einen engen Einschnitt brauste und dann in ruhigeres Wasser strömte.

Ich dachte an den Wagemut des indisch-japanischen Schlauchbootteams, als ich das Tosen hörte – an ihren Schrecken und dann ihre Erleichterung, als sie die Stromschnellen überlebt hatten, und dann wieder die Furcht, als sie in ruhigeres Fahrwasser gerieten, immer ein Zeichen für eine weitere Entladung vor ihnen. Ich beneidete sie beinahe. Sie waren zumindest auf dem Fluss gewesen. Ich konnte ihm, wie es schien, nicht nahe kommen. Es war frustrierend, so nah – und doch so fern. Aber ich konnte keinen Abstieg über den Steilhang links von mir riskieren. Wie Verrier Elwin wollte ich meinen Körper neben seine Wasser betten. Aber im Gegensatz zu ihm quicklebendig.

Die Feuchtigkeit wurde unerträglich. Ich blieb jede halbe Stunde stehen, um mich aus zwei großen mitgenommenen Wasserbehältern, mit Electrol aufbereitet, mit Wasser zu versorgen. Bergauf war Bhaiti ein Gottesgeschenk; er zog mich praktisch hinauf. Bergab brauchte ich meine ganze Balance und Konzentration, da er beständig in das dichte Unterholz zu beiden Seiten des Wegs vorstoßen wollte. Ich sehnte mich danach, ihn freizulassen, denn ich kam mir fast grausam vor. Schließlich war er ein Jagdhund, doch ich, nachdem ich ihn aus dem Gefängnis des Stadtlebens geholt hatte, setzte ihn wieder gefangen. Aber es war zu riskant. Abgesehen von der Vielzahl an Eidechsen, Vögeln, Nagetieren und geflügelten Insekten lebten hier noch andere viel gefährlichere Beutejäger, für die ein kleiner Hund einen köstlichen Leckerbissen darstellte. Zum einen vier Großkatzen – Tiger, Leopard, Nebelparder und vielleicht sogar der seltene und scheue Schneeleopard –, zum anderen Schwarzbären des Himalaya,

Wildschweine und natürlich Schlangen. Gar nicht zu reden von bestimmten Völkern, bei denen Hunde auf der Speisekarte standen ...

Gelegentlich wurde der Wald heller, und wir traten auf sonnenbeschienene Lichtungen, wo jeder Zentimeter von der traditionellen Kultur der *jhoom* oder Brandrodung verwandelt worden war, ein Flickwerk aus gelben, grünen und dunkelroten Feldern mit Mais, Hirse und Reis, Tabak, Opium, rotem Pfeffer und Ingwer. Dann verschluckte uns wieder die Dunkelheit, der gierige Rachen des heißen und übel riechenden Waldes – ein Wald so dicht, so uralt, so undurchdringlich, dass anscheinend nichts außer dem Menschen ihn zerstören konnte.

Aber da irrte ich mich. Genau das Nährmittel, das ihn geschaffen hatte, hatte ihn auch zerstört – der Regen. Kein gewöhnlicher Regen, sondern die verheerenden Wolkenbrüche der Monsunzeit. An einer Stelle schienen wir den Himmel zu verlassen und mit einem Schritt die Hölle zu betreten, da braune Zornesadern – Schneisen der Verwüstung – sich durch die einst üppige Landschaft zogen. Bhaiti und ich hangelten uns über trügerische Erdrutsche, die wie nach einer großen Schlacht mit den Leichen tausender Bäume übersät waren, und waren überzeugt, unser Vorwärtstasten könne jeden Augenblick bewirken, dass die Erde sich wieder bewegte und uns in den Fluss weiter unten beförderte.

Einige Stunden später teilte sich der Weg, wie Jaro mich gewarnt hatte. Ich blieb einen Augenblick stehen, während seine Worte in meinem Geist nachhallten. Ach was, dachte ich, ich habe jede Menge Zeit. Ich flitze mal hinunter und schaue mir das an. Kann ja nicht schaden. Bhaiti und ich schlugen den steilen kleinen Weg ein.

Der Wald endete in einem fast perfekten Lichtkreis. Es war so, als blickte ich durch das falsche Ende eines Fernrohrs. Vor mir erstreckte sich etwas, das wie ein riesiges Spinnennetz aussah, über eine Länge von 275 Metern etwa 30 Meter über einem ruhigen Abschnitt der Siang, die teilweise noch im Morgennebel verborgen lag. Es war eine lange, unglaublich fragil aussehende Brücke. Ich zögerte wieder. Aber nicht lange. Es war unwiderstehlich – einfach zu aufregend –, wie in einem James-Bond-Film. In diesem Augenblick fühlte ich mich auch wie James Bond. Ich musste einen Versuch wagen.

Also schlug ich in meiner Impulsivität Jaros warnende Worte in den Wind, weil mich meine neue James-Bond-Fantasie mitriss. Allerdings wurde ich durch eine zweite Störung gehemmt – einen Hund. Einen

Hund, der entschlossen war, diese Brücke nicht zu überqueren. Bhaiti wurde wohl nicht nur von der langen, schwankenden Bambusröhre abgeschreckt, sondern auch von den Geistern seiner Vorfahren. Bei manchen der Hunde verzehrenden Völker wurde vor der Errichtung einer Brücke, das wusste ich, dem Berggeist für gewöhnlich ein Hund geopfert. Es war daher verständlich, dass Bhaiti in dem Augenblick, als ich ihn mitzuziehen versuchte, sich keinen Millimeter mehr rühren wollte – nicht einmal, um eine Pfote auf die ersten Bambusstangen zu setzen, die im Abstand von etwa 30 Zentimetern nebeneinander lagen und den Gehweg der Brücke bildeten. Schließlich trug ich ihn.

Was die Sache verkomplizierte, war unser gemeinsames Gewicht: Ich kam auf etwa 90 Kilo, dazu ein Rucksack von 15 Kilo, einige Kilo durch die Kameras und dann noch acht Kilo strampelnder Hund. Schließlich wurde alles dadurch weiter erschwert, dass ich nur eine Hand frei hatte für die seitlichen Halteschnüre.

Ich rief alle Namen der Götter an, die ich kannte, und machte mich auf den Weg, wild entschlossen, Bond zu übertreffen. Ich brauchte mehr als eine halbe Stunde, um nur die ersten 60 Meter zu überwinden. Die Brücke fing nicht erst in der Mitte zu schwanken an, sie kam sofort ins Schwingen. Ich wurde von einer Seite auf die andere geworfen, während Bhaiti in meinen Armen strampelte, und war dauernd gezwungen, die Hände zu wechseln, um links und rechts halbwegs sichere Halteseile zu packen. Ich kroch vorwärts, setzte meine Füße behutsam auf die Bambusstangen, davon überzeugt, dass sie jeden Augenblick brechen würden.

Allmählich bereute ich mein Draufgängertum. Aber umzukehren, dachte ich, stellte eine noch größere Gefahr dar. Ein glatter Strom milchig grünen Wassers floss etwa 30 Meter unter mir. Ich hatte endlich den Fluss erreicht. Beinahe jedenfalls. So einen Augenblick wollte ich mir nicht entgehen lassen. Ich entschied, ein paar Aufnahmen zu machen. Ganz langsam setzte ich Bhaiti auf die »Bambussprossen« und streichelte und beruhigte ihn dabei. Er wehrte sich kurz und stand dann zitternd wie angewachsen da, während ich die Leine an meinem Gürtel befestigte.

Auf der Brücke schwankend, sah ich zu, wie sich der Dunst auflöste und den Fluss als schillerndes, sich unter mir windendes Band aus geschmolzenem Eis freigab. Nun bereute ich meinen Entschluss nicht mehr. Für mich gab es keinen besseren Weg, endlich diese Legende zu sehen – eine Legende, die mich so viele Jahre schon lockte. Während ich über ihr schwebte, verspürte ich den Wunsch, mich ihr anzuschließen, verführt vom sanften Gemurmel ihres Sirenengesangs. Dann drehte ich den Kopf. Ein paar 100 Meter flussabwärts verwandelte sich die Sirene in eine böse, zischende, sich ringelnde Schlange, als sie sich in den schmalen Spalt eines Felsenschlunds zwängte.

Ich war nun auf halbem Weg über die Brücke. Schon wollte ich weitergehen, als etwas mich aufhielt. Es war ein weiteres Spinnennetz, aber nicht aus Bambusrohr – sondern ein echtes – ein altes und klebriges. Jaro hatte Recht gehabt. Allem Anschein nach wurde die Brücke schon seit längerer Zeit nicht mehr begangen.

Ich drehte mich um. Bhaiti stand noch am selben Punkt und zitterte, aber nicht mehr vor Furcht, sondern vor Aufregung. Er hatte die Ohren aufgestellt und starrte auf etwas ein paar Meter weiter auf der Brücke. Ich folgte seinem bohrenden Blick. Auf einer der Bambusstangen saß ganz unschuldig, die Morgensonne genießend, eine Biene.

»Bhaiti, neiiiin!«, gellte ich, während ich gleichzeitig mit der einen Hand verzweifelt fuchtelte, um die an meinem Gürtel befestigte Leine zu packen, und mit der anderen nach den Halteschnüren griff. Aber es war zu spät. Bhaiti machte wie ein Tiger einen Satz vorwärts und riss mich von den Beinen. Es ertönte das Geräusch splitternden Holzes. Dann nur noch das Nichts.

Ich fiel senkrecht nach unten, meine Beine strampelten in der Luft. Plötzlich kam ich mit einem Ruck zum Halt. Etwas knallte von unten hart ans Kinn, und mein Hals fühlte sich an, als wäre er von meinem Kopf getrennt worden. Ich hatte das Gefühl, erhängt zu werden. »Verdammter Mist«, keuchte ich. »Das ist kein Spaß.« Ich erwog meine Lage. Ich hing etwa 25 Meter über dem Fluss. Mein gesamter Körper bis zu den Schultern, einschließlich meines linken Arms, hing unterhalb der Brücke. Mein Kopf, der Rucksack, die Kameras und mein rechter Arm befanden sich oberhalb. Mein Rucksack hatte mich gerettet. Er hatte sich hinter meinem Kopf zwischen ein paar Stangen verklemmt, die nicht nachgegeben hatten.

Rasch streckte ich meinen rechten Arm aus und packte eine Strebe, welche die Halteschnur mit dem Laufsteg verband. In diesem Augenblick prallte mir ein heulendes Bündel Fell ins Gesicht, das dann wirbelnd und drehend um meinen Kopf tanzte und mich dabei in die Kettenleine wickelte. Die schnitt mir ins Gesicht, als Bhaiti versuchte, wieder von mir wegzukommen.

Ich begriff nicht sofort, was mit Bhaiti passiert war. Durch eine Lücke in der Kette, die meinen Kopf umgab, sah ich ihn, wie er in Panik seine Schnauze an den Bambuslatten rieb und mit den Pfoten daran wetzte, wobei er fürchterlich jaulte. Dann dämmerte mir, dass er von der Biene gestochen worden war.

»Bhaiti«, flüsterte ich. »Komm her, komm her. Wird schon wieder gut.« Winselnd kroch er auf mich zu. Er rieb seine Schnauze an meinem Gesicht. Ich sah, wo die Biene ihn gestochen hatte. Seine obere Lefze schwoll bereits an.

»Beruhige dich«, flüsterte ich, »ganz ruhig«, während ich verzweifelt versuchte, selbst zur Ruhe zu kommen. Er begriff und kauerte sich neben mein Gesicht. In meinem Bein spürte ich einen scharfen Schmerz. Ich schaute hinab und sah, dass mein rechter Knöchel voller Blut war. Gebannt beobachtete ich, wie es aus meiner Socke auf den Stiefel rann und dann langsam in den Fluss tropfte.

Es gab nur eins. Ich musste meine rechte Hand wegnehmen und mich auf die Haltekraft des Rucksacks verlassen. Ein quälendes Krachen war zu hören – ich glitt weiter nach unten. Dann ein tröstliches Knirschen, als der Rucksack standhielt. Ich langte nach der Metallstrebe.

Ich holte tief Luft und zog mit aller Kraft. Bhaiti sprang plötzlich auf und schoss von mir weg, wobei er die Glieder der Kette noch tiefer in mein Gesicht grub, mich aber praktisch mit hochzog. Ich zwängte den rechten Arm durch das Loch und schaffte es, wieder die Brücke zu fassen. Nach einem festen letzten Wuchten war ich durch. Nach Luft ringend, legte ich mich auf die lebensrettenden Stangen. Ich zog mein Hosenbein hoch. Tiefe blutige Kerben durchzogen meinen Knöchel. Aber ich war noch einmal davongekommen – und, was genauso wichtig war, Bhaiti ebenfalls.

Ich fing hysterisch an zu lachen – nicht aus Freude, sondern aus schierer Erleichterung, hysterischer Erleichterung. Bhaiti saß vor Schmerz winselnd in meinem Schoß. Ich strich über seine geschwollene Schnauze, während wir, uns geruhsam erholend, dasaßen und die warme Sonne genossen. Verrier Elwin hat Recht, dachte ich, als ich durch die Lattenlücken schaute. Die Siang war eine harte Herrin, ein »Fluss ohne Wiederkehr«.

Wir krochen auf der Brücke zurück. Eine mir wohl bekannte Gestalt wartete am Ende: Jaro.

»Mm«, meinte er. »Eine gute Brücke, Mark?«

»Auf jeden Fall, Jaro. Fantastisch! Herrlich!« Ich bemerkte, wie er auf mein zerrissenes und blutiges Hosenbein blickte. »Oh, das ist nichts«, versicherte ich ihm. »Ich habe mir nur an einer der Streben die Haut aufgeschürft.«

»Mm. Die Brücke heißt Chitum-Brücke. Behalte den Namen im Gedächtnis, Mark«, fügte er spitz hinzu. »Ich glaube, dass du sie nie vergessen wirst.« Er verschwand im Gebüsch und kehrte ein paar Minuten später mit einer Hand voll Farnwedel zurück. Er rieb sie gegeneinander, bis eine Paste entstand, bückte sich dann und drückte sie sanft auf Bhaitis obere Lefze. »Mm, Bienenstich«, sagte er. »Nichts Ernstes.«

Bhaiti leckte ihn dankbar ab.

»Wo ist Yatish?«

»Vielleicht schon vorausgegangen. Mm, Mark, wir gehen besser weiter.«

Einige Kilometer weiter erreichten wir das Dorf Bona. Ein kleiner Steinstupa und eine Reihe zerfledderter Gebetsfahnen zeigten an, dass es sich um eine weitere Monpa-Siedlung aus kleinen Holzhäusern auf Stelzen handelte. Das Dorf war leer. Die Bewohner arbeiteten auf den umliegenden Feldern. Meine Eskorte der Assam Rifles begrüßte mich fröhlich in ihrem kleinen Holzbiwak. Topguy und die Trägerinnen waren schon weitergegangen zum Dorf Korba, um das Nachtlager aufzubauen. Yatish schlief auf einer Bambusbank.

Die Männer von Captain K. übertrafen sich gegenseitig darin, es mir gemütlich zu machen. Zu Mittag gab es Kaffee, *chung* und einheimischen Spinat. Bhaiti wurde elendiglich verwöhnt mit einem endlosen Keksvorrat. Jaros magische Dschungelmedizin hatte bereits gewirkt – die Schwellung an seiner Lippe war fast wieder verschwunden. Ich wünschte, er hätte auch für mich ein Zaubermittel gehabt. Die Schnitte an meinem Knöchel fingen zu pochen an. Ich verband mir das Bein und machte mich mit Jaro und Bhaiti wieder auf den Weg. Yatish überließ ich den fähigen Händen der Armee.

Unbehindert durch Yatish kamen wir gut voran. Der Weg wurde einfacher und breiter, ging auf und ab wie eine Achterbahn durch Wald, Lichtungen und über gelegentliche Erdrutsche. Weit unter mir zur Linken zog immer noch die Siang verführerisch dahin. Den Umgarnungen dieser

Sirene war ich beinahe erlegen, nun aber war ich entschlossen, ihr nach meinen Bedingungen entgegenzutreten.

An strategisch günstigen Plätzen stießen wir auf schlau getarnte Fuchsbaue – Armeebunker aus der Zeit nach der chinesischen Invasion 1962 –, deren versteckte leere Geschützlöcher nach Norden auf Tibet wiesen. Indien hatte seine Lektion gelernt, und nun war dieses strategisch wichtige Gebiet gut gerüstet.

Ich dachte an die Zeit zurück, als ich erstmals am Militärlager in Gelling eingetroffen war, und an meine Enttäuschung über das Fehlen militärischer Muskelspiele. Die Chinesen würden hier auf ein ganz anderes Szenario treffen. Die Grenzschutztruppe Assam Rifles war ein Ehrfurcht gebietender Gegner, erfahren im Dschungelkrieg, in der Tarnung und vor allem im schnellen Marschieren. Während ich auf dem Weg voranzuckelte, tauchten kleine Einheiten geheimnisvoll wie aus dem Nichts auf, schwer bewaffnet und mit mindestens 40 Kilo auf dem Rücken. Wie Phantome zogen sie an mir vorüber, der einzige Hinweis darauf, dass sie überhaupt da gewesen waren, bildeten der Geruch nach Schweiß und Waffenöl und der gelegentliche stechende Geruch eines *beedies* – der einheimischen indischen Zigarette –, der in der heißen, drückenden Luft hängen blieb. Yatish hatte mir einiges von diesem erstklassigen Regiment berichtet – von dem Einfall eines zähen lang gedienten Colonels, eine kleine leichte Übung zwischen den Manövern anzusetzen. Zuerst waren sie auf selbst gebauten Bambusflößen die Siang von Tuting nach Guwahati hinuntergeschippert. Dann waren sie in Begleitung der genauso durchtrainierten Frau des Colonels die 500 Kilometer neben dem Fluss bis zur Grenze zwischen Indien und Bangladesch in Dhubri gerannt.

Die Fuchsbaue machten Bhaiti verrückt. Er war wild entschlossen, sie zu erkunden. Seine Jagdinstinkte waren durch den Zwischenfall mit der Biene nicht geschmälert worden. Ich hingegen wollte das auf keinen Fall zulassen. In der anbrechenden Dämmerung trafen wir auf einen Jäger. Er trug eine einläufige Schrotflinte. Um seine Hüfte hing ein Munitionsbeutel aus Fell – von genau derselben Farbe wie Bhaitis Pelz. Er lachte und deutete erst auf seinen Beutel, dann auf Bhaiti. Im Dunkeln hätte mein kleiner Bhaiti leicht mit dem Tier verwechselt werden können, das nun seine Hüfte zierte. Ich hielt seine Leine ganz fest – ich hatte schon einen Hund verloren. Ich wollte nicht den Verlust eines zweiten riskieren, ihn insbesondere nicht in einen Munitionsbeutel verwandelt sehen.

Wir erreichten Kopu, ein weiteres Monpa-Dorf, das sich hübsch auf einem Bergvorsprung über die Siang erstreckte. Obwohl es schon fast dunkel war und regnete, waren wir, wie ich bemerkte, nun viel tiefer und näher am Fluss. Ich hörte ihn unter mir donnern. Morgen, dachte ich, werde ich der harten Herrin meine förmliche Aufwartung machen.

Topguy hatte ein Wunder vollbracht. Das Innere des kleinen Holzbiwaks der Armee war verwandelt worden. Unsere Schlafsäcke waren säuberlich auf erhöhten Bambuspritschen ausgebreitet. Tassen mit Tee erwarteten uns, und der Geruch nach Essen lag in der Luft. Yatish kam bald mit der Armeeeskorte an. Er war erschöpft und hatte starke Schmerzen. Ich verabreichte ihm noch einige Tabletten und Arnika, dann fiel er wie ein gefällter Baum auf sein Lager. Nach einem köstlichen Abendessen mit Schweinefleisch, Linsen und Spinat, worauf noch etwas erste Hilfe – Desinfektionsmittel und Pflaster für mich – folgte, krochen Bhaiti und ich in meinen Schlafsack und dämmerten augenblicklich weg.

Unglücklicherweise nicht lange. Jaro weckte mich mit der Ankündigung, dass die Mädchen aus dem Dorf alle draußen versammelt seien, um uns zu Ehren einen traditionellen Tanz aufzuführen – als Willkommen für die Ausländer. Abgesehen von einem angekratzten Knöchel – wenn sich die Verletzung inzwischen auch verschlimmert hatte –, fehlte mir eine so triftige Ausrede wie die von Yatish. Bhaiti und ich begleiteten Jaro in ein anderes Holzhäuschen. Als ich einen kleinen, von Kerzen erhellten Raum betrat, verbeugten sich 30 Frauen und Kinder tief und fingen zu kichern an. Ich stand betroffen und einigermaßen verlegen da. Dann verbeugten sie sich erneut. Schließlich fiel der Groschen. Sie hielten mich wieder für einen Japaner. Die Japaner hatten bei ihrer Schlauchbootexpedition hier übernachtet.

Ich wurde es allmählich leid, für einen Japaner gehalten zu werden – besonders als ich hörte, dass sie gut tanzten. Aber ich würde mich verdammt noch mal nicht von ihnen ausstechen lassen. Gestärkt von ungeheuren Mengen *chang*, dem örtlichen Hirsebier, das aus Plastikeimern geschöpft wurde, tanzten und jaulten Bhaiti und ich die Nacht durch, denn nachdem wir uns ihrem seltsamen Tanz mit Trippelschritten und Händeklatschen angeschlossen hatten, führten wir beide unser eigenes Zeug vor – etwas vom guten alten Dog'n Roll. Wir erhielten verzückten Beifall.

»Mm«, meinte Jaro. »Gar nicht so übel, alter Mann. Die Leute sagen mir, besser als die Japaner. Wollen nicht, dass du aufhörst.«

Der Abend zog sich in die Länge. Schließlich machte ich mich schweißtriefend davon und kroch in meinen Schlafsack. Bhaiti schloss sich mir bald an.

Die knapp 25 Kilometer bis Tuting wären unter normalen Umständen ein leichter Tagesmarsch gewesen. Aber dazu kamen 80 Prozent Luftfeuchtigkeit, trügerische Pfade über 300-Meter-Abhänge, die beständige Furcht vor neuen Erdrutschen – und das ganze mit einem Mann mittleren Alters, der eine ernsthafte Knieverletzung hat. Damit hatte sich Yatish am nächsten Morgen herumzuschlagen. Sein Knie war während der Nacht noch stärker angeschwollen, und als er sich von seiner Schlafpritsche geschwungen hatte, war sein Bein umgeknickt, und er war hingefallen. Wir vereinbarten, dass er wieder mit der Armee gehen würde. Er war zwar zäh, brauchte aber auf jeden Fall Unterstützung.

Auch ich hatte ein Problem – im Vergleich zu dem von Yatish nichts Ernstes –, aber dennoch ein Problem. Mich schmerzte nicht nur der Knöchel. Ich hatte auch Blasen. Eine Tageswanderung nur hatte meine weichen Füße, Zehen, Sohlen, Riste und Fersen in eine lebhaft rote, schwammige Masse verwandelt – »Wasserflaschen« hat Aditya sie immer auf unseren Elefantenreisen genannt. Ich verband sie wie eine Geisha mit etwas, das ich zu den sechs wesentlichsten Dingen für Reisen rechne – mit einer »zweiten Haut« (die anderen sind Ohropax, ein Lunghi oder Sarong, eine Taschenlampe, ein endloser Zigarettenvorrat und ein Zungenkratzer) –, und humpelte mit Jaro in Richtung Fluss. Es war noch früh, als wir den Rand erreichten. Weiter unten war der Fluss wieder beinahe unsichtbar, vom Nebel umwallt. Aber wir hörten das ferne Tosen.

»Mm, Stromschnellen«, sagte Jaro plötzlich und brach unser Schweigen. »Wenn wir am Grund sind, Mark, musst du vorsichtig sein.«

Um den Grund des Steilhangs zu erreichen, war allerdings noch mehr Vorsicht angebracht. Ich folgte Jaro, der wohlweislich Bhaiti in die eine Hand genommen hatte und mit der anderen das Buschmesser hielt, um einen Pfad durch die dichte Vegetation zu schlagen, und glitt behutsam einen trügerischen Morast aus glitschigen Wurzeln und verflochtenen Dornenlianen hinunter, die einem die Haut aufrissen. Es war nass, und die Blutegel feierten ein Freudenfest. Ich konnte sie spüren – das vertraute leichte Stechen, wenn sie sich an der Haut festsetzten und sich glücklich niederließen, um zu saugen. Sie überfielen uns von oben wie unten, von den überhängenden Bäumen den Rücken hinunter und über unsere Stiefel die Beine hinauf. Der Abstieg dauerte fast zwei Stunden. Dann stellte sich noch ein Problem: Bhaiti. Je näher wir dem Fluss kamen – entweder erschreckt von dem zunehmenden Tosen oder aufgrund eines pathologischen Hasses auf Wasser –, desto mehr versuchte er, auszubüxen. Jaro wurde andauernd nach hinten gezogen, als Bhaiti sich gegen die Leine stemmte, die Ohren angelegt und den Schwanz eingekniffen. Schließlich nahm Jaro ihn auf die Arme.

Wir näherten uns dem Grund. Die hoch aufragenden Bäume und Bambusschösslinge waren spärlicher geworden, und wir schritten über einen gelben, weißen und purpurroten Teppich aus herabgefallenen Orchideen. Der Fluss toste. Der Nebel hatte sich gelichtet und zeigte einen kleinen, von Felsblöcken und umgestürzten Bäumen übersäten Sandstreifen. Dahinter war eine donnernde Wassermasse. Wir waren an eine Stelle gestoßen, wo der Fluss durch einen Engpass musste, der verstopft und verkeilt war mit einem Labyrinth aus hohen Felsbrocken, über die vier bis fünf Meter hohe Wellen krachten und sich dann in tiefe, strudelnde Teiche ergossen.

Jaro und ich befreiten uns von den Blutegeln. Er schlug mich um fünf. Ich zupfte ihm 27 ab. Bhaiti konnte auch gut mithalten – 17, wobei ein ganz gemeiner sich an sein Auge gesetzt hatte. Ich stand etwa 25 Meter vom Flussufer entfernt, war aber bereits klatschnass von der Gischt, die wie eine Überdruckdusche vom Fluss wegstob. Jaro schrie mir zu, ich solle vorsichtig sein. Die Adi haben einen beinahe ehrfürchtigen Respekt vor der Siang. Aber ich musste noch näher heran. Der Ruf der Flusssirene war, wenn das noch ging, verhexender denn je. Ihre schiere Kraft zog mich näher heran.

Aber es gestaltete sich nicht einfach. Wie ein Filmstar hatte sie auch einschüchternde Leibwächter. Nun klatschten ganze Wasserwände gegen meinen Körper und warfen mich aus dem Gleichgewicht. Auf allen vieren kroch ich über schlüpfrig glatte Steine ein Stück höher in die Sicherheit eines Vorsprungs, der von einem gewaltigen Felsblock direkt über dem Fluss geschützt wurde. Mit dem Rücken zum Fels hielt ich den rechten Arm hinaus. Er wurde augenblicklich zurückgeschleudert, was meinem ganzen Körper eine Drehung versetzte. Endlich hatte ich – aus erster Hand – die Kraft des mächtigen Flusses am eigenen Leib erfahren. Es war Ehrfurcht gebietend.

Ich blickte den Fluss hinunter. Nicht ganz einen Kilometer weiter unten schoss er aus der Enge und wurde breit und friedlich. Ich wollte unbedingt in seinem Wasser baden, aber es war unmöglich, um die Felsenbastion herumzukommen. Ich würde warten müssen, um meine volle Verehrung zu zollen. Auf diesem Vorsprung saß ich lange Zeit. Ich musste den Fluss in mich aufnehmen, der mich schon so viele Jahre verfolgt und fasziniert hatte. Ich dachte an das Rinnsal knapp 1 500 Kilometer weiter nordwestlich auf der Hochebene von Tibet, über das ich mich noch mühelos hatte stellen können. Und ich dachte an das, was vor mir lag: den Brahmaputra, der sich zu einer See weitete, wenn er sich in den Golf von Bengalen ergoss.

Das scharfe »Ping« eines Kiesels weckte mich aus meiner Tagträumerei. Es war Jaro, der mir signalisierte, zurückzukommen. Ich streckte meine Hand in die Strömung und ballte die Faust in dem Versuch, ein wenig von dieser Kraft zu stehlen und mitzunehmen, aber mein Arm wurde nur erneut zurückkatapultiert.

Ich ging wieder zu Jaro und Bhaiti, die in geziemendem Abstand vom Fluss in der Sicherheit der Baumlinie auf mich warteten. Ich war klatschnass. Bhaiti sah mich an – ein leicht überheblicher Blick. Ich zog mein Hemd aus und wrang es über ihm aus, was sein warmes, weiches Fell mit einem eisigen Guss überschüttete. Er heulte protestierend auf und schoss die Böschung hoch, wobei er Jaro von den Beinen riss. Bhaiti war jetzt auch mit dem Fluss bekannt gemacht worden und hatte seinen Segen erhalten.

Mein Tagebucheintrag für diesen Tag lautet: »Könnte es möglich sein, dass ich heute etwas vom Fluss gewonnen habe? Ich fühle mich im Frieden und doch gleichzeitig sonderbar energiegeladen. Ich gehe wie im Traum, spüre nicht mal die Schmerzen an meinen Füßen. Anscheinend ist der Fluss in meine Seele, mein ganzes Wesen eingedrungen. Er ist ein Teil von mir geworden. Seine Kraft läuft durch meinen Körper wie das Blut durch meine Adern. Ich spüre, solange ich nahe bei ihm bin, solange ich seine Musik hören kann, kann nichts schief gehen.«

Wir holten die Armee am Ortsrand von Tuting ein. Yatish war am Ende.

»Es tut mir Leid, Mark«, sagte er, »ich werde versuchen, einen Hubschrauber herzulotsen, der mich fortbringt. Aber ich schicke jemanden als Ersatz, der sich um Sie kümmert.«

»Nein, nein, Yatish«, erwiderte ich. »Darum brauchen Sie sich keine Sorgen zu machen. Ich habe Jaro und Topguy. Ich brauche niemanden mehr. Und dann«, fügte ich grinsend hinzu, »habe ich ja noch Bhaiti.«

»Gerade das bereitet mir Sorgen«, erwiderte er, während ein seltenes Lächeln über sein schmerzverzerrtes Gesicht glitt. »Aber ich habe meine Anweisungen.«

Während Topguy und Jaro fortgingen, um Geschenke für die Trägerinnen zu kaufen, wurden Yatish und ich zur Offiziersunterkunft der Assam Rifles eskortiert. Angesichts dessen, dass ich mich eigentlich am Ende der Welt befand, enttäuschte mich Tuting. Ich hatte schon fast wieder das Gefühl, in die Zivilisation zurückgekehrt zu sein. Tuting liegt in einer schüsselförmigen Mulde, wo der Fluss Yangsang Cho seine Fluten aus dem Nordosten der Siang entgegenschickt. Die Ortschaft Tuting erlangte im indisch-chinesischen Krieg von 1962 Berühmtheit. Hier waren von der indischen Armee ein Flugfeld und ein Nachrichtenzentrum eingerichtet worden. Rund um die Kaserne hatten sich inzwischen Regierungsämter, ein Gesundheitszentrum, Schulen und eine Menge Marktbuden aus Bambus angesammelt.

Gerade als Yatish und ich zum Mittagessen Platz nehmen wollten, trat ein junger Soldat ein, salutierte und informierte uns höflich, dass in fünf Minuten ein Hubschrauber nach Pasighat abfliege. Wir packten Yatishs Taschen und sprangen in einen Jeep. Am Hubschrauber stand eine vertraute Gestalt: Prakash, Shantunus Erster Offizier, mit dem wir nach Gelling geflogen waren. Er sah Yatish an.

»Einer am Boden, einer noch fällig«, lachte er. »Ich komme Sie auch bald abholen.«

Ich umarmte Yatish. Er zog etwas aus seiner Tasche – ein kleines indisches Buch mit Eselsohren und einem unauffälligen Umschlag.

»Ich hatte schon seit geraumer Zeit vor, Ihnen das zu überlassen«, sagte er. »Ich glaube, es interessiert Sie. Die wichtigen Passagen habe ich Ihnen angestrichen.«

Ich war gespannt. Als der Hubschrauber abhob, wurde mir mit einer Spur von Bedauern bewusst, dass ich Yatish nie richtig nahe gekommen war.

Bhaiti und ich wurden wieder in unser Schlafquartier gebracht, den Inspektionsbungalow. Der war schrecklich grandios – und leer. Unser Schlafzimmer war wunderbar – zwei mit Moskitonetzen versehene Himmelbetten, ein Wäscheschrank, zwei Stühle, ein Deckenventilator, ein Bettvorleger, Vorhänge aus Kalikostoff und eine weiche Bettdecke aus schwarz-weißem Samt. Bhaiti erfüllte augenblicklich seine Pflicht als Kammerjäger. Binnen Minuten war jedes lebende Kleintier exekutiert worden – bis auf eines: In einer Zimmerecke saß eine große Spinne gemütlich in ihrem Netz. Bhaiti, der Perfektionist, wurde ganz irre. Er bellte laut los und machte Anstalten, die Wand hochzuklettern. Ich sah schon, dass kein Frieden einkehren würde, also holte ich das arme Wesen mit dem Leki-Stecken herunter und warf es aus dem Fenster, um ihm eine faire Chance zu geben. Bhaiti sprang sofort hinterher und schnappte es sich hörbar noch im Flug. Wenig später kehrten Jaro und Topguy von ihrem Einkaufsbummel zurück. Die Mädchen hatten sich über ihre Geschenke gefreut und sich fröhlich wieder auf den Heimweg gemacht.

»Mm, wo Yatish?«, fragte Jaro.

»Er ist weg, Jaro. Mit einem Helikopter. Nach Pasighat.«

»Weg«, sagte er ungläubig.

»Jo. Wurde evakuiert.«

»Mm. Sind wir bloß noch zu dritt.«

»Bloß noch zu viert«, korrigierte ich ihn.

Topguy hatte bald ein wunderbares Abendessen mit Huhn, Reis und einer Flasche Contessa-Rum hingezaubert, die er sich aus den Offiziersrationen beschafft hatte. Und eine kleine Schale Milch für Bhaiti. Jaro und ich prosteten uns zu. Topguy trank keinen Alkohol.

»*Agampe*«, sagte Jaro – das Adi-Wort für »Prost«.

»Auf ex.«

»Auf Siang«, prostete er nochmals.

»Auf Siang«, erwiderte ich froh.

Als ich dann später mit Bhaiti unter der schwarz-weißen samtenen Bettdecke gekuschelt war, schlug ich im Licht einer flackernden Kerze das Buch auf, das Yatish mir geschenkt hatte.

Es hieß *Indian Explorers of the Nineteenth Century* (Indische Entdecker aus dem 19. Jahrhundert) und handelte ausschließlich von den außergewöhnlichen Reisen und dem Einfallsreichtum der Pandits, der indischen Geheimagenten, die von der britischen Vermessungskommission für Indien während eines seltsamen, undurchsichtigen Konflikts namens »The Great Game« ausgebildet und beschäftigt wurden. Das Beste war die ausführliche Geschichte des Mannes, dessen stillen Heldenmut Charles Allen und ich am ersten Tag unseres Zusammentreffens gefeiert hatten und der mich in dem Glauben bestärkt hatte, ich könne diese Reise unternehmen – ein standhafter, löwenmütiger »Kuli« namens Kinthup – der »Allmächtige«. Streng genommen war er gar kein Pandit, in meinen Augen aber großartiger als alle anderen.

Die Pandits waren lokale Kundschafter, die ab Mitte des 19. Jahrhunderts von den Briten rekrutiert wurden, um präzise geografische Angaben über die an Indien grenzenden Länder zu beschaffen – insbesondere über Tibet. Laut einer kaiserlichen Order aus China durfte praktisch niemand das »verbotene Land« betreten. Doch es gab Halbtibeter aus den Grenzgebieten, die das konnten, und aus diesem Personenkreis wurden die ersten Pandits angeworben und dann in einer geheimen Schule in Dehra Dun von einem erfahrenen britischen Landvermesser ausgebildet.

Um sie auf ihre riskanten Vorstöße, die über die weiße Festung des Himalaya erfolgen sollten, vorzubereiten, wurden ihnen sowohl konventionelle wie heimliche Methoden der Landeserkundung beigebracht. Sie lernten, Entfernungen mit Hilfe speziell angepasster Gebetsperlen zu messen, deren Zahl von den traditionellen 108 auf besser berechenbare 100 reduziert worden war. Sie lernten technische Daten, indem sie diese in Verse und Mantras übersetzten, die sie unterm Gehen ständig vor sich hinsagten. Sie bekamen eine erfindungsreiche Ausrüstung verpasst – Schachteln, Körbe und Kleidung mit Geheimfächern sowie Gebetsmühlen, die mit einer besonderen Öffnung versehen waren, in denen kleinste streng geheime Aufzeichnungen versteckt werden konnten. Sie lernten die Kunst der Verstellung als Pilger oder Händler oder welche Rolle der jeweiligen Situation entsprach. Und schließlich nahmen sie eine neue Identität an – Decknamen wie Number One, GM, GK und AK. Das klang in meinen Ohren ganz nach James Bond.

Eine der ersten Missionen im verbotenen Land galt der Erkundung des Tsangpo/Brahmaputra, um ihn exakt in die Landkarte eintragen zu können. Es war eine gefährliche und schwierige Aufgabe, sowohl körperlich wie politisch, und einige erhielten für ihre außergewöhnliche Tapferkeit und Schläue eine gerechte Belohnung. Der als Number One bekannte Pandit wurde beispielsweise, als er mit einer ordentlichen Pension in den Ruhestand trat, von Königin Victoria zum Companion of the New Order of the Indian Empire ernannt und erhielt die höchsten

Ehren der Geografengemeinde, die Patron's Gold Medal der Royal Geographical Society.

Andere aber wurden übersehen – insbesondere mein Held Kinthup. Was schieres Pflichtgefühl angeht, kann nach meiner Meinung nichts die Vielfalt seiner Bemühungen übertreffen, ein für alle Mal festzustellen, ob der Tsangpo nach seinem Verschwinden im Himalaya in den Brahmaputra überging.

Kinthup war ein stämmiger junger Buddhist, ein Analphabet, der für etliche Pandits auf ihren Expeditionen als Diener gearbeitet hatte. Er hatte sich als verlässlicher und intelligenter Kerl Ansehen erworben und wurde 1880 als Gehilfe zu einem weiteren Unternehmen geschickt, der Tsangpo/Brahmaputra-Verbindung auf den Grund zu kommen, wieder als Diener des Pandits. Laut den Anweisungen des britischen Captains Harman bestand die Aufgabe darin, nach Tibet einzudringen, dem Fluss zu folgen, so weit sie konnten, und ab einem vorgegebenen Tag 500 Holzknüppel, jeweils einen Fuß lang und mit speziellen Schildchen versehen, mit einer Tagesrate von 50 hineinzuwerfen. Weiter flussabwärts würden Harmans Leute auf der anderen Seite der Gebirgsschluchten am Brahmaputra warten. Wenn die Holzstücke auftauchten, wäre bewiesen, dass die Flüsse miteinander verbunden waren.

Zum Leidwesen Kinthups stellte sich sein Pandit als Nichtsnutz heraus, als Schinder und Trunkenbold ohne jegliches Engagement für seine Arbeit oder seinen Gehilfen. Nach einigen Monaten beschwerlicher Reisen ging der Pandit in einem isolierten tibetischen Dorf hoch über dem Fluss stiften. Ohne ein Wort zu Kinthup zu sagen, verkaufte er seinen »Kuli« dem Dorfoberhaupt als Sklaven, packte seine Sachen und trat den Heimweg an.

Obgleich verraten und verkauft, hielt Kinthup an seinem Entschluss fest, den Auftrag zu erfüllen. Nach sieben Monaten Plackerei als Sklave gelang ihm die Flucht, und augenblicklich brach er zum Tsangpo auf, wurde aber rasch wieder eingefangen. In seiner Verzweiflung gelang es ihm, dem Vorsteher des örtlichen Klosters glaubhaft zu machen, er sei ein armer, von seinem Gefährten verratener und in die Sklaverei verkaufter Pilger. Der Vorsteher erbarmte sich seiner und kaufte ihn für 50 Rupien dem Oberhaupt ab, unter der Bedingung, dass Kinthup die Schuld bei ihm abarbeitete.

Zum Glück war der Vorsteher ein netter Mensch. Kinthup witterte Morgenluft, war sich aber darüber im Klaren, dass die Sache Zeit und sorgfältige Planung erforderte. Zuerst bat er um Erlaubnis, zu einem heiligen Berg weiter unten am Tsangpo pilgern zu dürfen. Der Vorsteher stimmte zu, und nach vielen Monaten erreichte Kinthup schließlich den entlegenen Flecken, wo er und der Pandit die Holzknüppel hätten abgehen lassen sollen. Er machte sich an die Vorbereitungen, beschaffte sich eine Säge, brachte Harmans Schilder an – die er erstaunlicherweise die ganze Zeit über hatte geheim halten können – und verbarg alles in einer Höhle. Es war sinnlos, sie in den Fluss zu geben, ohne Harman vorher zu benachrichtigen. Aber wie sollte er das anstellen?

Die einzige Möglichkeit war, aus Lhasa einen Brief zu schicken. Kinthup kehrte ins Kloster zurück, wo er geduldig zwei weitere Monate arbeitete, bevor er die Erlaubnis erhielt, zu einer weiteren Pilgerreise in die tibetische Hauptstadt aufzubrechen. Dort ließ er, selbst Analphabet, einen Brief an einen Pandit schreiben, der inzwischen in Darjeeling lebte, für den er aber vorher gearbeitet hatte. Diesen bat er, den Brief schleunigst dem Chef der britischen Vermessungskommission in Indien zustellen zu lassen. In seiner verglichen mit den vielen Leiden untertrieben dargestellten Entschlossenheit, bescheidenen Würde und Hingabe charakterisiert er den Auftraggeber vollkommen:

> Sir, der Lama, der mit mir abgesandt wurde, hat mich einem Dorfoberhaupt als Sklave verkauft und ist dann, die Regierungsanweisungen in seiner Verwahrung, geflohen. Aufgrund dessen ist die Reise schlecht ausgegangen. Ich, Kinthup, habe 500 Holzknüppel nach der Anweisung von Captain Harman vorbereitet und bin bereit, von Bipung in Pemako pro Tag jeweils 50 in den Tsangpo zu werfen, und zwar am fünften des zehnten tibetischen Monats des Jahrs namens Chhuluk.

Dann kehrte Kinthup für weitere neun Monate ins Kloster zurück. Endlich, als das Datum näher rückte, bat er wieder um Erlaubnis, den heiligen Berg am Tsangpo aufzusuchen. Diesmal gewährte der von der Frömmigkeit seines Dieners beeindruckte Vorsteher Kinthup die Freiheit. Er kehrte an sein Versteck am Fluss zurück und warf dort zehn Tage lang die Holzknüppel in den Fluss. Nachdem er seinen Auftrag allen denkbaren Hindernissen zum Trotz erfolgreich erfüllt hatte, kehrte Kinthup nach Indien zurück – diese Reise verwickelte ihn beinahe unvermeidlich in weitere Prüfungen, Gefahren und Rückschläge. Als mein Held die Heimat erreichte, war er vier beinahe unvorstellbar beschwerliche Jahre fort gewesen.

Was er dort antraf, gab ihm wenig Trost für seine Mühen. Er erlebte nur weitere Enttäuschungen. Seine Mutter war in dem Glauben gestorben, er sei tot. Der Pandit, an den sein Brief adressiert gewesen war, war ebenfalls gestorben, weshalb die Nachricht die Vermessungskommission nie erreicht hatte. Und schließlich weilte auch Captain Harman nicht mehr unter den Lebenden, der schon vor langem jegliche Hoffnung hatte fahren lassen, irgendwelche Holzknüppel zu sehen. Sie waren völlig unbemerkt den Brahmaputra hinabgetrieben. All die von Kinthup an seine britischen Herren hingegebenen Jahre waren also vergeblich gewesen.

Aber am schlimmsten war wohl, dass niemand seiner erstaunlichen Geschichte glaubte. Er verschwand in Darjeeling in der Versenkung, ernährte sich kümmerlich als Schneider, unerkannt, unbedankt und ungewürdigt, und niemals erhielt er für das, was er erlitten hatte, irgendeine Unterstützung oder Entschädigung. Doch der von ihm diktierte Bericht seiner Reisen mit einer großen Menge an topografischen Einzelheiten verblieb in den Akten der Kommission.

Erst 40 Jahre später bemerkte jemand, welche Genauigkeit Kinthups Bericht auszeichnete. Colonel Eric Bailey, ein britischer Grenzoffizier, dessen Reise im Jahre 1911 die letzten Zweifel über den genauen Lauf des Tsangpo beseitigte, hielt sich ausgiebig in der wenig bekannten Gegend auf, die Kinthup beschrieben hatte, und verglich seine Entdeckungen mit denen Kinthups. Überzeugt, dass Kinthup die volle Wahrheit erzählt hatte, spürte Bailey ihn in Darjeeling auf und setzt sich hartnäckig, aber ohne Erfolg dafür ein, dass er eine Pension erhielt. Stattdessen gab ihm die britische Regierung eine einmalige Abfindung von 1 000 Rupien – eine ziemlich schäbige Entschädigung für Kinthups Leistungen. Und sie kam sowieso zu spät, denn kurz darauf starb er.

Es war eine außergewöhnliche Geschichte, und ich war der Meinung, Kinthup sei empörend behandelt worden. Nicht nur hätte er eine angemessen Pension für seine Dienste erhalten müssen, sondern auch die Goldmedaille und alle anderen Ehren der Royal Geographical Society. Ich hätte ihn sogar zum Ritter geschlagen. Und die Geschichte von den Holzknüppeln war erstaunlich. Was war mit ihnen geschehen? Waren ein paar womöglich am Ufer angeschwemmt worden? Und wenn ja, bestand auch nur die geringste Chance, einen zu finden? Das war für mich der größte Schatz, den ich mir vorstellen konnte.

Die meisten Menschen würden das für eine kindliche Fantasie halten, aber je mehr ich darüber nachdachte, desto wahrscheinlicher wurde sie – denn die wunderbare Entdeckung, die ich an jenem Abend in Yatishs Buch machte, bestand darin, dass ich eigentlich exakt Kinthups Route folgte. Ich schritt nicht nur in den Fußstapfen meines Helden, ich hatte auch eine ziemlich genaue Vorstellung, wo er die Holzknüppel versteckt hatte. Und zwar direkt vor meiner Nase – irgendwo drüben in jenem verbotenen Flussabschnitt, den ich von der McMahon-Linie aus gesehen hatte. Wenn er sie dort in den Fluss geworfen hatte, so war es, dachte ich aufgeregt, vielleicht nicht abwegig, einen am Ufer angeschwemmt zu finden. Schließlich standen die Chancen gar nicht so schlecht, denn dort hatte es im letzten Jahrhundert nicht viele andere Souvenirjäger gegeben.

Da lag eine tolle neue Aufgabe vor mir, entschied ich. Es galt nicht nur, dem Fluss zu folgen, sondern auch, einen Holzknüppel von historischer Bedeutung zu finden. Bevor ich einschlief, sagte ich es Bhaiti und merkte mir dann vor, Topguy und Jaro am nächsten Morgen als Erste von dem neuen Unternehmen zu unterrichten.

8

Ich war nicht gerade darauf erpicht, in Tuting zu bleiben, das ich reizlos fand, bedrückend und überfüllt. Mich zog es zum Fluss, denn ich vermisste ihn und wollte die Holzknüppel finden. Allerdings hatte ich gewisse Pflichten zu erfüllen – militärische Pflichten –, wie den Assam Rifles für meine Gefangenschaft und Freilassung sowie für ihre Gastfreundschaft und Eskorte zu danken. Meine kleine Armee war dabei zu desertieren. Anscheinend war ich endlich vertrauenswürdig geworden. Ich verbrachte einen hektischen Vormittag mit dem Besuch der Offiziersmesse. Ich trank Tee mit der Familie des Lieutenants, wo Bhaiti sich blamierte, indem er sich auf ihren schönen neuen Wirkteppich erleichterte, aber trotzdem erhielt ich eine kleine hölzerne Buddhafigur geschenkt. Ich schrieb einen förmlichen Brief voll lobender Worte über die Assam Rifles und traf den Kommandanten der Region Nordost. Ich hatte herausgefunden, dass er auch ein Maratha war, aber im Gegensatz zu Aditya ziemlich sauertöpfisch und leicht pikiert auf meine Geschichten von seinen barbarischen Vorfahren reagierte. Sogar Bhaiti traf beim Kommandanten seinen Meister in Gestalt von dessen tibetischem Bullenbeißer, der sich für diese grimmige Rasse aber als ungewohnt freundlicher Riese entpuppte. Allein seine Größe schüchterte Bhaiti aber so ein, dass er sich still in die Sicherheit meines Schoßes flüchtete.

Als ich meine Pflichten erfüllt hatte, war es Zeit aufzubrechen. Wir hatten noch 20 Kilometer zurückzulegen bis zum nächsten Dorf – Ningging. Unsere Strecke, hatte Jaro mir gesagt, sei nun viel leichter, da sie sogar an einer Straße entlang führte, an einem Fahrweg, wie ich dann sah, der Tuting mit Pasighat verband, jetzt aber durch Erdrutsche verschüttet war. Ich war enttäuscht. Ich wollte so bald wie möglich zum Fluss hinunter, um meine Schatzsuche aufzunehmen.

Jaro erklärte mir, dass nicht einmal die Adi die Flussroute benutzten. Die gebe es nämlich gar nicht. Sie benutzten die Fahrwege, weil das Ufergelände so steil war und es nur wenige Möglichkeiten gab, zum Fluss hinab und auf der anderen Seite wieder nach oben zu gelangen. Er erzählte mir auch, dass wir nun in das Gebiet mehrerer indigener Völker kamen, denn Tuting sei so etwas wie eine Kulturschnittstelle, die das Siangtal zwischen den nördlichen buddhistischen Völkern der Monpa und Memba und den südlichen Gruppen der Adi aufteilte.

Es war ihm auch gelungen, weitere Träger zu beschaffen – diesmal Jungen –, die mit Topguy aufgebrochen waren. Er hatte kein Geld, um sie auszuzahlen, also unterrichtete er mich, wir würden sie unterwegs auf ihrem Rückweg treffen. Ich konnte es immer noch nicht glauben, wie schnell die jungen Leute voranschritten, da ja manche bis zu 30 Kilo trugen. Ich hatte schon mit meinem Zehn-Kilo-Rucksack genug Probleme. Es war erbärmlich.

Anscheinend aber war ich den Fängen des Militärs doch nicht ganz entronnen, denn als wir unter sengender Sonne in südlicher Richtung aufbrachen, schlossen sich uns zwei ältere Soldaten an – kräftige Männer in voller Montur und mit riesigen Rucksäcken. Sie waren nach Along abkommandiert worden. Bessere Reisegefährten hätte ich mir kaum wünschen können. Sie waren Vollzeitsoldaten und hatten 25 Dienstjahre bei den Assam Rifles hinter sich. Sobald es mir gelungen war, ihre militärische Förmlichkeit, das dauernde Salutieren und die nicht enden wollenden »Sahibs«, zu unterbinden, ließen sie sich ganz entspannt auf das Hier und Jetzt der Reise ein.

Ich nannte sie Corporal Classic und Corporal Shortcut, denn der Erste schnorrte ständig Kippen von mir – Classic ist eine der am meisten verbreiteten Marken Indiens –, und der Zweite hatte die unschlagbare Fähigkeit, Strecken zu finden, die den Weg abkürzten, aber unglaublich steil waren. Da sie schon in die Jahre gekommen waren, freuten sie sich über die gemächliche Gangart, die ich mit Jaro eingeschlagen hatte.

An diesem Tag war es unerträglich heiß. Weit unten, mindestens drei Kilometer entfernt, konnte ich den Fluss sehen, kühl und einladend, als wir über einen Höhenzug auf der Straße vorrückten. Meine Füße schmerzten wieder, und ich hatte meine Wanderstiefel gegen Turnschuhe eingetauscht. Auch die Schürfwunden an meinem Knöchel heilten nicht richtig. Der arme Bhaiti litt ebenfalls. Er blieb unzählige Male stehen und legte sich hechelnd hin. Nirgends war Schatten. Jaro eilte ihm zu Hilfe, indem er seinen hübschen rosafarbenen Blumenschirm aufspannte und Bhaiti damit vor der brennenden Sonne schützte, während ich Hände voll Wasser gemischt mit Electrol in seine Kehle goss. Sein Fell war so dick, dass er die Hitze einfach nicht aushielt.

Unterwegs begegneten wir Arbeiterinnen aus Bihar und Oriya mit Körben auf dem Kopf, in denen sie den Gesteinsschutt der letzten Erdrutsche abtransportierten. Ihre leuchtenden Saris bildeten einen herrlichen Kontrast zu den tiefen, zum Fluss hinabführenden dunkelgrünen Tälern und glichen Edelsteinen, wie sie auf grünem Tuch in einem Juwelierschaufenster ausliegen. Ein oder zwei Stunden später trafen wir auf die jungen heimkehrenden Träger. Augenblicklich verfielen sie mit Jaro in heftiges Feilschen. Der war entschlossen, ihnen den üblichen Lohn zu zahlen, 40 Rupien pro Person. Sie wollten 150. Jaro war wütend, als ich seine Autorität untergrub, indem ich jedem 100 gab, und sagte mir, ich hätte nun einen skandalös inflationären Standard für zukünftige Ausländer gesetzt. Ich gab zu bedenken, es sei unwahrscheinlich, dass in absehbarer Zukunft weitere Ausländer in dieses Sperrgebiet kommen würden. Gerade da flog ein Versorgungsflugzeug auf dem Weg nach Tuting über uns her.

»Mm«, sagte Jaro und deutete auf den Flieger. »Gutes Flugzeug, um rauszufallen.«

»Was?«, fragte ich ungläubig. »Wie meinst du das, rausfallen?«

»Mm, Jaro oft in seiner Jugend aus Flugzeugen gefallen. Ich habe eine Medaille.«

Damit war ich auf eine weitere erstaunliche Fassette dieses erstaunlichen Mannes gestoßen. Während seiner Schul- und Collegezeit hatte er an allen möglichen Aktivitäten außerhalb des Lehrplans teilgenommen. Er wollte, wie er mir erzählte, außergewöhnlich sein. Seine Spezialität war das NCC, das National Cadet Corps. 1977 wurde er aus dem Korps ausgewählt, um in Agra eine Fallschirmspringerausbildung zu machen. Nachdem er die ersten fünf pflichtgemäßen automatischen Sprünge erfolgreich absolviert hatte, wechselte er über zum manuellen Sprung und erhielt die erste Verdiensturkunde, die je an einen Angehörigen eines in Arunachal Pradesh heimischen Volkes vergeben wurde. Seine Eltern zeigten sich davon allerdings nicht beeindruckt oder erfreut. Bei den Adi wird ein unnatürlicher Tod als »Sterben im Himmel« bezeichnet, und da forderte ihr Sohn mit dem Fallschirmspringen seinen Schöpfer heraus. Jaro brauchte Jahre, um seinem Vater die Kunst und Geschicklichkeit des Fallschirmspringens zu erklären, doch der ließ sich offenbar nie ganz davon überzeugen.

»Mm«, verkündete Jaro mit einem wissenden Glitzern in den Augen. »Beim nächsten Mal an einer Brücke, Mark, nimmst du besser Fallschirm.«

Am Spätnachmittag erreichten wir einen schmalen Pfad, der beinahe senkrecht von der Straße rechts nach oben führte. Corporal Shortcut verkündete, es sei der kürzere Weg, also stiefelten wir 6 840 kleine Erdstufen ins Dorf Ningging hinauf. Topguy wartete schon. Er hatte mein Zelt aufgestellt – meine erste Nacht unter einem Leinendach. Und was für ein Zeltplatz. Von einer kleinen Grasfläche vor dem Inspektionsbungalow konnte ich direkt nach Süden, Osten und Westen blicken. Ich befand mich oberhalb der Wolkendecke, über die einige der höheren Bastionen des östlichen Himalaya mit ihren schneebestäubten Gipfeln wie kleine magische Zitadellen emporragten. Unter mir, von der Wolkendecke verborgen, konnte ich selbst von dieser Höhe das Rauschen des Flusses vernehmen. Es war sehr tröstlich.

Ningging war mein erstes richtiges Adi-Dorf. Als wir unser Lager aufgeschlagen hatten und weitere 2 000 Stufen hochgestiegen waren, war es beinahe dunkel. Jaro stellte mich dem Oberhaupt oder *gam* vor, wie es bei den Adi heißt. Wie vor meiner ersten Begegnung mit Jaro hatte ich wieder mehr Tradition erwartet. Der *gam* trug eine Blue Jeans, ein T-Shirt und einen schicken Panamahut mit dem Logo der Weltmeisterschaft. Anscheinend war der westliche Einfluss auch hier in diese entlegene Ecke im Nordosten Indiens vorgedrungen.

Als er erfuhr, dass ich Engländer war, brach er in schallendes Gelächter aus, schlug sich auf die Schenkel und fiel dann, sich den Bauch haltend, zu Boden. Ich war erstaunt. Die Engländer, das gebe ich zu, sind eine ziemlich komische Rasse, aber müssen sie gleich eine derartige Reaktion hervorrufen? Wenigstens hielt er mich nicht für einen Japaner. Lag es an meiner Kleidung oder daran, wie ich aussah? Schließlich erholte sich der *gam* von seinem Anfall und brummelte Jaro etwas zu. Der übersetzte.

»Mm. *Gam* sagt, er wollte schon immer Engländer kennen lernen.«

»Ja, das ist ihm jetzt gelungen«, erwiderte ich ziemlich zickig. »Aber was ist so komisch an uns?«

Die Nordflanke des Kailash

Schlechtes Karma – vom Berg geschlagen

Mark mit Charles Allen in Tibet

Mark und Bhaiti schauen an der McMahon-Linie nach Tibet.

Der Tripuri-Hund aus den Lushaibergen in Assam

Die Siang am Morgen von Gelling in Arunachal Pradesh aus

Die Siang am Abend von Gelling in Arunachal Pradesh aus

Mädchenpower – die Trägerinnen im Siangtal

Die erste Bambusbrücke

Hoppla!

Es ist gerade noch einmal gut gegangen!

Stimmungen der Siang: die spuckende Schlange

Die Verführerin

Die kühlen hypnotischen Augen

Der sagenhafte Adi-Jäger Jaro Dai beim Einfangen giftiger Käfer

Das Traumteam – von links nach rechts – Neeraj und Bhaiti, Corporal Short Cut, Corporal Classic, Topguy, Jaro und ein Gast

Das Dorfoberhaupt von Pugging in Arunachal Pradesh

Ein junger Mönch von der Insel Majuli

Die Mannschaft der Kailash – von links nach rechts – Laxman, Gamma, Topguy, Pandit, Vijay und Neeraj

Gamma zieht an seiner Chillum.

Bhaiti und Gamma »träumen« bekifft den Fluss.

Das ideale Lager am Brahmaputra

Mark und Bhaiti am Morgen

Der Jagdhund in vollem Lauf

Die *Koyel* am Jamuna in Bangladesch

Schwimmende Heuhaufen auf dem Dhaleshwari vor Dhaka

Dholias bei Sonnenuntergang auf dem Padma in Bangladesch

Das Ende der Reise: Im Golf von Bengalen zollen wir dem Strom unsere letzte Verehrung.

Einreise nach Indien mit E/Hund, klein

Einreise nach Bangladesch ohne E/Hund, klein

Die Galerie der tollen Kerle vom Fluss

Yatish Bahuguna

Neeraj Pathania

Ozing Dai

Jaro Dai

Topguy

Ranesh Roy

Manju Barua

Shaams

Mark Shand

Der Maratha Aditya Patankar

Bhaiti

»Mm. *Gam* meint, die Engländer sind die schlimmsten Fußballer der Welt.«

Ich seufzte. Welche Ironie, dachte ich. Da reise ich um die halbe Welt in diese entlegene Ecke und treffe endlich mein erstes Oberhaupt der Adi, und dann stellt es sich als Fußballfan heraus. Fußball ist wie ein Virus – er sollte ausgerottet werden.

»Jaro«, sagte ich. »Frag den *gam* doch bitte, welches Land seiner Meinung nach die besten Fußballer hat.«

»Mm. *Gam* meint, die Deutschen sind Nummer eins.«

Der *gam* und ich würden mit Sicherheit nicht miteinander auskommen.

Immer noch kichernd, führte er uns in einen sauberen Hof, über einen schmalen eingekerbten Stamm von mehr als einem Meter Länge, der als Treppe diente, und auf eine weite Veranda. Der Boden bestand aus eng verflochtenem, aufgespaltenem Bambus und federte beunruhigend, als ich in der Dunkelheit herumstolperte. Als ich mich tief bückte, um das Haus zu betreten, stieß ich mit dem Kopf gegen irgendeinen Gegenstand. Der *gam* brach wieder in Gelächter aus – meine Ungeschicklichkeit festigte zweifellos seine Meinung von den englischen Fußballern. Ich schüttelte den Kopf und sah mir genauer an, wogegen ich gestoßen war. Es war ein riesiger Schädel mit langen, gekrümmten Hörnern, ähnlich einem Wasserbüffel.

Der Schädel gehörte einem Mithun – oder *bos frontalis*, so die lateinische Bezeichnung. Das Mithun stellt das am höchsten geschätzte Besitztum der Adi dar. Seine Herkunft gibt selbst den Adi ein Rätsel auf. Auf all meinen Reisen durch Arunachal Pradesh gelang es mir nicht, herauszufinden, ob das Mithun ursprünglich eine Wildtierart war oder eine halb domestizierte Kreuzung, vielleicht das Ergebnis einer Vermischung zwischen einer heimischen Adi-Kuh und einem männlichen Wasserbüffel aus dem Schwemmland von Assam. Ich hatte noch kein lebendes Exemplar gesehen, doch aus meinen Recherchen und diversen Fotos ging hervor, dass es ziemlich große Tiere sind, dem indischen Büffel nicht unähnlich, aber massiver im Körperbau und mit einem glatten Fell, das entweder schwarz, braun oder in beiden Farben gefleckt ist. Bei den Adi nehmen sie den allerhöchsten Rang ein, repräsentieren Reichtum und werden nur bei den wichtigsten Zeremonien geopfert. Sie finden auch als Tauschgut für die Abzahlung von Schulden, Strafen oder als Mitgift Verwendung.

Als ich über diese Schwelle in das Häuschen trat, ließ ich die westliche Welt hinter mir. Ich stand in einem langen, tiefen Raum von zwölf mal sechs Metern mit Wänden aus grob behauenem Bambus, der von der zentralen flachen, rechteckigen Feuerstelle oder *merum* eingeschwärzt war. Die Bambussparren waren mit Jagdtrophäen behangen – Schädel von Bären, Rotwild, Eichhörnchen und verschiedenen Raubkatzen –, einer Ansammlung von Kochtöpfen und einer Reihe trocknender Kräuter und Farne. Von einem weiteren geschwärzten Bambusbalken hing eine Auswahl Waffen – Pfeil und Bogen, Langspeere und einige *daos*, die langen, geraden Stichschwerter der Adi. Der Vorrang wurde allerdings einer modernen einläufigen Schrotflinte eingeräumt, die an dem alten, schon etwas schimmelnden Fell eines Nebelparders lehnte.

Ums Feuer hockte die Familie des *gam* – drei oder vier kleine Kinder und ein älteres Mädchen, das eine auserlesene Türkiskette und hübsche Metallohrringe mit Blumenmuster trug. Sie stocherte im Feuer herum, über dem ein zerbeulter alter Blechkessel hing. Ihr Begrüßungslächeln erhellte das düstere Innere wie die Morgensonne. Der *gam*, der für einen Augenblick die Fußballpolitik beiseite ließ, bedeutete mir, ich solle mich ans Feuer setzen. Ich hockte mich neben Jaro und genoss bald einen wohl schmeckenden Ingwertee, von dem lächelnden Mädchen in kleinen, angeschlagenen Porzellanschälchen serviert. Inzwischen brannten mir von dem Rauch, der wie ein Nebel im düsteren Inneren hing, die Augen, und Tränen rannen mir das Gesicht hinab.

»*Agampe*«, sagte ich und hob mein Schälchen. Die ganze Familie schüttete sich aus vor Lachen. Das Zimmer wackelte bedrohlich. Offensichtlich erfreute sie meine begrenzte Kenntnis der Adi-Sprache, aber nicht annähernd so sehr wie zwei alte Familienmitglieder, Mutter und Vater des *gam*, die mir, in Rauch gehüllt, vorher nicht aufgefallen waren. Sie lachten aus vollem Hals – lachten so sehr, dass ich mich schon fragte, ob ich die Wucht von noch mehr Hohn und Spott über das fußballerische Können meines Landes zu ertragen hätte. Doch sie waren einfach begeistert, mich kennen zu lernen, und während die alte Mutter zu den jungen Frauen ging, um beim Tee-Einschenken auszuhelfen, hockte sich der alte Mann neben mich und hielt meine Hand. Ich gab ihm eine Zigarette. Er inhalierte tief und krümmte sich in einem Hustenanfall. Das erzeugte noch mehr Gelächter. Ich hatte noch nie eine so fröhliche Familie getroffen.

Wie ich erfreut feststellte, wurden die Traditionen in der älteren Generation noch beachtet, unter den Nachkommen jedoch weniger. Das junge Mädchen, das, wie ich erfuhr, die unverheiratete Tochter des *gam* war, trug ein schlichtes Kleid mit Blumenmuster. Wenn ich hier vor 30 oder vielleicht 40 Jahren hingekommen wäre, hätte ich, wenn sie sich bewegte, das Klingen von Metall gehört, hervorgerufen von ihrem *beyop* oder Unterrock aus runden geprägten Metallplättchen, was damals als Zeichen der Jungfräulichkeit galt. Das alte Paar jedoch trug noch den traditionellen Adi-Haarschnitt – schwarze Beatles-Pilzköpfe, die gut fünf Zentimeter über der Ohrspitze endeten und dadurch zu Stande kamen, dass das Haar mit einem Stecken gehoben und rundherum mit einem Messer abgeschnitten wurde. Die beiden hatten auch gedehnte Ohrläppchen, aus denen Metallringe hingen. Und um die Knöchel der alten Frau lagen breite Bambusbänder in einem schönen Indigoblau. Um den Hals trug sie fünf oder sechs Ketten aus unterschiedlich gefärbten Glasperlen, vermischt mit Muscheln. Ihren dicken rotblauen Baumwoll-Lunghi hielt ein großartiger Gürtel aus Bambus und Kaurimuscheln zusammen, von denen einige in Tierformen geschnitzt waren.

Der alte Mann, den die Aufmerksamkeit verdross, die ich seiner Frau widmete, wollte sich nicht übertrumpfen lassen. Er schlurfte nach hinten zur Kleiderkiste und tauchte wenige Minuten später in vollem Adi-Putz auf. Sein grobes Hüfttuch hatte er durch eines aus Rinde ersetzt, hergestellt aus dem Udalbaum. Es hing in etwa 40 Zentimeter langen Streifen herab wie einer der ledergesäumten Röcke, die in den 1960er-Jahren Mode waren. Seine Brust war nackt bis auf ein tolles Pelzcape von einem Himalayaschwarzbär. Um die Hüfte trug er einen aus Bambus gefertigten Schwertgürtel, in dem zwei großartige *daos* steckten, die in der Vergangenheit zweifellos an der weichen weißen Haut von Briten ausprobiert worden waren. Über den Rücken hatte er einen langen Bogen und einen Köcher mit vergifteten Pfeilen geschwungen, deren Spitzen von einer tödlichen Paste geschwärzt waren, die aus Eisenhut gewonnen wird. Doch wahrhaft verblüffend war die Vielzahl der Hüte, die er mir stolz zeigte.

Sein Zeremonialhelm war eine Schädelkappe aus Bambus, geschmückt mit Bärenfell, rot gefärbten Yakschwänzen, den Hauern von Ebern, Federn und dem gekrümmten Schnabel des großen indischen Nashornvogels. Sein Kriegshelm war schlichter – ein Meisterwerk der Zweckmäßigkeit: randlos und oval aus aufeinander folgenden Bambusringen, die mit Streifen aus feinerem Bambus zusammengebunden waren, senkrecht gewebt und so dicht, dass sie die darunter liegende Ringform vollständig bedeckten. Welche Festigkeit sein schwert- wie auch wasserdichter Kriegshelm tatsächlich hatte, bewies der alte Mann, indem er erst versuchte, ihn mir aufzusetzen, was ich zu seiner Erheiterung hastig ablehnte, worauf er ihn seinem Sohn, dem *gam*, aufstülpte. Er hob einen *dao* auf und ließ ihn mit einem fürchterlichen Hieb auf den Helm sausen. Der *gam* wirkte unverletzt, doch ich konnte mir den Kopfschmerz ausmalen, unter dem er nun vermutlich litt. Der Helm wies tatsächlich keinen Kratzer auf – die Klinge war einfach abgeglitten.

Jaro erzählte mir, dass sie, obwohl sie zur Jagd immer noch Pfeil und Bogen verwendeten, allgemein Schrotflinten benutzten, welche die Regierung lieferte. Arunachal Pradesh ist eines der letzten Gebiete in Indien, wo die traditionelle Jagd noch erlaubt ist. Indien respektiert immer noch in hohem Maße Nehrus alte Politik, die die Autonomie und Traditionen dieses Volks schützte. Und wie alle heimischen Völker jagen die Adi in bescheidenem Umfang – sie rotten nicht aus –, denn sie leben noch in völligem Einklang mit der Natur. Die Oberhäupter legen strikt fest, wann, wo und was gejagt werden darf, und selbst, wie viele Fische sie aus den Flüssen fangen dürfen. Die Adis zerstören den Naturreichtum nicht – das werden die Holzfällertrupps tun.

Unterdessen hatte Topguy in unserem Lager für Bhaiti und mich ein märchenhaftes Ambiente für unser Abendessen geschaffen. Der kleine Vorplatz des Zelts, das direkt an der Kante des Abhangs stand, war geöffnet worden und bot uns einen großartigen Blick auf den Nachthimmel. Ein Kreis aus Kerzen war in den Boden gesteckt worden. Topguy hatte sich an diesem Abend in seinen kulinarischen Künsten selbst übertroffen. Wir speisten im Freien Pilzsuppe, Schweinefleisch, Reis, Dal und Spinat. Als wir uns vom Mahl erhoben, lag uns die ganze Welt zu Füßen. Eine Sternschnuppe zog ihren Bogen über den weiten Himmel. Ich sagte Bhaiti, wir sollten uns was wünschen. Ich wünschte mir, dass ich ihn von der Leine lassen könnte, um ihm einen Tag die Freiheit zu gönnen, nach Herzenslust zu jagen. Doch ich fragte mich, was er sich wohl wünschte. Am Abend schon war mir aufgefallen, dass Bhaiti mich mit seinen kühlen, hypnotischen Augen intensiv anstarrte. Vielleicht wünschte er sich, ich wäre ein Hund. Nein, das kann er nicht, dachte ich selbstgefällig. Ich war ja eine viel bessere Gesellschaft als jeder Hund.

Wecken war in aller Herrgottsfrühe – um fünf Uhr. Bis Bhaiti und ich endlich aus unserem Quartier auftauchten, war es sechs. Eine Schar junger Trägerinnen – wieder alles barfüßige Mädchen – wartete geduldig aufgereiht. Die Corporals Classic und Shortcut waren über sie gebeugt und überprüften ihre Körbe, ja schleiften sie beinahe wie auf dem Kasernenhof. Das Militär hatte anscheinend von Jaro die Rekrutierung von Trägern und die Organisation ihrer Arbeit übernommen. Der *gam* wartete, um uns Lebewohl zu sagen. Er lachte immer noch. Und eines seiner Kinder – ein Knabe, den ich gestern Abend mit einem umgehängten Katapult gesehen hatte – überreichte mir einen Korb mit einer Anzahl kleiner, hübscher Vögel, einem Eichhörnchen und ein paar Ratten. Sie waren alle tot.

Wir hatten diesmal einen langen Weg vor uns – laut Topguy mehr als 30 Kilometer bis zum Dorf Pango. Wir folgten einige Stunden lang dem Auf und Ab des Pfads und kürzten dann über einen Steilhang ab – wieder eine von Shortcuts Abkürzungen – zu einer sehr wackligen, überwachsenen Bambusbrücke, die einen Zufluss der Siang, den Siyi, überquerte.

»Mm«, sagte Jaro. »Alte Brücke. Wir müssen aufpassen – nur immer einer geht.«

Ich wollte im Licht meiner letzten Erfahrung nicht mit ihm streiten. Jaro würde als Erster mit Bhaiti gehen, dann Classic, Shortcut und ich. Ich fragte Jaro nach seiner Logik.

»Mm. Du bist der Schwerste.«

Jaro ging behutsam mit Bhaiti an den Gürtel gebunden über die Brücke. Auf halbem Weg brüllte er zurück, wir sollten vorsichtig sein, da manche Streben verfault seien. Die Brücke knarrte und schaukelte unheilvoll – noch stärker, als Classic und Shortcut darüber marschierten. Sie waren eindeutig Experten.

Der Siyi, in Wirklichkeit nur ein von Felsblöcken erstickter Bach, gurgelte zwölf Meter unter mir, als ich mich vorsichtig über die Brücke bewegte. Ich hatte inzwischen die Technik intus. Es lag alles an der Gewichtsverteilung: Die Füße mussten über die Drahtseile gesetzt werden, welche die Latten von unten zusammenhielten, und natürlich sollten die Hände frei sein, um sich an die Haltestränge zu klammern. Ich schaffte es beinahe. Ich hatte nur noch ein paar Meter zu gehen. Den Wasserlauf hatte ich schon lange hinter mir und sah durch die Latten die Vegetation, als die Brücke am Steilufer hoch führte. Aber wiederum konnte ich nicht widerstehen – ich musste angeben. Ich erhöhte das Tempo. Sogleich ertönte ein scharfes Krachen, und diesmal verschwand mein linkes Bein durch die Brücke, traf aber glücklicherweise auf festen Boden. Ich rappelte mich rasch auf und war mit einem Satz in Sicherheit.

Jaro lag gackernd am Boden.

»Mm, Mark. Nach Ende der Reise du kannst neuen Job im Bezirksbrückenbauamt bekommen – als Sicherheitsbeauftragter.«

Wenn ich so weitermache, stellte ich mir vor, dann werden mich bald schon schwer bewaffnete, erzürnte Adi verfolgen, die entschlossen sind, mich wie meine britischen Vorgänger aus dem Land zu jagen.

Nachdem wir einen weiteren Hügel hinaufgestiegen waren und überwunden hatten, ging es über eine steile Böschung zur Siang hinunter. Es war ein wunderschöner Ort – ein lang gezogener, steiniger Keil aus weißem Sand säumte den Fluss, der heute in wohlwollender Stimmung wie ein Seidenteppich vorbeiströmte. Hier war meine Chance, ihm endlich meine Verehrung zu zollen. Aber erst hatte ich eine Arbeit zu erledigen. Der Sand war nämlich mit Hölzern und auseinander gebrochenen Bäumen übersät. Die Operation Kinthup-Holzsuche musste augenblicklich ausgeführt werden. Ich hatte eben angefangen, Jaro die neue Aufgabe zu erklären, die ich mir vorgenommen hatte, als er mich unterbrach.

»Mm, Kinthup«, sagte er. »Suchst nach Holzknüppeln, ja?«

Ich war erstaunt. Nicht, dass ich einen Augenblick lang geglaubt hätte, Jaro wäre in irgendeiner Weise ungebildet gewesen, denn seine Zeugnisse – darunter ein Universitätsabschluss – waren wahrhaft beeindruckend in Anbetracht der außergewöhnlichen Umstände, unter denen er seinen Bildungsgang begonnen hatte. In seinem Dorf gab es keinen Strom und kein Kerosin oder irgendwelche Lampen. Sehr oft hatte er seine Hausaufgaben bei Mondlicht gemacht, oder er hatte trockenen Bambus verbrannt.

Jaro erachtete meine Suche nicht als völlig abwegig, also erklärten wir Classic und Shortcut das Spiel. Sie hielten es für eine großartige Idee, insbesondere als ich erwähnte, der Preis sei eine Kiste voll Rum. Dann legten wir alle Oberkleidung ab und begannen, das Ufer nach einen Fuß langen Hölzern mit einem Metallschildchen abzukämmen. Selbst Bhaiti beteiligte sich – aber aus anderen Gründen. Wenn wir den großen Verhau verrottender Bäume hochhoben, brachte sich stets eine Unzahl Insekten durch Flucht in sämtliche Richtungen in Sicherheit. Er hatte auch eine neue Beute, Schmetterlinge, die uns in weiße und gelbe Wolken hüllten. Der Insektenscharfrichter hatte mehr als genug zu tun. Genauso wir, denn es war Schwerstarbeit, doch nach ein paar Stunden hatten wir jeden Zentimeter abgesucht. Kein Grund zur Freude, aber ich war auch nicht enttäuscht oder desillusioniert – das war erst der Anfang.

Die Sonne brannte nun heiß vom Himmel. Es war Zeit, ein Bad zu nehmen, Zeit für ein volles Eintauchen. Ich fand einen sicheren Badeplatz – eine Art Sprudelbecken zwischen zwei großen Felsblöcken – und zog mich aus. Ich stank – seit etwa zehn Tagen hatte ich nicht mehr richtig gebadet, seit Itanagar. Ich dachte daran, Bhaiti auch mit einzubeziehen, erkannte aber, dass dies ein größeres Unterfangen werden würde, und die Strömung war sowieso zu stark. Ich vergewisserte mich, ob niemand zusah. Jaro, die Corporals und Bhaiti hatten sich taktvoll in den Schatten der Baumlinie verzogen. Ich zog meine Unterhose aus und stieg hinein.

Es war kalt – aber wunderbar kalt. Mein Problem bestand nicht so sehr darin, mich aufrecht zu halten, sondern es zu vermeiden, fortgetrieben zu werden, da die Strömung wie eine Waschmaschine gegen meine Beine schäumte und schubste und den Schmerz der Abschürfungen an meinem verletzten Knöchel augenblicklich abtötete. Mit einer gewissen Geschicklichkeit schaffte ich es, mich zwischen die Felsen einzukeilen, und seifte mit einer Hand meinen ganzen Körper ein. Mir war es sogar gelungen, etwas von meinem Shampoo aufzutragen, bevor die Flasche weggeschwemmt wurde, um sich irgendwo weiter unten am Fluss Kinthups Hölzern anzuschließen.

Ich war ein neuer Mensch, als ich aus dem Wasser stieg, sowohl körperlich wie geistig gereinigt. Ich hatte endlich dem Fluss meine volle Verehrung entboten. Auf einem warmen Felsen streckte ich mich zum Trocknen aus und hoffte, dass kein unglücklicher Adi vorbeikäme, um den Schock seines Lebens beim Anblick dieses unbekannten Flussungeheuers zu bekommen – feist, weiß und behaart wie eine große Sattelrobbe. Bald schlossen sich mir andere Sonnenanbeter an – hunderte von Schmetterlingen, die mich wieder mit einer gelben und weißen Decke überzogen. Ich muss eingeschlafen sein, denn als Nächstes wurde ich rüde von einem weiteren Flugobjekt Jaros geweckt, das vom Felsen neben mir abprallte. Es war Zeit zu gehen.

Der Aufstieg zum Dorf Pango wurde zu einem der bisher längsten. Classic und Shortcut marschierten voraus, ließen Jaro, Bhaiti und mich zusammen dahinschnaufen. Wir hielten oft an, um uns zu erfrischen, wobei Jaro Garben süßer Sukkulenten abschnitt, die wir aussaugen konnten, und kleine braune Knospen öffnete und Samen zeigte, die wie Lychees aussahen und schmeckten. Ich beschwerte mich bei Jaro, dass ich einfach schon zu dick, zu wenig fit und zu alt für so etwas war. Er tröstete mich, indem er sagte, dass die Adi dicke Menschen als mächtig und vermögend betrachteten, das Alter würde immer verehrt werden. Jeder über 40 wird als alt betrachtet.

Als wir höher stiegen, war der Weg gesäumt von reinen Bambushainen, so hoch und undurchdringlich wie die Festung einer Dschungelzitadelle. Je höher wir kamen, desto mehr dünnte die Vegetation aus, und desto steiler und schmaler wurde der Pfad. Wir waren nun sehr beengt. Es war feucht. Ich bemerkte, dass sich über uns in regelmäßigen Abständen kleine Bambusstreifen über den Hohlweg zogen. Sie sahen aus wie von Menschen gemacht. Ich irrte mich nicht. Jaro erklärte mir den Sinn dieser Adi-Fallen. Mäuse und Ratten benutzten die Bambusstreifen als Routen auf die andere Seite des eingefurchten Wegs. An einem Ende des Bambusstreifens befand sich eine kleine Rohrfalle, die zuschnappte, wenn das Opfer auf den Auslöser trat, einen kleinen Bambusstecken, der die zwei Klemmbacken auseinander hielt.

Als wir Pango erreichten, war es finster. Wir trafen einen erbosten Topguy an. Alles, was wir an Schokolade und Milchpulver gehabt hatten, und ein Großteil von unserem Reis waren von den ungezogenen Lausbuben gestohlen worden, die zwischen Tuting und Nigging unsere Träger gewesen waren – die Jungs, die ich überreichlich entlohnt hatte. Jaro war empört und brummte, so etwas würde bei ihm zu Hause nie passieren.

Ich war auch nicht bester Laune. Nicht nur war ich erschöpft, auch die Schürfwunden an meinem Bein waren nun angeschwollen und entzündet. Ich wollte nichts lieber als meine Ruhe, war aber bald von einem Haufen neugieriger Kinder und einem sehr redseligen Herrn umringt, dem Dorflehrer, der seine Englischkenntnisse an mir ausprobieren wollte. Er legte keinen besonders guten Start hin, indem er mich nach meinem »süßen Namen« fragte.

Da ich mich alles andere als süß fühlte und mir nicht nach Essen zumute war, zog ich mich rasch mit Bhaiti in die Privatsphäre unseres Zelts zurück. Die blieb nicht lange privat. Während der nächsten ein oder zwei Stunden war ich umzingelt und manchmal überrannt von wissbegierigen Kindern. Viel später wurden wir wieder belagert, diesmal von den Hunden aus dem Ort. Ich schwang in jener Nacht meinen Leki-Stecken wie einen Adi-*dao*, verteidigte eine Seite und die Rückwand des Zelts mit scharfen Hieben auf die Hundeschnauzen, wenn sie gegen die weiche Zeltleinwand drückten, während Bhaiti die andere Seite und den Eingang verteidigte, indem er sich von innen auf sie warf. Die ganze Nacht saßen sie draußen und jaulten. »Gott sei gedankt für Ohrenstöpsel«, schrieb ich in mein Tagebuch.

Ganz egal, an welchem Ort der Welt sich jemand auch befinden mag, das Aufziehen des Morgens, so habe ich herausgefunden, vertreibt die Erinnerungen an eine schlechte Nacht. Ein großes Gefühl der Erleichterung kommt auf, Panik und Albträume schwinden. Du spürst fast eine Dankbarkeit, am Leben zu sein, und alles ist normal – wieder in der Wirklichkeit, wie banal die Lage auch sein mag. Meine Lage, als ich benommen an jenem Morgen erwachte, war bei weitem nicht banal. Zunächst hatte Bhaiti beschlossen, auf meinem Gesicht zu schlafen. Mein Gott, wie der roch. Ich musste ihn doch in den Fluss bringen. Zweitens war ich wieder umringt. Ich konnte die Kinder hören und sehen, wie sie sich kichernd ans Zelt drückten und verstummten, als sie merkten, dass ich mich rührte. Ich spürte, wie gespannt sie auf uns waren.

Ich dachte mir, die überrasche ich – und zwar gründlich. Ich bemalte mir Nase und Wangen mit dem Sunblocker, einer weißen Zinkpaste, und kroch ganz langsam zum Eingang. Ich riss den Reißverschluss auf und sprang brüllend heraus. Das hatte die gewünschte Wirkung – 100 kleine Jungs und Mädels flohen kreischend über das Feld ins Dorf. Nun fühlte ich mich schuldig und grausam. Mein Auge fiel auf einen Gegenstand, der am Boden lag. Es war ein selbst gefertigter Kricketschläger. Ah, dachte ich, das ist das Dorf für mich – eins, das Kricket spielt, nicht Fußball. Ein vernünftiger Sport.

Ich hob das Schlagholz auf und übte verschiedene Schläge. Langsam rückten die Jungen in Gruppen näher, erst eine nach der anderen, die eine mutiger als die andere. Ein kleiner Wollball kam zum Vorschein, ein Dreistab wurde aufgestellt. Wir machten ein Spiel. Da ich die Gastmannschaft darstellte, durfte ich höflicherweise als Erster schlagen. Ich war auf der Hut und dachte, ich würde ihnen so einiges beibringen. Ein bisschen fühlte ich mich wie Ian Botham, der englische Kricketstar.

Mit einiger Besorgnis bemerkte ich, wie der Werfer, ein kleiner, etwa siebenjähriger Junge, seine Runde zog. Er entschwand im Morgennebel und kam mit hohem Tempo zurückgesaust. Etwas Hartes und äußerst

Schnelles zischte an meinem Knie vorbei und fegte den mittleren Balken aus Bambus weg. Die Spieler und Zuschauer ließen lautes, anerkennendes Gebrüll vernehmen, und sogar Bhaiti bellte erfreut. Überläufer, dachte ich. Zu meiner Verlegenheit schafften die Dorfjungen den Hattrick gegen mich. Es herrschte Begeisterung. Dann versuchte ich mich als Werfer. Ich probierte, die Jungs, die ihrem großen Idol Sachin Tendulkar, dem besten indischen Schlagmann, nacheifern wollten, einzuschüchtern, indem ich sie in guter australischer Werfertradition böse anglotzte und dann mit ziemlichem Tempo herandonnerte. In meiner Runde musste ich 16-mal laufen. Ich wurde in alle Ecken des Dorfes geschickt. Aber ich hatte eine Menge Freunde gewonnen.

Die sportliche Übung hatte mir Appetit gemacht. Bhaiti und ich betraten das *moshup* oder Langhaus, wo Topguy, Jaro, Classic und Shortcut die Nacht verbracht hatten. Sie hatten sich um ein Feuer geschart, auf dem Topguy Reis und Chilis zum Frühstück kochte. Es war dunkel, zugig, die Luft rauchgeschwängert. Ich konnte kaum das andere Ende sehen. Wir tappten über den schwankenden Bambusboden. Über uns waren Holzbalken mit Tierschädeln und trocknenden Kräutern behangen. Das *moshup* ist der Dreh- und Angelpunkt eines jeden Adi-Dorfs. Es dient zugleich als Schlafsaal der Junggesellen und als Ort, wo der *kebang*, der Rat der *gams*, sich trifft, um die Dorfangelegenheiten zu besprechen. Hier, um eines der vielen *merums* oder Feuerstellen – hier drin waren 17, jede stand für eine der Familien aus dem Dorf – entscheiden die *gams* im Prinzip über alles von der Jagd bis zu Heiraten, von familiären Problemen bis zur Bestrafung von Verbrechen und Schuldentilgung. Sie haben etwa die Funktion von Kummeronkeln – etwas, dachte ich, von dem der Westen auch profitieren könnte. Gemeinschaft ist heutzutage ein beinahe vergessenes Konzept. Wir kennen ja kaum mehr unsere Nachbarn.

Andererseits kann sich das Ganze auch gegen einen kehren und ernste Schwierigkeiten mit sich bringen. In alter Zeit wurde Ehebruch vom *kebang* strengstens gerügt, bizarre Strafen wurden ausgesprochen. Insbesondere den Frauen erging es übel. Männer, die schuldig gesprochen wurden, brauchten nur sechs oder acht Mithuns herzugeben, doch wenn sie zu arm waren, um zu bezahlen, wurden sie in die Sklaverei verkauft. Frauen aber wurden nackt ausgezogen, im *moshup* angebunden und bekamen Chilis in den Po geschoben.

Ich setzte mich behutsam ans Feuer und wünschte, Chilis wären nicht so scharf wie die, welche ich zum Frühstück verzehrte. Mir trat das Wasser in die Augen, als ich einer langen statistischen Abhandlung des geselligen Lehrers über Arunachal Pradesh lauschte, der unbedingt sein Englisch anwenden wollte. Ich erfuhr, dass laut der letzten Volkszählung 461 742 Männer und 397 150 Frauen dort lebten, und bekam andere ähnlich faszinierende Wissenshappen serviert. Zum Glück beendete etwa eine Stunde später sein voller Lehrplan meine Unterrichtsstunde, und ich blieb mit Jaro und Bhaiti allein. Topguy und die Corporals waren verschwunden, um Träger zu rekrutieren.

Einige Minuten später schlurfte ein alter Mann mit einem Rattanhut auf dem Kopf, in einen roten Wollumhang und ein Hüfttuch gekleidet und mit Pfeil und Bogen bewaffnet, über den Holzboden und setzte sich neben mich. Er hatte ein stolzes Gesicht – die Haut pockennarbig und so straff gespannt, dass sie mich an die ledrige, eidechsenartige Haut einer Selak, einer indonesischen Frucht, erinnerte. Durch den Übersetzer Jaro erfuhr ich, dass er der in den Ruhestand getretene *gam* des Dorfes war. Er hatte von der Ankunft eines Briten gehört und musste so einen Menschen unbedingt einmal sehen.

Er hatte vorher nur einen Briten erblickt – einen Mann, den er ungeheuer mochte und achtete. Er nannte ihn Megan Elwi. Der alte Mann sprach von Verrier Elwin! Er erinnerte sich gut an ihn und sagte mir, Megan Elwi habe immer ein Grammofon und Bonbonschachteln bei sich gehabt. Er sei ein guter, netter Mann gewesen, der die Berge rauf und runter gekeucht und gehechelt sei. Nach Ansicht des Ex-*gam* waren alle Briten gute Menschen.

Er langte in seine rote Wolljacke und brachte ein Päckchen zum Vorschein, das er mir darbot. Drinnen war ein Hühnerei, durch Pulver vor dem Zerbrechen geschützt. Jaro zog scharf die Luft ein. Er erklärte mir, dies sei die höchste Ehre, die ein Adi jemandem, den er als Freund betrachtete, erweisen könne. Ich war tief gerührt, aber auch verlegen. Was konnte ich dem sanften alten Mann als Geste meiner Freundschaft anbieten? Jaro deutete auf meine Zigarette. Ich zog zwei Packungen Classic heraus – kaum ein gehaltvolles Geschenk. Doch der alte Mann freute sich, steckte sich gleich eine an und inhalierte tief.

Mir fiel eine kleine kreuzförmige Tätowierung an seiner Kehle auf. Das war, wie ich wusste, ein traditioneller Schmuck und kein Zeichen fremden christlichen Einflusses. Verrier hätte das gefallen. Er war der größte Verteidiger der traditionellen Kultur und wie ich ein unerschütterlicher Gegner von Missionaren. Er betrachtete sie als »Störenfriede«. Auch für mich war die bedeutendste Hinterlassenschaft der Briten ihre Politik, Missionare aus Arunachal Pradesh zu verbannen. Nehru hat sie übernommen, und größtenteils gilt sie noch heute. Während der britischen Herrschaft hatten ein paar »Störenfriede« in der Überzeugung, die kleinen Kreuztätowierungen hätten religiöse Bedeutung, versucht, die Bevölkerung zu missionieren, doch ohne Erfolg. Diese Missionare waren Franzosen, und sie wurden alle umgebracht.

Jaro verschwand, um etwas zu erledigen, und ließ mich und Bhaiti mit dem alten Mann allein. Wir saßen in geselligem Schweigen zusammen, kommunizierten manchmal mit Handbewegungen und Gesten. Er holte aus den Falten seines Hüfttuchs eine wunderschöne Bambuspfeife mit einem langen, schlanken Mundstück, eine kleine Silberschale und einen klebrigen schwarzen Klumpen von der Größe eines Golfballs. Er deutete auf mein geschwollenes Bein und nickte. Ich nickte eifrig zurück, denn ich wusste, worum es sich handelte, nämlich um Opium. Es wäre natürlich unhöflich gewesen, abzulehnen, und schließlich war es für einen medizinischen Zweck.

Er bereitete die Pfeife sorgfältig vor, zündete sie an, nahm einen langen Zug und gab sie an mich weiter. Ich nahm einen längeren Zug, dann zog ich Bhaiti in die Beuge meines am Boden ausgestreckten Arms und dämmerte weg.

Mein Tagebucheintrag für diesen Abend lautet: »Keine Schmerzen am Fuß. Bhaitis Fell, Krallen und Augen.« Ich erinnere mich schwach, dass ich in mein Zelt ging und mich hinlegte. Der Schmerz im Fuß war verschwunden. Bhaitis Fell begann seltsam orange zu leuchten, beinahe wie eine Aura. Seine drei rosigen Krallen glitzerten, als wären sie gerade frisch lackiert worden, und seine Augen ...

Ich bin kein Fachmann für Opium, aber was der alte Mann am vorigen Abend in die Pfeife gesteckt hatte, wirkte am nächsten Morgen immer noch. Als wir aufbrachen, wollte der Alte, dass wir uns alle mit ihm für ein Foto aufstellten. Ich gab Jaro die Kamera. Jaro war ein Jäger und hielt den Apparat so zuverlässig und ruhig wie einen Bogen. Wir stellten uns zum Fotografieren in Positur, und bald kam der Rest des Dorfs an, einschließlich der jungen Kricketmannschaft.

Ich stand hinten neben dem alten Mann. Er hatte mir den Arm umgelegt. Als Jaro ein paar Aufnahmen schoss, spürte ich etwas Warmes mein linkes Bein hinunterlaufen. Ich schaute nach unten – ein ständiges Rinnsal Urin drang irgendwo aus den Hüfttuchfalten des Alten. Wegen des noch wirkenden Opiums regte mich das nicht auf. Vielleicht, dachte ich, ist es ein alter Adi-Brauch zur Verabschiedung eines guten Freundes. Oder der Alte war von Traurigkeit übermannt worden, und die Emotionen hatten auf seine Blase gewirkt. Oder es war einfach nur Inkontinenz. Wie dem auch sei, ich fand es sonderbarerweise eher schmeichelhaft. Bevor ich ging, steckte er mir etwas in die Hand. Es war ein Bambuspfeifchen und ein Kügelchen Opium. Er deutete auf mein Bein, nicht das, das er bepinkelt hatte, sondern das verletzte. Er schmunzelte. Ich kapierte. Es sollte selbstverständlich nur zu medizinischen Zwecken verwendet werden.

Unsere Route während der nächsten Tage führte uns meist über eine staubige, schmutzige Zickzackstraße weg vom Fluss. Dort saßen fette Babus (feinere indische Herren) bequem auf Stühlen im Schatten, bohrten in der Nase und kratzten sich am Hintern, während sie die Arbeit der unglücklichen einheimischen Kulis überwachten, die den ganzen Tag in der heißen Sonne schufteten, um die verschütteten Straßen wieder freizubekommen. Wir verbrachten eine sehr kühle Nacht in einer *dhaba*, einem Straßencafé am Rande eines Steilhangs, und schlugen mehr als 100 Schlachten mit mehr als 100 räudigen Hunden (die wir alle gewannen). Schließlich erreichten wir wieder einen Inspektionsbungalow. Das Gelände war einfach zu steil, um ein Zelt aufzuschlagen.

Das Gebäude aber hatte seinen Reiz. Es war im assamesischen Stil errichtet, der sich etwas von der englischen Tudorzeit abgeguckt hat, so wie ich es auf der Fahrt nach Pasighat schon gesehen hatte – ein kleiner Betonbungalow auf kurzen Stelzen, verziert mit schwarzen und weißen Fachwerkbalken und umgeben von einer weiten Veranda. Ich hätte auch in Weybridge sein können. Allerdings standen wir vor dem Problem, dass die Tür mit einem großen Vorhängeschloss gesichert war. Wir gingen einmal rund ums Haus, um nach einem anderen Eingang zu suchen. Es war aber wie Fort Knox. Corporal Shortcut übergab mir sein Gewehr. Einen Augenblick dachte ich, er wolle, dass ich das Schloss wegpustete, aber nur, bis er auf den stahlgepanzerten Kolben deutete. Zerstörung von Regierungseigentum ist ein strafbares Vergehen. Da war es besser, wenn ein Ausländer das besorgte. Nur ein Schlag, und wir waren drin. Das Zimmer war klein und muffig, doch wir fanden jede Menge Matratzen vor und ein großes Loch in Bodenmitte.

Nach einem leichten Abendessen – der Proviant ging allmählich zur Neige – aus Reis und Auberginen machten wir uns für die Nacht zurecht. Ich hatte gerade mein verletztes Bein frisch verbunden, dessen Knöchel nun aussah, als wäre ein Fitnessgewicht in schockierendem Violett darauf geschnallt, als aus dem Loch im Boden ein Kopf auftauchte. Es war ein Hund, dem bald ein weiterer Hund auf den Fersen war – Bhaiti. Die beiden lieferten sich eine heiße Verfolgungsjagd.

Eine kurze, erbitterte Schlacht tobte unter den Bodendielen. Mein Held tauchte bald wieder aus dem Loch auf, siegreich und nur ein bisschen blutig. Es war nicht angeraten, sich mit einem Hund einzulassen, der auf den Schlachtfeldern der Großstadt Guwahati groß geworden war.

Am nächsten Morgen kam ich knapp mit dem Leben davon – was mir an diesem langen, außergewöhnlichen Tag noch öfter passieren sollte. Vor dem Inspektionsbungalow fand ich einen idealen Platz zum Waschen. Ein gegabelter Stecken stützte ein Bambusrohr, aus dem sich ein Strom eiskalten Wassers wie ein kleiner Wasserfall ergoss. Ich hockte mich hin, steckte meinen Kopf unters Wasser und begann, mir Gesicht und Haare mit Seife einzureiben. Als ich den Kopf zurückzog und mir die Seife aus den Augen rieb, bemerkte ich, dass da etwas pendelte, allerdings ganz verschwommen. Ich bin weitsichtig. Ich erinnere mich, dass ich noch dachte, wie seltsam. Es konnte nicht der Bambus sein. Der war sicher befestigt. Anscheinend war noch jemand an meinen Waschungen beteiligt.

Ich zog langsam den Kopf zurück und wischte mir die Seife aus den Augen. Da musste ich feststellen, dass ich in die kalten Obsidianaugen einer großen Schlange blickte. Sie saß zusammengeringelt da, die schwarze Zunge schoss vor und zurück, und das alles nur 30 Zentimeter von meinem Gesicht entfernt. Ich zog mich ganz langsam, ganz behutsam zurück. Als ich schätzte, ich hätte genügend Abstand zwischen mich und die Schlange gebracht, um außer Reichweite zu sein, sprang ich auf und sprintete lauthals schreiend in den Inspektionsbungalow.

Eine Schar von Männern spähte bald um die Ecke auf das grün und gelb gestreifte Reptil, das sein Bad genoss. Bhaiti war Gott sei Dank innen angekettet. Ich hockte nervös hinter der Tür und sah zu, wie Topguy und Jaro sich der Schlange näherten. Beide trugen Stöcke. Das Reptil drehte sich herum, zog den Kopf zurück und schnellte ihn dann vor zum Stock, den Topguy vor sich hielt. Rasch war Jaro von hinten hinzugetreten, hatte es geschafft, seinen Stock in die unteren Ringe der Schlange zu stechen, worauf er ihn hochhob und sie damit ins Gebüsch schleuderte.

»Warum hast du sie nicht getötet?«, fragte ich Jaro ungläubig und aus Angst, sie käme zurück. Er sei doch schließlich Jäger.

»Mm«, erwiderte er. »Warum töten? Sie hat dir nichts getan. Und Schlangen sind kein gutes Essen. Aber«, fügte er mit einem Kichern hinzu, »mm. Wenn Schlange Mark beißt, beißt Jaro Mark. Es ist eine Giftschlange.«

Heute war ein viel versprechender Tag. Wir würden aufs linke Siangufer überwechseln. Jaro hatte vom Dorfoberhaupt gründliche Informationen erhalten. Es würde steil und rutschig werden und an manchen Stellen gar keine Spuren geben. Wenn ein Adi einen vor dem Gelände warnt, dann wird es bestimmt schlimm.

Unsere Träger bestanden an diesem Tag aus sechs kleinen Jungen und drei Mädchen. Einer der kleinsten Jungen wuchtete sich meinen Rucksack mit etwa 30 Kilo auf den Rücken. Der war größer als er selbst. Topguy und die Träger brachen früh auf, während ich unseren Weggang verzögerte, weil ich meine Füße verbinden und mein verletztes Bein behandeln musste. Ich hatte mir am Vorabend, als ich hellrote Streifen von den Schenkeln bis zum Unterleib bemerkte, starke Antibiotika verordnet. Ich spürte schon die anschwellenden Lymphdrüsen. Jedenfalls drängte die schiere Schönheit der ersten halben Stunde die Schmerzen in den Hintergrund, als wir über einen Wolkenteppich auf einem Weg in den Himmel gingen, der die Erde unter uns ließ.

Bald begann der Abstieg. Der wurde ein Albtraum – ein gewundener, steiler Schlängelweg aus tückisch mit glitschigen Flechten überzogenen Steinen über eine Strecke von 600 Metern. Es war wie ein Gehen auf Eis. Ich muss in der ersten halben Stunde zehnmal hingefallen sein. Jedes Mal, wenn ich mich wieder aufrappelte, leckte mir Bhaiti ermutigend das Gesicht. Gegen Mittag erreichten wir dann den Talgrund, wo sich eine lange Bambusbrücke über die Siang erstreckte, hier ein rasender weißer Strom, von dichtem Grün eingeschlossen. Keine Chance, an dieser Stelle nach Holzknüppeln zu suchen, dachte ich unglücklich. Ich hatte meinen Fluss seit drei Tagen nicht mehr gesehen. Nun kam ich ihm nicht nahe.

Als ich zur Abwechslung mal das hohe schwankende Gebilde erfolgreich überwand, fiel mir auf, dass die Siang offensichtlich ihren Kurs gewechselt hatte, denn wir schritten nun flussaufwärts. Jaro erklärte, dass der Fluss hier eine lange Schleife zog. Unser Abstieg heute Vormittag war ein Umweg gewesen, um die Brücke zu erreichen, zwischen dem Ort hier und einer Stelle 15 Kilometer weiter unten die einzige Möglichkeit, den Fluss zu überqueren. Die Gewalt des letzten Monsuns hatte alle anderen Brücken hinweggefegt. Wir zogen nun wieder nach Norden.

Und bergauf ging es auch wieder. Wir waren nur zu dritt: Jaro, Bhaiti und ich. Classic und Shortcut waren schon vorausgestiefelt. Wir mühten uns einen steilen, 1 000 Meter hohen Berg hinauf. An manchen Stellen war der Weg so schmal und brüchig, dass wir praktisch nur an die Felswand gedrückt Schritt für Schritt vorankamen. Es kam auf das Gleichgewicht und eine gute Portion Glück an. Bei einem Ausrutscher wäre ich 300 Meter tief gefallen.

Wir bahnten uns einen Weg durch so dichten Dschungel, dass die Sonne kaum durchdrang und den Pfad nur gelegentlich mit kleinen goldenen Lichtpfützen ausleuchtete. Ich musste Bhaiti von der Leine lassen. Selbst für Jaro war es unmöglich, mit ihm zu gehen. Jeder brauchte die volle Körperbeherrschung, Geistesgegenwart und alle Gliedmaßen für sich selbst. Bhaiti war wenige Meter vor mir. Plötzlich drehte er sich um und fing wütend zu kläffen an, die Mähne aufgestellt, während er vorpreschte und dann wieder zurückprallte. Ich fragte mich, was ihn da narrte, als ich noch einen Schritt vorwärts in eine dieser kleinen Lichtpfützen tat.

»Keine Bewegung, Mark«, flüsterte mir Jaros Stimme plötzlich ins Ohr. »Absolut keine Bewegung.«

Mir fiel auf, dass sein »Mm« verschwunden war. In seiner Stimme lag eine gelassene Dringlichkeit. Ich spürte, wie etwas Kaltes und Sehniges sich mir hinten ums nackte Bein wickelte. Mein rechter Wanderstiefel hielt ein kleines grünes Reptil am Boden fest, das mit seinem Schwanz um mein nacktes Bein peitschte. Aber wo, dachte ich entsetzt, ist sein Kopf? Zum Glück war ich direkt auf den Nacken getreten. Ein bösartiger kleiner Kopf mit zwei schwarzen Hörnern an jeder Seite zischte und spuckte vor Zorn und gab sich alle Mühe, in meinen Stiefel zu beißen. Ich stand auf einer Hornviper.

Ich konnte mich nicht rühren. Bhaiti führte sich auf wie ein Irrer, sprang auf und ab und bellte fortwährend beinahe hysterisch. Jaro band Bhaiti rasch fest und schnitt sich mit erstaunlicher Geschwindigkeit einen gegabelten Stecken zurecht. Das erzürnte Reptil hatte es nun geschafft, sich umzudrehen, und hieb wiederholt auf das dicke Lederobermaterial meines Stiefels ein, wo es einen Schleim aus durchsichtiger Flüssigkeit hinterließ. Ich war entsetzt.

»Mark«, sagte Jaro. »Wenn ich Schlange festgenagelt habe – spring. Spring rasch.« Behutsam senkte er den Stecken und drückte die erboste Viper fest an den Boden. »Spring jetzt, Mark.«

Ich sprang. In meinem ganzen Leben bin ich noch nie so rasch und so weit gesprungen. Ich muss einen Rekord gebrochen haben. Diesmal allerdings tötete Jaro die Schlange, indem er ihr mit seinem Buschmesser den Kopf abschlug und sie ins Gebüsch warf.

Ich umarmte Bhaiti. Er hatte mir das Leben gerettet. Genauso auch Jaro. Ich legte ihm den Arm um die Schultern.

»Mm«, sagte er, ganz wieder sein ruhiges, gelassenes Selbst, »böse Schlange. Diesmal ist das Gehen im Dschungel gefährlich. Wenn die Sonne scheint, kommen die Schlangen heraus, um sich zu sonnen. Mm. Besser, ich gehe als Erster, Mark«, fügte er mit einem schiefen Grinsen hinzu, »oder Bhaiti.«

Nach etwa drei Stunden erreichten wir eine sonnige Lichtung, die wieder zu einem steilen, aber offenen Pfad führte. Durch die Bäume über uns hörten wir Lachen. Es war die kleine Bande unserer jungen Träger auf dem Heimweg. Sie rannten barfuß in vollem Galopp den Hang hinunter, um uns zu treffen. Jaro zahlte sie aus und sagte mir, der kleine Junge, der meinen Rucksack getragen hatte, erinnere ihn an seinen Sohn.

Dann schüttelte er traurig den Kopf. »Mm. Mein Sohn wäre zu so etwas nicht im Stande. Ist kein Adi mehr. Zu weich. Aber«, fügte er hinzu, »meine Schuld. Ich ziehe ihn in der Stadt auf.«

Oben auf dem Berg lag das Dorf Paling. Von Paling aus war die ganze Welt zu sehen, ein Panorama von 360 Grad.

9

In dem mir von Yatish geschenkten Buch hatte ich etwas über Paling gelesen. Kinthup war 1882 hier durchgekommen. Ich ging also immer noch in seinen Fußstapfen. Doch der Ort entsprach nicht mehr seiner Beschreibung. »Etwa 20 Häuser ... Schweine und Kühe überall.« Inzwischen war es ein großes Dorf – das bisher größte von mir besuchte –, um die 200 Häuser säumten die weite offene Fläche, die als Fußballplatz wie als Hubschrauberlandefeld diente. Doch Kinthup behielt noch Recht mit den Schweinen und Kühen. Jedenfalls mit den Kühen. Sie waren überall und zeigten sich bemerkenswert wissbegierig, als ich mir einen Platz freikämpfen musste, um mein Zelt an der Mittelfeldlinie aufzustellen.

Paling war auch ein Bezirkszentrum – und mit dem Zentrum kommt der Bezirksamtmann. Auf jeder Reise begegnet dir irgendwo einer dieser Herren mit übertriebenem Selbstwertgefühl, der es genießt, seine Macht anderen Leuten um jeden Preis vorzuführen. Ich wusste, ich würde einen von der Sorte treffen, als eine Gruppe junger Männer herbeischlenderte und mich unterrichtete, dass der Bezirksamtmann mich sehen wollte.

Widerstrebend überließ ich Bhaiti der Obhut Jaros und humpelte zu seinem Amtssitz, einem hübschen Bungalow, wo eine zerfledderte indische Fahne trübselig an einem Mast hing. Er saß auf einer kleinen Holzveranda. Ich wünschte, ich hätte den Mut von Mahatma Ghandi besessen, der einmal in der Woche einen Schweigetag einlegte und mit niemandem redete.

Der Bezirksamtmann hatte sich in einen kleinen Bambusstuhl gezwängt, sein immenser Bauch quoll aus einer senffarbenen Strickjacke. Er winkte mich mit einem verächtlich gekrümmten Finger zu sich her. Sein Englisch war perfekt. Er wirkte böse, als er herausfand, dass ich nicht aus

Manchester war. Vor dem katzbuckelnden Hof seiner Kumpanen machte er mich lächerlich, indem er meine beträchtlichen Verletzungen abtat und mich noch weiter demütigte, als ich ihm sagte, dass mir das Wandern schwer gefallen und mir die Entfernungen weit vorgekommen seien. Die Adi seien Männer, keine Schnecken, sagte er mir, und er lege die Strecke von weit über 70 Kilometern von Paling nach Yinkiong an einem Tag zurück. Normalerweise hätte ich das nicht bezweifelt, da ich ihre Geschwindigkeit und Ausdauer aus erster Hand erfahren hatte, aber angesichts seines Bauchumfangs hielt ich seine Worte für eine Zumutung.

Ich konnte mich entschädigen, als er nach meinem Fernrohr griff. Er spähte hindurch, gab es mir aber gleich mit den abschätzigen Worten zurück, es funktioniere nicht. Ich wies darauf hin, dass es hilfreich sei, die Verschlusskappe abzunehmen. Allerdings ließ er guten Ingwertee servieren und verkündete nach einigen Tassen und weiteren Beleidigungen großmütig, ich könne gehen.

Ich kehrte mürrisch in mein Zelt zurück. Inzwischen hatte Regen eingesetzt, der mir die außergewöhnliche Sicht nahm. Die gute Laune kehrte zurück, als ich das Essen sah, das Topguy zubereitet hatte. Es war genau die Mahlzeit, die jemand an einem so trostlosen Nieseltag brauchte. Gutes, nahrhaftes Essen – ein heißer, köstlicher Fleischeintopf. Bhaiti und ich hauten rein. Abgesehen von den vielen scharfen kleinen Knochen war er exzellent. Wir fassten nach. Ich bemerkte, dass Topguy gespannt um mich herumschwänzelte wie ein Küchenchef, der ein Mahl für einen Speisekritiker in einem Restaurant zubereitet hat.

»Gut, Sir?«, erkundigte er sich aufmerksam.

»Köstlich, Topguy. Wo hast du das Huhn her?«

Er sah verwirrt aus. »Kein Huhn, Sir. Eintopf gemacht aus Geschenk, das uns der Junge in Ningging gegeben hat. Kleine Vögel, Eichhörnchen und Ratten.«

Mein Magen drehte sich um. Mir war so, als würde sich der Inhalt eines ganzen englischen Gartens in meinen Verdauungssäften umwälzen. Ein unangenehmer, säuerlicher Wind braute sich in meinem Bauch zusammen.

In diesem Augenblick betrat Jaro mit einer großen Plastikflasche das Zelt.«

»Mm«, sagte er, »Aah, Dung.«

Ich tadelte sofort Bhaiti. Schieb es nur immer auf den Hund.

Aber ich hatte mich nur verhört. *Apong*, so Jaros Wort, war das ortsübliche Gebräu – ein milchiges Getränk aus Hirse.

Ich fand es herrlich. Es schmeckte süß und prickelnd, und nach vielen Tassen beruhigte es meine Verdauung und versöhnte mich wieder mit der Welt. Allerdings rief es sonderbare Träume hervor. In jener Nacht träumte ich, ich hätte den britischen Botschafter in einem europäischen Land umgebracht, indem ich mich als Baum verkleidete und ihn mit einem Speer aufspießte. Ich fragte mich, was Freud davon gehalten hätte, als ich mich benommen zum siebten Mal nach draußen begab und die harntreibende Kraft von *apong* verfluchte. Ich stieß mit einem Mann zusammen, den ich für einen Polizisten hielt, der mich verhaften wollte.

»Sir?«, sagte er in fragendem Ton.

Nein, das kann nicht sein, dachte ich. Anscheinend bin ich doch betrunkener, als ich geglaubt habe. Aber es war eine Stimme, die ich sicher wieder erkannte.

»Neeraj?«, fragte ich verwirrt. Was sollte Neeraj hier suchen?

»Ja, Sir«, antwortete er erfreut. »Ich bin hier.«

»Warum?«, fragte ich. »Und nenn mich nicht Sir.«

»Entschuldigung, Sir«, sagte er, als er mir ins Zelt folgte, wo er von einem begeisterten Bhaiti überrannt wurde, der vor Freude winselnd und jaulend in seine Arme sprang.

Neeraj sah erschöpft aus. Ich reichte ihm ein Glas *apong*. Er leerte es in einem Zug. Dann erklärte er, dass *Tiger Mountain* ihn direkt von einer anderen weiten Wanderung hergeschickt hatte, um den verletzten Yatish zu ersetzen. Er war von Pasighat so weit wie möglich gefahren und dann drei Tage lang an der Siang entlang nach Norden gewandert, begleitet von einem einheimischen Adi-Führer.

»Sie sind verletzt, Sir«, bemerkte Neeraj besorgt nach einem Blick auf meinen geschwollenen Knöchel.

»Neeraj«, sagte ich, »nenn mich bitte nicht Sir.«

Am Morgen brachen wir in aller Frühe auf in den Nebel, nach einem gehaltvollen, ja luxuriösen Frühstück, das Neeraj lieferte – Cornflakes, Milchpulver, Toast mit Marmelade. Wir hatten keine Träger. Topguy, Shortcut, Classic, Neeraj und Jaro schafften es irgendwie, die Last unter sich aufzuteilen. Mir wurde es untersagt, irgendetwas außer meinem Tagesbedarf zu tragen. Ich fühlte mich erbärmlich.

Das Ausbleiben von Trägern war meine Schuld. Ich saß gerade genüsslich beim Frühstück, als der Bezirksamtmann auftauchte und verlangte, ich solle ein Bild von ihm schießen. Ich weigerte mich, indem ich sagte, mir seien die Filme ausgegangen. Meine Gereiztheit hatte sich noch weiter gesteigert, als ich beim Zusammenpacken bemerkte, dass meine Handtücher fehlten. Ich suchte überall nach ihnen. Schließlich fand ich sie – oder was noch davon übrig war –, aus den Mäulern dieser wissbegierigen Kühe hängend. Wenigstens war ich nicht allein Opfer der Kuhneugierde geworden, tröstete ich mich. Verrier Elwin verlor in einem Dorf einmal eine wertvolle Ausgabe von *Carry on, Jeeves* an eine Kuh. Sie ließ Bücher von John Galsworthy, Jane Austen und T. S. Eliot links liegen, also war das, wie P. G. Wodehouse schrieb, »sicherlich eine ziemlich auffallende Huldigung.«

Ich hatte Neeraj von meiner Suche nach Kinthups Holzknüppeln berichtet. Er hielt es für einen tollen Spaß. Begeistert erzählte er mir von einem Ort, der für die Suche ideal sei – eine Stelle, an der er auf seinem Hinweg vorbeigekommen war –, direkt am Ufer der Siang, wo sich der Fluss träge um eine Biegung wand. Neeraj erwies sich schnell als echter Gewinn für unser kleines Team. Seine Begeisterung, seine Energie und sein Sinn für Humor waren ansteckend. Ich erinnerte mich an unser erstes Zusammentreffen in Guwahati. Bhaiti hatte Recht behalten. Den Instinkten eines Tiers ist immer zu trauen. Sie irren sich selten.

Wir überquerten erfolgreich eine kleine Bambusbrücke über eine tiefe Schlucht. Der Anbo, noch ein Zufluss der Siang, rauschte tief unten. Gleich darauf kam die Siang in Sicht. Als ich vernahm, wie sie nun zu meiner rechten Seite durch eine weitere Schlucht toste, war ich mit der Welt wieder versöhnt. Wir stiegen tiefer zu einem Sandstreifen. Mir fielen die alten Flutmarken an den gewaltigen Baumstämmen auf, ein Andenken an die unglaublichen Monsunfluten. Nun strömte der Fluss zwölf Meter tiefer dahin. Wir folgten ihm, als er sich verbreiterte und ruhig um eine Biegung nach links floss, wo wir eine von Felsblöcken und dichtem Dschungel eingefasste kleine Erhebung aus weißem Sand erreichten, die wie eine Käseecke in die Strömung ragte.

Das war unser Lagerplatz – er war so herrlich und so vollkommen, dass ich glaubte, irgendein Gott hätte ihn speziell für mich geschaffen oder vielleicht vor rund 100 Jahren speziell für Kinthup. Ich entschied, hier ein paar Tage zu bleiben. Wir hatten alle eine Pause nötig.

Diese Tage am Sand sollten die glücklichsten meiner Reise an diesem Teil des Flusses werden. Hier endlich lernte ich die Flusssirene richtig kennen. Zum einen konnte sie mir nicht entwischen. Ich beobachtete alle ihre Stimmungen. Wenn sie erwachte, warf sie nach und nach ihre Nebelhüllen ab – gähnte und streckte sich zunächst fast still, kalt und blau. Dann, sobald die Sonne sie erwärmte, wurde sie verspielt, eine goldene Nymphe – tanzte, sang und tollte herum, um die Sonnenstrahlen zu erwischen. Wenn die Nacht anbrach und der Mond aufstieg, richtete sie sich her wie eine Prinzessin für einen zauberhaften Ball, schlüpfte in ein Gewand aus reiner schwarzer Seide, verziert von einer glitzernden Halskette aus geschliffenen Diamanten. Wenn dann die Dämmerung winkte, gähnte sie zufrieden, erfüllt, und glitt wieder unter ihre Spitzendecken.

Während dieser glücklichen Tage spürte ich oft ihren kalten, aber doch sinnlichen Kuss, wenn ich in ihren Armen lag und von einer ihrer Mägde gewaschen wurde – dem kleinen Wasserfall, der sich von den Felsen über mich ergoss.

Ein Mitglied unserer Bande allerdings schätzte den eisigen Kuss des Flusses gar nicht. Ein kleiner, stinkender Hund. Bhaiti bekam die Absicht, ihn einer Tortur zu unterwerfen, sofort mit, als Neeraj und ich mit Handtüchern, Seife und Shampoo bewaffnet ins Zelt krochen, wo er im Schatten döste. Er schoss auf der Rückseite hinaus und wäre bis Pasighat gekommen, wenn Neeraj ihm nicht mit einem beeindruckenden Rugbyhechtsprung den Weg abgeschnitten hätte, bevor er unter die Bäume in Sicherheit gelangen konnte.

Das Baden von Bhaiti bildete einen ungeheuren Kontrast zu den Erfahrungen, die ich mit Tara und anderen Elefanten gemacht hatte. Es war stets die befriedigendste und friedlichste Tageszeit, wenn ich in den frühen Abendstunden, von den letzten Sonnenstrahlen gewärmt, auf ihre gewaltigen Rücken kletterte und die Hektarflächen Haut schrubbte, während sie ruhig im Wasser lagen. Gelegentlich besprühten sie mich verspielt mit aus ihren Rüsseln geblasenen Fontänen. Gerade in dieser stillen Zeit ließ sich die innigste Bindung zu diesen wunderbaren Tieren herstellen. Ein Band des Vertrauens, des gegenseitigen Respektierens und Verstehens.

Bhaiti zeigte keine solchen Gefühle, als wir ihn unter den kleinen Wasserfall hielten und mit Seife und Shampoo abschrubbten. Er jaulte und zitterte beständig und warf mir gelegentlich einen feuchten, betrübten Blick zu, der Schuldgefühle in mir hervorrief. Er sah winzig aus, als sein gewöhnlich flauschiger Pelz nun nass und platt seine Knochenstruktur bloßlegte. Ich begriff allmählich, warum manche Hunde das Baden hassen. Es ist fast so, als würden sie zwangsweise ausgezogen und müssten die Peinlichkeit ertragen, nackt herumzustehen.

Wir trockneten ihn ab. Er sah hervorragend aus. Ich bemerkte, dass sein Fell dunkler geworden war, als hätte ihn jemand mit einem rußigen Kamm gestriegelt. Neeraj und ich bewunderten unsere Arbeit, die allerdings rasch wieder zunichte gemacht wurde. Bhaiti rollte sich bemitleidenswert winselnd immer wieder im warmen Sand herum und glich bald einer Pusteblume.

Damit wir nicht so der Sonnenglut ausgesetzt waren, eröffneten wir erst an den Spätnachmittagen die Operation Kinthup-Holzsuche, organisiert von den Corporals Classic und Shortcut. Ihnen war es gelungen, ein bisschen militärische Disziplin in diesen Sauhaufen von Armee zu bringen. Wir durchkämmten das ganze Gebiet Abschnitt für Abschnitt in säuberlichen Linien, wie Soldaten bei der Parade. Schließlich nahm ich es hin, dass die Idee nichts anderes als eine Schuljungenfantasie war. Wir fanden nie etwas, das auch nur im Entferntesten Kinthups Holzknüppeln ähnlich sah. Allerdings gab ich die Hoffnung nicht auf.

Während dieser Suchaktionen machte mich Jaro mit einem Zeitvertreib der Adi bekannt, dem Käfersammeln. Es ist eigentlich schon eher eine Obsession. Käfer sind die größte Delikatesse der Adi. Aber keine gewöhnlichen Käfer, wie Bhaiti bald entdeckte, als Jaro uns ihre Verstecke zeigte.

Bhaiti saß mit erwartungsvoll gespitzten Ohren da und zitterte vor Aufregung, als Jaro einen großen Felsblock umwälzte. Ganze Scharen brauner, glänzender Käfer in Dreiecksform krabbelten fluchtartig davon, um sich rasch in Sicherheit zu bringen. Bhaiti stürzte sich auf sie und fing einen mit den Pfoten. Er wollte schon zur Exekution schreiten, zögerte aber im letzten Moment. Er sah verwirrt, argwöhnisch aus. Der Käfer war auf seine Nase geklettert. Das versetzte den Hund in Panik, und er schüttelte den Kopf hektisch hin und her, um ihn abzuwerfen.

Jaro lachte, hob einen auf und hielt ihn mir unter die Nase. Ich wich zurück. Er roch stark nach Mandeln, beinahe wie Zyanid. Die größte Delikatesse der Adi war tödlich giftig. Ich sah fasziniert zu, wie Jaro das Insekt sanft drückte. Eine klare Flüssigkeit schoss in einem dünnen Strahl durch die Luft. Jaro drehte das Insekt herum und warf es in den Mund, während ein Ausdruck reiner Wonne sein Gesicht verklärte.

»Mm«, sagte er. »Guter Käfer. Scharf wie Chili.«

Die Delikatesse der Adi, fand ich heraus, konnte einen nicht nur sehr krank machen, sondern auch umbringen. Freilich waren die Chancen gering, etwa 1 000 zu eins. Es war aber doch ein bisschen wie Russisches Roulette. Ozings Frau hatte das Spiel erst vor ein paar Monaten verloren. Sie hatte drei Monate im Koma im Krankenhaus gelegen. Die Stärke des Gifts, erklärte mir Jaro, hing ganz von der Jahreszeit ab. Ich sah entsetzt mit an, wie er sich einen weiteren Käfer einwarf, diesmal ohne das Gift zu entfernen. Mit angehaltenem Atem wartete ich darauf, dass er starb. Doch quicklebendig hob er den nächsten auf, drückte das Gift heraus und gab ihn mir.

»Mm. Probier. Ist gut. Ein Genuss.«

Nur über meine Leiche, dachte ich. Behutsam nahm ich den Käfer und steckte ihn zwischen die Zähne. Er lebte noch. Eines seiner Chitinbeinchen kitzelte meine Zunge. Ich rief alle Götter an, dann biss ich in den Körper. Er schmeckte genau, wie er roch – nach Mandeln. Ich rief all diese Götter wieder an und schluckte rasch. Mein Inneres begann zu kochen. Es war so, als verzehrte ich eine grüne Chilischote roh, eine dieser echt tödlichen. Ich musste heftig husten, die Tränen strömten mir über das Gesicht. Jaro kicherte und bot mir noch einen an. Schweißüberströmt verbrachte ich den Rest des Tages in meinem Zelt und wartete auf den Tod.

Es war unser letzter Abend im Zeltlager. Wir hatten uns um ein gewaltiges Feuer aus Hölzern geschart – nicht Kinthups –, die Classic und Shortcut gesammelt hatten. Wir saßen auf einem Teppich aus Diamanten, als das Mondlicht in den Spuren von Glimmer im Sand glitzerte, und tafelten mit geräucherten Eichhörnchen (dank einer Gruppe vorbeikommender Jäger), in Knoblauch gebratenen Käfern (diesen Gang ließ ich aus), Dal, Reis und knusprigen Papadums aus Reis. Dazu tranken wir *apong* und Rum in gewaltigen Mengen.

Gebannt lauschten wir beim leisen Murmeln des Flusses Jaros Erzählungen von den Sagen, Mythen und religiösen Überzeugungen der Adi, die seine Eltern an ihn weitergegeben hatten. Er berichtete uns von der Erschaffung von Doni und Polo, der Sonnen- und der Mondgottheit, den höchsten Wesen der Adi. Vor langer, langer Zeit gab es zwei Sonnen. Es waren Brüder. Jeder schien zwölf Stunden lang, so dass es immer taghell war. Die Hitze setzte dem Frosch zu, der eine der Sonnen mit einem Pfeil abschoss und sie tötete. Als die Sonne starb, erkaltete sie und leuchtet nun nachts als Mond. Die vom Pfeil erzeugten Splitter wurden die Sterne. Aus Rache schießen die beiden Sonnen seitdem ihre Pfeile auf die Erde: Sonnen- und Mondstrahlen. Um Verletzungen zu entgehen, versteckt sich der Frosch im Wasser.

Jaro erzählte uns, wie das Glühwürmchen geboren wurde. Es kam zu einer Schlacht zwischen zwei Göttern – einer in Gestalt eines Menschen, der andere in der eines Mithuns. Der menschliche Gott traf mit seinem *dao* die Hörner des Mithuns. Die wegstiebenden Funken wurden zu Glühwürmchen. Er erzählte uns auch vom magischen Baum, der die Tierwelt erschuf, als seine Äste von einem Gott abgeschlagen wurden und sich in Hirsche, Stachelschweine, Büffel, Eichhörnchen und alle anderen Arten verwandelten. Er erzählte uns, wie Wasser von einem durstigen Gott geschaffen wurde, der den Kothäufchen einer Ente folgte, die ihn schließlich zu einer Riesenquelle führten. Von der Quelle schenkte er der ganzen Welt das Wasser. Oder die Sage, wie der Elefant zu seinem Aussehen kam, weil er nämlich seine Mutter ärgerte. Erst erzürnte er sie so sehr, dass sie eine Axt nach ihm warf. Die Axt blieb stecken und wuchs immer mehr, bis sie zu seinem Rüssel wurde. Dann, als sie Reis worfelten, wurde sie so wütend über seine Tapsigkeit, dass sie ihm mit zwei Worfelfächern auf den Kopf schlug, die seine Ohren wurden. Dann wurde sie noch zorniger, weil er so gierig war, und warf ein Paar Zangen nach ihm, mit denen sie das Essen zubereitete. Die wurden zu seinen Stoßzähnen. Da der Elefant es nun endgültig satt hatte, ging er von zu Hause weg, um für sich zu leben. Er ging so weit, dass seine Füße dick und klobig wurden wie Reisstößel.

Schließlich erzählte er uns die Sage von der Geburt des Tigers. Zwei Götter brachten ein schreckliches gestreiftes Wesen ohne Zähne zur Welt. Entsetzt verbannten sie es für immer in den Wald. Dort streifte es herum und wurde dünner und dünner. Ein Dschungelgeist bekam Mitleid mit ihm und schenkte ihm zwei Paar langer, scharfer und gebogener Zähne. Der Geist sagte dem verwirrten Geschöpf, dass es nun imstande sei zu essen, und der Tiger wurde der König der Tiere.

Später fragte ich Jaro, ob er je einen Tiger geschossen hatte. Er schüttelte betrübt den Kopf. Ihm habe sich die Chance geboten, aber der Tiger sei zu schnell gewesen. »Mm«, sinnierte er verklärt, »eine verpasste Chance kommt nicht wieder. Aber vielleicht ist es auch besser. Nicht mehr viele Tiger.«

Ich konnte Jaros Wunsch, diesen Tiger zu schießen, nachfühlen. Die Adi sind die reinsten Jäger. Es geht um gegenseitige Achtung und Ehre – einer gegen einen. Wer gewinnt, erhält die Macht und den Mut des anderen.

Als die Nacht hereinbrach, humpelte ich ans Ufer und ließ meinen verletzten Knöchel ins eisige Wasser baumeln, um den Schmerz etwas abzutöten. Ich trug nun eine andere Knöchelmanschette. Sie war schwerer und ausladender. Die Farbe war auch anders, nämlich Gelb vom Eiter. Ich merkte, ich würde nicht drumherum kommen, mit ein bisschen medizinischer Hilfe in den Schlaf zu finden – mit einem Stückchen Opium.

Zurück im Zelt, füllte ich mein Bambuspfeifchen mit brennender Glut aus einer kleinen, mit Räucherstoffen besprengten Terrakottaschale, die Topguy jeden Abend in den Eingangsbereich stellte. Sie erfüllte einen doppelten Zweck, spendete nämlich Duft und hielt die Stechmücken fern. Ich fügte nur ein wenig Opium hinzu, paffte heftig, um das Pfeifchen in Gang zu setzen, und machte dann ein paar lange, tiefe Lungenzüge. Ich streckte mich in meinem Schlafsack aus, stieß den süßen Rauch wieder aus und schloss die Augen.

Ich muss schon eine Weile geschlafen haben, denn ich erinnere mich deutlich, irgendwann aufgewacht zu sein, um aus dem Zelt ins Mondlicht zu schweben und zu pinkeln. Dann schlüpfte ich wieder in meinen Schlafsack. So hell war der Mond, dass er das Zeltinnere in weiches, blasses Licht tauchte. Bhaiti lag ausgestreckt da, der Kopf ruhte auf den Pfoten. Hin und wieder quietschte und zuckte er tief in seiner geheimen Welt der Hundeträume. Ich betrachtete ihn lange und erkannte, welch großes Glück mir zuteil geworden war, dass dieses seltsame und komplexe Land wieder seinen Zauber hatte wirken lassen und mich mit der Gesellschaft eines weiteren wundervollen Freundes gesegnet hatte.

Während mir diese glücklichen Gedanken durch den Sinn gingen, schlief ich ein. Oder doch nicht? Wenn das, was mir in jener Nacht widerfuhr, ein Traum war, dann einer, der keinem sonst glich. Er war so klar, so intensiv, dass ich im Stande war, ihn wie ein Tonbandgerät noch einmal ablaufen zu lassen und ihn am nächsten Morgen Wort für Wort, Detail für Detail in meinem Tagebuch festzuhalten. Es war unheimlich.

Nichts schien sich verändert zu haben. Alles war an seinem Platz – Bhaitis glänzende Metallschüssel, mit frischem Wasser für die Nacht gefüllt, meine Taschenlampe, die Zigaretten, das Feuerzeug und die Büchse, die ich als Aschenbecher benutzte, alles neben meinem Schlafsack. Wenn überhaupt, wirkte das Zeltinnere heller, aber leicht verschwommen wie ein unscharfer Film.

Bhaiti war aufgewacht. Er saß neben mir und starrte mich eindringlich an. Sein Blick war so hypnotisch, dass ich mich hineingezogen fühlte in den Schlund dieser braunen, zerfließenden Teiche und taumelte, wankte und wirbelte ...

»Möchtest du reden?«, fragte er. »Ich kann nicht schlafen.«

Ich sah ihn an. »Klar.«

Er blickte mich eindringlich an. »Darf ich dir eine Frage stellen?«

»Was du willst, Bhaiti.«

»Meinst du, ich liebe dich?«

»Na ja, schon », meinte ich. »Ich hoffe es jedenfalls.«

»Ich mag dich wirklich schrecklich gern«, erwiderte er, »und ich weiß, ich werde noch dahin kommen, dich zu lieben, so wie Tara.«

Ich war erstaunt. Soweit ich wusste, waren sich Tara und Bhaiti nie begegnet.

»Wie um alles auf der Welt weißt du von Tara?«

Er lächelte, enthüllte seine scharfen weißen Zähne und zog die Nase kraus. »Instinkt. Das alte Hundenetzwerk. Menschenwesen unterliegen der falschen Auffassung, in dem Augenblick, in dem sie einen Hund bekommen, liebe dieser Hund sie automatisch. Aber das ist nicht notwendigerweise so und tritt manchmal überhaupt nicht ein. Auch Hunde können launisch sein. Viele harren dort einfach aus, setzen ihre Hundeschläue dafür ein, um gefüttert, verhätschelt zu werden und einen warmen Schlafplatz zu haben.« Er hielt inne und kratzte sich nachdenklich am Kopf. »Es geht eigentlich mehr um Vertrauen. Vertrauen ist alles. Aus Vertrauen erwächst alles. Deshalb kann ich nicht begreifen, weshalb du, obwohl ich dir völlig vertraue, mir nicht traust.«

Ich war perplex. »Aber das tu ich doch«, sagte ich, »vollkommen.«

»Nein, tust du nicht«, wandte er ein, »denn wenn es so wäre, würdest du mich von der Leine lassen.«

»Bhaiti, ich habe Angst, dass du davonläufst und dir etwas zustößt. Ich meine, du könntest gefressen werden.«

Er seufzte. »Glaub mir, Mark, die Straßen von Guwahati waren eine harte Schule. Ich musste lernen, mich allein durchzuschlagen.«

»Ich bin nicht überzeugt, Bhaiti.«

Er seufzte wieder – ein tiefer Seufzer – und erklärte langsam und bedächtig, als würde er mit einem Kind reden: »Hast du Angst, ich würde einfach abhauen? Glaubst du ehrlich, ich möchte allein im Wald herumstreifen, wenn ich regelmäßig gefüttert und immerzu gehegt und gepflegt werde?«

Er bemerkte, dass ich verletzt aussah – tief verletzt.

»Tut mir Leid«, sagte er, »ich hab's nicht so gemeint. Ich bin nicht launisch. Du bist anders. Aber ich liebe nun mal das Verfolgen und Jagen. Ich kann nicht anders – es muss mir im Blut liegen.«

Ich erklärte ihm das mit seinen Genen – seiner Rasse –, den Tripuri-Jagdhunden von den Lushaibergen in Assam.

Er platzte beinahe vor Stolz, und seine Mähne stellte sich auf. »Es ist komisch, aber schon seit frühester Jugend hatte ich immer das Gefühl tief in mir, etwas anders zu sein.« Er sah einen Augenblick traurig aus. »Ich wünschte, ich hätte Vater und Mutter gekannt.«

»Du hast sie nie gekannt?«

»Nein, ich weiß nicht, was mit ihnen passiert ist. Wahrscheinlich sind sie umgebracht worden. Aber«, fügte er wehmütig hinzu, »ich stelle mir gern vor, dass sie noch glücklich am Leben sind wie ich.«

»Hattest du Brüder oder Schwestern?«

»Ja. Zwei Brüder, zwei Schwestern. Aber ich hab sie aus den Augen verloren. Wir sind alle unserer Wege gegangen. Es gibt so viele von uns auf den Straßen.«

»Vielleicht solltet ihr aufhören, euch so zu vermehren«, schlug ich vor. An jeder Ecke in jeder indischen Stadt, in der ich gewesen bin, treibt ihr es ständig miteinander.«

»Nun ja«, erwiderte er ungehalten, »unsere so genannten Herren gehen uns kaum mit gutem Beispiel voran.«

Das saß. Die indische Bevölkerung hatte gerade die Milliarde überschritten.

»Wie war das, Bhaiti, als du dich auf der Straße durchgeschlagen hast?«

Er seufzte wieder. »Hart – äußerst hart. Es war eine Frage des nackten Überlebens, der Gerissenheit und Geistesgegenwart. Wir gingen nachts in Rudeln auf Nahrungssuche. Da war es sicherer.« Er erschauerte. »Ich werde dir nicht verraten, was wir alles gefressen haben, um zu überleben.«

Ich glaube, ich wusste es, da ich mich an Mister Somans Beschreibung des Pi-Hunds erinnerte, dass sie nämlich alles von verwesten Leichen bis Pflanzen verzehrten.

»Aber die größte Gefahr«, fuhr er fort, »waren die Menschen. Weißt du, woher ich diese Narbe habe? Von einem Mann! Er schlug mit einem Stück Metall auf mich ein. Ich hatte gar nichts getan – bloß in der Sonne gedöst. Und weißt du, warum ich kein Wasser mag?«, fügte er mit einem schiefen Grinsen hinzu. »Eine Frau hat einmal einen Eimer kochendes Wasser über mich ausgegossen.«

Mein Gott, dachte ich. Das erklärt alles.

Wir saßen eine Weile in geselligem Schweigen. Ich zündete mir eine Zigarette an. Bhaiti rümpfte die Nase. »Musst du diese dreckigen Dinger rauchen?«

»Nun, wir haben alle unsere kleinen Schwächen«, erwiderte ich »Ich esse keine Insekten. Jedenfalls hattest du Glück, dass Reeta dich gefunden hat.«

»Hat nichts mit Glück zu tun, sondern mit einem Fünkchen Hundeschläue. Ich hab mich immer um ihr Haus herumgetrieben. Ich war damals in schrecklicher Verfassung. Hatte alle meine Haare verloren. Ich wusste, sie war eine gute Frau, die Hunde liebte. Es war nur eine Frage der Zeit.«

»Aber was war, als du mir begegnet bist?«

»Also, um ehrlich zu sein, Mark«, erwiderte er, »so sehr ich Reeta dankbar war, so hätte ich doch alles getan, um von dort wieder wegzukommen. Es hatte nichts mit ihr zu tun. Sie hat mich mit Gefälligkeiten schier erstickt. Es war diese andere Frau – sorry, ich meine die Hündin, Rani. Sie hat mich in den Wahnsinn getrieben. Sie war hochneurotisch und hat dauernd versucht, mich, also weißt du ...«

»Ja, ich weiß«, sagte ich. »Sie war nicht dein Typ.«

»Genau.«

»Also, wie gesagt, die ganze Zuneigung, die du mir gezeigt hast, als wir uns das erste Mal begegnet sind, war nur ...«

»Nein, nein, nein«, unterbrach Bhaiti. »Denk dran, ich hab's dir gesagt. Ich habe dir vertraut. Von Anfang an. Es ist der Instinkt, den wir Tiere haben – wie ihn auch Tara für dich hatte.«

»Bhaiti«, sagte ich, »ich muss dir auch was gestehen. Es gab da noch einen anderen Hund vor dir. Ich kannte ihn nicht lange – er ist geflüchtet.«

»Du meinst Pie.«

»Ja«, antwortete ich, nun gar nicht mehr verwundert angesichts der Macht des alten Hundenetzwerks.

»Was sein muss, muss sein«, erwiderte er und gab damit Adityas Hinduphilosophie wieder. »Es gibt keine Zufälle. Auf jeden Fall geht es ihm gut. Er ist ein Lebenskünstler. Vertrau mir.«

Ich wusste, die Frage würde kommen. Ich hatte sie schon gefürchtet.

»Mark, wohin gehen wir?«

»Nun ja, wir folgen dem Fluss, Bhaiti, durch Assam. Dann durch Bangladesch, bis wir das Meer erreichen.«

»Und dann?«, fragte er mit zur Seite geneigtem Kopf. »Was passiert dann? Was wird dann aus mir?«

Ich schwieg. Ich hatte keine Antwort parat. Jedenfalls noch nicht jetzt. »Also, Bhaiti, ich nehme dich nicht mit nach England.«

»Da bin ich aber erleichtert«, sagte er. »Ich hab gehört, dort ist es kalt, es regnet die ganze Zeit, und das Fressen ist gräulich.«

»Aber vertrau mir«, sagte ich lächelnd.

»Ich vertraue dir schon.«

Er kroch zu mir in den Schlafsack und gähnte. »Ich bin echt froh, dass wir diesen kleinen Plausch hatten. Das hat einige Dinge in meinem Kopf geklärt.«

»Bei mir auch, Bhaiti. Du hast keine Ahnung, wie viel du mir beigebracht hast. Und danke, Brüderchen«, sagte ich und drückte ihn fest an mich, »dass du mich vor der Schlange gerettet hast.«

Er leckte mich sanft. »Das war das Mindeste, was ich tun konnte. Du hast mich gerettet.«

Am nächsten Morgen, als wir alle packten, um wieder loszuziehen, verschwand Bhaiti. Neeraj hatte schrecklich Schiss und war ganz baff, dass ich gar nicht besorgt wirkte.

»Keine Sorge, er kommt wieder«, versicherte ich ihm.

»Aber Bhaiti kann Schlimmes passieren. Ganz, ganz Schlimmes.«

»Vertrau mir, Neeraj. Bhaiti kann sich um sich selbst kümmern.«

Etwa eine halbe Stunde später trottete gemächlich ein glücklich aussehender Bhaiti ins Lager. Ich bemerkte eine sehr helle Hündin, die über die Felsen davonschlich. Ich sah Bhaiti an. Bhaiti sah mich an und zwinkerte.

10

Früh am nächsten Tag stieß ich auf mein zweites Mithun. Jaro hatte auf einen Haufen alter schwarzer Steine gedeutet, die mit Farnwedeln belegt waren. Er blieb stehen und murmelte etwas Unverständliches, als würde er zu den Steinen sprechen, sie beinahe anbeten.

»Mm« sagte er, »das ist Mithun.«

Verwirrt blickte ich mich um und suchte mit den Augen etwas von dem am höchsten geschätzten Besitztum der Adi zu erhaschen. Da war nichts – bloß das Geräusch des sich am Kopf kratzenden Bhaiti, das Rauschen des Flusses und das Klagen eines weit über mir kreisenden Falken.

»Wo?«, fragte ich Jaro und spähte wieder ins Gebüsch. Vielleicht hatte ich etwas übersehen. Jaro hatte Jägeraugen.

»Mm. Hier«, sagte er und deutete auf den Steinhaufen. »Das ist Mithun.«

»Ach komm, Jaro. Lass den Unsinn.«

Er lächelte. »Mm, vielleicht möchtest du mit Jaro wetten?«

»Topp«, sagte ich. »Eine Flasche *apong*.« Wir bekräftigten die Wette per Handschlag.

Als er ehrfürchtig die wenigen Farnwedel entfernt hatte, betrachtete er die Steine eine Weile, hob sie auf und legte sie nacheinander am Boden aus. Ich hockte mich mit Bhaiti hin und sah zu. Er betrachtete sie wieder eine Weile und legte sie wie ein Puzzle zusammen. Einige Minuten später winkte er mich her. Ein großes schwarzes Steinmithun lag vor mir, bis in die kleinste Einzelheit getroffen, sogar mit den langen, gekrümmten Hörnern.

Er schmunzelte. »Mm. Eine Flasche *apong*.«

Er erzählte mir, welche Sage sich um das alte Steinmonument rankte. Vor vielen Monden hatte ein Bewohner des nahe gelegenen Dorfs Lichor das größte und fetteste Mithun im Bezirk besessen. Jeder beneidete ihn. In einer Nacht machte sich ein eifersüchtiger Nachbar auf, um das ungeheure Mithun zu fangen. Er hörte es brüllen und folgte dem Lärm. Auf einer Lichtung fand er das fabelhafte Tier, wollte es wegführen, aber es bewegte sich nicht vom Fleck. Es hatte sich in Stein verwandelt. Voller Wut zertrümmerte er es in 1 000 Stücke. Dann kehrte er heim. Am nächsten Morgen wurde er tot aufgefunden. Seitdem ist die Stelle ein Andachtsort für die Adi. Jedes Mal, wenn sie vorbeikommen, fügen sie es zusammen. Fremde, sagte mir Jaro, wüssten nicht einmal den ersten Stein zu setzen – nur die Adi.

Um meine Vereinbarung mit Bhaiti einzuhalten, entschied ich, ihn von der Leine zu lassen. Er schlüpfte neben dem breiten sandigen Weg in die Büsche. Sein Glück war für diesen Tag gemacht, und er gewährte mir sogar einen flüchtigen Blick auf jenes scheue Wesen – ein echtes lebendes Mithun –, als er es vor Freude jaulend eine steile, dicht bewachsene Böschung bis zum fernen Fluss unten verfolgte. Er hielt Wort und kam immer zurück. Er vertraute mir. Ich vertraute ihm.

Mein Knöchel war inzwischen so geschwollen, dass ich keine Stiefel und nicht einmal mehr Turnschuhe tragen konnte. Ich ging in *chappals*, Gummisandalen und fragte mich, wie ich Pugging, das nächste Dorf in 20 Kilometer Entfernung, erreichen sollte, gar nicht zu reden von Pasighat. Ich ging immer langsamer. Wie üblich waren Topguy, die Träger und die beiden Corporals vorangestürmt. Selbst Jaro drückte aufs Tempo, obwohl er immer wieder auf mich wartete. Er litt unter Zahnschmerzen und schlüpfte dauernd in den Dschungel, um eine bestimmte Pflanze zu suchen.

Bhaiti und ich gelangten an eine lange, hohe Behelfsbrücke aus Bambusrohr, die erst kürzlich als Ersatz für eine große Eisenbrücke errichtet worden war, die der Monsun davongeschwemmt hatte. Sie fing Besorgnis erregend zu schwanken an, viel mehr als üblich. Ich schaute nach vorn. In der Ferne sah ich eine Gestalt auf mich zukommen. Das war eine neue Erfahrung. Auf den Bambusbrücken, die ich bislang überquert hatte, war ich nie jemandem begegnet. Ich traf den anderen Reisenden in der Mitte – einen kleinen dicken Mann, elegant gekleidet mit blauem Hemd und Nadelstreifenhose, blank polierten braunen Schuhen und einem flachen Hut. In der Hand hielt er einen kleinen, brandneuen Samsonite-Koffer, geschützt von einem Leinwandüberzug in Tarnmuster, an dem Bhaiti mit großem Interesse schnüffelte. Eine schreckliche Sekunde lang dachte ich schon, er würde das Bein heben.

Der Fremde lüpfte seinen Hut zur Begrüßung, was die Brücke noch mehr in Schwingung versetzte, und erkundigte sich, ob ich aus Manchester sei. Was, fragte ich mich wiederum, hatte es denn bloß auf sich mit Manchester – erst der Bezirksamtmann in Paling und nun dieser Mann? Zumindest war er nicht so streitsüchtig wie der Bezirksamtmann. Auf jeden Fall aber gesprächig. Es war nicht der beste Platz für eine lange Unterredung, doch er ließ sich nicht beirren.

Als wir gemeinsam zwölf Meter über dem Boden hin und her schwankten, erzählte er mir, dass er für das Bauamt des Bezirks Siang arbeitete und hierher geschickt worden sei, um die Räumung der Straßen zu beaufsichtigen. Des Weiteren bekam ich heraus, warum er meinte, ich sei aus Manchester. Er hatte dort Verwandte, und obwohl er sie nie besucht hatte, war er überzeugt, dass England Manchester sei, dass es nichts anderes gab. Ich spielte mit dem Gedanken, ihn über diesen geografischen Irrtum aufzuklären, besann mich aber eines Besseren. Dann hätte ich den ganzen Tag hier schwanken müssen.

Wie sich dann herausstellte, wäre ich beinahe doch den ganzen Tag dort geblieben, und zwar auf den Felsen geschmettert. Der Beamte des Bauamts von Siang war ein Neuling in dieser wilden Gegend. Er wollte einfach nicht begreifen, dass die Brücke kippen würde, wenn wir sie beide auf der gleichen Seite überquerten. Nach vielen Versuchen, bei denen die Brücke wie irr von einer Seite zur anderen schaukelte, packte ich ihn mir aus lauter Verzweiflung. Wie Tänzer auf einem Ball walzten wir in Sicherheit.

Auf der anderen Seite der Brücke, nur ein paar Kilometer vor Pugging, hörte ich ein schreckliches Geräusch, das mir fremd geworden war. Es kam von einem Fahrzeug in Gestalt eines uralten, verbeulten gelben LKWs, der japste und schnaufte und die saubere Luft mit schwarzen Rauchwolken verpestete. Auf dem Beifahrersitz saß Neeraj, und auf der offenen Ladefläche standen Topguy und die Corporals. Neeraj, Gott segne ihn, hatte sich aus Sorge um mein Bein irgendwie des einzigen Fahrzeugs des Bauamts bemächtigt. Da ich Bhaitis Hass auf jegliche Motoren kannte, übergab ich ihn Jaro. Wenigstens er würde die frische Luft genießen können. Ich quetschte mich vorn rein.

Es war seltsam, wieder in ein Fahrzeug einzusteigen. Aber nicht so komisch wie die Begegnung mit dem Fahrer. Er war zweifellos der schwermütigste und dünnste Mann, der mir je begegnet ist, und hieß ganz unpassend Antic. Ich habe noch nie eine solche Verbindung zwischen Mensch und Maschine erlebt – er war mit ihr verheiratet. Als ich ihm die Hand schüttelte, war sie so glatt wie das alte Bakelitlenkrad von den 100 000 Steuerbewegungen, die er auf den kurvigen Wegen ausgeführt hatte. Seine linke Hand war eine ausgezehrte Klaue, die haargenau über den Knopf der temperamentvollen Gangschaltung passte; sein Körper war so verwinkelt, dass er sich in die scharfen Blechkanten des Rahmens einzupassen schien, der den harten Fahrersitz stützte. Sein beinahe nicht sichtbarer Kopf war in die alte Plastikstütze eingebettet. Er sah aus, als würde er Ohrenschützer tragen. So vermittelte er mir den Eindruck, als habe er schon immer in dieser Kabine gelebt, als sei er darin aufgewachsen und verließe sie nie. Der Wagen war seine Heimat und würde wahrscheinlich sein Grab werden. Wie er mir erzählte, arbeitete er seit 60 Jahren auf diesem Straßenabschnitt und transportierte das Geröll ab, wenn jedes Jahr der Monsun mit der Präzision eines Uhrwerks seine Zerstörungen anrichtete.

Ein Stück weiter trafen wir einen anderen langjährigen Einwohner dieser entlegenen Gegend, einen uralten Sadhu, dessen langes graues und verfilztes Haar sich mit den heiligen Perlen verschlang, die er um den Hals trug. Seine Heimat in den letzten 70 Jahren – und wie bei Antic sicherlich auch sein Grab – war ein von Papayabäumen umgebenes Tempelchen mit Wellblechdach. Er war wie ich ein Anhänger des großen Beschützergottes, des »Hindernisbeseitigers« Ganesh, halb Elefant, halb Mensch. Er segnete uns alle, sogar Bhaiti, und vor allem segnete er die Blechmaschine. Aber er weigerte sich, den kleinen heiligen Faden zu segnen, den der *panda* mir im Tempel von Khamakya in Guwahati um das rechte Armgelenk gebunden hatte. Ihm war nicht unbemerkt geblieben, dass ich Bhaitis Leine in den Händen gehabt hatte. Beide Enden bestanden aus Lederschlaufen – Haut –, ein Tabu für alle frommen Hindus.

Einige Kilometer weiter war die Straße blockiert von einer Schar schwer bewaffneter Dorfbewohner, Jäger aus Pugging. Sie würden heute Abend vorzüglich speisen – ein riesiges Wildschwein und ein edler rostbrauner Hirsch hingen an einer Stange, die sie trugen. Wir ließen sie mitfahren. Sie drängten sich alle auf der Ladefläche zusammen, und bei unserer Ankunft in Pugging erhoben sie ein Geschreie und Gejohle, fuchtelten mit ihren Gewehren und Bögen herum, um das Dorf darauf aufmerksam zu machen, wie erfolgreich die Jagd gewesen war. Über mir bemerkte ich ein Spinnennetz aus Drähten zwischen Telegrafenmasten, ein seltsamer Kontrast zum Spinnennetz aus Bambusröhren, welches das ganze Dorf umfasste und jedes Haus mit Wasser versorgte – eine einfallsreiche Erinnerung an eine traditionellere Lebensweise.

Wir schlugen unsere Zelte am Dorfrand vor dem Inspektionsbungalow auf, wo genügend ebene Fläche vorhanden war. Niemand erwischte viel Schlaf. Das Dorf feierte bis in die frühen Morgenstunden.

Am nächsten Morgen kam der *gam*, ein heiterer alter Mann mit einem verbeulten Khaki-Tropenhelm auf dem Kopf, auf eine Tasse Tee her. Er hockte sich hin und nahm eine Pfeife aus einem mit alten Münzen besetzten Lederbeutel, genau die Art Beutel, die mein Briten liebender, ans Bein pissender ehemaliger *gam* aus Pango besessen hatte. Es ist eigentlich noch ein wenig früh, dachte ich, um ... außer natürlich zu medizinischen Zwecken. Die Enttäuschung folgte auf dem Fuße, als er sich die Pfeife mit gewöhnlichem Tabak füllte.

Während des chinesischen Einmarsches 1962 war der *gam* von der indischen Armee zum Späher abkommandiert worden, um ihr die geheimen Wege durch den Dschungel zu zeigen, außerdem hatte er sie mit Hühnern und Schweinen aus dem Dorf versorgt. Er sei immer noch böse auf sie, erklärte er. Für seine Bemühungen habe er nur eine Flasche Rum erhalten. Ich besah mir den kostbaren Anhänger aus Türkis und Silber, der um seinen Hals baumelte. Er sah tibetisch aus. Als kleiner Junge hatte er viele Handelszüge über die kalten, hohen Pässe nach Tibet begleitet. Er erinnerte sich sogar noch an Lhasa, das er als einen »steinernen Berg mit Löchern und langen Stangen« beschrieb. In einer Region in Tibet, die Pemako hieß, hatten sie mit den Einheimischen Handel getrieben. Eine Tasse Reis für eine Tasse Salz und selbst gewebtes Tuch im Austausch gegen Messingschüsseln.

Die kleine Episode erinnerte mich an meinen Helden Kithup. Auch er hatte 1884 Pugging besucht, wo, wie er feststellte, »die Einwohner Tuch herrichteten, um es auf dem Markt von Pemako zu verkaufen.«

Als der *gam* sich erhob, um fortzugehen, gab er mir seinen Segen für meine Reise und sagte mir, solange er lebe, würde er seine Welt, seine Wälder schützen. Ich wünschte mir, er hätte etwas viel Einfacheres vermocht: mein Bein zu heilen. Es war die schiere Pein.

Mein Ruf als Hypochonder hat sich im Lauf der Jahre wegen der umfangreichen Arzneikisten, die ich auf meine Reisen mitnehme, immer weiter verbreitet. Leider hatte ich, abgesehen von einer Amputation, diesmal kein Heilmittel in den Kisten und nicht einmal ein Medikament, das die Schmerzen gelindert hätte. Selbst Bhaiti konnte mir da nicht helfen. Ich konnte natürlich wieder auf das Opium zurückgreifen. Aber ich hatte das Gefühl, ich übertrieb es ein bisschen mit der ollen Pfeife. Bekümmert musste ich mir eingestehen, dass die Wanderzeit vorüber war. Für mein Bein war Ruhe das Beste. Ich brauchte nun ein anderes Fortbewegungsmittel – vier Räder statt zwei Beine.

Die Rettung nahte in Gestalt eines eigenwilligen indischen Jeeps, den Neeraj beschaffte. Er war am frühen Morgen auf einem Motorrad die 30 Kilometer nach Yinkiong gefahren, dem Regionalhauptquartier für Obersiang. Dieser Jeep sprang nur an, wenn er geschoben wurde, erwachte dann mit einem Rülpser zum Leben und vergiftete das Drinnen wie das Draußen mit einem Schwall schwarzen Rauchs. Neeraj entschuldigte sich ausgiebig für die Eigenschaften der Karre, aber sie sei das einzig verfügbare Fahrzeug gewesen. Jedes andere sei für den Besuch des Regionalministers, der in ein paar Tagen bevorstand, rekrutiert worden.

Irgendwie passten sechs Menschen, eine Menge Ausrüstung und ein widerstrebender Hund in den Jeep. Rauchend und zischend wie eine Dampfmaschine wurde der keuchende alte Klapperkasten rauf und runter und um die vielen Haarnadelkurven laviert. Ich fragte mich, was Kinthup von uns gehalten hätte, als wir auf seinen Spuren Yinkiong entgegenrollten. Ich schämte mich, als ich mir vor Augen führte, wie er mühelos auf eigenen Beinen dahin gelaufen war, und mir tat Bhaiti Leid, der sich wieder unter meinem Hemd verkrochen hatte.

Yinkiong gab sich nach all den kleinen Dörfern, durch die wir gezogen waren, wie eine richtige Stadt. Ein Frühjahrsputz war in vollem Gange, um den Regionalminister gebührend zu empfangen. Die Straßen wurden gefegt. Wendige junge Männer hingen halsbrecherisch in den Bäumen am Straßenrand und entfernten die zahllosen rosa und blauen Plastiktüten, eine unerwünschte Zierde in den meisten indischen Städten heutzutage. Stolze Hausbesitzer beschnitten eifrig Ligusterhecken und retuschierten die weißen Zäune vor ihren Gärten, in denen ein üppiges, tiefes Rot aus überhängenden Hibiskusbüschen vorherrschte. Die Sicherheitsvorkehrungen waren auch verschärft worden. Selbst mit zwei

Soldaten als Mitfahrern wurde unser Fahrzeug regelmäßig an den Straßensperren angehalten und meine Aufenthaltsgenehmigung eingehend überprüft.

Wir kamen vorbei an Garagen, Autoreparaturwerkstätten, *dhabas* und endlosen Reihen Geschäften mit der letzten Mode aus Mumbai. Ich fühlte mich desorientiert. Wir hielten bei einer Apotheke an, um unsere Medikamentenvorräte aufzufüllen, und traten dann zum ersten Mal seit drei Wochen in einer Telefonzelle in Kontakt mit der Außenwelt. Sehr zu seinem Leidwesen und gegen mein gegebenes Wort hielt ich Bhaiti fest angeleint, während ich meine Anrufe erledigte. Auf den Straßen von Yinkiong patrouillierten Hundebanden mit ihren koketten Freundinnen, denen Bhaiti schmachtend nachsah. Einer handfesten Rauferei ging ich nie aus dem Wege, aber hier waren wir hoffnungslos unterlegen.

Erst telefonierte ich nach Hause, geriet aber nur an den Anrufbeantworter. Dann rief ich die Zentrale von *Tiger Mountain* in Delhi an. Yatish sei mit schlimm gerissenen Kniebändern ins Krankenhaus eingeliefert worden, unterrichteten sie mich, aber langsam auf dem Weg der Besserung. Und ein paar Freunde seien unterwegs nach Pasighat, um zu angeln. Einer von ihnen war Dinesh Kumar vom britischen Hochkommissariat, der mich ins Herz des Bürokratielabyrinths von Delhi geschleust hatte, um meine einzigartige Aufenthaltsgenehmigung für Arunachal Pradesh in Empfang zu nehmen. Der andere war John Edwards, der geschäftsführende Direktor von *Tiger Mountain*. Er war ein fanatischer Angler, das wusste ich. Über seinem Schreibtisch in Delhi hing ein Schild: »Da zwei Drittel der Welt von Wasser bedeckt sind, hat Gott den Menschen sicherlich dazu erschaffen, mehr Zeit mit Angeln zu verbringen als mit Arbeiten.«

Vielleicht schließe ich mich ihnen an, dachte ich. Ich hatte noch ein paar Tage von meiner Aufenthaltsgenehmigung für Arunachal zur Verfügung, und ein wenig Erholung würde meinem Bein unendlich gut tun. Jedenfalls würde der nächste Teil meiner Reise flussabwärts weit weniger anstrengend sein. Ich würde in einem Boot reisen. Was mich daran erinnerte, Manju anzurufen, meinen Bootsbeschaffer in Guwahati.

Es war eine fürchterliche Verbindung. Soweit ich verstehen konnte, hatte Manju mir nun die *Titanic* gemietet, eine Regierungsfähre mit ausgezeichnetem Komfort, einem Fassungsvermögen von 150 Personen und einem Konferenzraum. Diplomatisch schlug ich etwas Kleineres vor. Er brummelte irgendwas davon, er sei kein Yachtmakler. Doch er hatte auch eine gute Nachricht für mich – sogar eine ganz tolle. Aditya habe einen Fotoauftrag in Assam und würde sich irgendwo mit mir treffen. Ich war ganz aus dem Häuschen. Das alte Team wäre nicht nur wieder beisammen, sondern Aditya würde unserer Reise bestimmt noch das gewisse Etwas geben – ein bisschen Maratha-Magie.

Am Abend schlugen wir unser Lager auf einem breiten weißen Sandstrand einige Kilometer südlich von Yinkiong auf. Hier war die Flusssirene nicht ganz so wohlwollender Laune, da sie über eine Reihe kleiner Stromschnellen eilte. Wegen meines Beins war dies meine letzte Chance, ihr in ihrer gegenwärtigen Gestalt nahe zu sein, denn in Pasighat würde sie Namen, Stimmung und Geschlecht wechseln: von der Siang, einer tosenden, kapriziösen Herrin, zum Brahmaputra, einem breiten, majestätischen und gelassenen Gott, dem Sohn des großen Herrn Brahma.

In den letzten Strahlen der Abendsonne machte ich ihr meine letzte Aufwartung. Sie sagte mir Lebewohl mit 1 000 kalten, sinnlichen Küssen, strömte über mich, während ich mich an den glitschigen Steinen festhielt. Später trank ich einen Humpen Rum auf ihr Wohl. Ich würde sie vermissen. Wie Verrier Elwin wollte ich beinahe meinen Körper an ihre Wasser betten.

Am nächsten Morgen, nach einem peinlichen Augenblick, bei dem ich von einer Gruppe weiblicher Käferfänger dabei überrascht wurde, »wie ich auf den Topf ging« (so hätte Neeraj es ausgedrückt), verabschiedete ich mich von den Corporals. Classic und Shortcut blieben noch ein paar Tage, bevor sie per LKW mit einem anderen Regiment weiterziehen würden. Ich schenkte ihnen eine Kiste Rum. Wir umarmten uns alle ganz fest. Sie sagten mir, die Reise sei eine der tollsten Erfahrungen ihres Lebens gewesen. Es sei für sie eine Ehre gewesen. Da irrten sie sich. Es war für mich eine Ehre gewesen. Sie salutierten und marschierten dann über den Sand davon, während die Sonne von ihren Bajonetten blitzte.

Mit etwas weniger Last brachen wir auf nach Pasighat. Unterwegs sagte ich meinem Helden Kinthup Lebewohl. Er hatte hier Halt gemacht, bevor er heimgekehrt war. Ich entschuldigte mich dafür, dass ich nicht einen seiner Holzknüppel gefunden hatte. Ich hatte das Gefühl, ihn im Stich gelassen zu haben. Später fuhren wir über eine große Eisenbrücke auf das rechte Flussufer, ließen die Wildnis hinter uns und drangen in bewohntere Regionen vor. Wir kamen vorbei an Lastwagen, anderen Fahrzeugen und Straßenschildern, die uns ziemlich liebevoll aufforderten:

»Seid nett zum Bankett«. Bei einem der vielen *dhabas* am Straßenrand legten wir eine Teepause ein. Drinnen gab es einen Kühlschrank. Es kam mir alles so seltsam vor – modern und kultiviert. Mir war so, als wäre ich ganz weit weg vom Fluss, was aber nicht stimmte. Als wir wieder losfuhren, war er stets neben mir und glitzerte unter uns wie ein silbernes Band im Mondlicht, als Bhaiti und ich, beide von den Abgasen überwältigt, unsere Köpfe aus dem Fenster hängten.

Wir kamen spät in Pasighat an. Eine vertraute Gestalt wartete am Gästehaus schon ungeduldig auf uns und rieb sich die feisten Hände. Es war Cookie.

»Schön, dass Sie wieder da sind, Sir«, sagte er, »volles Menü kommt bald.«

Nach dem Essen tauchten John und Dinesh auf, schon ganz zappelig wegen ihrer Angelexkursion. Ozing, der den Ausflug organisieren sollte, schloss sich auch bald der Gesellschaft an.

»M-m-mein Gott«, sagte er zu mir, »was für ein P-p-pech. Ich dachte schon, ich hätte mich nur um einen d-d-dämlichen Engländer zu kümmern.«

Nach ein paar Drinks gingen Bhaiti und ich zu Bett und ließen sie allein über davonschießende Leinen und verpasstes Anglerglück diskutieren.

Am nächsten Morgen brachen John und Dinesh zum Yamne auf, einem Hauptzufluss der Siang. Jaro, Topguy, Neeraj und Ozing waren mit von der Partie. Ich entschied, noch ein bisschen hier zu bleiben, um meinem Bein Ruhe zu gönnen, bevor ich nachkam.

Bhaiti wechselte während dieser kurzen Erholungspause in Pasighat völlig den Charakter. Es war schon sehr sonderbar. Er war ein ganz anderer Hund. Ich bat ihn darum, mir seine Probleme anzuvertrauen, aber anscheinend hatte ich meine Kräfte als Hundeflüsterer eingebüßt. Die meiste Zeit lag er in unserem Zimmer, den Kopf der Wand zugewandt. Cookie war auch überaus besorgt. Er übertraf sich selbst in seinem kulinarischen Können, um Bhaiti mit neuen und bisher unbekannten Leckerbissen zu locken. Eines Abends bereitete er ein Festmahl zu, das er »gekochtes Spezialdinner« nannte – gekochtes Huhn, gekochtes Fleisch, gekochter Kohl, gekochter Reis, gekochte Eier, gekochte Milch und gekochtes Wasser.

Es gab auch noch andere Versuchungen. Bhaiti war fast so etwas wie ein Star geworden, und die Groupies – kesse kleine Flittchen, die unbedingt etwas mit dem berüchtigten Tripuri-Hund haben wollten – strömten her und heulten jeden Tag vor dem Gästehaus. Er aber zeigte kein Interesse. Wie ein kapriziöser Rockstar kam er gelegentlich aus unserem Zimmer, blieb oben auf der Treppe stehen und bellte, als rufe er nach dem Zimmerservice. Cookie rannte dann eilfertig die Treppe rauf und runter und brachte Tabletts voll weiterer Leckerbissen. Es schien fast so, als klage Bhaiti mich an, ihn aus der Wildnis wieder in eine Stadt gebracht zu haben, und tue alles, um mich in Verlegenheit zu bringen – eine Seite, die ich vorher nicht an ihm kennen gelernt hatte.

Das Gästehaus führte wie in Yinkiong wegen des bevorstehenden Ministerbesuchs Renovierungsarbeiten durch. Alles wurde ausgebessert und weiß angestrichen. Vor dem Gästehaus befand sich ein makelloser Rasen, von einem Halbkreis runder Steine begrenzt. Ein alter Mann besserte sorgfältig den Anstrich dieser Steine aus. Bei einem unserer wenigen Beutezüge außer Haus stand der alte Mann gerade nach getaner Arbeit da und bewunderte sein Werk, als Bhaiti mit beinahe diebischem Vergnügen, wie ich meinte, an einem Stein sein Bein hob. Der Alte wurde nicht wütend. Ich entschuldigte mich bei ihm und tadelte Bhaiti. Zum ersten Mal seit Tagen lächelte er mich an und wedelte mit dem Schwanz. Er hielt das für einen tollen Witz. Bei unserer Rückkehr hatte der alte Mann den Schaden gerade wieder behoben. Zum meinem Entsetzen wiederholte Bhaiti seinen kleinen Streich. Cookie musste intervenieren, damit sich die Lage beruhigte.

Bei einer anderen Gelegenheit hatten mich drei indische Hausfrauen ins Gespräch gezogen. Während wir plauschten, beschloss Bhaiti, sich wiederum zu erleichtern. Es war extrem peinlich; ich konnte mich kaum noch konzentrieren, als er sich direkt neben mich hockte und angestrengt drückte.

Mein Bein war inzwischen fast ausgeheilt. Es war Zeit, den anderen zum Angeln zu folgen. Bevor wir aufbrachen, erhielt ich einen Anruf von Manju, der mir mitteilte, er habe nun ein anderes Boot gefunden. Es sei genau das richtige, sagte er mir – viel kleiner als das vorige. Es würde bald in Dibrugarh eintreffen, einer großen Stadt am Südufer des Brahmaputra, wo ich den nächsten Abschnitt meiner Reise in Angriff nehmen würde. Aber, warnte er mich, bestimmte Abschnitte des Brahmaputra befänden sich wegen diverser Revolten in »höchster Alarmstufe«. Ich war sicher, Bhaiti würde sich um mich kümmern, vorausgesetzt, er hatte wieder gute Laune.

Einer von Ozings Jeeps war hergeschickt worden, um uns abzuholen. Wir erreichten bald den breiten Strom von Brahmas Sohn an der Stelle, wo er aus der Siang hervorging. Wir überquerten den Fluss auf einem alten Landungsboot, das schwer stromaufwärts steuern musste, um sich gegen die gewaltige und mächtige Strömung zu stemmen. In dem Augenblick, als wir wieder am Fluss waren, war auch mein Flusshund wieder da. Er hüpfte herum und bellte der Mannschaft Befehle zu. Allerdings büßte er für seine vorigen Unbotmäßigkeiten, als er sich auf den heißen Straßenasphalt setzte und eine schwarze, klebrige Teerschicht an seinem Hinterteil hängen blieb.

Wir gingen von Bord und fuhren einen steilen gewundenen Weg hoch. Ich bat den Fahrer anzuhalten. Hier war ein historischer Schauplatz, den ich mir anschauen wollte – ein breiter, mit Kieseln übersäter Uferstreifen auf der gegenüberliegenden Seite des Brahmaputra. Denn hier hatten die Briten im Oktober 1911 eine große Streitmacht zusammengezogen, um die lästigen Abor ein für alle Mal zu bezwingen.

Die Briten hatten kaum etwas Gutes über die Abor zu sagen. Die Frau eines am Abor-Feldzug von 1911 beteiligten Offiziers fasste ihre Empfindungen in einer Reihe Wortspiele zusammen. »Soll doch mein Mann lieber auf den Abort als auf den dummen Abor-Feldzug gehen, um die abartigen Eingeborenen mit ihren sonderbar verbohrten Manieren zu bekämpfen.« Und ein Staatsbeamter schrieb abschätzig: »Sie sind barbarisch und aggressiv. Wie alle Wilden ist das einzige Gesetz, das sie kennen oder beachten, das der Gewalt und der Fähigkeit, prompte und rasche Bestrafungen auszuteilen.«

Die Auseinandersetzung hatte im 19. Jahrhundert begonnen, als zahlreiche britische Expeditionen von Sadiya und Pasighat die Siang aufwärts zogen, um herauszufinden, ob es sich bei dem Tsangpo und dem Brahmaputra um denselben Fluss handelte. 1858 überfielen die Abor ein Dorf in der Nähe des Armeestützpunkts in Dibrugarh. Sie lockten die Soldaten, die sie bestrafen wollten, in einen Hinterhalt, brachten ihnen beträchtliche Verluste bei und jagten sie wieder zurück nach Dibrugarh. Von ihrem Sieg berauscht, schickten die Abor die Herausforderung zu einem Revanchekampf an die Briten in die Ebene.

Es war an der Zeit, die Ehre der Kolonialherren wiederherzustellen, indem eine »solche Kasteiung ausgeübt werde, wie sie diesen Wilden beibringen wird, die britische Herrschaft zu respektieren«. Eine zweite Militärexpedition mit von Elefanten gezogenen Haubitzen wurde entsandt und geschlagen, wobei drei Offiziere fielen. Ein dritter Versuch endete mit einem politischen Sieg für die Abor, als vereinbart wurde, dass sie die von ihnen bewohnten Gebiete behalten dürften, aber eine jährliche Zahlung von 3 400 Rupien in bar oder einem Gegenwert zu entrichten hätten.

Leider stellte dies nicht das Ende der Auseinandersetzungen dar. 1893 leitete Jack Needham, ein weiterer Verwaltungsbeamter, eine friedliche Expedition durchs Aborland – mit katastrophalen Folgen. Seine kleine Truppe mit 60 indischen Soldaten und ihrem Tross wurde nördlich von Pasighat ermordet. Doch erst die Ermordung von Needhams Nachfolger Noel Williamson und eines Arztes namens Gregorson im Jahre 1911 besiegelte das Schicksal der Abor. Die beiden Männer hatten sich aufgemacht, den Lauf des Brahmaputra zu erkunden. Sie hatten nur ein Grammofon, eine Laterna magica und 47 Träger mit Geschenken und Arzneimitteln dabei, aber keinen militärischen Begleitschutz.

Das Massaker wurde durch einen absurd trivialen Vorfall und ein katastrophales Missverständnis ausgelöst. Im Dorf Rotung, das ich nun drüben am Fluss sehen konnte, waren der Gruppe ein paar Rationen und eine Flasche Whisky gestohlen worden. Williamson warnte die Dorfbewohner, sie würden bei seiner Rückkehr bestraft, und setzte dann über den Fluss mitten hinein ins Gebiet der Abor. Hier erkrankten einige Träger, und Williamson entschied, die Gruppe aufzuteilen. Er ließ die Kranken bei Dr. Gregorson, während er mit dem Rest weiterzog.

Inzwischen berieten in Rotung die Dorfbewohner, was am besten mit Williamson zu tun sei, als sein Postläufer mit drei an ihn adressierten Briefen eintraf. Die weißen Umschläge trugen wegen des kürzlichen Todes von König Edward VII. einen Trauerrand und waren mit rotem Siegellack verschlossen. Die Abor, die keine Schrift kannten, maßen Zeichen und Symbolen große Bedeutung zu und interpretierten die Umschläge folgendermaßen: Der weiße Umschlag stand für den weißen Mann, der schwarze Rand für die Soldaten und das rote Siegel für den Zorn der Regierung. Die Briefe waren letztlich die Todesurteile für Williamson und seinen ganzen Trupp. Als die Dorfbewohner sie begutachtet hatten, beschlossen sie nämlich, ihrer Bestrafung dadurch zuvorzukommen, dass sie den Postläufer töteten und einen Kriegertrupp mit etwa 100 Mann ausschickten, um Dr. Gregorson und seine Kranken zu finden und sie alle auf der Stelle zu erledigen. Am folgenden Tag holten sie Williamson ein, zerstückelten ihn und töteten alle Träger, als sie zu fliehen versuchten, mit ihren Speeren.

Sechs Monate vergingen, bis sich herumsprach, dass die Briten zu einem Rachefeldzug aufgebrochen waren: Eine Armee war unterwegs. Unter den Abor herrschte große Aufregung. Zum ersten Mal kamen alle Hauptdörfer zusammen, um eine gemeinsame Verteidigungsstrategie zu entwickeln. Frauen und Kinder wurden in die Berge geschickt, während die Männer sich auf den Dschungelkrieg vorbereiteten, worin sie Meister waren. Sie zerstörten die Bambusbrücken, errichteten Palisaden, bauten getarnte Fallgruben mit vergifteten spitzen Pfählen und einfallsreiche Geschossfallen, die den Weg mit einem Hagel vergifteter Pfeile übersäten.

Der Abor-Feldzug ging mit einer ungeheuren Streitmacht vonstatten, denn diesmal meinten die Briten es ernst. Sie bestand aus 725 Gurkhas, Militärbataillonen aus Assam und anderswo in Indien und 3 500 Speerkämpfern vom Volk der Naga. Die Naga waren die Erzfeinde der Abor. Sie marschierten in Sechserkolonnen, ließen ihren Zweitongesang »he-hah, he-hoh« durch den Dschungel schallen und jagten damit allen, die ihn hörten, Angst und Schrecken ein. Die Naga freuten sich schon ungeheuer darauf, die Abor um einige Köpfe kürzer zu machen, doch die Moral sank beträchtlich, als der Kommandant der Vergeltungstruppe verkündete, die Kopfjagd sei nicht erlaubt.

Briefe britischer Soldaten in die Heimat während dieses sich lang hinziehenden Feldzugs legen ein lebhafteres und viel ehrlicheres Zeugnis ab als die offiziell veröffentlichten Versionen. »Mach dir keine Sorgen, wenn du in der Zeitung liest, dass die Abor vergiftete Pfeile verwenden«, schrieb ein junger Captain der Gurkhas. »Das Gift (Akonit) ist für gewöhnlich nicht stark und hat kaum schädigende Wirkung, wenn die Wunde sofort richtig behandelt wird. Wir haben alle Spritzen und Gegenmittel dabei. Also gibt es keinen Anlass zur Sorge ... Du solltest dich von den übertriebenen Geschichten in der *Daily Mail* nicht einschüchtern lassen.« Guter Rat, dachte ich.

Der Aborkrieg nahm schließlich im Herbst 1912 auf einer Klippe oberhalb von Rotung ein Ende, als die feindlichen Chiefs herkamen und mit Zeitungen als Waffenstillstandsflaggen wedelten. Bis Weihnachten war alles ausgestanden.

In der Zeit von 1940 bis 1950 machten die Abor eine erstaunliche Wandlung durch. Sie wurden zu einer freundlichen, kooperativen und fortschrittlichen Gemeinschaft. Vielleicht hatte das etwas zu tun mit der Arbeit meines alten Freundes Verrier Elwin. Sie änderten ihren Namen von Abor, was »widerspenstig, ungehorsam« heißt, in Adi, was »Bergmenschen« bedeutet. In Anbetracht der Beleidigungen, mit denen sie im Laufe der Jahrhunderte überhäuft worden waren, und ihrer schließlichen Befriedung durch die Briten waren sie alles andere als nachtragend. Im Zweiten Weltkrieg stellten sie ein Arbeitskorps von 2 000 Mann, um den Alliierten im Kampf gegen die Japaner zu helfen.

Wir verbrachten angenehme Tage im Yamnetal, obwohl das Wetter feucht bis nieselig war und es nichts zu essen gab. Ozing hatte vergessen, etwas mitzunehmen. Wir mussten uns mit einem kleinen *mahseer* – Indiens berüchtigtem Kampffisch – begnügen, den John gefangen hatte, Käfern, ein paar Kartoffeln und dem lokalen Spinat. Wir wurden auch von einem gefürchteten Insekt mit dem einheimischen Namen *dam-doom* oder *dim-dam* heimgesucht. Im Gegensatz zum Moskito hörst du das *dim-dam* nicht kommen, kein Summen warnt dich. Und sein Stich ist erst einige Zeit später zu spüren, wenn eine kleine Blutblase auftaucht und dich vor Jucken ganz verrückt macht.

Doch Bhaiti amüsierte sich prächtig. Da ihm die *dim-dams* nicht zusetzten, vertrieb er sich die Zeit damit, Mithuns aus den weiträumigen Bambushainen zu jagen und sie vor Freude jaulend bis in den Dschungel hinein zu verfolgen. In unserem Angellager lernte ich auch einen interessanten Mann kennen, einen Freund Johns, der uns für einen Tag besuchte. Er hieß Tobu. Sein Großvater war von den Briten gehängt worden. Sein Verbrechen? Der Mord an Noel Williamson. Tobu hatte nun einen angemessenen Posten in der Regierung. Er war der Tourismusminister von Arunachal Pradesh.

Unsere letzte Nacht in diesem Bundesstaat verbrachten wir auf Ozing Dais Campingplatz – auf eben dem luxuriösen Platz, den er mir hatte zeigen wollen, als wir Pasighat verließen – wirklich der Adresse schlechthin in Pasighat, unglaublich reizvoll. Es ist das *Fawlty Towers* des Nordostens mit Ozing als Basil, seiner Frau als Sybil und einem wahnsinnigen nepalesischen Diener, Koch und Hausboy als Manuel. Die Unterkunft besteht aus einer Reihe ziemlich dürftiger Zelte, welche die Angewohnheit haben, in sich zusammenzufallen. Der Service ist – wie soll ich sagen? – zwiespältig.

Die Wasserversorgung spottet jeder Vorstellung in Anbetracht dessen, dass der Campingplatz etwa einen halben Kilometer vom größten Fluss Indiens entfernt liegt. Am tiefsten Punkt des Platzes hatte Ozing erst kürzlich einen großspurigen Nasszellenkomplex errichtet, der aus sechs Duschen und sechs Klosetts bestand, alle mit einer erstaunlichen Menge Chromapparaturen ausgestattet. Die Wasserversorgung für dieses Hygienewunder erfolgt durch einen langen Schlauch, der sich von der Küche aus über den ganzen Platz schlängelt. Wie oft ich nackt und voll eingeseift dastand oder auf einem der Klos saß, ohne dass Wasser kam, ist unglaublich. Noch unglaublicher waren die Ausreden.

»T-t-tut mir Leid, Mark«, unterrichtete mich ein gequälter Basil (bzw. Ozing). »Jemand sprengt gerade den G-g-garten.« Oder: »M-m-manuel spült gerade das Geschirr« oder »T-t-tut mir Leid, Mark, jemand hat seinen Jeep auf dem Schlauch g-g-geparkt.«

Wir feierten unsere letzte Nacht in Arunachal Pradesh mit unmäßigen Mengen *apong*. Ozing schenkte mir eine Literflasche Rum und hielt eine Rede mit dem Tenor, er fühle sich als Adi geehrt, dass zwei d-d-dämliche Engländer hier seien, und noch mehr geehrt als Adi, dass er zwei d-d-dämliche Engländer loswerde.

Meine neuer Freund, der Bergführer und renommierte Adi-Jäger Jaro, schenkte mir den wunderschönen Rattanrucksack, den er auf unserer Reise getragen hatte, und noch seinen alten *dao* samt einem aus dem Fell eines Himalaya-Schwarzbären, den er selbst erlegt hatte, gefertigten Gürtels. Ich schenkte ihm mein Fernrohr. Er drehte es ehrfürchtig in seinen Händen.

»Mm«, meinte er. »Ich werde es dir zurückgeben, Mark, wenn du deinen neuen Posten als Sicherheitsbeauftragter für das Bambusbrückenamt antrittst.« Dann fügte er mit einem Kichern hinzu: »Damit kann Mark Brücke prüfen, nicht Brücke brechen.«

Mitten in der Nacht ging über *Fawlty Towers* ein Wolkenbruch nieder. Meine Unterkunft wurde so überschwemmt, dass meine Reisetasche aus dem Zelt trieb. Ich verfolgte sie, als sie frohgemut ein kleines Flüsschen hinabsegelte. Eine Gestalt unterm Regenschirm sah belustigt zu.

»W-w-weißt du, wie du d-d-dein neues B-b-buch nennen kannst, Mark? »Reisen auf meinem Koffer.«

Am nächsten Morgen erwischten wir eine kleine Holzfähre für die vierstündige Reise den Brahmaputra hinab nach Dibrugarh. Ich saß gelassen auf dem Dach, während sich die ungeheure Wasserfläche zu beiden Seiten ausbreitete, und blickte zurück auf die saftigen Täler und die schneebedeckten Gipfel, die langsam im Nebel verschwanden.

1957 schrieb Jawaharlal Nehru:

> Ich bin besorgt, wenn ich sehe – nicht nur in unserem Land, sondern auch in anderen großen Ländern –, wie Menschen darauf bedacht sind, andere nach ihrem Bilde oder ihrem Ebenbild zu formen und ihnen ihre besondere Lebensweise aufzuerlegen. Jeder soll nach seiner Weise leben, aber warum sie anderen aufzwingen? Das gilt genauso für den nationalen und internationalen Bereich. Tatsächlich gäbe es mehr Frieden auf der Welt, wenn die Leute davon absähen, ihre Lebensweise anderen Menschen und Ländern aufzuzwingen. Ich bin mir beileibe nicht sicher, welches die bessere Lebensweise ist, die der traditionellen Völker oder unsere. In gewisser Hinsicht bin ich mir sicher, dass ihre die bessere ist. Daher ist es grob anmaßend von unserer Seite, wenn wir ihnen mit einer Haltung der Überlegenheit begegnen und ihnen vorsagen, wie sie sich zu benehmen, was sie zu tun und zu lassen haben. Es hat keinen Sinn, aus ihnen eine zweitklassige Kopie von uns selbst machen zu wollen.

Die Adi würden nie zu einer zweitklassigen Kopie von irgendwem werden. Dazu waren sie viel zu stolz.

11

Es war vor allem das Raumgefühl, das mich umhaute. Während mir in den letzten drei Wochen die steilen Täler der Siang eng auf den Pelz gerückt waren, hatte ich nun grenzenlose Fernsicht auf Himmel und Wasser, Wasser und Himmel. Im Gegensatz dazu war an Bord der kleinen Holzschaluppe Sisi (nach einem Fluss in der Gegend benannt) der Platz knapp. Das gemeinsame Gewicht von Ladung und Passagieren drückte sie gefährlich nah an die Wasserlinie. Wir waren in den Händen eines mächtigen und vertrauten Gottes – von Ganesh, dem »Hindernisbeseitiger« und Schutzherrn – in Gestalt zweier kleiner roter Plastikelefanten, die uns, von einer Girlande frischer Ringelblumen umgeben, vom Bug aus bewachten.

Die Sisi war bei unserer Abfahrt beinahe leer gewesen, hatte sich aber rasch gefüllt, als wir an den brüchigen Ufern des Flusses ein paar Mal angehalten hatten. Vorwitzige Gören boten dort Orangen, Papayas, Zitronen, Gemüse und Körbe voller winziger silberner Trockenfische an. Nun beförderten wir eine Ladung aus Holzbündeln, Reissäcken, Eisenschrott, Hühner, Ziegen und großen Bottichen frischer Milch – eigentlich alles, was in Dibrugarh, der nächsten großen Stadt, zu verhökern war.

Menschen waren auch genügend da: indische Familien, in ihrem Sonntagsstaat herausgeputzt wie Frühlingsblumen auf einer Wiese, deren Kinder mich höflich »Onkel« nannten, unterwegs zu ihren Verwandten; Händler, die eifersüchtig auf ihre Waren aufpassten; eine Kricketmannschaft auf dem Weg zu einem Auswärtsspiel; eine Gruppe Adi-Naturschützer, die sich in Guwahati der Lobbyarbeit für die Aufrechterhaltung des Holzeinschlagverbots widmen wollten; und Scharen von Katastrophenflüchtlingen, denen der letzte Monsun alles genommen hatte und die nun auf Arbeitssuche waren.

Diese verzweifelten Menschen konfrontierten mich wieder mit der Macht und Zerstörungskraft des großen männlichen Flusses. Von den vernichtendsten Überschwemmungen, die Assam je erlitten hatte, waren fünf Millionen Menschen in 21 der 23 Bezirke betroffen. Tausende waren umgekommen, Millionen obdachlos geworden. 80 Prozent aller Nutztiere waren der Katastrophe zum Opfer gefallen. Selbst gefährdete Wildtierarten zählten zu den Opfern: 500 Wildtiere, darunter Nashörner, Tiger und Elefanten, waren aus dem Wildschutzgebiet Kaziranga davongeschwemmt worden. Ich plauderte mit den Milchhändlern. Vor der Überschwemmung, sagten sie mir, konnten sie bei jeder Runde auf etwa 2- bis 3 000 Liter Milch rechnen, die sie dann für 50 Paisa (etwa drei Cent) pro Liter verkauften. Nun sammelten sie mit viel Glück gerade noch 200 Liter ein.

Wir kamen an einer *char* vorbei, einer der sich fortwährend verändernden Schlickablagerungen, deren Mineralgehalt für die hohe Fruchtbarkeit der Böden sorgt. In der Monsunzeit verschwinden sie im anschwellenden Fluss. Eine Flottille kleiner Einbäume, mit Bambus beladen, tanzte in den Untiefen auf und nieder, während die Landleute in der Sonne schufteten, um ihre Häuser wieder aufzubauen. So wie überall im ländlichen Indien bin ich immer wieder erstaunt über die Hartnäckigkeit, die Haltung und vor allem den unerschütterlichen Glauben der Leute. Was auch immer ihnen zustieß, sie wehrten sich. Das war ihr Los. Sie nahmen es mit Würde und ohne Klagen hin.

Auf der *Sisi* läutete die Glocke. Es war Mittagszeit. Das Boot kragte bedenklich, als die Passagiere zur kleinen Kombüse eilten, die mittschiffs unter Deck war. Stille umfing plötzlich unser kleines Gefährt, als alle sich auf das wichtigste Ritual des indischen Alltagslebens konzentrierten – essen. Ich machte mich auf die Suche nach Bhaiti, den ich seit einigen Stunden nicht mehr gesehen hatte, und fand ihn in einem jämmerlichen Zustand, zwischen Reissäcke gezwängt, die mit Erbrochenem beschmutzt waren. Das ist ja ein gutes Vorzeichen für die Reise, dachte ich. Da bin ich mit einem Hund unterwegs, der an der Seekrankheit leidet. Als Ursache stellte sich jedoch seine Gier heraus. Das Deck war übersät mit leeren Verpackungen von Süßigkeiten, mit denen die Kinder ihn gefüttert hatten. Er sah mich ergeben an, wie um sich zu entschuldigen. Ich putzte das Erbrochene weg und zwang ihn, eine große Menge Wasser zu trinken. Bald wurde er wieder munterer. Am Spätnachmittag drehte sich der Wind und würzte die Luft mit einem vertrauten Geruch – einem sonderbar süßen, viel sagenden Geruch – nach Rauch, modernden Pflanzen, Gewürzen, Schweiß und Scheiße. Land.

Reihen verbeulter offener Jeeps warteten an der *ghat*, dem Landesteg, um uns über das Flusstal nach Dibrugarh zu befördern. Schon seit Jahren nagt der Fluss während des Monsuns an den Grundmauern dieser quirligen Stadt. Einst war sie das Zentrum Assams für Handel und Wandel, ist jetzt aber von der Hauptstadt Guwahati verdrängt worden.

Dibrugarh heißt »Festung am Flussufer«. Die Briten errichteten sie im frühen 19. Jahrhundert, um Einfälle der Abor zurückzudrängen. Ursprünglich lag die Stadt am Ufer des Flusses Dibru, der sich nach dem gewaltigen Erdbeben von 1950 mit dem Brahmaputra vereinigte und weite Teile von Dibrugarh mit sich riss. Die Briten, die beim Bau von Verteidigungsanlagen im Allgemeinen sehr überlegt zu Werke gingen, waren hier nicht durch eine Armee, sondern durch einen Fluss geschlagen worden. Sie hatten seine Gewalt unterschätzt. Wie ich später hörte, rechnen die Einwohner damit, dass Dibrugarh in einigen Jahren ganz verschwinden wird.

Aber noch war sie da, und als wir uns durch das Kaleidoskop von Farben und durch das zu jeder indischen Großstadt gehörende ohrenbetäubende Getöse einen Weg bahnten, erinnerte sie mich lautstark daran, dass ich Indien wieder betreten hatte. Auf die Luftverschmutzung war ich nicht vorbereitet. Meine Augen tränten heftig und brannten selbst noch, als ich mir ein Handtuch um das Gesicht wickelte. Bhaiti vergrub seinen Kopf in meinem Hemd und seufzte gelegentlich resigniert – das kannte er alles zur Genüge. Er flößte mir Schuldgefühle ein. Es war, als brächte ich ihn wieder ins Gefängnis.

An unserem Hotel verabschiedeten wir uns von John und Dinesh. Sie mussten zum Flughafen, um ihren Weiterflug nach Delhi anzutreten. Müde stapfte ich die Treppe zu unserem Zimmer im obersten Stockwerk hoch. Ich fühlte mich niedergeschlagen, aus dem Ruder. Aber nicht lange. Plötzlich hörte ich ein tiefes, ansteckendes Kichern und darauf eine Stimme. »Willkommen in meinem Land, Mister Sands. Ich zeige Ihnen viele seltsame und wunderbare Dinge.«

Oben am Ende der Treppe, wie ein Fußballtrainer in einen leichten schwarzen Tropenanzug gekleidet, mit Nike-Turnschuhen, die Augen von einer Ray-Ban-Sonnenbrille verdeckt, stand der Maratha – Aditya Patankar.

»Und das hier ist?«, fragte er und zeigte auf das rostrote Bündel, das verzagt zu meinen Füßen saß.

»Das ist Bhaiti, Aditya. Reeta hat ihn mir überlassen.«

»Brüderchen, nicht wahr?«, sagte er. »Ein guter Name und ein schöner Hund. Komisch, wie ein Pi-Hund schaut er nicht aus, eher wie ein reinrassiger.«

Er sah meine Überraschung.

»Hundeinstinkt«, sagte er geheimnisvoll und tippte sich an die Nase.

Mir fiel wieder ein, dass ich mich nicht in Gesellschaft eines normalen Sterblichen befand, sondern von Indiens erstklassigem Hundefänger, erstklassigem Hundetrainer, erstklassigem Hundeverlierer und vor allem frommem Hundeanbeter – einem Mann mit mystischer Macht über Hunde.

»Der ist reinrassig«, verkündete ich stolz, »ein Tripuri-Hund aus den Lushaibergen in Assam.«

»Die Lushaiberge, Mark, sind *nicht* in Assam. Sie grenzen an die Bundesstaaten Mizoram und Tripura.«

»Na schön, aber früher war es so«, wandte ich ein. »Diese neuen Staaten gehörten alle mal zu Assam. Sie sind erst in den 70er-Jahren selbstständig geworden.«

Er sah mich argwöhnisch an. »Du weißt nichts über Hunde. Wo hast du den Unsinn mit den Tripuri her?«

»Hundeinstinkt«, erwiderte ich und tippte an meine Nase.

»Ach Quatsch«, meinte er. »Das hast du aus dem Buch. Von Salmon oder wie auch immer sein dämlicher Name lautet.«

»Soman heißt er. Jedenfalls«, fuhr ich fort, »verstehen Bhaiti und ich uns prima. Wir haben miteinander geredet. Wir wissen alles, was es über uns zu wissen gibt.«

»Schön«, erwiderte Aditya, »hoffentlich hat er dir zugehört – und du ihm. Das endlose mitternächtliche Gemurmel mit Tara hat nicht gerade viel genutzt. Dauernd ist sie ausgerissen und hat Unheil gestiftet.«

In diesem Augenblick tat Bhaiti etwas Sonderbares – was ich ihn noch nie hatte tun sehen. Mit angelegten Ohren und fast frommem Blick in seinen außergewöhnlichen Augen kroch er über den Boden auf Aditya zu und leckte seine Füße.

»Siehst du?«, sagte Aditya. »Da muss schon der Richtige kommen. Es liegt uns im Blut. Die alte Hundeverehrung unserer Maratha-Vorfahren.«

Ich unterdrückte ein Kichern. Eigentlich, dachte ich, sollte es umgekehrt sein – der Maratha müsste vor Bhaiti auf allen vieren kriechen, *seine* Pfoten lecken und zur Huldigung wie ein Hund bellen. Vergnügt fragte ich mich, ob Aditya aus Bhaitis glänzendem Metallnapf essen würde.

An jenem Abend tafelten wir in großem Stil – Fritten und Fischcurry, dazu Lamb's Navy Rum und Bier. Von dem legendären Maratha etwas eingeschüchtert, schwieg Neeraj erst, doch Aditya mit seiner angeborenen Fähigkeit, jeden für sich einzunehmen, brachte ihn bald dazu, uns mit Geschichten aus Arunachal Pradesh zu ergötzen. Topguy sauste wie üblich drahtig und emsig die Treppe rauf und runter und setzte dem überlasteten Personal mit immer neuen Wünschen zu.

Später schloss sich uns noch ein weiterer Gast an, ein junger Mann namens Rajan, Manju Baruas Neffe, der hin und wieder als Fremdenführer für ihn arbeitete. Ich hatte den Verdacht, er war von Manju geschickt worden, um uns im Auge zu behalten und vor Unfug zu bewahren. Doch Rajan war selbst der personifizierte Unfug und über die Gesellschaft einer anderen Sorte Urlauber höchst erfreut. Er beschäftigte sich hauptsächlich mit zwei Dingen, Frauen und Musik, insbesondere Blues, denn er spielte in einer lokalen Band.

Am Ende des Abends wurde vereinbart, dass Rajan uns auf Majuli, der größten Flussinsel der Welt weiter flussabwärts, die Mönche vorstellen würde. Sie hätten, sagte er uns verschmitzt, etwas Seltsames an sich. Das klang spannend, aber bis jetzt fehlte uns noch ein Boot. Aus Angst vor seinem Onkel bat uns Rajan, ihn in Guwahati anzurufen, um zu erfahren, wo es sich befand. Wegen regelmäßiger Stromausfälle brach die Kommunikation zwischen Dibrugarh und Guwahati öfter zusammen, aber schließlich kam ich durch.

»Hi, Manju«, brüllte ich. »Wie steht's mit dem ...«

»Lass mich ausreden, Mark, lass mich auch mal zu Wort kommen!«, gellte er.

»Ich höre, Manju«, erwiderte ich und hielt den Hörer fast einen halben Meter vom Ohr weg.

»Das Boot ist unterwegs. Es hat vor vier Tagen abgelegt.«

»Vier Tage!«, rief ich ungläubig aus, »aber ...«

»Hör mir zu, Mark«, gellte er noch lauter. »Es ist ein kleines Boot. Es fährt flussaufwärts, also gegen die Strömung.«

»Ja, wird es denn gerudert?«, fragte ich zum Scherz.

Die Leitung war tot.

Am nächsten Morgen wurde ich durch dringliches Klopfen an meiner Tür geweckt. Ich hatte einen Mordskater, fühlte mich beschissen. Völlig benebelt blickte ich auf die Uhr. Es war erst halb acht. Ich stolperte aus dem Bett und öffnete die Tür. Da stand der Maratha ungeduldig vor mir, schick angezogen mit einem dunkelblauen Hemd und messerscharfen Bügelfalten an seiner grünen Khakihose, deren Umschläge in genau richtiger Höhe über einem Paar sorgfältig abgebürsteter Wildlederstiefel hingen. Er war rasiert und hatte die Haare mit Pomade glatt gestrichen. Er sah makellos aus.

Im Gegensatz zu mir besaß Aditya die außergewöhnliche Fähigkeit, selbst nach schlimmsten Nächten so auszusehen, als sei er um sieben Uhr abends zu Bett gegangen und habe nur Milch getrunken. Das machte mich wahnsinnig. Das einzig Verräterische war die Farbe seiner Augen. Sie waren dann stets ein wenig blutunterlaufen, was er an diesem Morgen auf das »verschmutzte Brahmaputrawasser« schob, mit dem er sein Gesicht gewaschen hatte.

»Beeil dich, Mark«, sagte er ungeduldig. »Mir ist langweilig. Ich möchte was unternehmen, irgendwohin fahren. Ich nehme Bhaiti auf einen Spaziergang mit, während du dir was ausdenkst.«

Dibrugarh und Umgebung boten viele faszinierende Unternehmungen. Im Lichtspielhaus aus den 1930er-Jahren in der Talkie House Road, benannt nach der Zeit, als der Tonfilm (talkie) die Stummfilme ersetzte, konnten wir uns einen Film reinziehen. Sie zeigten ein Double Feature: *Twogether* und *Girls with Guns*. Das waren A-Filme, wie es in Indien heißt, also für Erwachsene. Je größer das A auf dem Plakat, desto feuriger der Film.

Weiterhin konnten wir uns ins Freie wagen und das Krankenhaus St. Luke besuchen, wo die Schauspielerin Julie Christie geboren wurde. Wer sich für Industrie interessierte, hatte unendlich viele Möglichkeiten. In diesem Fall harrten die großen, von den italienischen Arbeitern nach ihrer Königin benannten Kohlelager von Margerita der Besichtigung. Oder Chabua, wo 1823 die erste Teeplantage in Indien eingerichtet wurde. Oder wir konnten einen Ausflug nach Dighboi unternehmen, wo erstmals in Indien Öl gefunden wurde – durch Elefanten. Eines Tages, als die Arbeit beendet war, fiel den *mahouts* (Elefantentreiber) eine klebrige schwarze Masse an den Füßen der Elefanten auf. Sie meldeten es den Behörden – Rohöl von der allerbesten Sorte. Das Land schuldet seinen majestätischen, treuen Untertanen sehr viel.

Aditya erschien einige Minuten später mit Bhaiti wieder auf der Bildfläche. Er machte einen erschöpften Eindruck. Bhaiti hechelte glücklich und sah beinahe übermütig aus.

»Verdammter Mist«, sagte Aditya. »Bhaiti hat Raufereien aber gern. Wir haben es mit fünfen auf einmal aufgenommen.«

Ich tätschelte Bhaiti stolz. »Mein braver Junge.«

»Und was ist dir eingefallen?«

»Weißt du noch, als Charles Allen zu Besuch kam? Als ich auf dem Land lebte und du bei uns warst, um dich von deiner Operation zu erholen?«

»Ja.«

»Er erzählte was von einem wirklich schrägen Ort, von dem er als Junge gehört hatte, als er in Assam aufwuchs. Weiter östlich, flussaufwärts. Ein Penispark.«

»Ein was?«, fragte Aditya ungläubig.

»Ein Penispark«, wiederholte ich. »Ich weiß, es klingt merkwürdig, aber offensichtlich war dort irgendwo ein Penispark. Jedenfalls haben die Briten ihn so genannt. Was meinst du? Dazu brauchten wir doch nur ein paar Tage.«

»Hat Charles dir erzählt, wo genau dieser Park war, Mark?«, fragte Aditya argwöhnisch.

»Na ja, gewissermaßen«, erwiderte ich. »Ich habe Karten, allerdings in großem Maßstab. Charles hat den Ort mit einem Bleistiftkreuz markiert.«

Aditya seufzte. »Mark, du weißt sehr gut, dass Charles ziemlich vage sein kann. Ich glaube, wir sollten uns etwas Faktischeres und Näheres vornehmen. Bei meinem Spaziergang mit Bhaiti hab ich Rajan getroffen. Er schlug vor, wir sollten Sibsagar besuchen, die alte Hauptstadt des Königreichs Ahom. Wir brauchen zur Abwechslung mal ein bisschen Kultur. Rajan hat mir den Namen eines Cousins von ihm gegeben, Dr. Diptomonto Baruah. Er ist ein Spanner, ein Vogelbeobachter, und führt eine Apotheke.«

Das passt bestens, dachte ich. Aditya war selbst ein eifriger Spanner. Ich war ein eifriger Hypochonder.

Wir überließen Bhaiti Neeraj und Topguy, die zu einem Einkaufsbummel aufbrechen wollten, um das Boot mit Vorräten zu versehen, wenn es überhaupt eintraf, und brachen in einem Taxi auf nach Sibsagar, um Dr. Diptomonto Baruah zu besuchen, den vogelnärrischen Apotheker.

Wir fanden ihn in seinem Laden, der Apotheke, die an der Hauptstraße von Sibsagar lag. Auf Rajans Rat hin trafen wir fünf Minuten vor Mittag ein. Dr. D. war leicht exzentrisch. Er öffnete seinen Heilmittelladen jeden Tag nur von 9 bis 12. Den Rest der Zeit spitzte er auf Vögel, aß Fischcurry und schrieb mit seiner Frau Gedichte.

Dr. D. war an seinem Schreibtisch still in die Betrachtung eines Pärchens beim Liebesspiel versunken, das in einem Buch abgebildet war. Er schien in Trance verfallen zu sein. Über seinem Schreibtisch hing ein Bild von Indiens meistverehrtem heiligem Mann, Sai Baba, mit Schmuckperlen und einem Stethoskop bekränzt. »Dr. Baruah?«, fragte Aditya.

Er schaute verträumt auf. »Die bekomme ich heutzutage kaum mehr zu sehen. Es ist wirklich traurig. Einmal habe ich ein Paar erwischt. Wunderbare Tierchen«, sagte er und schloss das Buch über indische Vögel.

Wir stellten uns vor und überreichten ihm den Zettel, den Rajan uns gegeben hatte. Sein Verhalten änderte sich.

Er schüttelte uns die Hände. »Ausgezeichnet, ausgezeichnet«, zirpte er, während seine kleinen Knopfaugen hinter seiner Bifokalbrille funkelten. Dr. D. war sehr klein. Er trug eine alte braune Hose und ein rotes Hemd. Er glich exakt – in Farbe wie Verhaltensweise – einem Rotkehlchen, dem Hauptaugenmerk seiner Vogelbesessenheit. Er pickte und hüpfte eher, als dass er redete oder ging. Er war geschäftig, fleißig und naseweis.

»Wir drehen eine Runde«, verkündete er forsch und rieb sich die kleinen Hände. »Ich geh nur schnell zum Essen.« Er lächelte. »Meine Frau macht ein wunderbares Fischcurry. Wir treffen uns in einer Stunde wieder hier.«

Eine Stunde später saßen wir in einem Taxi, um die Überreste des Königreichs Ahom zu besuchen. Im 13. Jahrhundert überquerten die Ahom, Abkömmlinge der Shankultur in Birma, das Paktoigebirge und drangen in Assam ein. Sie herrschten dort erstaunliche 600 Jahre, ließen die Hindukultur in relativem Frieden blühen und schlugen alle Invasionen zurück, darunter 17 Angriffe durch das Mogulenreich, das dabei über 100 000 Reiter und 400 Boote verlor.

Die lange Dauer der Ahomherrschaft in Assam kennt fast keine Parallele in der Geschichte. Die von den Ahom überwundenen Gegner sprachen mit zähneknirschender Ehrfurcht von ihrem Mut, Patriotismus und unbezwingbarem Geist. Neben der Tapferkeit und der Organisation ihrer Armee half ihnen auch die Natur bei der Abwehr von Invasionen. Krankheiten, Pest, Monsun und die riesigen Wälder Assams trugen das ihre dazu bei, die Feinde in Schach zu halten. Die Ahom machten Sibsagar zu ihrer Hauptstadt und nannten die Gegend Assam, was »welliges Land« bedeutet. Ein Ende bereitete dem Königreich erst die birmesische Invasion 1817, ein fünfjähriger Feldzug, der ein Drittel der Einwohner dahinraffte. 1826 vertrieben die Briten die Birmesen, und Assam wurde an das Empire abgetreten.

Neben einem großen künstlichen Tank – oder Wasserspeicher –, welcher der größte in Indien sein soll und am wunderbaren Tempel von Shivadol steht, der mit 33 Metern wiederum der höchste im Land ist, machten wir Bholay Shankar, dem allmächtigen Shiva, unsere Aufwartung. Dann ging es weiter zum Rhang Ghar, einem ovalen, wabenartig gebauten zweistöckigen Pavillon aus dem 19. Jahrhundert, dessen Form und Struktur Einflüsse der Shan-Vorfahren von Ahom erkennen lässt. Hier saß der König von Ahom, umgeben von seinem Hofstaat, und blickte auf ein natürliches Amphitheater, wo er Elefanten- und Stierkämpfen zuschaute. Laut Dr. D. kam es 1979 hier bei einem Geheimtreffen zur Gründung einer der mächtigsten Guerillaorganisationen Assams, der United Liberation Front of Assam. Doch solche historischen Informationen waren nur schwer aus ihm herauszukriegen, da Dr. D. in heißer Verfolgung einer weiteren seltenen Art Federvieh beständig davonflatterte.

An dem einst erhabenen, nun aber beinahe völlig entstellten Komplex von Kareng Ghar – dem »Königspalast« – überließ ich Aditya und Dr. D. ihrem Streit um das Paarungsverhalten des Flaggendrongos. Kareng Ghar muss zu seinen Glanzzeiten ein beeindruckendes Bauwerk gewesen sein – mit sieben Stockwerken über der Erde und dreien darunter. Es heißt, es habe zwei Tunnel beherbergt – geheime Fluchtwege –, einen von gut 15 und einen von drei Kilometern Länge, die zu zwei weiteren heute verfallenen Palästen führten. Tief im Palastinnern fand ich die Öffnung eines der Tunnel. Ich hätte mich gerade noch durchquetschen können, entschied mich aber dagegen, da ich nicht wie zwei meiner Landsleute enden wollte. In den 1950er-Jahren machten sich zwei britische Archäologen auf, den Tunnel zu erkunden. Sie kehrten nie zurück. Irgendwo in den dunklen, dumpfen, von Schlangen heimgesuchten Gewölben lagen nicht nur ihre sterblichen Reste, sondern auch die unzähliger anderer – Feinde der gefürchteten Ahom.

> Ein Zeitungsjournalist schrieb 1906 über ihre Methoden:
> Es ist sinnlos, sich über die wilde Grausamkeit der Zeit auszulassen, doch die damals gängigen Bestrafungen, wenn einem das Leben gelassen wurde, sind der Erwähnung wert. Ohren, Nase und Haare wurden abgeschnitten, die Augen ausgekratzt oder die Kniescheiben aus den Beinen gerissen – wobei letztere Bestrafung sich als tödlich erwies. Zum Tode Verurteilte wurden aufgehängt, aufgespießt, in Stücke gehauen, zwischen zwei Holzzylindern wie Zuckerrohr in einer Mühle zerquetscht, entzweigesägt, bei lebendigem Leib verbrannt, in Öl gesotten oder der Hände und Füße beraubt und in Löcher gesteckt, die dann als Latrinen benutzt wurden. Im 17. Jahrhundert war es nichts Ungewöhnliches, Verschwörer zum Verzehren ihres eigenen Fleisches zu bringen. Es gibt da einen Fall, in dem der Vater gezwungen wurde, die Leber seines Sohnes zu verzehren – das war gewöhnlich seine letzte Mahlzeit auf Erden. Derartige Methoden verfehlten kaum ihre abschreckende Wirkung.

In der Nähe des Eingangs zu einer dieser Katakomben entdeckten wir den letzten König der Ahom. Wir konnten ihn riechen, bevor wir ihn sahen – es war der abgestandene Geruch nach Schwarzgebranntem. Er war sehr betrunken, sehr abgerissen, sehr alt und erzählte uns, dass er jeden Tag nach der harten Feldarbeit hierher komme, um den Palast zu bewachen. Stets brachte er auch ein Fläschchen Schwarzgebrannten mit, was ihm nach seinen Worten das Gefühl gab, ein König zu sein.

Dr. D. war so aufgeregt, dass wir den letzten König der Ahom gefunden hatten, dass er mich um eine Zigarette bat. Er habe vor 20 Jahren das Rauchen aufgegeben, sagte er, paffte jetzt aber wie ein Wilder, hüpfte auf und ab und gab dem alten Mann 100 Rupien. Aditya und ich legten noch je 100 dazu. Dr. D. änderte wiederum sein Verhalten. Er wurde bierernst. Allerdings lag ein verschmitztes Glitzern in seinen Knopfäuglein.

»Mein Herr«, verkündete er, »ich kröne Sie nun zum letzten König der Ahom. Mit diesen Gaben werden Sie sich jeden Tag ein bisschen Schwarzgebrannten kaufen und den Palast mit Ihrem Leben verteidigen.«

Der alte Mann konnte sein Glück kaum fassen. Seine Hände zitterten heftig, als er das Geld entgegennahm. Er blies sich auf vor Stolz. »Bis ich sterbe, Sir. Ich gebe Ihnen mein Wort, ich werde den großen Palast verteidigen. Denn ich bin der letzte König der Ahom.«

Wir setzten Dr. Baruah wieder bei seiner Apotheke ab. Er hüpfte auf und ab, als ich ihm die Hand schüttelte.

»Ganz herzlichen Dank für den wunderschönen Tag«, sagte ich. »Es war nett, Sie kennen zu lernen.«

Er hielt meine Hand. »Ja«, erwiderte er, »es war *recht* nett, Sie kennen zu lernen. Ihr Besuch heute hat mich belebt – ein kleines bisschen.«

Spätabends trafen wir wieder im Hotel ein. Wir stießen auf einen niedergeschlagenen Neeraj, auf Topguy und auf einen verlegen dreinblickenden Rajan, inmitten eines riesigen Stapels aus Töpfen und Pfannen, Reissäcken, Seilen, Mineralwasserkästen, Gemüse, einer Kiste Rum und sogar einem neuen Dampfkochtopf, seltsamerweise Miss Mary geheißen.

»Das Boot ist eingetroffen, Boss«, sagte Neeraj. (»Sir« war mittlerweile durch »Boss« ersetzt worden. Ich würde ihn bald so weit haben.)

»Na, das ist doch toll«, rief ich begeistert. »Wie sieht es denn aus?«

»Boot nicht gut, Boss«, erwiderte Neeraj. »Zu klein. Kein Schutzraum. Nutzlos.«

Anscheinend hatte Manju mich beim Wort genommen, als ich etwas Kleineres vorschlug. Er hatte ein Ruderboot für mich angeheuert.

Aditya übernahm das Kommando: »Morgen früh gehen wir als Erstes zur *ghat* und sondieren die Lage. Wenn das Boot nichts taugt, wie Neeraj sagt, suchen wir ein anderes. Du bleibst hier. Ein Blick auf deine käsige Engländervisage, und die Preise steigen ins Unermessliche. Du sortierst den Proviant aus.«

»Jawohl, Sir«, sagte ich und salutierte in Habachtstellung.

Am nächsten Vormittag, als Aditya und die Mannschaft zur *ghat* aufgebrochen waren, entspannte sich der Boss. Ich fläzte mich mit Bhaiti in einen bequemen Sessel, legte die Füße auf einen Sack Reis und schnippte die Kappe von einer Flasche eisgekühlten Biers. Dann wandte ich mich wieder Mister Somans Buch über den indischen Hund zu und las im Kapitel »Umgang mit Hunden an Bord von Schiffen« nützliche Tipps.

> Es ist wichtig, sich jeden Morgen und Abend die Mühe zu machen, den Hund zu einem Spaziergang auf Deck aus dem Zwinger zu lassen, und darauf zu achten, dass der Aufenthaltsort des Tiers nicht zu nahe bei den Dampfkesseln oder zu sehr den Sonnenstrahlen ausgesetzt ist. Wenn es sich um einen Wasserhund handelt, baden Sie ihn zweimal die Woche (wenn möglich in frischem Wasser, ansonsten in Meerwasser). Das Fell muss unbedingt in Ordnung gehalten werden.

Bhaiti schaute mich argwöhnisch an. Ich las weiter.

> Wenn, wie es häufig vorkommt, nach den ersten Tagen des Aufenthalts an Bord Anzeichen von Verstopfung zu bemerken sind, verabreichen Sie ein mildes Abführmittel, was je nach Bedarf wiederholt werden sollte. Viele Tiere, die ansonsten gutmütig sind, werden an Bord bissig und gereizt, deshalb sollten Sie vor dem Aufbruch nicht vergessen, nicht nur eine Hundekette zu besorgen, sondern auch einen Maulkorb für das Ausführen, sonst könnte der tägliche Spaziergang mit dem Hund an Deck Anstoß erregen und untersagt werden. Im Zwinger sollte ausreichend sauberes, lockeres Stroh sein, um die durch die Schiffsbewegungen hervorgerufenen Beeinträchtigungen zu vermindern.

Mittags kehrte die Mannschaft mit niedergeschlagenen Mienen zurück.

»Neeraj hatte Recht«, meinte Aditya, der verdrossen dreinblickte. »Manjus Boot ist viel zu klein. Es wird äußerst eng, denn es ist bereits eine fünfköpfige Besatzung an Bord.«

»Was sollen wir denn bloß tun?«, winselte ich besorgt.

Er brüllte vor Lachen. »Zunächst einmal heb deinen Arsch vom Sessel und pack zusammen! Heute Mittag setzten wir die Segel. Ich habe für dich ein Boot gefunden, das einzig passende für dich. Weißt du, warum?«

»Warum?«, fragte ich.

»Es heißt *Kailash*! Siehst du, es gibt keine Zufälle.«

Am guten Schiff *Kailash* war nichts Abgehobenes, Geheimnisvolles oder Abweisendes, ganz anders als bei dem vollkommen weißen Kristallkegel am Dach der Welt. Das Boot war gemütlich, einladend und freundlich und schien fast zu lächeln, als es sanft im Wasser an der *ghat* dümpelte, ein wettergegerbter alter Holzzuber mit abgekratztem und abblätterndem Anstrich in der Farbe des Himmels – Indigoblau. Die Besatzung – die *majhi* oder Bootsmänner, der Sammelbegriff für Leute, welche Indiens große Flüsse befahren – war genauso wettergegerbt wie ihr Boot. Es waren vier, allesamt Bihari und alle von der Sonne schwarz verbrannt.

Gamma, der Kapitän oder Lotse, war ein mit allen Wassern gewaschener Flusshund mit stolz gezwirbeltem Schnauzer. Bachha Das oder Pandit, wie er genannt wurde, war Gammas Zweiter Offizier und mit dem Ankerwerfen betraut. Laxman, ein würdevoller Mann mit traurigem Blick, war der Ingenieur, und der junge Vijay – erst zwölfjährig, doch seine Jugend täuschte über seine Erfahrung hinweg – war der Lenzer, der Koch und die lebenswichtige Schnittstelle zwischen den anderen drei vorgesetzten Besatzungsmitgliedern.

Die *Kailash* war gut ausgestattet, 17 Meter lang und in zwei Ebenen aufgeteilt. Das untere Deck beherbergte am Heck den Motor – einen LKW-Motor mit fünf Vorwärtsgängen, aber ohne Rückwärtsgang. Ein offener Gang führte zur Kombüse, die auch als Mannschaftsquartier diente. Die obere Ebene über dem Motor war flach und bot Platz zum Sonnen und Vogelbeobachten. Über der Kombüse befand sich die Brücke, eine kleine Holzkonstruktion, von wo aus Gamma das Boot mit einem Traktorenlenkrad steuerte, das durch ölige, außen und innen entlang laufende Ketten mit Motor und Ruder verbunden war. Das »Örtchen«, wie Manju es beschrieben hätte, war leicht und luftig – eine etwas erhöhte Plattform, die diskret hinten nur wenige Zentimeter über der Wasserlinie angebracht war.

Der Bug war kurz, stumpf und stolz. Oberhalb der Brücke um den kleinen rostigen Scheinwerfer gruppierte sich in alten Blechdosen Gammas Garten – ein hübsches Aufgebot an Blumen, Büschen und Basilikum, ein den Hindus heiliges Gewürz. Mit Vergnügen bemerkte ich auch einen gesunden Bestand an *ganja*. Hinter Gammas kleiner Holzbrücke befand sich eine weitere kleine, offene Deckfläche, die Unterkunft für die feineren Herren Aditya und mich. Neeraj und Topguy wurden unten im Mannschaftsquartier beherbergt.

Vom Ufer aus betrachteten Aditya und ich das hektische Treiben, als die Besatzung und die Jungs über das Boot huschten. Topguy werkelte in der Kombüse herum, während Neeraj, der einige Bambusstämmchen abgeschnitten hatte, aus den Vordächern unserer Zelte hinter der Brücke einen Sonnenschutz aufbaute. Bhaiti leistete auch seinen Teil und schnüffelte in jede Ritze, jede Lücke nach blinden Passagieren, was auf einen Insektenvölkermord hinauslief. Selbst das auf der *Kailash* ansässige Nagetier stand die Treibjagd nicht lange durch und wurde mit einem Schnapper der gemeinen Fänge erledigt.

Der Proviant wurde rasch geladen und der Treibstoff in großen Fässern an Bord gerollt. Es blieb nur noch eine einzige Sache. Unsere *puja*. Wir versammelten uns alle vor Gammas Brücke, die mit Silberfolie verziert war. Das Aufblitzen der Sonne an der Folie erinnerte mich an Weihnachten – zu diesem Fest sollte ich wieder in England sein. Es war der 1. Dezember. Der Strom würde mich hurtig heimtragen müssen.

Neeraj band ein kitschiges Plastikebenbild des dickbäuchigen Ganesh an das Geländer unter der Brücke, sodass die Gottheit über den Bug schaute. In einer Wolke duftender Räucherstäbchen brachen wir eine Kokosnuss auf, legten alle unsere Hände übereinander, murmelten unsere Mantras und erbaten von unserem Schutzherrn sicheres Geleit für unsere Reise.

Nun war alles startklar. Aditya hatte sich dem Anlass entsprechend gekleidet, und zwar eine weiße Baumwollhose, Bootsschuhe und ein flottes spitzes Käppi übergezogen. Er sah wie ein pensionierter Admiral während der Kieler Woche aus. Mir war beinahe danach, ihn an Bord zu pfeifen. Um genau 12 Uhr 01 ließ Laxman den Motor an. Der donnerte laut los, spie eine große schwarze Rauchwolke aus dem kleinen Autoauspuff oben auf Deck und verdüsterte den blauen Himmel wie ein aufziehendes Gewitter.

Dann läutete er eine Glocke – das Signal für Gamma, dass er den ersten Gang einlegte. Eine kurze Stille entstand. Die Verständigung zwischen dem Maschinenraum und der Kommandobrücke brachte ein drittes Besatzungsmitglied ins Spiel, Vijay, dessen Aufgabe darin bestand, den fast stocktauben Gamma auf das Läuten der Glocke aufmerksam zu machen. Nachdem er das Signal erhalten hatte, läutete Gamma seine Glocke zweimal – sein Signal an Laxman, dass er bereit war. Laxman ließ seine Glocke noch einmal ertönen, und Vijay gab weiter, dass Laxman bereit war. Gamma drehte das Steuer, und die *Kailash* zog stolz einen weiten Bogen. Unter unser aller Jubel und verdutzten Blicken tuckerte sie auf der breiten Wasserfläche des Brahmaputra nach Süden.

Wir verfielen bald in einen glücklichen Einklang, jeder fand seinen Platz. Bhaiti hatte auch schnell sein Plätzchen und verließ es, abgesehen von Landurlaub und Insektenexekutionen, nicht mehr. Er rollte sich glücklich unter dem Holzbänkchen zusammen, das Gamma als Steuermannssitz diente. Scheinbar hatte er das Kapitel »Umgang mit Hunden an Bord von Schiffen« gelesen. Er war weit genug von der Hitze des Motors entfernt und vor den Sonnenstrahlen geschützt. Statt auf ausreichend sauberem, lockerem Stroh für seine »Hütte« schlief er auf einem Stoß weicher Seile. Er war ein geborener Flusshund.

Aditya und ich zogen uns in unsere Unterkunft erster Klasse zurück – auf das kleine Holzdeck hinter der Brücke, durch die Zeltvordächer vor der Sonne geschützt. Mir fiel auf, dass er sich wieder umgezogen hatte – diesmal trug er bunte Surfershorts.

»Na, was meinst du?«, wollte er wissen. »Ganz schön fesch, was? Das Schärfste aus einer neuen Kollektion, die einer der größten Surfer Hawaiis herausgebracht hat, Duke Kahamamoku.«

»Wo kriegst du all die Klamotten her?«, fragte ich. »Du siehst wie ein männliches Mannequin aus.«

»Geschenke«, erwiderte er rätselhaft und zog ein weiteres Kleidungsstück aus seiner Tasche, ein umfangreicheres mit einer Menge Gurte.

»Was ist das?«

»Meine Rettungsweste.«

»Eine Rettungsweste?«, fragte ich erstaunt. »Wir befinden uns doch nicht auf einem Yachtrennen rund um die Welt.«

»Hör zu«, sagte er, während er in die Rettungsweste schlüpfte, wobei er an einer Vielzahl Gurte zupfte und zerrte. »Mit dir an Bord gehe ich kein Risiko ein. Ich kenne deine Segelkünste. Du hast auf früheren Expeditionen nicht eines, nein, gleich zwei Boote versenkt. Du bist Jona. Schau, sie hat sogar eine Pfeife«, fügte er fröhlich hinzu und blies kräftig hinein.

Laxman, der das Pfeifen mit einem Läuten verwechselte, dem Signal von Gamma, den Motor zu drosseln, wuchtete den Leerlauf ein und stellte den Motor ab. Die *Kailash* kam vibrierend zum Stillstand.

»Es gibt nur einen Jona an Bord«, bemerkte ich beißend.

Ich stieg ins untere Deck, um die Küche zu begutachten. Sie war makellos, und ein köstlicher Duft stieg schon aus ihr auf. Aus dem Nichts hatte Topguy eine Kombüse geschaffen, die jeden Yachtbesitzer mit Stolz erfüllt hätte. Blinkende Töpfe und Pfannen hingen von kleinen Nägeln. Eine Auswahl geschärfter Schwerter lag säuberlich auf einem aus Treibholz hergestellten Hackbrett. Ein kleiner Primuskocher brannte fröhlich und erhitzte einen großen Aluminiumtopf. Doch Topguys ganzer Stolz war Miss Mary, der Dampfkochtopf.

»Gut«, lächelte er, als er den Deckel hob und sorgfältig den Inhalt prüfte.

»Erste Klasse, Topguy«, sagte ich.

»Mittagessen in fünf Minuten fertig.«

Ich ging Neeraj suchen. Er saß neben Gamma auf der Brücke und sah dem alten Mann aufmerksam zu, träumte schon von einer neuen Laufbahn. Gamma, dessen Blick nie von der für mich einfach riesigen, glatten, braunen Wasserfläche abließ, drehte unermüdlich am Lenkrad, verrückte in einer Reihe von Schwenks und Drehern dauernd den Bug der *Kailash*. Offenbar folgte er einer Karte. Er las oder »träumte«, wie er es formulierte, den Fluss. Unter dieser täuschend ruhigen Oberfläche verbarg sich ein Labyrinth aus Strudeln, Untiefen, Sandbänken, Gegenströmungen und Wirbeln. In seinem Traum, sagte er uns, sehe er den klaren Weg. Ein Schritt vom Weg ab bedeutete augenblickliches Unglück. Es war eine Überlieferung, eine uralte und kenntnisreiche Tradition, die von Meisterlotsen wie Gamma von einer Generation zur anderen weitervermittelt wurde.

Die üblichen Behelfe – Kompasse, Landzeichen oder Sternennavigation – hatten beim Steuern auf diesem Strom wenig Sinn, wo alles sich beständig veränderte und der Kanal von gestern heute schon nicht mehr da sein konnte. Stattdessen erlernten die Schiffskapitäne die *majhi*-Kunst, das Wasser zu lesen – den Weg durch die wechselnden Strömungsmuster und die Bewegungen von Unrat auf der Oberfläche oder sogar durch die Schattierungen von Licht und Schatten in den schlammigen Farben des Flusses aufzuspüren.

Topguys Kochkünste hatten mit der Hilfe seines neuen Babys, des Dampfkochtopfs Miss Mary, neue Höhen erklommen. Wir wurden alle verwöhnt. Das Mittagessen kam auf brandneuen Blechtellern: Berge aus lockerem weißem Basmatireis, eine verwirrende Vielzahl an frischem, perfekt gegartem, krossem Gemüse von den Märkten Dibrugarhs und eine neue Art würzigen Dals, nicht so ölig, aber schärfer, was genau das winzige gewisse Etwas lieferte.

»Topguy ist ein Wunder«, bemerkte Aditya. »Eine Seltenheit. Das, was wir auf Hindi einen Karma-Yogi nennen. Für solche Leute ist die Arbeit Gottesdienst. Sie erwarten nie eine Belohnung.«

Nach dem Essen holten Aditya und ich unsere Schlafsäcke raus. Wir dösten, vom sanften Rollen des Boots und dem gedämpften Stampfen des Motors eingelullt und von der Markise vor der Sonne geschützt, die von der metallischen Wasseroberfläche in einer Hitzeglut abprallte. Am Spätnachmittag, als die Sonne tiefer stand, verwandelte sie den Strom in eine gigantische Leinwand. Es war so, als ob ein Gott heruntergelangt und mit ein paar faulen Pinselstrichen ein Bild gemalt hätte. Wir brauchten gar nicht aufzublicken, denn es war alles vor uns, zog sich ins Unendliche: die Wolken, die Berge, die Farben, das ganze Universum in allen Einzelheiten auf der spiegelgleichen Oberfläche des Flusses. Fischer winkten uns träge zu, als sie in ihren schlanken, eleganten Kanus still vorüberglitten. Wir kamen an einem Bambusfloß vorbei, das von hoch aufgestapelten Bananen und Bambuswedeln völlig verdeckt wurde. Obenauf saßen ein paar Leute wie eine kleine Vogelfamilie auf einem schwimmenden Nest.

Für einen Spanner wie Aditya war dies das Paradies. Alle Arten Wasservögel – Löffelenten, Silberreiher, Kormorane, Kraniche – bevölkerten in Scharen die schmalen Sandbänke. Gelegentlich war ein Aufblitzen hellen Kupfers zu erhaschen, woran das Federkleid von Brandgänsen zu erkennen ist. Über uns blies der Wind auf unzähligen Flöten seine Musik und kündigte Schwärme von Pfeifenten an, die kreisten, tiefer glitten und in wirrem Flügelgeflatter landeten.

Gegen vier Uhr nachmittags forderte ein dreimaliges langes Läuten der Glocke im Maschinenraum Laxman auf, die Fahrt zu drosseln. Die *Kailash* erzitterte, als er den untersten Gang einlegte und den Motor abstellte. Wir glitten immer langsamer dahin, bis die Längsseite des Boots sich an einer Sandbank scheuerte. Das war unser Nachtlager. Ich war enttäuscht. Ich hatte mich auf die Erfahrung gefreut, nachts bei Vollmondlicht den Strom hinabzuschippern. Aber nachts sind diese Gewässer gefährlich, selbst für den erfahrensten *majhi*.

Es stellte sich heraus, dass wir unsere Wüsteninsel allein für uns hatten. Aditya und ich schritten über kühlen, sauberen, knirschenden Sand. Es herrschte völlige Stille, nur durch ein leichtes Aufklatschen unterbrochen, wenn ein Brocken krümelnden Sands vom hohen Ufer fiel, oder durch ein fernes Freudengekläff, wenn Bhaiti eine neue Beuteart verfolgte. Als wir zurückkehrten, brannte hell ein Feuer. Die Besatzung und die Jungs saßen in Decken gehüllt drum herum. Die Temperatur war gefallen.

Topguy kredenzte einen Nachtisch, den ich nie vergessen werde: Topguys Spezialzitronenkuchen. Gamma füllte seine alte verkohlte *chillum*, und nach ein paar Zügen und ein paar Schlücken Rum ließen wir uns nieder, um den Erzählungen des alten Mannes zu lauschen. Er erzählte uns die Geschichte unseres kleinen Gefährts.

Es ist einige Jahre her, da konnte ein junger Mann aus Uttar Pradesh seine große Familie nicht mehr ernähren. Er verließ sie und machte sich auf nach Dibrugarh, um sein Glück zu finden. Er stammte aus einer Familie frommer Shiviten, die ihren erstgeborenen Sohn nach der verschneiten und himmelstürmenden Heimstätte des allmächtigen Shiva auf der tibetanischen Hochebene benannt hatte. Sie nannten ihn Kailash – Kailash Rai.

Kailash Rai war ein aufgeweckter junger Mann. In wenigen Jahren hatte er sich ein einträgliches kleines Geschäft aufgebaut. Er wurde Agent, Mittelsmann für alle möglichen Unternehmen – Abfallbeseitigung, Holztransport und Schrotthandel. Im Laufe der Jahre eröffnete er einen Bauholzhof, eine Spedition, eine Fabrik und baute eine Bootsflotte. Er wurde ein wichtiger Mann. Alle kannten Kailash Rai in Dibrugarh. Er wurde reich, und das leitete seinen Untergang ein.

1991 entführten ihn Terroristen der United Liberation Front of Assam. Kailash Rai wurde nie wieder gesehen. Seine Geschäfte wurden aufgeteilt und verkauft – die Fabriken, die Bauholzlager, die Lastwagen und die Bootsflotte. Kurz vor seiner Entführung hatte er ein Boot für sich anfertigen lassen, welches das Flaggschiff seiner kleinen Armada werden sollte. Es blieb ungetauft. Der gegenwärtige Besitzer, ein Freund, kaufte es und taufte es ihm zu Ehren *Kailash*.

Gamma war sein Leben lang *majhi* gewesen, wie sein Vater und dessen Vater und so weiter. Als Kind hatte er auf den großen Dampfern, die den Strom hinauf und hinunter pflügten und bloß sechs Tage von Dibrugarh nach Kalkutta brauchten, im Ausguck gearbeitet. Jene frühen Schiffe, »Riesen« genannt, waren die größten Postdampfer, die je gebaut wurden, und für über 1 300 Passagiere ausgelegt. Gamma erinnerte sich noch der Klänge, des Lachens und der Musik, die über den Strom hallten, wenn die »Teesahibs«, wie er sie nannte, bis in die späte Nacht feierten, tanzten und tranken. Er erinnerte sich an den beißenden Geruch ihrer Stumpen und den süßen, modrigen Geruch frisch verpackten Tees. Jene Schiffe, sagte er ehrfürchtig, glichen schwimmenden Palästen.

Später im Zweiten Weltkrieg hatte Gamma auf den Dampfern gearbeitet, die militärischen Nachschub und Treibstoff den Strom hinauf nach Guwahati und Dibrugarh beförderten. Er nannte sie Flusszüge. Manchmal war das Verkehrsaufkommen auf dem Fluss so lebhaft wie der Straßenverkehr heute in Guwahati – ein seltsamer Gegensatz zu dem leeren Fluss, der nun vor uns dahinströmte. Während des Kriegs stellte der Brahmaputra eine lebenswichtige Versorgungsader für Kriegsgerät dar – 1944 wurden beinahe zwei Millionen Tonnen transportiert. Und es konnte gefährlich sein – Flugbenzin wurde in großen Mengen auf 17 speziell umgestalteten »Pritschen« – Barken – befördert, die von acht für diesen Zweck umgebauten Dampfschleppern gezogen wurden.

Gamma berichtete uns vom Wüten des Monsuns. Seine knorrigen und knotigen Hände zitterten, als er seine *chillum* auffüllte, so als durchlebte er den Alptraum erneut. Vor 20 Jahren hatte er in einem Kanu den Fluss überquert, als er stark angeschwollen war, und Lebensmittel zu einer Familie auf einer überschwemmten und abgeschnittenen *char* nördlich von Dibrugarh geschafft. Da hörte er hinter sich ein, wie er es bezeichnete, gewaltiges Wasserplatschen. Es war eine riesige Flutwelle, die ihn und das Kanu in die Luft schleuderte. Er wurde vom Strom mitgerissen, dachte schon, er müsse sterben, und betete zu den Göttern um Rettung. Da spürte er, wie ihn etwas am Rücken traf – ein langer, gefällter Baumstamm. Ein zweiter Baumstamm traf ihn noch härter und ertränkte ihn fast. Rings um ihn schwammen hunderte von Baumstämmen, die von einem umgekippten Holzkahn gefallen waren. Schnell packte er einen Stamm und zog sich aus dem Wasser. 24 Stunden lang klammerte er sich daran fest. Der Strom trug ihn 60 Kilometer weit. Südlich von Guwahati schaffte er es endlich, ans Ufer zu gelangen.

Der Fluss, sagte er uns, sei ein Gott und müsse geachtet werden. Für einen *majhi* gebe es nichts anderes als den Fluss. Immer hat er ihr Schicksal beherrscht. Mit dem Aufkommen der Dampfschifffahrt verarmten sie, da ihre Schaluppen überflüssig wurden. Dann gab der Strom ihnen wieder Leben. Sie wurden als Lotsen auf den Dampfern angestellt. Und wiederum hatte der Fluss ihnen alles genommen, als der moderne Landtransport aufkam – Eisenbahnen, Straßen und Brücken. Doch der Strom habe gegenüber den *majhi* immer Wort gehalten, ihnen ihre Loyalität vergolten. Die einstmals tiefen Wasser des Flusses waren nun ein unbeständiges Meer aus Untiefen und Sandbänken, und nur die *majhi* wussten seine geheimen Wege zu deuten.

Lange Zeit redete Gamma nicht mehr. Still mit wie in tiefer Meditation geschlossenen Augen saß er da; von Zeit zu Zeit erhellten die flackernden Flammen sein ruhiges, vom Wetter gegerbtes Gesicht. Dann begann er zu singen. Er sang die Lieder des Stroms, Lieder von den zurückgelassenen Lieben und Lieder der *majhi*. Seine krächzende, von Haschisch getränkte Stimme wurde von der stillen Sandarena verstärkt, bevor sie sanft in den Nebeln verhallte, die wie Spinnenfäden über dem Fluss schwebten.

Ich lag in jener Nacht stundenlang wach, während der Vollmond Bhaiti und mich mit einem Netzwerk fahlen Lichts, durch das Moskitonetz gefiltert, überzog. Plötzlich hörte ich weit, weit über mir das Geräusch von Flügeln. Ich blickte auf. Tausende von Streifengänsen kreuzten auf ihrem Zug nach Süden wie Bombergeschwader die Mondstrahlen, während sie vom eisigen Gefängnis des Hochlands von Tibet in das wärmere Klima der indischen Ebenen flohen. Das Leben, dachte ich, kann eigentlich gar nicht mehr besser werden.

12

Durch wogende Nebel steuerten wir am nächsten Morgen in aller Frühe Majuli an, die größte Flussinsel der Welt. Bhaiti und ich begaben uns zu Gamma auf die Brücke. Es konnte nicht anders sein – er hatte die sichere Fahrrinne geträumt, als er am alten Traktorlenker der *Kailash* drehte und kurbelte wie in einem Autoskooter. Der Strom war überhaupt nicht zu sehen, denn der Nebel hing als nasses Tuch gleich über dem kleinen Bug. Ich fragte mich, ob die halluzinogene Wirkung des *ganja* unsere Sicht nicht noch mehr trübte. Es war erst 5 Uhr früh, und in der kleinen Kabine war es so neblig wie auf dem Fluss, und zwar vom süßen Rauch, den Gamma in Wolken ausblies, wenn er an seiner alten *chillum* gezogen hatte. Lächelnd reichte er sie auch mir. Ein bisschen früh, dachte ich. Aber warum nicht? Nach dem Betäubungsmittelgesetz Assams (Assam Ganja and Bhang Prohibition Act) von 1958 machte ich mich nicht strafbar. Es verbietet den Besitz und Konsum von *ganja* und *bhang* sowie die Rauchutensilien, außer zu »sozialen, religiösen, medizinischen oder wissenschaftlichen Zwecken«.

Wenn der Tatbestand vor Gericht verhandelt würde, war ich in drei Punkten garantiert freizusprechen, vielleicht sogar in allen vieren. Ich konnte sowohl den sozialen Zweck geltend machen wie den religiösen, da sowohl Gamma als auch ich Anhänger des großen *ganja* rauchenden allmächtigen Shiva waren, und zweifellos auch einen medizinischen – ich hatte genug alte Verletzungen, um jeden Geschworenen auf meine Seite zu ziehen. Und den wissenschaftlichen? Eine gründliche Studie über den Lauf eines der wichtigsten Flüsse Asiens? Da hätte die Staatsanwaltschaft eine harte Nuss zu knacken. Ich setzte mich neben Gamma auf die Bank, nahm die *chillum* und inhalierte tief. Etwas Kaltes berührte meinen Fuß.

Ich schaute hinunter. Bhaiti sah mich von seinem Unterschlupf unter der Bank mit fragendem Blick an, der besagte: »He, und was ist mit mir?« Bhaiti brauchte sicherlich nicht noch mehr Stoff. Er war den ganzen Tag stoned von den Schwaden, welche die kleine Kabine erfüllten. Kein Wunder, dass er sie nie verließ.

Ich stierte angestrengt in die Nebelwand vor mir, in der Hoffnung, dass sie sich jeden Augenblick öffnete, so wie bei der Teilung des Roten Meers. Nichts geschah. Sie wurde bestenfalls dichter und farbiger, hatte sich nun in einen Regenbogen verwandelt und erfüllte die Kabine mit betäubenden, glitzernden Strahlen, umhüllte meinen Körper und kitzelte mich. Ich kicherte. Gamma lächelte mich an. Immer noch kichernd, schwebte ich hinaus zur Luxuskabine, wo Aditya sein frisch rasiertes Gesicht gerade mit Rasierwasser einrieb.

»Guten Morgen, Aditya«, sagte ich fröhlich. »Was für ein wunderschöner Tag.«

Er sah mich komisch an. »Den sehe ich bis jetzt noch nicht. Was hast du denn angestellt? Deine Augen rotieren wie fliegende Untertassen.«

Ich kicherte wieder. »Hab mit Gamma den Fluss geträumt.«

»Na, dein Lächeln kannst du dir abschminken. Es gibt Arbeit für dich.«

»Arbeit. Was für Arbeit?«

»Als Kommodore der *Kailash*«, erklärte Aditya, »habe ich entschieden, die Regeln der traditionellen nautischen Hierarchie abzuändern. Von nun an herrscht auf der *Kailash* Gleichberechtigung. Jeder muss seinen Beitrag leisten. Du bist für den Abwasch eingeteilt. Die Regelung tritt sofort in Kraft.«

»Und was tust du?«, fragte ich.

»Ich bin der Ausguck«, erwiderte er. Er machte es sich mit dem Kissen seines zusammengerollten Schlafsacks bequem, nahm seinen Feldstecher heraus und suchte den Horizont ab. »Das sind gefährliche Gewässer.«

Also stieg ich hinunter und betrat die Kombüse. Ich salutierte vor Topguy und Neeraj.

»Melde mich zum Dienst«, verkündete ich.

Topguy sah verschreckt aus. Neeraj lächelte – ein dümmliches Lächeln. Seine Augen rotierten ebenfalls. Ich wusste, wo er heute Morgen gewesen war.

»Nein, Topguy, das ist meine Aufgabe«, sagte ich, als er mich am Einsammeln der schmutzigen Teller und Töpfe hindern wollte.

»Okay«, gab er widerwillig nach, »aber sei vorsichtig.«

Ich salutierte nochmals. Der Abwasch, ansonsten nicht meine Lieblingsbeschäftigung im Haushalt, wird unter dem Einfluss von Assams feinstem Kraut zu einem ziemlichen Vergnügen, dachte ich, als ich den Eimer an einem langen Seil über das Boot schmiss, um Wasser zu holen. Jeder Blechteller entwickelte seinen eigenen Charakter. Ich verbrachte viel Zeit damit, sie zu polieren, bis sie wie Spiegel glänzten. Ich warf wieder den Eimer über Bord, um mehr Wasser hinaufzuziehen, wobei ich das Seil wie eine Angelleine laufen ließ. Ich war so stoned, dass ich loszulassen vergaß. Dann weiß ich nur noch, dass ich im blubbernden Kielwasser der *Kailash* trieb, während sie im Nebel verschwand. Das Wasser ist ja schön warm, dachte ich zufrieden.

»Mann über Bord!«, tönte ein gewaltiger Aufschrei über den Strom, gefolgt von einem vertrauten Bellen.

Ich hörte das Knirschen der Gänge, als Laxman das Boot in den Leerlauf schaltete. Einige Minuten später tauchte, Rettung verheißend, der Bug der *Kailash* aus dem Nebel auf. Eine Gestalt mit einem Feldstecher um den Hals ragte über mir auf, als ich im Wasser zappelte.

»Ich hab's dir doch gesagt«, rief Aditya, »das sind gefährliche Gewässer. Zum Glück war ich voll auf dem Posten.«

Während Vijay und Laxman mich an Bord zogen, schütteten sie sich aus vor Lachen. Mein Kopf war inzwischen wieder halbwegs klar. Der frühmorgendliche Sprung ins kühle Nass fegte die halluzinatorischen Spinnweben aus meinem Geist. Topguy gab mir freundlicherweise eine heiße Tasse Kaffee. Er war das einzige Besatzungsmitglied, das Mitgefühl zeigte. Neeraj lag in der Kombüse, die Beine wackelten in der Luft wie bei einem auf dem Rücken liegenden Käfer, und er brüllte vor Lachen. Nicht einmal Bhaiti zeigte Anteilnahme. Als er sah, dass ich pitschnass war, zog er sich hastig in die gemütliche Ecke seiner Drogenhöhle zurück. Unter keinen Umständen ließ sich Bhaiti freiwillig mit Wasser ein.

Nachdem ich mich abgetrocknet und umgezogen hatte, schloss ich mich dem Kommodore auf dem erhöhten Achterdeck an. »Nun«, erklärte der, »führe ich als Kommodore eine weitere neue Regel an Bord der *Kailash* ein. Es dürfen keine Narkotika oder Alkoholika, keine bewusstseinsverändernden Substanzen konsumiert werden, bevor die Sonne unter die Rah sinkt. Ausgenommen natürlich Gamma.«

»Jawohl, Sir«, salutierte ich.

Mittlerweile hatten sich die Nebel gelichtet. Es war ein großartiger Tag. Gamma lenkte die *Kailash* durch einen schmalen Kanal nahe dem südlichen Steilufer. Das Flussleben zog wie in einem farbigen Kaleidoskop an uns vorbei. Deutlich konnte ich die Flutmarke vom letzten Monsun sehen. Sie war mindestens zehn Meter höher.

An den seichten Stellen wuschen magere sonnenverbrannte Männer ihre Büffel, während die Frauen badeten, sich kichernd abwandten und kokett ihre Blößen bedeckten, als wir vorbeizogen. Der Kommodore war an jenem Morgen, wie ich bemerkte, sehr mit Beobachten beschäftigt, Eifrig suchte er die Uferbänke mit dem Feldstecher ab. Reihen anmutiger Fischerboote in der Form von Sampans mit hohem spitzem Bug und kunstvoll mit Rattan verwobenem kuppelförmigem Baldachin schwankten sanft im Kielwasser der *Kailash*.

Am Ufer blitzte die Sonne von hohen Stapeln schöner kleiner Lehmtöpfe in allen Formen und Größen, die darauf warteten, in Boote verladen und auf den örtlichen Märkten verkauft zu werden. So geschickt wie geduldig warf ein einsamer Fischer immer wieder sein schweres Netz wie einen Matadorumhang aus und holte es langsam wieder ein. Ein paar winzige silberne Fische funkelten wie Wunderkerzen in den Maschen. Vom Ufer aus winkten uns Dorfbewohner aus ihren provisorischen Bambushäuschen zu, die von hohen Palmen umgeben waren. Mit Jute und Zuckerrohr bepflanzte Felder warteten auf die Ernte. Hie und da blitzte etwas smaragdgrün auf – kleine Reispflanzungen.

Es ließ sich unmöglich feststellen, wie breit der Strom war. Wir blickten über die Wasserfläche, die wie eine Fata Morgana im Sonnenlicht glitzerte. Er konnte fünf oder 25 Kilometer breit sein. Er war endlos – hier war nichts stabil oder klar definiert. Nicht einmal das Hauptufer galt als sicher; es konnte sich in einer Jahreszeit um Kilometer bewegen, denn die Gewalt des Monsuns hatte so weite Gebiete überflutet, dass die Reisfelder von ein paar Wochen vorher sich nun möglicherweise irgendwo mitten im Fluss befanden. Unter dem Baldachin des heißen blauen Himmels existierte nur ein unendlicher Ausblick auf das Wasser.

Allein die *majhi* konnten sagen, wo wir waren. Gamma steuerte die *Kailash* auf das für mich vermeintlich rechte Ufer zu. In Wirklichkeit war es bloß eine hohe Sandbank, die Nimati Chapari oder »stumme Sandbank«, so genannt, weil sie so groß war, dass menschliche Stimmen sich auf ihr verloren. Doch sie war weit entfernt vom Stummsein. Der Maratha schwenkte seinen Feldstecher, um die unterschiedlichen Vogelarten zu studieren, die an den seichten Stellen badeten. Aufgeregt bestimmte er sie für mich – Teichreiher, Flussseeschwalben, Schwarzkopfstörche, Silberklaffschnäbel, Indische Marabus, Javanische Marabus, Ibisse und sogar eine Flottille tief fliegender Pelikane mit ihren seltsamen, wie eine Einkaufstasche geformten Schnäbeln, mit denen sie Wasser von der Oberfläche schöpften. Kein Wunder, dachte ich, dass die Fischer hier zu kämpfen haben. Die Konkurrenz war enorm.

Plötzlich zogen am klaren blauen Himmel dunkle Wolken auf. Erst hielt ich sie für Heuschreckenschwärme, doch Aditya identifizierte sie als Rauchschwalben auf dem Zug nach Süden. Sie flohen vor den kalten sibirischen Öden in die Wärme des ostindischen Deltas. Manche schafften es nicht mehr. Vor meinen Augen plumpsten zwei erschöpfte Nachzügler wie Steine in den Fluss. Sie bäumten sich kurz auf und schlugen verzweifelt mit den Flügeln, doch die Strömung rollte über sie hinweg und beförderte sie in ihr feuchtes Grab.

Mittags erreichten wir die Insel Majuli. Dem Mythos zufolge wurde Majuli von einer der Brüste der schönen Sati gebildet, die sich das Leben nahm, nachdem sie von ihrer Familie verstoßen wurde, weil sie den großen Gott Shiva geheiratet hatte. Eine vertraute Gestalt mit einem kleinen Bus wartete dort auf uns – Rajan, Manjus Neffe, den wir vor ein paar Tagen in Dibrugarh kennen gelernt hatten. Abgesehen von Frauen und Blues war Rajan Experte für die sonderbaren Mönche von Majuli. Er würde unser Reiseführer nach Kamalabari sein, dem größten der 33 *satras* oder Klöster, die hier seit dem 17. Jahrhundert existierten.

Majuli leidet immer stark unter dem Monsun, doch in diesem Jahr waren wegen seiner Heftigkeit zwei Drittel der Insel unter Wasser gesetzt worden. Wir brauchten fast viereinhalb Stunden für die zwölf Kilometer zum Kloster, wobei wir meist damit beschäftigt waren, den Bus aus dem sandigen Weg zu ziehen, der vor ein paar Monaten noch eine asphaltierte Straße gewesen war. Mit dem alten Transportmittel auf Majuli wären wir besser dran gewesen – einem hochrädrigen, von einem Elefanten gezogenen Karren.

Eine Gruppe Jungen saß lachend und schwatzend auf einer Mauer vor den Klostertoren. Sie trugen schlichte, saubere weiße *dhotis*. Das frisch gewaschene Haar war zurückgekämmt und zu Knoten gebunden worden.

»Das sind die Novizen, die Jünger«, erklärte Rajan. »Fällt Ihnen irgendwas an ihnen auf?«

Zunächst einmal waren sie alle außergewöhnlich schön – von einer dunkeläugigen, schmalhüftigen, hochwangigen, schmollmundigen und sinnlichen Schönheit. Aber da war noch etwas. Sonderbarerweise sahen sie alle genau gleich aus.

»Seltsam, nicht wahr?«, sagte Rajan, als würde er meine Gedanken lesen. »Es ist fast so, als seien sie eine spezielle Züchtung. Hier in Kamalabari leben etwa 120, die der Religion geweiht sind.«

Ich ging zu den Jungen, um ihnen die Hand zu schütteln.

»Nein, nein, nein, Mark«, flüsterte Rajan dringlich. »Das können Sie nicht tun. Sie dürfen nicht berührt werden, wenn sie gebadet haben. Und schon gar nicht innerhalb des Klosters.«

Ein älteres, aber beinahe exaktes Replikat der Jungen führte uns in den Klosterkomplex. Dort war es kühl, sauber und ruhig. Rund herum standen riesige Bäume der Gattung *ficus religiosa*. Tauben gurrten, während Scharen von Flughunden still durch die Luft über uns glitten und ihren Nestern zustrebten. Die älteren Mönche hatten jeweils ein eigenes Zimmer mit Blick auf den hübschen Hof. Sie sahen auch sonderbar ähnlich aus, die feingliedrigen Gesichter merkwürdig jung und lebhaft, die braunen Körper muskulös und gut modelliert. Sie lächelten uns zu, wenn wir vorbeikamen – ein rätselhaftes, leeres Lächeln, beinahe hypnotisch. Ich stellte plötzlich fest, dass meine Füße schwer wurden, mein ganzer Körper von einer Gelassenheit überwältigt wurde, die schon an Gleichgültigkeit grenzte und wie ein spiritueller Magnet an mir zog. Das war so stark, dass ich unwillkürlich den Wunsch verspürte, nicht mehr von hier wegzugehen. Alles war so perfekt – zu perfekt.

In allen anderen je von mir in Indien besuchten Tempeln oder Klöstern stürzen die *pandas* oder Priester in Scharen hinzu und nehmen einen bei jeder Gelegenheit aus. In Kamalabari begegneten wir keinerlei Geldgier. Als wir uns verabschiedeten, musste ich ihnen meine Spende förmlich aufdrängen. Doch in dem Augenblick, als das Tor des Klosters sich hinter uns schloss, war es, als kehrten wir aus einem Traum wieder in die Realität zurück. Ich wurde an einen Film erinnert, den ich gesehen hatte, *The Stepford Wives*, der in einem Ort spielt, wo alles perfekt war und alle Frauen gleich waren.

Augenblicklich bestürmten wir Rajan mit Fragen. »Sind sie ... du weißt schon ...?«, fragten Aditya und ich beinahe gleichzeitig.

»Was?« Rajan lächelte unschuldig.

»Na, du weißt schon, was ich meine, Rajan«, sondierte ich behutsam. »Es sind alles Männer und Jungen. Sie leben zusammen. Sie sehen alle unglaublich gut aus. Du weißt schon, sind sie, äh ...«

»Raus mit der Sprache, Mark«, unterbrach Aditya. »Sind sie schwul, Rajan?«

Er lächelte rätselhaft. »Ich wüsste nicht.«

»Also, ich will dir mal was sagen, Rajan«, erklärte Aditya. »Du hast hier eine Goldgrube. Du könntest die erste schwule Indienreise veranstalten. Damit machst du ein Vermögen.«

Rajan lachte. »Merkwürdig, dass Sie das erwähnen. Ich habe einmal einen amerikanischen Fotografen hierher geführt. Es war ein Albtraum. Er wollte verdammt nicht mehr weg. Wir blieben zehn Tage, *außerhalb* des Komplexes.

»Warum?«, fragten wir.

»Ich weiß nicht. Vielleicht«, meinte er verschmitzt, »weil es der einzige Ort war, wo er sie berühren konnte.«

Das feuchte Raspeln von Bhaitis Zunge weckte mich am nächsten Morgen aus meinen Träumen. Er blickte mich an, die tiefen Augen erfüllt von Zuneigung und Vertrauen. Plötzlich spürte ich ein Kribbeln im Magen, denn da war etwas in seinem Blick, das mir mit einem dumpfen Schlag eine Erkenntnis brachte. Es traf mich, wie schnell wir vorwärts kamen. Wir hatten bereits ein Viertel des Stroms in Assam hinter uns gebracht. Im Kokon des gemütlichen, wettergegerbten alten Rumpfs der *Kailash* waren wir eine große glückliche Familie geworden. Die Tage waren ineinander geflossen, doch das würde nicht so bleiben. In gerade etwas mehr als einer Woche – fiel mir siedend heiß ein – würden Bhaiti und ich die Grenze nach Bangladesch überschreiten. Dort, in dem muslimischen Land, war es aber aussichtslos, dass mein Hindu-Brüderchen ein Zuhause fand. Bhaiti, mein Tripuri-Hund aus den Lushaibergen in Assam, gehörte hierher. Was würde mit ihm geschehen? Er vertraute mir – ich hatte es ihm versprochen.

Wir nahmen an jenem Morgen Kurs auf Wild Grass, um Ranesh, Reetas Bruder, zu besuchen, den ich zuletzt in Guwahati gesehen hatte. Der Strom war hier so breit, dass ich die Ufer nicht mehr sehen konnte. Er war wirklich schon fast so etwas wie ein See oder ein Meer – nur noch geografisch ein Fluss. Gleichzeitig aber verwirrte das undurchschaubare

Labyrinth aus Sandbänken selbst Gamma, als er versuchte, den kleinen Kanal zu finden, der zur *ghat* von Kaziranga führte. Der Maratha jedoch, stellte ich mit Erleichterung fest, hatte alles im Griff. Er studierte aufmerksam eine Landkarte. Es war, wie ich bemerkte, eine indische Straßenkarte.

»Na«, sagte ich, »wo sind wir?«

»Was?«, erwiderte er unbestimmt und blickte auf, die Brille weit vorn auf der Nasenspitze. »Keine Ahnung. Aber genauso wenig war mir bewusst, dass TTK Limited, die Firma, die diese Karte gedruckt hat, auch ein Verlag ist.«

»Was um alles auf der Welt soll das jetzt heißen?«, fragte ich gereizt.

»Eigentlich nichts«, meinte er. »Bloß dass TTK der größte Kondomhersteller in Indien ist.«

Wir steuerten ziellos herum, bis Rajan, den wir mitgenommen hatten, den engen Kanal erkannte. Schon von weitem sah ich, wer uns von der *ghat* aus zuwinkte. Es war Ranesh. Als wir das Boot vertäuten, erkannte ich, für wen sein Herz schlug.

»Wo ist der wichtigste Passagier?«, schrie er und suchte das Deck nach Bhaiti ab, sogar noch, bevor er seinen alten Schulfreund Aditya begrüßte, den er seit fast 30 Jahren nicht mehr gesehen hatte.

Als Bhaiti Raneshs Stimme hörte, trottete er schwanzwedelnd aus seinem Unterschlupf und bellte froh.

»Ah, das ist ein echter Flusshund«, meinte Ranesh. »Sumo kann es kaum erwarten, ihn kennen zu lernen.«

Sumo – das sah ich, als wir *Wild Grass* erreichten – war Raneshs große Liebe. Sie war eine hübsche kleine braunweiße Hündin und machte sich augenblicklich an Bhaiti heran, leckte, schnupperte und winselte vor Freude. Bhaiti packte sie sanft am Genick und zog sie zu mir her, als suchte er meine Zustimmung. Ich sah Bhaiti an. Er blickte mich fragend an, dann wieder Sumo. Zum zweiten Mal an diesem Tag befiel mich ein Kribbeln im Magen. Plötzlich, in einem Moment, als ich es am wenigsten erwartet hatte, war alles wieder ins Lot gekommen. Ich konnte es an Bhaitis Augen ablesen. Das war Karma – Vertrauen hatte sich ausgezahlt. Hier war seine Heimat – in Assam, mit Sumo in *Wild Grass*.

Bhaiti führte nun eine willige Sumo sanft aus dem Haus zu einem lauschigen Plätzchen. Ich begriff. Er war wie ein Matrose, der nach langer Fahrt übers Meer endlich wieder Land betrat.

In diesem Augenblick tauchte Rajan auf. »Mein Gott«, sagte er voller Neid. »In meinem nächsten Leben kehre ich als Hund wieder.«

Es war, als wäre mir eine schwere Last von den Schultern genommen worden. Der Tripuri-Hund aus den Lushaibergen in Assam war nur ein Stückchen nach Norden zum Karbi-Anglong-Gebirge, immer noch in Assam, gezogen. In Wild Grass, nur wenige Kilometer von Kaziranga und dem Brahmaputra entfernt, dem Fluss, der ihn seiner neuen Bestimmung zugeführt hatte, konnte Bhaiti nach Herzenslust jagen. Abends würde er in sein neues Heim zurückkehren, um sich von Ranesh und von seiner neuen Freundin tierisch verwöhnen zu lassen. Wer hat da was von einem Hundeleben gesagt?

Ich hatte aber immer noch eine Menge Probleme zu bewältigen. Ich musste ein anderes Boot ausfindig machen, das mich den Strom hinab durch Bangladesch trug. Obwohl meine Aufenthaltsgenehmigung mir erlaubte, über den Brahmaputra nach Bangladesch einzureisen, blieb die *Kailash* doch ein indisches Boot und würde keine Fahrerlaubnis für die Gewässer Bangladeschs erhalten. Die Beziehungen zwischen den beiden Staaten waren – milde ausgedrückt – ein wenig gespannt.

Ranesh übergab mir einen dicken Packen Faxe von meinem gereizten Yachtvermittler in Guwahati. Manju, der inzwischen bis über beide Ohren im Bootshandel steckte, war bei dem Versuch, Boote zwischen zwei Ländern zu verschieben, zu einer Art internationalem Makler geworden. Die neue Rolle machte ihm aber offensichtlich keinen Spaß.

Mir wurde klar, dass ich diese Angelegenheit so bald wie möglich klären musste. So entschied ich, am nächsten Tag nach Guwahati zu fahren, um das Problem mit Manju durchzugehen, und dann wieder nach Wild Grass und zur *Kailash* zurückzukehren. Aditya würde mit mir kommen. Er musste wegen eines Auftrags nach Delhi, und ich konnte ihn am Flughafen absetzen.

Die *Kailash* würde bis zu meiner Rückkehr hier bleiben. Neeraj hatte sich ein Fieber eingefangen, Gamma musste seinen Vorrat an *ganja* auffrischen, und vor allem konnte Bhaiti seine neue Freundin und seine neue Heimat kennen lernen, bevor er nach Bangladesch aufbrach.

Wild Grass war ein wunderschöner Ort inmitten von fünf Hektar Bambushainen und den verschiedensten Arten blühender Bäume. Die

Unterkunft war altmodisch und gemütlich: eine Ansammlung traditioneller assamesischer Häuser mit hellen und luftigen Zimmern und knarrenden Bodendielen.

Am Abend dinierten wir bei Ranesh in Wild Grass. Dort begegnete ich einer faszinierenden alten Frau. Sie fegte in einem atemberaubenden blauen Chiffonsari und passenden blauen *tikka* zwischen den Augen ins Zimmer. Ihr weißes Haar war elegant frisiert, und ihre Handgelenke, Arme und der Hals blitzten vor silbernem traditionellem Schmuck. Allerdings war gar nichts Indisches an ihr. Sie war so englisch wie nur eben möglich. Sie hieß sogar Mary England, obwohl sie den Namen inzwischen in Mary Gogoi umgeändert hatte. Bar jeden Verlangens, jemals wieder in ihr Geburtsland zurückzukehren, hatte sie vor, den Rest ihres hoffentlich noch langen Lebens genau hier in *Wild Grass* zu verbringen.

Ihre Lebensgeschichte war betrüblich. Mary hatte viele Jahre im Ausland verbracht, meist im Vorderen Orient, wo ihr Mann arbeitete. Vor ein paar Jahren war sie Witwe geworden und hatte sich in einem Landhaus in Oxfordshire zur Ruhe gesetzt, in der Hoffnung, ihren Lebensabend in der Nähe ihrer Angehörigen zu verbringen. England aber hatte sich verändert, und ihre Kinder wollten nichts von ihr wissen. Sie fühlte sich einsam und deplatziert. Mary England, vom alten Schlag und mit einem unstillbaren Lebenshunger, ordnete ihre Angelegenheiten und brach nach Indien auf. Warum Indien, fragte ich. Sie sei schon immer eigensinnig und widerspenstig gewesen, sagte sie mir; Indien sei das einzige Land gewesen, in das ihr Mann sich geweigert habe, mit ihr zu reisen. Sie hatte nur eine Kontaktperson hier, auf einem Teegut in Assam. Dorthin kam sie 1993, als die Beschränkungen für ausländische Besucher aufgehoben wurden. Schließlich war sie in Wild Grass gelandet, wo sie wie Bhaiti eine Familie gefunden hatte. Und wie Bhaiti hatte sie das Gefühl, sie sei endlich daheim angekommen.

Irgendwann in dieser langen, lauten Nacht, als der Alkohol in Strömen floss, hatten Aditya und ich offenbar dem großen Verlangen Ausdruck verliehen, am folgenden Tag einen Elefantenritt um das Wildgehege zu unternehmen. Das hätten wir uns zweimal überlegen sollen. Sehr früh am nächsten Morgen, als unsere Köpfe noch brummten und unsere Mägen noch grummelten, zuckelten wir schon auf einem der zahmen Rüsseltiere durch das hohe taufeuchte Gras auf der Suche nach einer der am meisten gefährdeten Tierarten unseres Planeten – dem indischen Nashorn.

Im 13. Jahrhundert stieß Marco Polo auf das sonderbare Geschöpf und meinte, er habe das legendäre Einhorn gefunden. Viele Jahre lang – bis Kaziranga 1908 für die Jagd gesperrt wurde – wurde das Nashorn von Jägern und Wilddieben aus Vergnügen und wegen der angeblich aphrodisierenden Wirkung seines Horns geschossen. Damals schon erzielte ein Kilo Horn – umgerechnet auf das heutige Preisniveau – etwa 12 000 Dollar. Am Ende des 19. Jahrhunderts lebte kaum ein Nashorn mehr. 1902 äußerte Lady Curzon, die Gattin des Vizekönigs, den Wunsch, das »dreizehige, einhornige Tier« zu sehen, das Marco Polo für ein Einhorn gehalten hatte. Da waren es nur noch zwölf.

Heute ist Kaziranga mit seinen fast 700 Quadratkilometern eines der am besten geschützten Wildreservate Indiens. Bestens ausgebildete Wilddiebjäger sind 24 Stunden in Bereitschaft und haben die Lizenz zu töten. Aufgrund ihres Eifers und Fleißes haben sich die Nashornzahlen deutlich erhöht. Doch das Wildern bleibt eine beständige Bedrohung. Heute erzielt ein Horn pro Kilo 40 000 Dollar. Bis die reichen, dickbäuchigen Potentaten im Orient erkennen, dass ihre Impotenz sich nicht durch einen Sud aus Rhinozeroshorn kurieren lässt, ist die Zukunft des herrlichen Tiers gefährdet.

Kaziranga beherbergt auch eine große Anzahl anderer Tierarten: Wildbüffel, Gaur, Sumpfhirsch, Wildschwein, Sambar- und Schweinshirsch. Und tausende verschiedener Vogelarten. Wegen unseres Katers zogen sie an jenem Morgen nur sehr verschwommen an uns vorbei. Aber wir erspähten Nashörner – insgesamt sogar 14. Aditya schrieb Geschichte für die Annalen der Wildtierfotografie. Er nahm das allererste Bild eines fliegenden Nashorns auf – das Resultat einer Doppelbelichtung und zittriger Hände.

Am Vormittag brachen wir mit dem Auto auf nach Guwahati, um mit meinem Yachtmakler Manju das Durcheinander bezüglich des Boots für Bangladesch zu klären. Während der Fahrt ergriff ich die Gelegenheit, den dicken Packen Faxe durchzuarbeiten, den Ranesh mir in Wild Grass übergeben hatte. Ich begriff allmählich, warum Manju am Ende war. Ich spürte, ich hatte viel Wiedergutmachungsarbeit zu leisten.

Die Korrespondenz war endlos und drehte sich nur um Bangladesch. Noch in England hatte ich Bekannte bei einer indischen Teefirma mit Plantagen in Bangladesch gefragt, ob sie mir jemanden empfehlen könnten, der während meiner Reise durch das Land als Führer und Dolmetscher agieren könnte. Sie hatten vereinbart, dass ein junger Teeanbauer namens Shaamshuzzaman – kurz »Shaams«- mich begleiten sollte. Nun waren aus dem Büro der Firma in Dhaka verzweifelte Anfragen gekommen, wann Mister Shand eintreffen würde und wo Shaams ihn abholen sollte. Dann waren amtliche Schreiben der Regierung eingetroffen, die Mister Shand in Bangladesch offiziell willkommen hießen, und Briefe des Fremdenverkehrsamts in Parjatan, das gespannt Mister Shands »Kulturreise« durch Bangladesh entgegensah. Und hochrangige Militärs von den Bangladesh Rifle Security Forces, die etwa mit den indischen Grenzschutztruppen gleichzusetzen sind, unterrichteten mich über das verwirrende Labyrinth an Grenzübergängen. Sie standen bereit, Mister Shand ab der Grenze zu eskortieren.

Das war alles schön und gut, aber erstaunlicherweise war in einem Land, das die meiste Zeit des Jahres unter Wasser verbrachte, offenbar niemand in der Lage, ein Boot für mich aufzutreiben. Stattdessen endeten alle Briefe mit derselben absurden Note: Ob Bhaiti einen britischen Pass habe? Ich sah die Verwicklungen schon voraus. Ein schreckliches Schlamassel bahnte sich an. Da gab es nur einen Menschen, der das wieder entwirren konnte, und der schnarchte neben mir im Tiefschlaf. Ich würde alle meine Überredungskünste anwenden müssen. Ich stieß ihn an.

»Wa-as?«, krächzte Aditya gereizt. »Ich hab gerade wunderschön geträumt, dass ich heimfahre.«

»Was weißt du über Bangladesch?«

»Nichts. Will's auch nicht, interessiert mich nicht, will dort nie im Leben hin.«

Ich probierte es auf einem anderen Weg. »Offenbar ist es ein schönes Land«, sagte ich. »Schöne Flüsse, schöne Menschen, verblüffender Vogelreichtum – ideal zum Fotografieren.«

»Unsinn«, sagte er. »Bangladesch besteht für mich aus dreierlei: Menschen, Wind und Wasser. Zu viele Menschen, zu viel Wind, weil sie alle so viel quatschen, und zu viel Wasser – die meiste Zeit im Jahr ist dort Land unter.«

»Nun«, erwiderte ich ungehalten, »was die Bevölkerung betrifft, geht Indien ja nicht gerade mit gutem Beispiel voran. Und das ganze Wasser kommt daher, dass ihr im Norden immer wieder Bäume fällt.«

»Unsinn«, sagte er erneut, »das hat nichts mit uns zu tun. Die Bhutaner und die Chinesen in Tibet, die sind die wirklichen Übeltäter. Seit Jahrzehnten wird dort oben unkontrolliert Holz geschlagen, so dass die Hänge nun kahl sind und das Erdreich direkt in den Brahmaputra geschwemmt wird. Du hast ja schon gesehen, welche Verheerungen der Fluss während des Monsuns in Assam anrichtet. Bangladesch trifft es noch viel schlimmer. Und überhaupt«, sagte er, »was soll das Ganze?« Er starrte mich verwundert an. Endlich war der Groschen gefallen. »Du willst, dass ich mitkomme?«

Meine Diplomatie hatte nichts gefruchtet. Nun musste ich die Karten auf den Tisch legen – ein Full House – und an sein Mitleid appellieren.

»Schau, Aditya«, bettelte ich, »ich bin dabei, zu verzweifeln.« Ich zeigte ihm den Stapel Korrespondenz. »Zunächst einmal krieg ich kein Boot, und zweitens sieht es so aus, als ob die Regierung meine Reise in eine Art Kulturtrip verwandeln will. Und drittens, was ist, wenn ich Shaams nicht mag? Am Ende muss ich zwei Wochen lang über Teeanbau reden. Das wird stocklangweilig. Kein Spaß.«

»Aber du hast doch Neeraj und Topguy«, meinte er.

»Die kann ich nicht nach Bangladesch mitnehmen, Sie haben keine Pässe. Bitte ...«

Er seufzte. »Verdammter Scheiß. In was du mich alles reinreitest.« Er brütete noch ein paar Minuten darüber nach. »Also, das heißt, ich muss nach Delhi zurückfliegen, dann für einen Tag nach Rajastan düsen, um die Aufnahmen zu machen, dann wieder zurück nach Delhi, heim nach Gwalior, dann wieder nach Delhi und von da schließlich einen Flieger nach Dhaka nehmen. Bleibt mir nicht viel Zeit. Wie, wann und wo treffe ich dich überhaupt?«

»Das ist einfach«, meinte ich. »Alles ist arrangiert. Die Grenze passieren wir in einem Ort namens Doikhawa. Du kannst dich mit Shaams in Verbindung setzen und uns dort treffen. Einzig ein Boot fehlt uns noch. Du musst nur noch eins für uns auftreiben.«

»Okay«, sagte er matt. »Ich komme mit. Aber unter zwei Bedingungen.«

»Und die wären?«

»Erstens, dass ich am 25. zurück in Delhi bin. Ich muss arbeiten.«

Das war kein Problem. Ich musste am 25. zurück in England sein. Zu Weihnachten.

»Und zweitens, dass ich mit British Airways fliege, nicht mit Biman.«

»Okay«, sagte ich, »von mir aus. Aber warum?«

»Bonusmeilen«, erwiderte er.

Gegen zwei Uhr nachmittags waren wir bei Manjus Haus in Guwahati. Noch bevor wir ihn sehen konnten, hörten wir durch das offene Fenster seines Büros im ersten Stock, wie er ins Telefon schrie.

Manju Barua war der Fidel Castro von Assam – ein Bär von einem Mann mit einem Bart aus verknoteten schwarzen Haaren, die wie ein Lätzchen vor seiner Brust hingen, und blitzenden schwarzen Augen, die einem auf den Grund der Seele zu blicken schienen. Beim Reden hob er demütig die silbern beringten Hände, wie um eine Menge zu beruhigen, die er gerade mit seinen leidenschaftlichen Worten in Raserei versetzt hatte. Auf den ersten Blick wirkte er einschüchternd. Doch sein Poltern verbarg nur einen ganz anderen Menschen, der sanft, aufrichtig, spirituell und bescheiden war. Manju konnte fließend aus dem Sanskrit übersetzen und kannte die Gewohnheiten und lateinischen Namen jeder Tierart, die in diesem wildreichen Bundesstaat kreuchte und fleuchte. Er war ein hervorragender Botaniker, ein Kricketexperte, ein talentierter Volksmusiker und ein ungeheuer guter Sänger. Sein immenses Repertoire beinhaltete alle je von den Beatles geschriebenen Songs, die er mit großem Vergnügen abends im Bad trällerte. Und vor allem liebte er Elefanten.

Seine mächtigen Arme reichten sehr weit, und obwohl er jedem erzählte, er sei nur ein bescheidener Reiseveranstalter, der ein kleines Dschungelcamp sein Eigen nannte, war sein heute ungewöhnlich ruhiges Büro normalerweise proppenvoll mit einer breit gefächerten Auswahl der Gesellschaft Assams, von hochrangigen Beamten der Regierung und der Naturschutzbehörde bis zu Mahouts und Musikern.

Sein Büro täuschte einen ebenso wie sein Betragen. Jeder Zentimeter ebener Fläche, jeder Stuhl und Tisch war von Stapeln verstaubter Papiere und von Ordnern bedeckt. Die Bücherregale an den Wänden sahen so wacklig aus, so als würden sie jeden Augenblick wie ein Vulkan explodieren und eine Lavaflut eklektischer Literatur ausspeien.

Doch alles hatte seinen Platz. Es war ein höchst durchorganisiertes Chaos. In einem Stapel verstaubter Kisten, den ich schon bei meinem letzten Besuch bemerkt hatte, wartete ein hochmodernes Computersystem. Es war von einem entnervten Freund im vergeblichen Versuch geliefert worden, die Kommunikation zu modernisieren, Manjus verbeulte und verkratzte alte Schreibmaschine zu ersetzen. Manjus Antwort war vollkommen logisch gewesen. Er hatte erwidert, er modernisiere sein Kommunikationssystem, indem er seine Schreibmaschine neu anstreiche. Sein einziges Zugeständnis an die moderne Technologie war ein Faxgerät, sein einziges Mittel, schriftlich mit der Außenwelt in Kontakt zu treten. Ich hatte oft seine einfallsreiche Art miterleben dürfen, wie er mit ausländischen Reisebüros umging, die eine Buchung bestätigen wollten.

Wenn etwa das Telefon läutete, das er hasste, schrie er »Hallo, hallo, hallo!« und hielt den Hörer mindestens einen halben Meter von seinem Ohr weg. »Ja, hier ist *Wild Grass*. Von wo rufen Sie an? Aus Schweden? Ich kann Sie nicht verstehen.« Das konnte er natürlich ausgezeichnet. »Bitte schicken Sie ein Fax. Die Nummer lautet ... hallo, hallo, ich kann Sie nicht hören.« Damit knallte er den Hörer auf.

»Mein Gott«, rief er, als wir sein Zimmer betraten, »endlich ist meine Nemesis eingetroffen. Du weißt ja nicht, was du mir für Unannehmlichkeiten gemacht hast und ...«

Ich unterbrach ihn. »Lass mich ausreden, lass mich ausreden«, schrie ich, wobei ich mir Manjus Lieblingssatz ausborgte. »Dein Ärger ist ausgestanden. Du kannst die Angelegenheit abhaken. Ich treffe mich mit Aditya an der Grenze von Bangladesch, und er besorgt mir ein Boot.«

»Ich rede gar nicht von Booten«, fiel er mir ins Wort. »Ich werde vom Fremdenverkehrsamt, vom Staatssekretär und sogar vom Obersten Minister mit Anrufen bestürmt. Aus unerfindlichen Gründen glauben sie alle, deine Flussreise könnte den Tourismus in Assam fördern. Nun möchten sie, dass ich die Logistik dafür übernehme. Als ob ich nicht genug am Hals hätte.«

Ich dachte darüber nach. Es war eine glänzende Idee. Für einen Urlauber oder Abenteuertouristen konnte ich mir nichts Besseres vorstellen. Tag eins: ein bisschen Kultur, ein Segen am großen Muttertempel von Kamakhya. Dann an Bord einer generalüberholten *Kailash* oder eines anderen entsprechend ausgerüsteten Luxusliners die majestätischen Fluten des Brahmaputra mit seiner Vielfalt an Wasservögeln hinuntertuckern. Auf einer stillen und leeren Sandbank ein hübsches Zeltlager aufschlagen, bei Vollmond ein vorzügliches Dinner genießen, es mit Topguys Zitronenkuchen krönen. Und beim Klang von tausend Schwingen einschlafen, wenn die Streifengänse über einem fort gen Süden zogen. Tag zwei: für den spirituell Interessierten oder Kunstsinnigen ein Besuch bei den Stepford

Wives von Majuli. Tage drei und vier: vom Komfort von Wild Grass aus eine zweitägige Safari in das Naturschutzgebiet Kaziranga, wobei das seltene indische Nashorn garantiert gesichtet würde. Und dann eine bequeme Rückfahrt nach Guwahati.

»Das ist eine glänzende Idee, Manju«, sagte ich. »Du machst ein Vermögen.«

»Ich führe ein Reisebüro, Mark, keine Marketingfirma«, tadelte er mich. »Und da wir gerade vom Reisen reden. Aditya, dein Flug ist heute wegen Nebels in Delhi gestrichen worden. Ich hab dich für den nächsten Flug morgen Nachmittag gebucht. Das heißt, du kannst jetzt einen Tag und eine Nacht totschlagen, aber geh mir bitte nicht weiter auf die Nerven. Was willst du unternehmen?« Er setzte sich auf seinen Stuhl, drehte sich eine Zigarette, warf eine eingelegte Chili aus einem Glas ein und legte die Füße auf den Schreibtisch.

Mir fiel eine Landkarte ins Auge, die am Bücherregal hing. »Wie weit ist es nach Shillong?«

»Shillong? Etwa zwei Stunden Fahrt. Warum?«

»Weil ich einige Frauen finden möchte«, erwiderte ich.

Seine Antwort war kurz und bündig: »Du bist doch verheiratet. Da oben sind sie wegen ihrer Promiskuität berüchtigt. Es ist das Land, wo die Frauen herrschen.«

»Nein, nein, du missverstehst mich. Ich suche nach vier uralten Damen namens Million, Billion, Trillion und Schneewittchen. Ein Freund von mir – Charles Allen, der als Junge in Assam aufwuchs – bat mich, sie ausfindig zu machen. Er hat seine Hühner nach ihnen benannt.«

Manju schaute Aditya an. Aditya schaute Manju an.

»Was meinst du, Aditya?«, fragte ich. »John Edwards hat mir die Adresse seines Waliser Freundes gegeben, der immer noch in Shillong lebt. Er hilft uns sicher beim Aufspüren.«

»Da bin ich dabei«, erwiderte der Maratha. »Aber wir sollten noch was anderes herausfinden. Es heißt, die Leute dort werden von einem schrecklichen Schlangengeist namens U-Thlen heimgesucht. Ihm wird für alles die Schuld gegeben, für jede Pechsträhne oder Krankheit. Aber es geht auch das Gerücht um, dass U-Thlen dich reich machen kann – wenn du ihm frisches Menschenblut opferst. Was du von einem gedungenen Mörder, einem seiner Jünger, erhältst.« Er verstummte und zeigte ein düsteres Lächeln. »Weißt du etwas darüber, Manju?«

»Barer Unsinn«, meinte Manju, der sich eine weitere Chilischote reinpfiff. »Und jetzt hab ich zu arbeiten.«

Heiße Frauen und gedungene Mörder – das klang nach einem sehr waghalsigen Ausflug. Bond hätte so etwas zugesagt, dachte ich, als Aditya und ich auf dem steilen Weg nach Shillong waren, der Hauptstadt von Meghalaya, dem »Land der Wolken« oder dem »Land, wo die Frauen herrschen«, wo steile Bergrücken Assam von Bangladesch trennten. Unterwegs erteilte mir Aditya eine kurze Geschichtslektion darüber, wie diese Emanzipationsbewegung entstanden war.

Die dort ansässigen Khasi, sagte er mir, waren ursprünglich ein gefürchtetes Kriegervolk, dem nichts größeren Spaß bereitete, als von den Bergfestungen hinabzustürmen und die wohlhabenderen Menschen in dem, was jetzt Bangladesch ist, auszurauben, auszuplündern und zu vergewaltigen. Die Frauen wurden es leid, daheim zu bleiben und sämtliche Arbeiten zu erledigen, während ihre Männer dauernd auf dem Kriegspfad waren. Da kam es zu einer außergewöhnlichen Vereinbarung. Nicht nur würden die Frauen den ganzen Besitz erben, sie würden auch ihre Nachnamen an die Kinder weitergeben. Kurzum, die Frauen errangen die ganze Macht: Sie verwalteten die Familienkasse und hatten die Hosen an.

Heute existiert die matrilineare Gesellschaft immer noch, doch die Harmonie ist gestört. Die Frauen sagen, die Männer »taugen nichts«, »sind bloß Parasiten«. Während die Männer einwenden, sie seien verweichlicht und zu »Zuchtbullen« und »Babysittern« gemacht worden. Der Geschlechterkampf ist voll im Gange.

Von 1874 bis 1972 war Shillong die Hauptstadt Assams, bis Meghalaya zu einem eigenen Bundesstaat wurde – nach einem 18-jährigen Kampf um Autonomie mit Assam. Es war die erste nordöstliche Region, die sich abspaltete. Als wir die vielen Steigungen durch die Bergbuckel, den feuchten Nebel und die Fichten hochfuhren, konnte ich die Vorliebe der Briten für diese Gegend gut verstehen, in die sie einfielen, um der Hitze der Ebenen zu entfliehen.

Sie erinnerte sie an ihre Heimat, und sie gaben ihr den Namen »Schottland des Ostens«. »Cardiff des Ostens« hätte besser gepasst. Denn die Waliser und nicht die Schotten waren hier 1842 die Ersten, die als fanatische methodistische Missionare herkamen. Sie haben das Wort des Herrn nachdrücklich verbreitet. Heutzutage ist die traditionelle Khasi-Gesellschaft im raschen Dahinschwinden begriffen, ersetzt durch zum Christentum Konvertierte – ganze 1,2 Millionen.

Der Ruf der Promiskuität der Frauen, den Charles erwähnt hatte, schien auch einen kleinen Dämpfer bekommen zu haben, da wir an unzähligen Plakaten vorbeifuhren, die auf die Aidsgefahr aufmerksam machten. Einen Hinweis, dass die Traditionen – gerade noch – lebten, erhielten wir allerdings, als wir ein weiteres riesiges Plakat erblickten, auf dem stand: »Kein Sex mit Fremden!« Darunter hatte eine lokale Ulknudel angefügt: »Treib es einfach mit deinem besten Freund!« Shillong beging den Weltaidstag. Das bedeutete auch einen trockenen Tag. Alkohol war nicht erlaubt.

Wir stiegen in einem Kolonialhotel ab, einem Überbleibsel aus der Zeit der britischen Herrschaft, das den passenden Namen »Fichtenwald« trug. Im düsteren, holzgetäfelten Speisesaal, der mit Jagdbildern dekoriert war, servierten uns uniformierte Lakaien, die uns wie Motten umschwärmten, ein englisches Dinner. Nach dem Abendessen zogen wir uns wie ein Paar alter Plantagenbesitzer in unser herrliches Schlafzimmer zurück, das mit Waschtischen aus Mahagoni und knarrenden Messingbetten ausgestattet war. Dort ließen wir uns vor einem prasselnden Feuer mit einer Flasche Royal-Stag-Whisky nieder, die der Maratha hergezaubert hatte. Bevor wir uns zur Ruhe legten, rief ich den Waliser Freund von John Edwards an. Zweifellos ein alter Kauz, der einfach dageblieben war, dachte ich. Wir vereinbarten, uns morgen nach dem Frühstück zu treffen.

Der düstere Speisesaal hatte sich am nächsten Tag verwandelt. Sonnenlicht drang durch die Fenster, ein Kohlenfeuer brannte hell im Kamin, und eine Uhr tickte auf dem Sims. Eine Schar munterer Khasi-Frauen in fröhlichen, rosafarbenen Popelinschürzen stand erwartungsvoll herum. Aditya und ich gönnten uns ein traditionelles englisches Frühstück mit Spiegeleiern, Speck, Würstchen, Toast, Marmelade und frischem Ananassaft.

Nach dem Frühstück traf Johns Freund ein. Er entsprach nicht Adityas und meinen Vorstellungen. Wir hatten einen barschen alten Haudegen erwartet, womöglich einen im Ruhestand lebenden Plantagenbesitzer in Kammgarnhose und altem Tweedjackett, der schon in aller Frühe mit einem Pink Gin (Angostura, Gin, Eis) daherkam. Aber er erschien in Jeans, einer gemütlichen, handgestrickten Weste und einer blauen, verkehrt herum aufgesetzten Baseballmütze. Er war überhaupt nicht barsch, sondern still, äußerst höflich, leise und wirkte fromm. Für seine Verspätung entschuldigte sich damit, dass er gerade vom Morgengottesdienst komme.

Morgengottesdienst, dachte ich. Das konnte ja heiter werden. Wie sollte ich da Themen wie Sex und Opferung zur Sprache bringen?

»Äh, Sir«, begann ich, »Aditya und ich suchen ganz bestimmte Frauen.«

Er wurde blass unter seiner blauen Baseballmütze. »Hören Sie mal«, sagte er ernst, »ich möchte eines klarstellen, bevor Sie sich falsche Vorstellungen über den Ruf dieses Ortes in den Kopf setzen. Shillong ist nicht Bangkok.«

»Nein, nein. Natürlich nicht. Versteht sich von selbst. Es ist nur so, dass ein Freund von uns, der seine Kindheit hier verbracht hat, uns bat, vier alte Damen ausfindig zu machen, die seiner Erinnerung nach – wie soll ich sagen? – sehr beliebt bei der britischen Armee waren.«

»Million, Billion, Trillion und Schneewittchen«, bellte Aditya diplomatisch dazwischen. »Schon mal von ihnen gehört?«

Er sah verdattert aus. »Ich glaube«, sagte er, »das war ein bisschen vor meiner Zeit.«

»Absolut – natürlich«, meinte ich. »Versteht sich von selbst. Aber um auf ein anderes Thema zu kommen – Aditya hat mir etwas Geschichtsunterricht erteilt. Meghalaya ist offenbar eine matrilineare Gesellschaft. Frauen haben die Hosen an und die Hand auf dem Geldbeutel. Stimmt das? Offensichtlich gilt das nicht für Sie« – ich stellte mir seine Frau als eine nette, gemütliche Waliser Memsahib vor –, »aber ich frage mich, wie die Männer damit zurechtkommen. Sie müssen sich ein wenig verweichlicht fühlen – kein Geld, jede Menge Hausarbeit, immerzu Babysitten ...«

Er erwiderte leise: »Ich bin mit einer Khasifrau verheiratet. Wir sind Christen.«

Hoppla. Ich zuckte zusammen und gab weiter an Aditya. Vielleicht würde seine subtile indische Vorgehensweise das andere Geheimnis lüften.

»Gestatten Sie noch eine Frage, mein Freund«, bellte Aditya. »Was hat es mit dem Schlangengeist auf sich, von dem ich gehört habe? U-Thlen oder so. Verfügt über Leute, die Menschen umbringen und ihm Menschenblut opfern. Mir wurde gesagt ...«

Es klirrte. Eine der munteren Khasifrauen in den fröhlichen rosafarbenen Popelinuniformen hatte ein Tablett mit Gläsern fallen lassen. Im Raum wurde es totenstill. Selbst die Uhr hörte auf zu ticken.

Der Waliser stand auf. »Ich glaube, die Unterhaltung ist weit genug gediehen«, sagte er bestimmt. »Ich möchte Ihnen ein wenig vom echten Meghalaya zeigen. Es wird Ihnen sicher gefallen. Ich nehme Sie mit zum Glücksspiel.«

Er fuhr uns mitten ins Zentrum von Shillong. Auf einem kleinen, durchweichten Feld, das auf der einen Seite von großen, traurigen Fichten und auf der anderen von der Rückseite der Nationalbank begrenzt war, befand sich das *Tier* oder Khasi Hills Archery Sports Institute of Shillong. Es war kalt, klamm und mit tausenden Männern gefüllt. Unser Freund brauchte uns gar nicht woanders hinzubringen, um zu beweisen, dass Meghalaya eine matrilineare Gesellschaft war. Das *Tier* war offensichtlich der Ort, wohin die Männer gingen, um ihren Haushaltspflichten zu entfliehen und das wenige Geld, das ihre Frauen ihnen gaben, für eine traditionelle Männerbeschäftigung auszugeben – ein bisschen Glücksspiel.

Bis in die 1960er-Jahre waren Pferderennen in Shillong die große Mode, doch diese waren nun durch Bogenschießen (archery) ersetzt worden. Die Khasi sind in ganz Indien für ihre Treffsicherheit berühmt. Der Großteil des indischen Bogenschützenteams für die Olympiade stammt hier aus den Bergen.

Alle waren stockbetrunken vom *kiat*, einem feurigen lokalen Gebräu aus destillierter Hirse und Reis. Frauen waren aber auch da. Sie sammelten von den Reihen betrunkener Kunden, die aus ihren Buden stolperten, das Geld und sackten es in große braune Börsen ein, die sie um die Hüfte gebunden hatten. Sie hatten hier eindeutig die Hosen an. Etliche Male bekam ich mit, wie sturzbetrunkene Männer nach einer guten geraden Rechten in die Knie gingen.

Ich selbst habe nie gespielt – das gehört nicht zu meinen Lastern. Und ich beherrsche auch nicht die Kunst, einen Reibach zu machen, deshalb überforderte mich dieses komplizierte Spiel total. Ich habe nur eine leise Ahnung, wie das *Tier* funktioniert. Bei umherwandernden Buchmachern, die per Handy, das sie ans Ohr gedrückt halten, mit den großen Spielern so weit entfernt wie Itanagar in Verbindung stehen, schließt du eine Wette ab. Dann feuern Schützenmannschaften innerhalb von drei Minuten tausende Pfeile auf eine kleine Zielscheibe aus Bambus, die etwa 30 Meter entfernt steht. Danach werden die Pfeile gezählt. Fragt mich etwas Leichteres, doch irgendwer gewinnt. Oder verliert – Unsummen von Geld. Dabei handelt es sich um ein ganz legales, von der Regierung von Meghalaya betriebenes Unternehmen. Die streicht zehn Prozent ein. Glücksspiel ist in den anderen nordöstlichen Bundesstaaten verboten, doch alle frönen ihm hier – es ist wie Lotto. Millionen Rupien, hunderttausende englische Pfund, wechseln hier jeden Tag den Besitzer.

Was mich anbelangt, waren meine Chancen genauso gering wie beim Lotto. Am Schluss hatte ich nichts mehr. Ich war ausgenommen worden wie eine Gans. Zu meinem Leidwesen musste ich feststellen, das Adityas Geldbeutel prall gefüllt war. Der Maratha war eindeutig ein erfahrener Glücksspieler.

Wir dankten Johns Freund für seine Gastfreundlichkeit und entschuldigten uns für unsere zahlreichen Fauxpas. Er sagte, wir sollten wiederkommen, wenn wir mehr Zeit hätten. Dann würde er uns die Geheimnisse und Glaubensrichtungen des Orts erklären. Das bezweifelte ich. Wir brauchten einen liberaleren Fremdenführer, um dem sonderbaren und verwirrenden Staat Meghalaya auf die Spur zu kommen.

»Gott segne Sie«, rief er uns nach, als wir ihm aus dem Auto zuwinkten.

Etwas störte mich an diesem Abschiedsgruß. Wenn ich Gott hörte, musste ich an Missionare denken, und Missionare ließen mich an Verrier Elwin denken, den Verfechter der Rechte der einheimischen Völker. Mir fiel ein, dass er seine neun letzten Lebensjahre in den 1960ern hier verbracht hatte, und ich fragte mich, was er heute von diesem einst stolzen Volk halten würde, das nun von dem aalglatten, hypnotischen Gewäsch der Evangelisierung beinahe erstickt wurde.

Aditya und ich trennten uns am Flughafen Guwahati. »Wir sehen uns in Doikhawa«, sagte ich. »Schau, dass du ein gutes Boot erwischt, und achte darauf, es reichlich mit Proviant auszustatten.«

»Kein Problem. Eigentlich freue ich mich jetzt auf Bangladesch. Ich nehme noch ein zusätzliches Fernrohr mit.«

»Warum?«

Er kicherte. »Wegen der vielen Vögel, von denen du mir erzählt hast.«

Manjus Büro war laut, verraucht und voller großer Männer mit langen schwarzgrauen, verknoteten Bärten. Es waren alles Elefantenveteranen – Wildhüter im Ruhestand –, denen die Leidenschaft für die großen Tiere im Gesicht geschrieben stand, als sie Geschichten austauschten und über altes Elefantenwissen sprachen. Ich fühlte mich geschmeichelt und geehrt, als ich erfuhr, dass sie meine Bücher gelesen hatten. Im Vergleich zu ihnen war ich ein bloßer Novize. Aber weil ich Elefanten liebte, wurde ich in ihre warmherzige Kameradschaft mit einbezogen.

Wir sprachen über die Werke der großen alten Elefantenkenner, die Handbücher von A. J. Milroy, der für die Einrichtung des Kaziranga-Nationalparks verantwortlich war, und die Schriften von P. D. Stracey. In Assam hat das uralte Elefantenwissen, das bis ins sechste Jahrhundert vor Christus zurückreicht, seinen Ursprung. Das Elefantenwissen oder *gaja-shastra*, wie es im Sanskrit heißt, hat der Weise Palakapya unter die Menschen gebracht. Seine Herkunft ist mythisch, er soll von einem Elefanten geboren worden sein. Er lebte und wanderte mit den wilden Elefanten, aß nur das, was sie fraßen, und erfuhr alles über ihre Krankheiten. Er gilt als Verfasser einer Abhandlung über ihre Gesundheit. Palakapya, heißt es, hatte seine Einsiedelei dort, »wo die Lohitia dem Meer zufließt«, am Zusammenfluss des Lohit mit dem Brahmaputra.

Einer der Wildhüter erzählte uns eine Geschichte. Während er redete, zitterte seine Hand vor Gram und verschüttete den Whisky aus seinem Glas. Lange Zeit hatte er in der Nähe von Kaziranga voll Bewunderung einen alten Bullen beobachtet, seinen Lieblingselefanten, den er den »König der Könige« nannte. Als die Wälder abgeholzt wurden, wurde der »König der König« zornig. Er tötete zwölf Menschen – genau die Zahl, die dem Gesetz dieses Landes zufolge für den Elefanten die Todesstrafe bedeutet. Wochenlang wurde versucht, ihn mit *phandis* oder Schlingen einzufangen, doch der Elefant war zu schlau. Schließlich musste der Wildhüter selbst den gewaltigen Bullen erschießen. An der Stelle, wo er ihn niederstreckte, errichtete er einen Bogen und schrieb darauf: »Hier liegt der König der Könige«. Jedes Jahr veranstaltet er zu Ehren des großartigen Tiers ein Fußballturnier – mit einem herrlichen Elefanten aus Silber als Siegespokal.

Als Nächstes stießen wir auf Manju an. Der hatte erst kürzlich die Regierung gezwungen, alten, nicht mehr arbeitsfähigen Elefanten eine Rente auszusetzen, damit sie ihren Lebensabend gut versorgt und gut genährt verbringen konnten. Klug hatte er darauf hingewiesen, dass alle Staatsdiener im Ruhestand eine Rente bezogen. Warum nicht auch die Elefanten? Schließlich waren sie die verlässlichsten und treuesten aller Staatsdiener.

Darauf stießen sie auf mich an. Wenn jemand einem Elefanten Freiheit von der Arbeit gewährt, ihm eine wunderschöne Heimat gibt, wie ich es für Tara getan hatte, stellt das für die Assamesen das allerhöchste Geschenk dar – das Geschenk des Lebens oder *bathi-daan*, wie es heißt. Weil ich das getan hatte, meinten sie, würde alles in meinem Leben zu Gold werden.

Es war schon spät, als ich wieder nach *Wild Grass* aufbrach. Manju sagte mir, er habe den Bezirkskommissar von Dhubri kontaktiert, der letzten indischen Stadt vor der Grenze zu Bangladesch, und der würde mir beim Grenzübertritt behilflich sein. Er umarmte mich fest. »Halte dich aus allem raus«, gab er mir schmunzelnd mit auf den Weg, »aber stell so viel wie möglich in Bangladesch an.«

In den frühen Morgenstunden erst erreichte ich *Wild Grass*. Alle bis auf Raneshs Diener waren im Bett. Er zeigte mir das Gästezimmer und erzählte mir dann mit Ehrfurcht in der Stimme von Bhaiti.

»Sir«, sagte er, »Bhaiti nicht Hund, sondern Gott. 32-mal in zwei Tagen.«

Ich stieg ins Bett. Ich war einsam – und eifersüchtig. Bhaiti und Sumo schliefen bei Ranesh. Ich war wohl schon eingeschlafen, denn ein Kratzen an der Tür weckte mich. Benommen stieg ich aus dem Bett und öffnete. Ein glücklicher, ausgebuffter Bhaiti stolzierte mit einem Blick in den Augen herein, der etwa besagte: »Morgen geht es weiter, nicht wahr?«, und ich schlief zufrieden mit dem in meinen Armen schnarchenden Flusshund wieder ein.

Es war ein tolles Gefühl, am nächsten Tag wieder an Bord zu sein. Ich hatte meinen angeschlagenen kleinen Zuber vermisst. Alle hatten sich erholt. Die *Kailash* war wieder voll aufgefüllt worden. Wir hatten Treibstoff an Bord, Proviant und – wie ich an dem vertrauten süßlich riechenden Rauch bemerkte, der aus Gammas Kabine drang und sich mit dem Morgennebel vermischte – einen neuen Vorrat an erstklassigem Kraut aus Wild Grass.

Wir starteten früh an jenem Morgen. Ranesh und Sumo verabschiedeten sich an der *ghat* von uns. Sumo heulte auf, als ihr Flusshund über die Planke rannte, um seinen Unterschlupf zwischen Gammas Beinen aufzusuchen. Wegen der knappen Zeit und der zu komplizierten Prozedur, Bhaiti aus Bangladesch nach Indien zurückzufliegen, hatten Ranesh und ich einen Plan ausgeheckt, wie wir ihn am Ende unserer Reise wieder nach *Wild Grass* bringen könnten. Aditya und ich würden Ranesh in Tamabil treffen, einem der wenigen Orte mit offenem Grenzübergang. Wir vereinbarten das Treffen für den 22. oder 23. Dezember. Wenn wir dann nicht auftauchten, so warnte mich Ranesh, würden Sumo und er uns die indische Armee auf die Fersen hetzen.

Der Nebel hob sich, als wir die letzten Ausläufer von Kaziranga verließen. Plötzlich schallte ein gewaltiges Trompeten – ein schmerzerfülltes – über den Fluss. Rasch ergriff ich meinen Feldstecher und suchte das Ufer ab. Es war ein alter Elefantenbulle. Ich konnte seine langen gelben Stoßzähne aus dem abgemagerten, eingefallenen Schädel ragen sehen; sein einst prächtiger Leib war nun bloß noch eine Masse aus Runzeln und Falten wie bei einer alten Hose. Er war zum Sterben hergekommen. Ich sah zu, wie er erneut niedergeschlagen trompetete, während er seinen Kopf neigte, um die weichen Gräser zu fressen, die am Fluss wuchsen. Früher einmal verzehrte dieses Tier 500 Kilo Rohfutter pro Tag. Nun aber, da die letzten Backenzähne abgeschliffen waren, konnte er nur noch die weichsten Pflanzen verdauen – die am Wasser wuchsen. In ein paar Tagen oder auch schon eher würde er zusammenbrechen. Sein Kadaver würde von den Geiern und anderen Aasfressern abgenagt werden und das Riesenskelett langsam in den weichen Schlamm einsinken, um dann vom Strom davongetragen zu werden – dem Tresor für Elefantenknochen.

Ich war erschöpft, Bhaiti genauso, doch aus unterschiedlichen Gründen. Bald dösten wir im Schatten der Markise zusammengekuschelt ein. Am späten Nachmittag, als wir uns der Stadt Tezpur näherten, weckte uns Verkehrslärm. Wir fuhren unter Tezpurs Kalea-Bhomora-Brücke hindurch, die nach einem großen General des Königreichs Ahom benannt war. Rasch griff ich meine Kamera und verschoss einen ganzen Film. Eine Reihe von Aufnahmen einer Brücke, von unten fotografiert, würde die Fotowelt nicht in Aufruhr versetzen, aber für mich war es ungeheuer aufregend. Es war ein Ritual geworden – ein sehr kindisches Ritual. Brücken dürfen laut Gesetz in Indien nicht fotografiert werden, aus obskuren Sicherheitsgründen. Ich hatte 30 Jahre größtenteils damit verbracht, eine riesige Sammlung mit Aufnahmen dieser verbotenen Bauwerke anzuhäufen, die versteckt aus jedem möglichen Transportmittel geschossen waren, darunter von einem Flugzeug und von einem Elefanten aus, aber noch nie aus einem Boot. Das war eine einmalige Gelegenheit.

Tezpur, die »Stadt des Bluts«, leitet ihren Namen von einem mythischen Kampf zwischen zwei Göttern ab, die heftig um die Hand einer schönen Prinzessin namens Usha stritten. Eine andere Schlacht hätte beinahe hier stattgefunden, und zwar erst vor einiger Zeit. Ein Stück weiter nördlich hatte 1962 die chinesische Armee endlich angehalten, kehrt gemacht und war nach der Invasion Indiens wieder in ihre Heimat zurückgekehrt.

Als wir an der *ghat* für die Stadt vorbeikamen, stellte ich mich auf dem Achterdeck in Position und salutierte zackig.

Neeraj meinte, ich hätte zu viel Sonne abbekommen. »Was machst du da, Boss?«, fragte er verdutzt und bot mir eine Tasse Tee an.

»Ich huldige einem sehr bedeutenden Engländer, der hier mit seiner Frau begraben ist. Ohne ihn«, sagte ich und deutete auf meine Tasse, »würden wir das hier nicht trinken.«

Der Engländer war Charles Alexander Bruce, Kommandant des ersten Dampfschiffs auf dem Brahmaputra, des Kanonenboots *Diana*. 1825 legte dieser Schaufelraddampfer mit 30 Tonnen Gewicht von Kalkutta zu einer geschichtsträchtigen zweimonatigen Reise ab, die ihn über 1 000 Meilen weit zu den Vorgebirgen des Himalaya brachte, 100 Kilometer vor der Grenze zu Tibet entfernt. Es war die erste erfolgreiche Reise den Brahmaputra hinauf.

Charles war der Bruder von Robert Bruce, der den Tee entdeckt hatte, als er 1823 von einem Chief der Singhpo einige Samen geschenkt bekam. Nach Roberts Tod nahm Charles die Pflanzen mit, die sein Bruder gezüchtet hatte, und brachte sie auf der *Diana* flussabwärts, um sie in Chabua bei Sibsagar wieder einzupflanzen. Dort entstand die erste Teepflanzung. 1838 dampfte die *Calcutta* mit der ersten Ladung Tee für die Mincing Lane in London den Brahmaputra hinab. Bruce hatte das große britische Teeimperium gegründet.

Wir kampierten an jenem Abend auf einer weiteren leeren *char*. Während ich in den warmen, ruhigen Wassern des Stroms badete, jagte Bhaiti nach unserem Abendessen. Er saß geduldig da und starrte aufmerksam in einen großen Tümpel, in dem kleine Fische schwammen. Wie ein Reiher fuhr er dann plötzlich mit dem Kopf ins Wasser und tauchte gleich wieder mit dem in seinen Fängen zappelnden Fisch auf. Später spazierten wir gemeinsam über den Sand. Im Mondlicht vergnügten wir uns, jagten Krebse, spielten Verstecken und Tauziehen mit altem Treibholz. Später, auf dem Weg zurück zum Boot, störten wir hunderte von Streifengänsen auf und sahen zu, wie sie in einem wilden Flügelgewirr aufstoben. Es sah aus, als wohnten wir einer gewaltigen Versammlung grauer Gespenster bei.

13

So wie die Siang schlug mich auch Brahmas Sohn in den Bann. Sein Wasser wirkte therapeutisch, mein Ängste und Sorgen wurden im schäumenden Kielwasser der *Kailash* fortgespült. Es war einfach wunderbar. Es gab überhaupt nichts zu tun, außer genüsslich zu entspannen. Eine Reise ohne Zeit – ein Tag ging in den anderen über – Wasser und Himmel, Himmel und Wasser. Am meisten liebte ich den frühen Morgen, kühl und neblig. Ich wurde stets vom gleichen Geräusch und vom gleichen Geruch geweckt, wenn ich noch warm eingewickelt in meinem Schlafsack lag – vom Klang eines leise intonierten Mantras, vom Ratschen eines Streichholzes, heftigen Inhalieren und süßen Geruch des *ganjas*, der aus der alten, verbeulten Kabine drang und mich in beißende Wolken hüllte. Das war das Signal. Zeit zum Aufbruch. Gamma hob ab.

Dann erwachte das Boot langsam zum Leben, die Besatzung huschte gespenstisch durch den Nebel. Das Geräusch, wie Laxman am Motor herumwerkelte; das plötzliche Klatschen, wenn Vijay einen Eimer über Bord warf, um Wasser für unseren Tee zu schöpfen; das Schaben von Holz auf Holz, wenn Pandit die Laufplanke einholte, und das Klatschen des nassen Taus auf das Deck, wenn er den Anker lichtete. Nun verkündete ein langes, schrilles Läuten der Glocke, dass Gamma bereit war – das Knirschen der Gänge, das Stampfen der Motoren, wenn sie ihre Kräfte entfalteten, und dann glitt die *Kailash* in die Morgendämmerung hinaus.

Wenn die Sonne allmählich durchdrang, verstärkten sich die Aktivitäten und Geräusche – in der Kombüse unten klapperten Töpfe und Pfannen, und der angezündete Kocher zischte, gefolgt vom Geruch das Frühstücks, wenn der Zauberer in der Küche seiner Tätigkeit nachging. Dann tauchte Neerajs Kopf auf, gefolgt von zwei Tassen starken Tees. Wir saßen in geselligem Schweigen beisammen, nutzten die Morgenkühle aus, bevor die Sonne durchbrach und den in der Nacht gefallenen Tau in Dunst auflöste, wobei sie alles in eine große Schale geschmolzenen weißen Lichts verwandelte. Bhaiti hatte dann einen seiner wenigen Auftritte, indem er gähnend aus der Kabine stieg, sich neben uns niederließ und wie ein großmächtiger Sultan auf Topguy wartete, bis er mit seiner glänzenden Schüssel, gehäuft mit Reis, Dal und Gemüse, aus der Kombüse auftauchte. Nachdem er das Frühstück hinuntergeschlungen hatte, verzog er sich wieder zu Gamma, um mit ihm gemeinsam den Fluss zu »träumen«.

Der Strom verengte sich, als wir uns Guwahati näherten. Zum ersten Mal stießen wir auf Verkehr, nicht viel, doch genug, dass Gamma sich konzentrierte. Wir glitten durch die schmalen Kanus der Fischer und schaukelten im Kielwasser der gefährlich überfüllten *bhut-bhuthees*, die Menschen über den Fluss hin und her beförderten. Als wir an der *ghat* vorbeikamen, versteckte ich mich unten in der Kombüse, überzeugt, dass jeden Augenblick ein Beiboot mit der erzürnten Reeta uns den Weg abschneiden würde. Ich hatte ein schlechtes Gewissen, hier nicht anzuhalten und sie zu besuchen. Schließlich hätte ich ohne sie nie meinen Flusshund kennen gelernt. Aber ich wusste, wie Bhaiti über Rani dachte. Und ich kannte seine Gefühle zu Sumo.

Wir kamen an der Pfaueninsel vorbei, wo die Kuppel des Shiva-Tempels Umananda durch die dichte Vegetation lugte. Gamma signalisierte Laxman, die Fahrt zu drosseln. Wir waren in einen Stau geraten. Denn nun kreuzte ein beinahe ununterbrochenes Band kleiner Boote wie ein Güterzug vor uns.

Westlich von Guwahati kamen wir in das untere Assam, wo der Strom sich beträchtlich verbreiterte. Der Schlick, der nicht mehr von machtvolleren Strömungen flussaufwärts geschoben wurde, verteilte sich auf eine unermessliche Fläche sich verschiebender Sandbänke, tückischer Untiefen und gefährlich seichten Fahrwassers. Die *Kailash* geriet in einen bedenklichen Schlingerkurs, und ich wurde plötzlich nach vorn geschleudert. Wir waren knirschend auf Grund gelaufen, auf eine Sandbank gestoßen. Mit Gamma hatte dies nichts zu tun – zwei neue Lotsen hatten übernommen: Neeraj am Ruder und Bhaiti mit den Pfoten auf der Ablage, der sich als Ausguck aufspielte. Beide blickten äußerst verlegen drein. Zum Glück hatten sie keinen Schaden angerichtet. Pandit stakte uns in tieferes Wasser, und wir waren wieder unterwegs.

Im Norden zu unserer Rechten rückte das Vorgebirge von Bhutan in die Ferne. Dort befindet sich der Manas-Nationalpark, ein weiteres Naturschutzgebiet, das die größte Zahl gefährdeter Tierarten in Indien beherbergt. Aber anders als in Kaziranga sind sie hier nicht mehr so gut geschützt. Das Reservat am Fluss ist zur Dschungelfestung der Bodos geworden, einer von Assams Terroristengruppen. Die Armee hat für jeden Terroristen ein Kopfgeld von etwa 10 000 Euro ausgesetzt. Die wahren Opfer jedoch sind die Wildtiere, deren Häute, Knochen und Felle gegen Waffen für den Terrorkampf eingetauscht werden.

Mit den Bergen verschwand auch das dichte Grün Assams, denn bald strömte der Sohn Brahmas in einem weiten Linksbogen auf den Golf von Bengalen zu. Weg waren Bambus, Schilfrohr und Palmen. Stattdessen erstreckte sich vor uns in eine flirrernde Fata Morgana, eine Art endlose Wasserwüste. Doch im Gegensatz zu einer Wüste war sie nicht leer.

Hunderte von Booten zogen kreuz und quer über den Fluss und transportierten Ziegen, Seide, Töpfe und Pfannen, Reis, Schilfrohr, während riesenhafte Bambusflöße, so groß wie zwei Fußballplätze und durch ganze Gruppen Männer an langen Stakhölzern vorwärts getrieben, scheinbar bewegungslos verharrten. Rauchwölkchen aus den kleinen Rattanunterständen, die das provisorische Heim auf diesen treibenden Plateaus bildeten, stiegen in die stille Luft. Ein Labyrinth von Netzen überzog die Flussoberfläche, aufmerksam bewacht von wie Posten bei einer Parade aufgestellten Silberreihern. Sie würden viel Geduld mitbringen müssen. Massive Netzfischerei hat dem Strom die meisten Fische entzogen. Ironischerweise werden 80 Prozent von Assams Fischbedarf aus einem anderen Bundesstaat importiert, von Uttar Pradesh.

In dem heillosen Wasserwirrwarr patrouillierten »Kleinviehfänger«, wie Aditya die Polizisten bezeichnete, als Wölfe in der Schafherde, hielten je nach Lust und Laune Boote an und verlangten eine kleine »Abfindung«. Wir waren nun im Bezirk Dhubri angelangt, früher einmal das Gretna Green Assams, der erste Ort hinter der Grenze zu Ostbengalen, wo Einwanderern legale Arbeitsverträge ausgestellt wurden. Doch das ist schon lange her. Jetzt handelte es sich um illegale Einwanderer aus Bangladesch, die während der letzten 30 Jahre über die Grenze gekommen waren.

Kurz bevor die Sonne hinter dem Horizont versank und die goldene Kuppel des Guru Teg Bahadur Sahib, des größten Sikhtempels im Nordosten, hell erstrahlen ließ, trafen wir in Dhubri ein, einst ein wichtiger Knotenpunkt für den Dampferverkehr von Kalkutta und Dhaka zu den Städten im Nordosten.

Dhubri gefiel mir. Wie alle Grenzstädte strahlte sie den Reiz des Vorübergehenden aus. 1883 wurde Dhubri Hauptsitz der Post von Assam, die zwischen Dhubri und Dibrugarh einen selbstständigen täglichen Zustelldienst einrichtete. Dieser wurde mit einer Flotte schneller Flussdampfer betrieben, die in London und Glasgow gebaut und nach den Namen der Völker des Nordostens benannt worden waren: *Naga*, *Garo*, *Lushai*, *Miri*, *Dufla*, *Sylu*, *Kuki*, *Abor* und *Mikir*.

Auch wenn jene Zeit schon lange vorbei war, in Dhubri herrschte immer noch quirliges und reizvolles Leben. Auf der von Bäumen bestandenen Promenade, hinter der sich bis zu den alten, abbröckelnden britischen Kolonialhäusern Rasenflächen zogen, boten Sadhus ihre Waren feil – Zaubertränke aus Affenschädeln, Nagetierknochen, Leguankrallen und Schlangenzähnen und braune Fläschchen mit Elixieren gegen alle möglichen Krankheiten. Barbiere hatten Hochkonjunktur. Ihre Kunden, die zurückgeworfenen Kopfs die eingeseiften Hälse darboten, riskierten ihr Leben nicht nur unter den raschen, geschickten Strichen der blutbefleckten, halsabschneiderischen Klingen, sondern auch durch eine unwissentliche Ansteckung mit Aids. Schmuggler, die auf ihren Hacken hockten, brachten verschlagenen Blicks ihre Ware an die Leute, während geschäftige Beamte wichtigtuerisch ihren Büros zustrebten, um einen weiteren Tag lang nichts zu tun.

Durch das Gewirr marschierten Neeraj und ich zum Büro der wichtigsten Person in Dhubri – des Bezirkskommissars. Nachdem Gamma uns abgesetzt hatte, machte er die *Kailash* an einem leeren Sandstreifen gegenüber der *ghat* fest. Neeraj und ich waren früh dran. Wir warteten vor dem Amt und warfen uns einen Blick zu, als eine Prozession Subalterner zur Arbeit eintraf. Ihr Rang war an der Zahl der Kugelschreiber abzulesen, die sie in die Brusttasche ihres Hemdes gesteckt hatten. Die von der untersten Dienstebene trugen nur einen, die der mittleren Dienstebene drei oder vier und die *wirklich* Wichtigen aus dem gehobenen Dienst fünf oder sechs *und* eine kleine Aktenmappe aus Plastik. Alle schauten hochnäsig und verächtlich auf Neeraj und mich herab, die mit T-Shirts und Gummisandalen zugegebenermaßen nicht den erlauchten Amtsräumen entsprechend gekleidet waren.

Auf einmal kam Leben in die Bude. Eine weitere Amtsperson, aufgrund der zehn Kugelschreiber, zwei Plastikmappen und eines Schlüsselbunds eindeutig die Wichtigste, sperrte die Tür zum Büro des Bezirkskommissars auf. Für uns nicht sichtbar wurde das oberste Amtsorgan hinter einem Kordon bewaffneter Polizisten ins Büro geleitet. Wir warteten, während Neeraj vergeblich die Subalternen, die das innere Heiligtum bewachten, davon zu überzeugen versuchte, dass wir einen Termin hatten. Schließlich steckte er einem von ihnen einen 50-Rupien-Schein zu. Wir warteten noch ein paar Minuten. Dann öffneten sich die Schleusen, unter Verbeugungen und Kratzfüßen schwärmte eine Schar willfähriger Amtsgehilfen aus und führte uns in das große, stille Büro. Neeraj, bemerkte ich mit klammheimlichem Vergnügen, fingerte den Geldschein wieder geschickt aus der Brusttasche des Subalternen.

Hinter einem leeren Schreibtisch saß eine kleine, hübsche Frau in einem blutroten Sari, die ein Taschenbuch mit dem Titel *Memoiren einer Geisha* las. Mrs Gayatri Baruah war der erste weibliche Bezirkskommissar Indiens. Sie empfing uns überaus freundlich und fragte mich während der nächsten halben Stunde aufgeregt nach *Yes, Minister* aus, ihrer liebsten Fernsehserie. Sie erkundigte sich, ob die englische Regierung *wirklich* so war. Ich sagte ihr, sie sei *haargenau* so. Sie strahlte glücklich und berichtete mir, dass auch die indische Regierung *haargenau* so sei. Niemand wisse, was irgendwer tat.

Nach weiteren längeren Ausführungen zu ihren Lieblingsbüchern und– fernsehserien gelang es mir schließlich, ihre Aufmerksamkeit auf ein dringenderes Problem zu lenken – meinen amtlichen Stempel für den Grenzübertritt von Indien nach Bangladesch in Doikhawa. Seit etlichen Jahren war es keinem Ausländer gestattet worden, über den Brahmaputra von Indien nach Bangladesch einzureisen. Zwei ganze Seiten meines Reisepasses waren mit dieser einzigartigen Genehmigung gefüllt, die ich in London während meines langen Ritts auf dem Amtsschimmel in der Botschaft von Bangladesch erworben hatte. »Der Antragsteller darf über den Brahmaputra von Indien nach Bangladesch einreisen – s. Innenministerium, s. Außenministerium ...« Es war beinahe ein kleiner Essay. Das zeigte ich der Bezirkskommissarin. Sie klingelte. Einige Minuten später öffnete sich die Tür, und der wahre Machtinhaber betrat den Raum: Dhubris Polizeichef, der Oberkleinviehfänger. Dhubri als Grenzstadt warf, wie ich an seiner schweren, massiv goldenen Armbanduhr erkennen konnte, üppige

Nebeneinkünfte ab. In Anwesenheit der Bezirkskommisssarin war der Polizeichef entwaffnend höflich und galant. Doch hinter dieser Fassade, das spürte ich, störte es ihn, dass eine Frau eine solche Machtposition einnahm. Sein Äußeres gefiel mir überhaupt nicht. Allerdings wurde mein Pass rasch abgestempelt, um meine Ankunft in Dhubri zu registrieren, und der Chef versicherte mir, dass er persönlich die Grenzschutztruppe in Doikhawa benachrichtigen werde, die mir den Ausreisestempel geben würde. Vielleicht habe ich ihn doch falsch eingeschätzt, dachte ich.

Als wir uns verabschiedeten, fragte mich die Bezirkskommissarin, ob ich Pratima aufsuchen würde.

»Welche Pratima?«, fragte ich verdutzt.

»Pratima Pandey natürlich«, half sie mir auf die Sprünge. »Sie haben sie in Ihrem letzten Buch erwähnt. Ich bin mit ihr befreundet. Erst gestern war sie in meinem Büro.«

Pratima, dachte ich. Wie außergewöhnlich. Sie war eine der größten Volkssängerinnen Indiens – und die Schwester meiner alten Freundin Parbati Parua, der »Königin der Elefanten«.

»Pratima wohnt in Dhubri?«, fragte ich verwundert.

»Nein«, sagte sie, »in Gauripur, nur wenige Kilometer von hier. Sie haben ein schlechtes Gedächtnis, Mark. Sie sind schon dort gewesen.«

Das war nicht zu glauben. Hier schloss sich wieder der Kreis, und alles hatte mit Elefanten zu tun. Vor drei Jahren während unserer Elefantenreise durch Bengalen und Assam hatte mich Parbati durch ihr Familienanwesen geführt. Um das Ende unserer Reise zu feiern, waren Pratima und ihre Musiker zu uns ans Ufer des Flusses Sankosh gekommen. Dort hatte sie, von ihren Musikern begleitet, die Lieder mit Assams großem Elefantenwissen gesungen, die vom Einfangen und Ausbilden wilder Elefanten, von dem nomadischen Leben der Mahouts, dem Klagen und der Sehnsucht nach geliebten Verflossenen handelten. Jenen Tag hatte ich nie vergessen. Ihre außergewöhnliche Stimme verfolgte mich nach drei Jahren immer noch.

»Denken Sie daran, ihr eine Kleinigkeit mitzubringen«, erinnerte mich die Bezirkskommissarin.

»Vielen Dank, Madam«, lachte ich. Pratima mochte gern Rum. Sie nannte ihn ihren »Zaubertrank«.

Nach einem kurzen Boxenstopp bei einem Schnapsladen trafen Neeraj und ich per Rikscha in Gauripur ein. Das Haus stand auf einem kleinen

Hügel oberhalb des Orts. Es war der einzige Hügel im ganzen Bezirk und vor 85 Jahren von Parbatis und Pratimas Großvater aufgeschüttet worden. Als wir hinaufstiegen, überfielen mich die Erinnerungen. Ich zeigte Neeraj das große Steinmausoleum, in dem das Herz von Prabat Singh lag, dem Lieblingselefanten von Parbatis und Pratimas Vater.

Obwohl Parbati hier nicht mehr wohnte, verfügten die Schwestern noch über getrennte Bereiche des Palasts mit dem Namen Matiabagh (Erdgarten). In vielen indischen Adelsfamilien gibt es Streit über Erbschaft und Besitz, und auch hier wurde keine Ausnahme gemacht. Wir gingen auf das bröckelige alte Herrschaftshaus zu, das von einer verzierten schmiedeeisernen Balustrade umgeben war. Ich führte Neeraj rechts um das Gebäude herum in einen verfallenen Innenhof, in dem das Unkraut aus den Pflasterritzen quoll wie die Polsterung aus einem alten Sofa. Darüber zog sich kreuz und quer eine Wäscheleine mit Girlanden trocknender Lunghis. Ein alter Diener flatterte wie ein Nachtfalter aus der dunklen Tür. Ich fragte, ob Pratima da sei. Er nickte und bedeutete mir zu warten. Wenige Minuten später schlurfte eine Gestalt in einem billigen Baumwollsari und Gummisandalen ins Sonnenlicht. Ich erkannte sie kaum wieder. Sie war so sehr gealtert, auch wenn sie immer noch eine würdevolle Haltung hatte. Ihr abgezehrtes, hübsches Gesicht war von einem Spinnennetz aus Fältchen überzogen. Aber ihre Augen hatten sich nicht verändert. Sie waren walnussfarben – traurig, aber doch stolz. Ich stellte sie Neeraj vor. Er wollte ehrfurchtsvoll ihre Füße berühren, doch sie hielt ihn mit einer Geste davon ab, als spüre sie, dass sie einer solchen Ehrerbietung nicht würdig sei.

»Es ist schon lange her, Mark«, sagte sie, als sie meine Hand umschloss. »Wir sind beide älter geworden.«

»Pratima«, sagte ich, »möchtest du für mich und Neeraj singen?«

Sie lächelte – ein betrübtes Lächeln. »Meine Stimme ist alt und verrostet. Aber wie kann ich ohne meinen »Zaubertrank' singen?«

Ich überreichte ihr die braune Papiertüte.

Sie lächelte erneut. »Ah, ich sehe schon, du hast nichts vergessen. Ich werde für euch singen, mit meiner Tochter. Sie singt göttlich. Doch zuerst«, meinte sie, »lade ich euch beide zum Essen ein. Ihr habt einen langen Weg hinter euch.«

Ein Schlüsselbund hing ihr an einer Schnur um den Hals. Sie suchte einen Schlüssel aus und sah mich dabei verlegen an. »So weit ist es schon gekommen«, sagte sie. »Ich muss alles absperren. Ich vertraue niemandem mehr. Alle bestehlen mich. Sogar meine Hausangestellten.«

Pratima öffnete die Holztür zu ihrer Küche und brachte einige hart gekochte Eier, einen Laib Brot und etwas Tee zum Vorschein, den sie uns in abgesplitterten Gläsern servierte. Ich bat um einen Löffel für den Zucker. Sie blickte sich um, wie um sich zu vergewissern, dass niemand zusah, dann holte sie aus den Falten ihres Gewands einen wunderschönen Silberlöffel mit dem Wappen von Gauripur hervor. Es tat weh, dies anzusehen. Beim Frühstück erkundigte ich mich nach Parbati. Sogleich zog ein leichter Schleier des Bedauerns über ihre stolzen Augen. Sie berichtete mir, dass sie einander kaum mehr sahen.

Es war erst neun Uhr vormittags, doch ich roch schon ihre Fahne. Sie hatte sich bereits ihren Zaubertrank genehmigt. Nun erschien ihre Tochter, eine hübsche junge Frau mit dunklen Augen und vollen Lippen, das Gesicht von langen schwarzen Haaren umrahmt. Sie war hochschwanger mit ihrem zweiten Kind und trug ein wallendes rosafarbenes Kleid. Pratima verzog sich kurz in die Küche, zweifellos zum Nachtanken. Mit einem Lächeln im Gesicht kehrte sie zurück.

»Wir singen für euch ein Duett«, kündigte sie an. »Das habe ich gesungen, als wir uns das letzte Mal am Sankosh begegnet sind. Es ist ein Mahoutlied.«

In dem Augenblick, als Pratima den Rhythmus mit einem Messingglöckchen gegen ihr Knie schlug, erkannte ich es wieder. Es versetzte mich wieder ans Flussufer an jenem nebligen Tag bei den Elefanten. Das Lied war wie alle Elefantenlieder aus Gauripur eingängig und wehmütig. Es handelte von einem schönen Mädchen, das sich in einen Mahout verliebt, während er im nahe gelegenen Wald wilde Elefanten fängt. Da aber alle Mahouts Vagabunden sind, bricht er ihr das Herz.

An diesem Morgen sangen im baufälligen Hof zwei Engel für uns. Ihre Stimmen ergänzten sich ideal. Keine Note ging verloren, als Pratima mit ihrer vertrauten tiefen Stimme so sanft wie fallender Regen einsetzte. Dann stimmte ihre Tochter mit ein, die mühelos die höheren Noten erreichte, bis schließlich ihre beiden Stimmen wie ein vom Wind erfasster Vogel einen Augenblick in der Schwebe blieben und dann sanft davongetragen wurden, bis sie im alten Gemäuer des Hofs verhallten und ausklangen.

Ich saß gebannt da und hatte am ganzen Körper eine Gänsehaut. Neeraj weinte.

Pratima lächelte still. »Es ist schön, dass meine Lieder noch gefallen.« Sie umarmte ihre Tochter. »Nun werden sie weiter Vergnügen verbreiten.«

Als sie uns hinausbegleitete, hielt sie kurz an, um eine weitere Tür aufzusperren. Es war ihr Schlafzimmer, leer bis auf ein altes Mahagonibett und einen Tisch mit zwei Ebenen. Sie berührte ihn andächtig, beinahe als wäre er ein Schrein. Das war er gewissermaßen auch: ein Schrein für ihr Leben. Auf dem unteren Teil fauchten mich die ausgestopften Köpfe eines Tigers und eines Leoparden an. Sie hatte sie im zarten Alter von zwölf Jahren mit ihrem Vater geschossen. Darüber stand auf einem Fetzen alter Assamseide eine Sammlung Pokale, die ihr für die Gabe ihrer goldenen Stimme im Lauf der Jahre verliehen worden waren.

Doch den absoluten Ehrenplatz nahm eine gerahmte Urkunde ein, die an der Wand über dem Tisch hing. Es war das Padma Shri, die höchste Kulturauszeichnung, welche die Regierung einer Privatperson verleihen kann. Wer das Padma Shri erhält, wird zum Nationalerbe. Doch nun war dieses Nationalerbe vergessen, beiseite gelegt, und sie lebte fast wie eine Bettlerin. Das machte mich aufgebracht und traurig. Obwohl ihre Tochter zweifellos begabt war und Pratimas Nachfolge antreten konnte, konnte niemand die große Diva ersetzen. Indien sollte die goldene Stimme noch einmal hören, bevor es zu spät war.

Auf dem Rückweg ergatterten Neeraj und ich eine Mitfahrgelegenheit in einem Kanu zur *Kailash*. Bhaiti hörte ich schon, bevor ich ihn sah. Er bellte wütend. Endlich hatte er ebenbürtige Gegner gefunden – in Gestalt vorwitziger, schlauer Krähen. Sie waren überall, hockten unverschämt wie blinde Passagiere auf der *Kailash* und bedienten sich – sehr zu Gammas Unwillen – sogar aus seinem Garten über der Kabine.

Bhaiti schoss wie ein Wirbelwind übers Boot und verscheuchte sie, doch sie gruppierten sich einfach neu auf dem Sand. Da probierte er es auf andere Weise. Er bediente sich seiner Tripuri-Lushai-Jagdgene, indem er die hölzerne Laufplanke hinabschlich und sich ihnen wie ein Tiger näherte, kriechend, den Bauch in den Sand gedrückt. Dann sprang er auf sie zu. Sie stiegen mühelos in einer seidigen schwarzen Federwolke auf, ließen sich ein paar Meter weiter wieder nieder und bildeten einen Kreis um ihn. Sie spielten mit ihm. Bhaiti wurde hysterisch; er wusste nicht mehr, wohin zuerst. Eine Krähe, dreister als die anderen, hackte sogar nach seinem Schwanz. Bhaiti heulte empört auf. Schließlich schlich er zurück aufs Boot und postierte sich an der Laufplanke. Er würde nicht aufgeben. Wenn er sie schon nicht fangen konnte, war er doch wenigstens entschlossen, sie nicht mehr aufs Boot zu lassen.

Allerdings hatte der Insektenscharfrichter, vielleicht abgelenkt durch die Krähen, seine Pflichten vernachlässigt. In der Kombüse fanden wir Topguy heftig zitternd unter einer Decke. Die dunkle, feuchte Kombüsenkammer war eine Brutstätte für Moskitos. Ich maß seine Temperatur. Er hatte beinahe 41 Grad Fieber. Ich war ziemlich sicher, dass es Malaria war. Er brauchte rasch medizinische Hilfe. Ich hatte keine andere Wahl, als ihn in Dhubri in einem Hotel zurückzulassen. Neeraj würde ihn auf dem Rückweg abholen, wenn er mich an der Grenze abgeliefert hatte.

Topguy war völlig niedergeschlagen. Er beschwor mich, meinen Entschluss zu ändern, er erhole sich wieder. Er wollte unbedingt die Reise bis zum Ende mitmachen. Er hatte das Gefühl, mich im Stich zu lassen. Aber Topguy hatte mich nie im Stich gelassen. Doch das würde ich, wenn ich ihn weiterreisen ließ. Wir packten seine Sachen zusammen und kehrten in einem Kanu zur *ghat* zurück. Ich rief die Bezirkskommissarin an. Sie empfahl ein gutes Hotel und schickte ihren Arzt hin.

Das Hotel war sauber und das Zimmer hell und luftig. Es bot einen Fernseher und eine gute Aussicht auf den Ort. Neeraj wies das Personal an, sich um Topguy wie um einen Bruder zu kümmern. Bald traf der Arzt ein. Er diagnostizierte ein Virusfieber, möglicherweise Lungenentzündung. Topguy brauchte Ruhe – viel Ruhe. Der Arzt wollte jeden Tag nach ihm sehen, bis Neeraj zurückkehrte.

Ich hätte mir keine schlimmere Situation für den Abschied von meinem Freund vorstellen können. Ich drückte seinen zitternden Körper an mich und wünschte ihm gute Besserung. Wir waren beide gerührt. Durch meine überfließenden Augen konnte ich seine Tränen sehen.

Die Besatzung hatte auf der Sandbank ein großes Feuer entfacht. Es war unser letzter Abend in Indien und unsere letzte gemeinsame Nacht, denn morgen würden Bhaiti und ich uns von den anderen in Doikhawan, der Grenze zu Bangladesch, verabschieden. Doch ohne Topguy war es nicht wie sonst, was auch für das Essen galt, obwohl Neeraj als Ersatzkoch sein Bestes gab. Wir lagerten uns ums Feuer, tranken Rum und zogen an Gammas *chillum*, während wir auf die Klänge Indiens lauschten, die von der *ghat* übers Wasser drangen: die Andachtshymnen im Sikhtempel, das

Gelächter einer Hochzeitsfeier, die Schreie der *paan*-Verkäufer, die schrillen Klingeln der Rikschas und das gelegentliche Put-Put, wenn in der Dunkelheit eines der *bhut-bhuthees* an uns vorüberzog.

In der Abenddämmerung wurde die große Kuppel des Tempels wie ein Märchenschloss illuminiert. Tausende Vögel kreischten und rauften im Kampf um die Schlafplätze in den gewaltigen heiligen Bobäumen. Eine Stunde später trat nach all dem Lärm eine beinahe schockierende Stille ein, nur gelegentlich durchbrochen vom Quaken der Ochsenfrösche und dem sanften Ans-Ufer-Klatschen des Flusses.

Der Nebel war ungewöhnlich dicht, als wir früh am nächsten Morgen aufbrachen. Obwohl Gamma beinahe überall eine Durchfahrt »träumen« konnte, war es doch schon lange her, seit er so weit stromabwärts gefahren war, und hier hatte sich im Lauf der Jahre enorm viel verändert. Der Strom war nun gefährlich seicht, sodass wir bald auf Grund liefen. Laxman legte einen niedrigeren Gang ein, um uns durch mehr Schubkraft mit Gewalt von der Sandbank zu bekommen. Doch das verschlimmerte die Lage nur, denn wir gruben uns tiefer. Während wir alle zu den Bootshaken griffen, tauchte Pandit ab, um das Ruder zu überprüfen, wobei er feststellte, dass es nur noch an einer Schraube hing, denn die schiere Kraft der Kollision hatte es aus der Verankerung gerissen.

Wir entschieden abzuwarten, bis sich der Nebel lichtete. Wir konnten einander kaum sehen. Es war unheimlich, so dazusitzen, während die Nebelfäden sich wie die Geister ertrunkener *majhi* um uns ringelten. Eine Stunde später brach die Sonne durch und übergoss uns mit warmem Morgenlicht. Wir hievten die *Kailash* in tieferes Wasser, und Pandit reparierte die Ruderaufhängung. Der Strom war gewaltig und kein Anzeichen von Land zu sehen. Wir kamen ruckweise voran, wobei Pandit am Bug stand und uns jedes Mal wegstakte, wenn wir auf Grund liefen. Gamma konnte die Fahrrinne einfach nicht finden.

Plötzlich tauchte direkt vor uns etwas Schwarzes aus dem Wasser und verschwand rasch wieder. Ein paar Sekunden später tauchte es wieder auf und zirpte. Es war ein Delfin – einer der seltenen Süßwasserdelfine des Brahmaputra, die durch das Netzfischen beinahe ausgerottet worden waren. Er wies uns den Weg. Wir folgten unserem freundlichen Lotsen, während er seine Bögen aus dem Wasser schlug, bis wir schließlich einen tieferen Kanal fanden. Dann schnellte der Delfin wie zum Salut völlig aus dem Wasser, machte eine Rolle seitwärts, zirpte wieder und schwamm seiner Wege.

Gamma signalisierte Laxman, die Fahrt zu drosseln. Er kletterte oben auf die Kabine, pflückte einen Strauß Ringelblumen und band sie zu einer Girlande. Die legte er in ein Weidenkörbchen, zündete einige Räucherstäbchen an, beugte sich über die Bootsflanke und schob die Opfergabe übers Wasser, um seinem Flusslotsen Dank zu sagen.

Der Strom hatte sich mittlerweile in ein Labyrinth aus Kanälen aufgeteilt, die von langen, hohen Sandbänken flankiert wurden. Es waren alles Sackgassen. Wir hatten uns wieder verfranst. Gamma beschloss umzukehren. Beinahe im gleichen Augenblick erspähte Neeraj eine kleine Flagge – eine indische Flagge –, die über der Sandbank links von uns flatterte. Doikhawa! Das musste Doikhawa sein – der indische Grenzposten. Aditya konnte nicht mehr weit sein.

Gamma ging mit der *Kailash* vor Anker. Neeraj und ich sprinteten die Sandbank hoch, wo wir auf einen Außenposten des Grenzschutzes stießen – einen kleinen ordentlichen Übungsplatz, über den ein Volleyballnetz gespannt war, umgeben von niedrigen, strohgedeckten Gebäuden. Wir wurden von einem verblüfften und argwöhnischen Soldaten aufgehalten. Neeraj und ich blickten in die Mündung eines automatischen Gewehrs. Hastig rissen wir die Hände hoch. Neeraj erläuterte unsere Lage. Der Soldat gestikulierte mit seinem Gewehr, wir sollten ihm folgen. Wir betraten das Militärgelände, wo Neeraj sich bald mit dem Corporal anfreundete. Es stellte sich heraus, dass sie beide aus demselben Landesteil kamen.

Doch die Freude über diese Entdeckung wich bald der Enttäuschung über eine andere. Wir waren noch gar nicht in Doikhawa. Doikhawa befand sich weiter stromabwärts, und der Corporal konnte nicht erlauben weiterzufahren, bis sein vorgesetzter Offizier von der Patrouille zurück war. Der Corporal war überaus gastfreundlich und brachte uns Kekse und Tee, während wir im Schatten des Befehlsstands warteten. Schon beim ersten Blick erkannte ich, dass der Mann, der da wie ein Truthahn heranstolzierte, Unheil bedeutete. Er war ein Unteroffizier – ein Sikh, und auf seinen beiden Schultern prangte ein Abzeichen so groß wie seine überdimensionalen Epauletten. Er sprach gut englisch.

»Was tun Sie hier, Sir?«

Ich erläuterte unsere Lage, zuerst geduldig, doch ich spürte schon, wie mein Unmut wuchs. Neeraj empfand das auch und klopfte mir auf den Arm, damit ich mich beruhigte.

»Sie können nicht nach Doikhawa fahren. Kein Boot kann nach Doikhawa. Mit Boot ist das nicht gestattet.«

Ich musste aber nach Doikhawa. Wir hatten schon den siebten. Aditya wartete dort mit den Bangladesh Rifles auf mich. Ungeduldig hielt ich ihm meinen Pass unter die Nase. »Sie sehen, Sir«, zischte ich, »hier steht, dass ich über den Brahmaputra von Indien aus nach Bangladesch einreisen darf.«

Er war einen flüchtigen, abschätzigen Blick drauf. »Das ist von den Behörden von Bangladesch, nicht von Indien.«

»Ich habe die Genehmigung erhalten«, sagte ich mit zusammengebissenen Zähnen, »und zwar von Indien. Vom Polizeichef in Dhubri. Er sagte mir zu, den Grenzschutz in Doikhawa von meinem Eintreffen zu unterrichten.«

»Wir sind hier nicht in Doikhawa«, fauchte er. »Niemand hat uns benachrichtigt, Sir. Und überhaupt, wer soll Ihren Pass abstempeln – Ihr Ausreisevisum?«

»Sie ...« – ich biss mir auf die Zunge – »Sie werden das tun, Sir.«

Er blies sich auf. »Wir sind keine Passstelle, wir sind Soldaten. Wir geben keine Ausreisevisa. Der einzige Ort, an dem Sie Indien verlassen können, ist Mankachar. Aber selbst dort bekommen Sie Schwierigkeiten. Die Grenze ist geschlossen. Um nach Mankachar zu gelangen, müssen Sie mit dem Boot nach Halidayganj, drei Kilometer von hier auf der linken Uferseite.« Er wedelte entlassend mit der Hand. »Da stoßen Sie auf die Straße nach Mankachar.«

Ich sprang von meinem Sitz auf. »Jetzt hören Sie mal«, schrie ich. Was sollte der Scheiß von einer »Straße«? Ich fuhr auf dem Fluss. Ich hatte verflucht noch mal die Genehmigung dafür, bloß dieser Idiot wollte mich aufhalten. »Ich fahre auf keinen Fall nach Man... wie auch immer dieser verdammte Ort heißt. Ich fahre nach Doikhawa.«

»Das tun Sie nicht, Sir«, erwiderte er. »Wenn Sie mir nicht auf der Stelle Ihr Wort geben, dass Sie nach Mankachar fahren, beschlagnahmen wir Ihr Boot.«

Ich blieb einen Augenblick bebend vor Zorn stehen, sank dann aber wieder auf meinen Stuhl. Es war nicht der Fehler des Offiziers. Der Oberkleinviehfänger in Dhubri, der Polizeichef, hatte mir alles vermasselt. Er hatte sich nicht darum gekümmert, jemanden in Doikhawa zu benachrichtigen. Garantiert hatte er von vornherein gewusst, dass ich nach Mankachar musste. Seine Überheblichkeit hatte einen der wichtigsten Abschnitte meiner Reise, die einzigartige Bootsfahrt von Indien nahtlos nach Bangladesch, herausgetrennt.

Abrupt erhob ich mich. »Gehen wir, Neeraj. Lass uns rausgehen. Wir vergeuden hier nur unsere Zeit.«

»Geben Sie mir Ihr Wort, Sir, dass Sie nicht nach Doikhawa fahren?«

Ich nickte, machte auf dem Absatz kehrt und eilte zurück aufs Boot.

Neeraj versuchte, mich zu beruhigen. Aber ich schäumte vor Wut. Ich dachte nur an den Oberbullen in Dhubri. Die Wut hielt die Stunde an, die wir brauchten, um Halidayganj zu erreichen. Es war ein so blödes Ende für eine wunderbare Reise. Gamma und die Jungs spürten das ebenfalls. Sie waren so gespannt wie ich gewesen, die Reise auf dem Wasser zu beenden, daher stand ihnen die Enttäuschung ins Gesicht geschrieben. Ich umarmte alle der Reihe nach – diese loyalen, vorzüglichen *majhi*. Sie waren nicht nur wunderbare Freunde, sie hatten mir auch den wahren Zauber des Stroms gezeigt. Ich würde sie nie vergessen. Bhaiti wurde von allen verwöhnt. Gamma hatte ihm ein kleines Halsband aus Ringelblumen von seinem Kabinengarten geflochten. Er band es Bhaiti um den Hals.

Ich wandte mich untröstlich an Neeraj. »Also, mein alter Freund«, sagte ich, als ich ihn umarmte. »Sieht aus, als wär's das gewesen. Ich kann dir gar nicht genug ...«

»Ich komm doch mit dir«, unterbrach er mich.

»Kommst mit mir!«, rief ich verdutzt aus. »Wie? Du hast doch keinen Pass?«

»Mark«, sagte er, »ich habe einen Pass. Und ich glaube, es ist besser, wenn ich mitkomme. Du bist wie eine Bombe. Die Bombe wird bald explodieren. Dann gibt es wieder Scherereien, und ich kann helfen. Wenn wir Aditya treffen, kehre ich zurück.«

Widerspruch war zwecklos. Ich stieß sogar einen Seufzer der Erleichterung aus. Ich brauchte Neeraj jetzt tatsächlich mehr denn je. Ich war ziemlich sicher, dass es an der Grenze weitere Probleme geben würde. Als ich sein Angebot dankbar angenommen hatte, vereinbarte Neeraj mit Gamma, ihn in ein paar Tagen in Dhubri wieder zu treffen. Dann standen Bhaiti, er und ich am Ufer und sahen zu, wie die zerschrammte kleine *Kailash* den Strom hinauftuckerte, bis sie im Dunst verschwand.

In Halidayganj requirierte Neeraj ein verbeultes altes Ambassador-Taxi. Ich blickte auf das Nummernschild. Das Kennzeichen fing mit M an – M für Meghalaya. Ich hatte aber gedacht, wir seien in Assam. Das war doch nicht zu fassen. Wir bewegten uns im Kreis. Wo zum Teufel waren wir? Das fand ich erst eine Stunde später nach einer höllischen Überlandfahrt bis Mankachar heraus. Mankachar war in Dunkelheit getaucht. Seit dem letzten Monsun vor dreieinhalb Monaten gab es keinen Strom mehr.

Kein Strom hieß keine Verbindungen, keine Verbindungen bedeuteten keine Kommunikation. Wir saßen fest. Neeraj musste nun für mich denken. Ich war wie betäubt.

Neerajs verzweifelter Schrei schreckte mich aus meinem Dämmerzustand. »Mark! Mark!«, gellte er. »Rasch, rasch! Bring Leki! Bring Leki!«

»Leki?« Ich blickte mich verwundert um und glaubte, Neeraj sei verrückt geworden. Wer zum Teufel war Leki? Soweit ich wusste, kannte ich keinen Leki. »Wer zum Teufel ist Leki?«, schrie ich zurück.

»Leki«, schrie er. »Leki, Leki. Wanderstecken. Im Auto! Bring sie schnell! Bhaiti ist in Schwierigkeiten.«

»Bhaiti ist in Schwierigkeiten« – magische Worte, die sofortiges Handeln erforderten. Ich riss den Kofferraum auf, packte die Lekis und rannte hinter ein dunkles Gebäude, wo ich auf ein wildes Hundegemetzel stieß – fliegendes Fell, Knurren, gefletschte Zähne. Bhaiti und Neeraj waren in der Unterzahl. Von allen Seiten griff eine Straßenbande räudiger Köter sie an. Bhaiti hatte seine Fänge in den Nacken eines von ihnen versenkt, während ein anderer an seiner Flanke hing. Neeraj packte den Köter an den Beinen und schmiss ihn in die Gosse. Ich warf Neeraj einen Leki zu und griff selbst ein. Es dauerte nicht lange, bis die Bastarde den Stich gehärteten Stahls spürten. Bei jedem ausgeteilten Schlag dachte ich an den Polizeichef von Dhubri – ein tolles Gefühl.

Sobald die Hunde verjagt waren, sah ich nach, ob Bhaiti verletzt war. Abgesehen von einem Stück ausgerissenen Fells an der linken Flanke fehlte ihm nichts, aber ich legte ihn rasch an die Leine. Seine Tage in Freiheit waren gezählt. Wir standen kurz davor, ein Land von Hundehassern zu betreten. Unvermeidlicherweise hatte sich eine große Menge angesammelt. Neeraj erkundigte sich nach dem Weg zur Grenze. Mankachar hatte nichts zu bieten. Je schneller wir hier fortkamen, desto besser. Zum ersten Mal in meinem Leben war ich glücklich, Mutter Indien zu verlassen.

Nach einer verwirrenden Fahrt durch dunkle und schmutzige Nebenstraßen kamen wir zu einem kleinen Betonbau hinter einem Bambuszaun, der Meldestelle für die Ein- und Ausreise von Mankachar. Sie war geschlossen, aber durchs Fenster sahen wir eine Kerze flackern. Wir klopften an die Tür. Ein kleiner Mann mit Glatzenansatz, der ein weißes Hemd, eine gelbgraue ärmellose Strickjacke mit einem heimischen Motiv, eine schicke blaue Hose und Gummisandalen trug, machte uns auf. Er glotzte uns an. Wir lächelten zurück.

»Guten Abend, Sir«, sagte ich. »Wir sind hergekommen, um unsere Pässe abstempeln zu lassen. Wir möchten nach Bangladesch. Sie sind doch der Grenzbeamte?«

»Ja, schon«, meinte er mit verdutzter Miene. »Ich bin der oberste Grenzbeamte von Mankachar, aber ich habe noch nie einen Pass abgestempelt – nicht in all meinen sieben Dienstjahren. Niemand überquert hier die Grenze. Sie ist geschlossen. Aber kommen Sie doch bitte herein«, sagte er höflich.

Mir fiel auf, dass seine Hände vor Aufregung zitterten. Der oberste Grenzbeamte von Mankachar hatte seine ersten Kunden vor sich. Mankachar, erzählte er mir, sei einst ein regulärer Handelsumschlagplatz zwischen Indien und Bangladesch gewesen. Aber aufgrund des massiven Exodus' von Bangladeschis, die aus ihrem Land flohen und schmuggelten, hatte Indien die Grenze vor vielen Jahren dicht gemacht. Ich wusste aus Zeitungsartikeln gut, dass es wegen der Einwanderungen große Spannungen zwischen Bangladesch und Indien gab, insbesondere an diesem Streifen, der an die indischen Bundesstaaten Assam und Meghalaya grenzte. Derzeit heißt es, obwohl genaue Zahlen unmöglich zu berechnen sind, dass jedes Jahr um die 150 000 Bangladeschis illegal die Grenze nach Indien überqueren. Es ist ein bitterer endloser Streit, und die Soldaten schießen regelmäßig auf Menschen, die sich in die Nähe der Grenze wagen.

Bei unzähligen Tassen Tee erläuterte Neeraj unsere Lage. Ich wies meine Dokumente vor – die Briefe der Behörden in Bangladesch, die mich in ihrem Land willkommen hießen – und beschrieb widerwillig unsere Probleme mit dem Grenzschutz, der meine Flussüberfahrt blockiert hatte. Der Grenzbeamte schwieg einen Augenblick, als würde er über eine weit reichende Entscheidung nachdenken. Er holte tief Luft, stand auf, stellte sich auf einen Stuhl und holte ein altes dickes Amtsbuch von einem Schrank herunter. Er blies den Staub weg und legte es ehrfürchtig auf seinen Schreibtisch.

»Das, mein Herr, ist das Grenzübertrittsbuch. Ich muss alle Einzelheiten eintragen. Bitte haben Sie Geduld. Ich habe das noch nie ausgefüllt.«

Er schraubte die Kappe von einem Federhalter, wobei seine Hände noch mehr zitterten. »Nun, Sir«, sagte er aufgeregt, »bitte fangen Sie noch einmal von vorn an.«

Er brauchte eine Stunde, um in seiner wunderschönen Schrift meine gesamte Familiengeschichte einzutragen, angefangen mit den Namen, Geburtsorten und – daten meines Urgroßvaters und Großvaters väterlicherseits und meines Vaters. Und dann Namen, Geburtsorte und - daten von Urgroßvater und Großvater der mütterlichen Linie bis zu meiner Mutter. Dann wollte er Namen, Geburtsorte und - daten meiner Schwestern wissen. Dann den Mädchennamen meiner Frau, den Namen ihres Vaters und schließlich meinen Namen mit Geburtsdatum und -ort, Beruf und Datum der Einreise nach Indien. Zum Ausfüllen von Neerajs Formular brauchte er nur zwei Minuten. Endlich legte er den Füller weg. Er hatte in dem Amtsbuch zwei Seiten voll geschrieben.

»Schön, Sir«, sagte er glücklich. »Das ist alles völlig korrekt.«

»Entschuldigen Sie, Sir«, sagte ich. »Was ist mit meinem Hund?«

»Ihr Hund fällt nicht in meinen Bereich. Da ist die Abteilung für Zölle und Abgaben zuständig.«

»Ja«, fragte ich, »können wir die aufsuchen?«

»Nein, Sir. Mein Freund, der Oberamtmann für Zölle und Abgaben in Mankachar, pflegt schon die Bettruhe. Morgen früh werden wir als Erstes hingehen. Aber«, flüsterte er verschwörerisch und beugte sich zu mir vor, »ich kann das Verfahren beschleunigen, indem ich den Pass heute mit dem Datum von morgen stemple.« Er strahlte vor Freude über seinen guten Einfall.

Das dauerte eine weitere halbe Stunde, da er den Passstempel nicht finden konnte. Schließlich machte er ihn oben auf einem anderen Schrank ausfindig, blies wieder Staub weg, tauchte ihn in ein Tintenfass und stempelte mit großer Geste meinen Reisepass. Er lachte polternd. »Ha, ha, ha. Sie haben Indien verlassen, sind aber immer noch hier.« Tränen strömten ihm übers Gesicht. »Nun aber«, sagte er und wischte sich das Wasser aus den Augen, »müssen wir zum Zero Point gehen.«

»Zero Point?«, fragte ich. »Was ist das?«

Das war eindeutig ein großes Abenteuer für den Grenzbeamten. »Am Zero Point«, sagte er ehrfürchtig, »verlassen Sie Indien und betreten

Bangladesch. Wir müssen dort den Grenzschutz aufsuchen und die Beamten von dem endgültigen und vollständigen Grenzübertritt morgen in Kenntnis setzen.« Das klang aufregend. Wieder ein Auftrag für James Bond.

Wir zwängten uns ins Taxi und fuhren eine schmale Straße voller Schlaglöcher entlang, der von beiden Seiten Bambushäuschen eng auf den Pelz rückten. Die Straße, wenn sie überhaupt als eine solche zu bezeichnen war, hörte auf und wurde zu einem Sandweg. Links konnte ich einen hohen Stacheldrahtzaun erkennen.

»Zero Point«, flüsterte der Grenzbeamte aufgeregt und sagte dem Fahrer, er solle anhalten.

Unser Fahrer schien nichts zu kapieren. Er fuhr mit ausgeschalteten Scheinwerfern weiter. Für einen schon etwas betagten Mann reagierte der Grenzbeamte recht schnell. Er schlug dem Fahrer fest auf den Hinterkopf, worauf der abrupt bremste, kletterte flink aus dem Auto und rief in die dunkle Nacht.

»Nicht schießen! Nicht schießen! Bitte nicht schießen. Oberster Grenzbeamter«, schrie er noch lauter. »Nicht schießen!«

In der Stille hörte ich das vertraute Geräusch automatischer Waffen, die entsichert wurden. Im gleichen Moment wurden wir von einem Suchscheinwerfer geblendet. Neeraj kauerte sich auf den Boden des Fahrzeugs. Ich packte Bhaiti, riss die Tür auf und warf mich in den Sand. Dort lag ich über Bhaiti und legte schützend die Hände über den Kopf. Alles geschah binnen weniger Sekunden, aber mir kam es wie eine Stunde vor. Neugierig reckte ich den Kopf. Da sah ich einen heftig schwitzenden obersten Grenzbeamten, den schwer bewaffnete Soldaten umringten, die widerwillig ihre Gewehre schulterten.

Wir waren gerade noch einmal davon gekommen. Es wäre der Gipfel der Ironie gewesen, in Mankachar an der hermetisch dichten Grenze bei dem Versuch erschossen zu werden, Indien zu verlassen, statt es zu betreten. Der Grenzbeamte machte alles mit dem Grenzschutz klar. Wir vereinbarten, uns früh am nächsten Morgen am Zero Point zu treffen, und lieferten ihn an seinem Büro ab.

»Bitte seien Sie genau um fünf Uhr früh hier«, sagte er. »Mein Freund, der Dienststellenleiter für Zölle und Abgaben, kommt dann vom Tempel zurück. Gute Nacht, Sir.«

»Ihnen auch eine gute Nacht, Sir«, sagte ich. »Danke für alles.«

Unser nächstes Problem bestand darin, wo wir die »gute« Nacht verbringen sollen. Als wir wieder im Taxi saßen, tat Neeraj auf einmal etwas für ihn völlig Ungewohntes. Der Fahrer erhielt seine zweite Kopfnuss. Dann packte ihn Neeraj von hinten, zog ihn vom Fahrersitz und setzte sich selbst ans Steuer.

»Was zum Teufel machst du da?«, fragte ich.

»Ich fahre jetzt.«

Ich wollte mich auf keine Auseinandersetzung einlassen. »Aber wohin soll es gehen?«

»Zur Polizeiwache.«

»Polizeiwache!«, rief ich aus. »Auf keinen Fall begebe ich mich in die Nähe von Kleinviehfängern. Sie haben mir die Reise schon genug versalzen. Sie werden noch mehr vermasseln. Vergiss es.«

»Bitte mehr Ruhe, Mark. Ich leite alles in die Wege.«

20 Minuten später hielten wir vor der Polizeiwache von Mankachar. Ich weigerte mich hineinzugehen und blieb schmollend mit Bhaiti auf dem Rücksitz. Neeraj kam bald wieder grinsend zurück in Begleitung eines Polizisten, der sich hastig seinen Kaftan in die Hose stopfte.

»Alles unter völliger und totaler Kontrolle«, meinte Neeraj. »Ich habe mit der Bezirkskommissarin in Dhubri gesprochen. Sie ist noch am Apparat. Sie will mit dir sprechen.«

Immer noch erbost marschierte ich ins Büro, wobei ich den Polizisten ignorierte, und nahm das Funksprechgerät. Es war dummerweise so ein Apparat, bei dem wie bei einem Walkie-Talkie Tasten gedrückt werden mussten. Das tat ich auch. »Hallo, hallo. Hallo, Madam«, sagte ich. Dann ließ ich die Taste wieder los.

»Hallo, Mark«, ertönte eine weiche Stimme aus dem Gerät. »Ich habe Ihnen etwas Wichtiges mitzuteilen.«

Ich drückte wieder die Taste. »Das können Sie laut sagen, Madam. Meine ganze Reise ist nur ...« Es rauschte in der Leitung. »Hallo, Madam, sind Sie noch da?« Ich ließ die Taste wieder los.

»Ja, Mark. Wie gesagt, Sie müssen sie mir unbedingt schicken.«

Ich drückte den Knopf. »Was schicken?« Ich ließ den Knopf los.

»Ihre Adresse, Mark, Ihre Adresse in London. Ich komme bald dorthin und würde Sie gern treffen.«

Das war nicht zu fassen. Ich drückte die Taste. »Madam«, sagte ich entschieden, »ich glaube kaum, dass jetzt die Zeit ist, um über Ihren Besuch in London zu reden, wo ich noch nicht einmal aus Ihrem Land herausgekommen bin. Auf jeden Fall möchte ich eine offizielle Beschwerde vorbringen ...« Die Leitung knisterte wieder. Ich ließ die Taste los.

»Oh, wie nett, Mark«, sagte sie. »Sie leben auf dem Lande. Ich bin nie auf dem englischen Land gewesen. Wie ich gehört habe, ist es sehr hübsch.«

Ich seufzte. Das führte zu nichts. Ich drückte wieder die Taste. »Ja, sehr hübsch, Madam«, sagte ich. »Ich schicke Ihnen meine Adresse und bedanke mich für Ihre Hilfe. Auf Wiedersehen.«

»Auf Wiedersehen in England, Mark«, flötete sie.

Ich musste lachen. Das Ganze war einfach zu surreal. »Wo übernachten wir?«, fragte ich Neeraj.

»Im Gästehaus«, sagte er. »Der Fahrer kann sich verpissen. Kleinviehfänger erledigen das Nötige«, lächelte er. »Befehl der Bezirkskommissarin.«

Mürrisch schüttelte ich dem Polizisten die Hand. Während Neeraj fortging, um mit der Polizei die Vereinbarungen für den morgigen Tag zu treffen, wurde ich zum Gästehaus geführt. Es gab nur ein Schlafzimmer mit drei Betten. Eines war belegt – aber nicht lange. Ein unordentlich aussehender Mann in einem Lunghi sprang heraus und schüttelte mir eifrig die Hand. Er war ein Beamter und vor dreieinhalb Monaten hierher versetzt worden. Ich sah schon, dass er reden wollte, eine ganze Menge. Mein Bett winkte verlockend von der anderen Seite des Zimmers.

Der Beamte sackte auf einen Stuhl und öffnete eine Flasche Rum. »Wissen Sie«, sagte er, »wissen Sie, was ich mache? Ich arbeite jeden Tag von sechs bis neun. Dann komme ich völlig geschafft heim und lasse mich voll laufen. Wollen Sie sich mit mir voll laufen lassen?«

Verzweifelt suchte ich nach einem Ausweg. Wie üblich kam Bhaiti mir zur Hilfe. In der Dunkelheit des Schlafzimmers hatte er eine Beute gefunden, eine Ratte. Er jagte sie gnadenlos durchs ganze Zimmer und erlegte sie schließlich genau unter dem Stuhl des Beamten. Dieser, nun sturztrunken, rappelte sich auf und verzog sich rasch ins Bett. Der alte Hausmeister kam herein und fragte, ob ich etwas essen wollte. Ich hielt das erlegte Nagetier am Schwanz hoch und händigte es dem alten Mann aus.

»Danke sehr«, sagte ich, »aber ich habe schon gegessen.«

Eine Eskorte Polizeijeeps mit heulenden Sirenen brachte uns am nächsten Morgen flink zum Büro des Grenzbeamten.

»Guten Morgen, Sir«, sagte ich. »Ist Ihr Freund von den Zöllen und Abgaben hier?«

»Nein, Sir«, erwiderte er. »Er ist im Badezimmer.«

»Aha.«

Wir warteten eine halbe Stunde.

»Hm«, erkundigte ich mich höflich, »bleibt er noch länger im Badezimmer?«

»O nein, Sir«, erwiderte er. »Er ist nicht im Bad. Er ist in den Tempel gegangen. Ein sehr frommer Mann. Brahmane.«

»Aha.«

Wir warteten eine weitere halbe Stunde. Endlich traf er ein. Der Dienststellenleiter für Zölle und Abgaben war fast das genaue Ebenbild des Dienststellenleiters für Ein- und Ausreisen. Sie hätten Zwillinge sein können. Er war äußerst aufgeregt und schüttelte mir kräftig die Hand. Wir gingen in sein Büro eine Tür weiter. Er ließ sich hinter seinem Schreibtisch nieder und holte ein weiteres Amtsbuch heraus. Sein Büro war mit Aushängen tapeziert, die Versteigerungen jüngst geschnappten Schmuggelguts ankündigten – 250 Kilo Reis, 150 Kilo Äpfel, 22 Kisten mit je 241 Orangen und anderer so aufregender Leckerbissen.

»Nun«, verkündete er förmlich, »haben Sie etwas anzumelden? Ein Geschenk zum Beispiel?«

»Ein Geschenk«, sagte ich, »einen Hund.«

»Einen Hund also«, er rieb sich die Hände. »Wer schenkte Hund?«

»Eine Freundin. Eine Freundin in Indien.«

»Hm«, brummte er. Er schrieb etwas auf eine Seite in meinem Pass und stempelte ihn ab. »Das wäre dann erledigt, Mister Shand«, verkündete er und händigte ihn mir wieder aus. »Ich wünsche Ihnen eine gute Reise.«

»Danke sehr.« Ich studierte die Seite in meinem Pass – eine anregende Lektüre. »Gemeldet in L-C-O MCR am 9. 12. 98 um 7 Uhr 30 zur Abreise nach B/desch zusammen mit E/Hund, klein.«

»Sir«, fragte ich. »Was genau ist ein E/Hund, klein? Meinen Sie einen kleinen englischen Hund?«

»Nein, Sir.«

»Also ein kleiner europäischer Hund?«

»Nein, Sir.«

»Nun, was heißt es dann?«, fragte ich verdutzt.

»Das heißt außerindischer Hund, Sir«, erwiderte er, »klein.«

Das war verwirrend. »Aber«, wandte ich ein, »er ist kein außerindischer Hund. Er ist ein assamesischer Hund. Warum ändern Sie den Eintrag in meinem Pass nicht um in A/Hund, klein. Das kann dann sowohl außerindisch wie assamesisch heißen.« Mir schien das eine sehr logische Lösung zu sein.

»Nein, Sir«, sagte er bestimmt. »Vom Erscheinungsbild her ist er außerindisch – E/Hund, klein.«

Ich erkannte, dass ich so nicht weiterkam. Ich war nun also offiziell der stolze Besitzer eines vom Erscheinungsbild her außerindischen Hunds – E/Hund, klein.

Alle zwängten sich in die Jeeps. Wir folgten derselben Route wie in der Nacht zuvor und kamen bald an den Platz, wo wir beinahe erschossen worden wären – Zero Point. Links konnte ich durch den hohen Stacheldrahtzaun nach Bangladesch schauen – ein flacher karamelfarbener Teppich mit Feldern, auf denen hunderte von Menschen arbeiteten. In der Ferne konnte ich ein kleines Dorf ausmachen.

Wir kamen vor einem großen Holztor quietschend zum Stehen: der Grenzübergang nach Bangladesch. Gegenüber dem Tor war ein schwer verschanztes Lager mit von Mangobäumen beschatteten Sandsäcken. Wir plauderten mit den Soldaten.

Um genau 8 Uhr 41 öffnete der Grenzschutz das Tor. Vor uns erstreckte sich ein etwa 100 Meter breiter Landstreifen, der von roten Fahnen markiert wurde. Wir verabschiedeten uns von den beiden Dienststellenleitern und den Soldaten. Die Soldaten salutierten sogar. Wir betraten das Niemandsland. Sofort wurde das Tor hinter uns geschlossen. Mit unseren Rucksäcken stolperten wir über ein gepflügtes Feld, bis wir eine Linie mit blauen Fahnen erreichten. Das war die Grenze. Wir überschritten sie. Nun endlich hatten wir, unglücklicherweise allerdings nicht auf dem Wasser, das »Land von Bangla« betreten.

Bangladesch ist ein Land, das seit Jahrhunderten gemischte Reaktionen bei den Besuchern ausgelöst hat. In alter Zeit hieß es das »goldene Bengalen«. Die Mogule nannten es »Paradies der Nationen«. Fa Xien, ein chinesischer Buddhistenpilger, der Bangladesch im fünften Jahrhundert besuchte, war beeindruckt »von den gewaltigen Gebäuden und dem Reichtum des Landes«. Marco Polo nannte es »ein von erbärmlichen Götzendienern mit einer seltsamen Sprache bevölkertes Land«. Ein arabischer Besucher aus Tanger, Ibn Battuta, nannte es im 14. Jahrhundert »eine mit Segnungen überfüllte Hölle«. Und im 17. Jahrhundert, als Saheedf Beg zum Vizekönig von Bangla ernannt wurde, rief er aus: »Ach ... Eure Majestät konnte keinen besseren Platz als Bangla finden, um mich umzubringen.«

Bhaiti tat seine Auffassung umgehend kund. Er schnüffelte argwöhnisch an den kleinen blauen Flaggen, stieg darüber und hob dann wie ein guter loyaler Hindu im Land von Bangla sein Bein.

14

»Neeraj«, sagte ich, seine Hand schüttelnd, »willkommen in Bangladesch.«

»Ja, Mark«, meinte Neeraj, meine Hand schüttelnd, »willkommen in Bangladesch.«

Wir schüttelten uns vor Lachen. Endlich hatten wir es geschafft, aber wo wir genau waren, das stand auf einem anderen Blatt. Eine Schar Schaulustiger umgab uns – eigentlich mehr als eine Schar, eine riesige schiebende, drängende Menschenmasse. Wir sahen sie an. Sie gafften zurück. Neeraj eröffnete den Schlagabtausch. Die Schleusen wurden geöffnet, als sie alle zugleich zu reden anfingen und mit den Armen in verschiedene Richtungen wiesen.

»Was meinen sie?«, wollte ich von Neeraj wissen.

»Die Leute sagen, wir sollten nach Rowmari. 20 Kilometer von hier. Der nächste größere Ort. Dort sind Bangladesh Riffes.«

»Frag sie, ob sie wissen, wo Doikhawa ist.« 150 Köpfe nickten. Es war schwer, herauszukriegen, ob das Ja oder Nein bedeutete. Ein oder zwei deuteten vage in verschiedene Richtungen.

»Okay«, sagte ich zu Neeraj, »wir begeben uns nach Rowmari. Vielleicht wissen die Bangladesh Rifles was von uns. Vielleicht wissen sie sogar, wo Aditya ist.«

Für wenige Rupien schulterten drei kleine Jungen unsere Rucksäcke. Wir zogen wie eine kleine Armee an den Wassergräben entlang, welche die staubigen Felder durchzogen. Beim Gehen nahm ich die Umgebung in mich auf. Die schreckliche Zerstörung des unglücklichen Landes durch den Monsun wurde beklagenswert deutlich. Jeder Quadratzentimeter Boden wurde umgepflügt und umgegraben von Gruppen ausgemergelter

Männer, die verzweifelt die Schultern krümmten, um einen kümmerlichen Lebensunterhalt zu verdienen und dem bröckeligen, staubigen Boden Nahrung für ihre Familien abzuringen. Es gab kein Lachen, nicht einmal von den Kindern. Sie schauten mich an, die großen braunen Augen von Trauer erfüllt, die Bäuche durch Unterernährung und Hunger aufgebläht. Sogar die Rinder und Ziegen trugen Maulkörbe, damit sie die Feldfrüchte nicht fraßen. Bangladesch hatte mir schon auf den ersten Kilometern mit seiner Verzweiflung das Herz gerührt. Ich hatte ein schlechtes Gefühl, hier inmitten all dieses Elends zu sein – ein Fremder aus einem Land, das die wahre Bedeutung von Hunger nie erfahren hat. Ich wollte so schnell wie möglich auf den Strom kommen und das Meer erreichen. Ich fühlte mich wie ein Schreckgespenst – ein Schreckgespenst mit einem Hund.

Andererseits bot das Schreckgespenst mit Hund diesen armen Leuten kurzzeitig eine Sehenswürdigkeit, eine Ablenkung von ihrem Elend. In jedem Dörfchen sammelten Neeraj und ich mehr Gefolgsleute, bis wir bald über eine beträchtliche Armee geboten. Doch schließlich, muss ich zu meiner Schande gestehen, verlor ich die Geduld. Es waren einfach zu viele, die mich angrapschten, angafften, anblafften und anquatschten – insbesondere ein Plappermaul, ein Chemiestudent, der seine Englischkenntnisse unter Beweis stellen wollte. Neeraj verfiel auf eine ideale List. Ich trug eine sehr dunkle Sonnenbrille. Neeraj sagte daher der Menge, ich sei blind und Bhaiti mein Blindenhund. Das wirkte Wunder, denn obwohl diese erstaunliche Kunde, als sie sich wie ein Lauffeuer in den Dörfern verbreitete, noch mehr Leute anzog, hielt sie die Schaulustigen doch auf Distanz und verschaffte Bhaiti und mir relative Ruhe.

Ein paar Stunden später, nachdem wir zwei Wasserläufe in Kanus überquert hatten, trafen wir in Rowmari ein. Während des Monsuns war die Stadt völlig überschwemmt gewesen. Oben an den Gebäuen konnte ich die Hochwassermarken noch deutlich sehen.

Unsere Träger führten uns zum Hauptquartier der Bangladesh Rifles. Die aber waren keine große Hilfe. Ich gab ihnen keine Schuld. Sie hatten wichtigere Dinge im Kopf, als sich um die Reise eines Engländers und eines Hundes zu kümmern. Zu meiner Verärgerung erfuhren wir aber, dass sie tatsächlich unterrichtet worden waren, mich in Doikhawa zu erwarten, wo eine Abteilung seit zwei Tagen meiner harrte. Ich fragte, wo Doikhawa sei. Gut 30 Kilometer stromaufwärts, sagten sie, am rechten Flussufer. Ich konnte es nicht glauben.

Neeraj erschien plötzlich mit einem Polizisten. Anders als in Dhubri war Rowmaris Polizeichef höflich, freundlich und hilfsbereit. Wäre er nicht gewesen, hätte ich Aditya nie aufgespürt. Er begleitete uns zu seinem Büro, wo er uns mit Essen versorgte, uns die Pässe abnahm, die nach einer halben Stunde sowohl mit dem Stempel der Einreise- wie der Zollbehörde zurückkamen, und überließ mir seine Privattoilette, wo ich mich etwas zurechtmachen konnte. Er regte sich nicht einmal auf, als Bhaiti, nachdem er sein eigenes Fressen verzehrt hatte, seine Manieren vergaß und auf den Schreibtisch sprang, um vom Teller des Polizeichefs weiterzufressen. Wir warteten und warteten, als er geduldig herumtelefonierte, wobei er effektiv die einzige Verbindung Rowmaris zur Außenwelt blockierte, um eine Verbindung ins Bezirkshauptquartier in Kurigram zu bekommen und Aditya ausfindig zu machen. Nach einer Stunde kam er durch und hinterließ die dringliche Nachricht beim Bezirkskommissar, ihn zurückzurufen. Eine halbe Stunde später klingelte das Telefon. Der Polizist hob ab, hörte einen Moment zu und übergab mir dann den Hörer.

»Wo zum Teufel bist du gelandet?«, brüllte Aditya in die Leitung. »Ich warte seit zwei Tagen auf dich. Und alle andern in Doikhawa ebenfalls. Sie haben ein großes Begrüßungskomitee für dich aufgeboten.«

Ich sah wieder rot. »Mistkerl«, schrie ich.

»So was!«, polterte er erbost zurück.

»Entschuldige. Ich hab nicht dich gemeint«, erklärte ich rasch. Ich erklärte ihm, was in Dhubri passiert war. »Wo bist du denn?«

»In Kurigram«, schrie er. Die Verbindung zischte und knatterte. Ich konnte ihn kaum vernehmen. »Aber wir brechen nun auf nach Chilmari.«

»Hast du ein Boot?«

»Ja, ja«, brüllte er ungehalten zurück.

»Voll ausgerüstet? Alle Vorräte an Bord?«

»Ja doch, ja«, scholl es mir in die Ohren. »Keine Sorge. Hier ist alles unter Kontrolle.«

»Wo zum Teufel ist Chilmari?«, brüllte ich wiederum.

»Weiß nicht«, schrie er. »Frag den Kleinviehfänger. Kann nicht weit sein. Wir treffen uns am ...« Die Leitung war tot.

Chilmari, stellte sich heraus, war praktisch gegenüber von Rowmari auf der anderen Seite des Stroms. Wir könnten es mit einer Schaluppe erreichen, der örtlichen Fähre – wenn wir uns beeilten. Der Polizeichef sah auf die Uhr. Die Fähre lief in einer halben Stunde aus. Benzin war wie alles hier äußerst knapp. Ich werde dem Polizisten seine Freundlichkeit nie vergessen, als er Neeraj, Bhaiti und mich und unser gesamtes Gepäck auf dem Rücksitz seines Motorrads in zwei Fuhren zur *ghat* beförderte. Wir schafften es gerade noch. Die Fähre war völlig überfüllt. Neeraj, der als Erster angekommen war, gelang es, auf dem oberen Deck etwas Platz für uns zu finden, der sich bald vergrößerte, als Bhaiti an Bord erschien. Ich winkte dem Polizisten zum Abschied zu. Ich hatte nicht einmal seinen Namen erfahren.

Wenn ich den Brahmaputra schon für groß gehalten hatte, so war das nichts im Vergleich zum Jamuna, wie der Strom in Bangladesch hieß. Außer einem Meer, dessen Ufer sich im Lauf der Jahrhunderte beständig veränderten, war nichts zu sehen. Schon 1809 hatte es Major James Rennell, der »Vater der indischen Geografie«, völlig aufgegeben, sie festzulegen, da sie solchen Veränderungen unterworfen waren. Selbst in den letzten 20 Jahren hat der Jamuna seine Ufer fast 15 Kilometer landeinwärts verschoben. Chilmari war in Gefahr, völlig zu verschwinden. Ich wusste, es war eine für ihre Messinggeräte, Glockenmetall und Essensgeschirr berühmte Stadt. Ausgezeichnet, dachte ich. Aditya könnte die Kombüse des Boots hier aufrüsten. Und der Name Chilmari bedeutete »Ort der Adler« – *chils* –, von den herrschaftlichen Jägern so benannt, die sie hier in großer Zahl erlegten. Sie hatten offensichtlich ganze Arbeit geleistet. Im Gegensatz zu Indien gab es hier keinerlei Vögel. In einer solch hoffnungslosen Gegend mussten die Vögel wohl um ihr Leben bangen.

Mit einem meiner Mitreisenden, einem netten alten Mann, der perfekt englisch sprach, fing ich ein Gespräch an. Er wohnte in einer Küstenstadt weiter unten am Strom und war hergekommen, um seinen Verwandten auszuhelfen, die schlimm unter dem Monsun gelitten hatten. Ich fragte ihn nach der Überschwemmung.

Er hob verzweifelt die Hände. »Es waren die schrecklichsten Fluten, an die ich mich erinnern kann«, sagte er. »Und unser Volk ist an Fluten gewöhnt. Sie kommen jedes Jahr. Doch dieses Jahr war es so, als sei Allah wütend. 90 Prozent des Landes waren überflutet, 16 Millionen Menschen obdachlos. Tausende starben. Sogar unsere Hauptstadt Dhaka war betroffen. Unsere Flugzeuge konnten nicht mehr starten und landen.« Er seufzte und breitete die Hände aus. »Aber wir geben nicht dem Fluss die Schuld. Er ist unser Schicksal. Der Fluss ist in unserem Blut. Er beherrscht uns. Er hat sein eigenes Wollen und Wirken und lässt sich nicht besänftigen. Er kann nicht sehen, er kann nicht hören. Er tut, was er will.« Er blickte kurz auf den Fluss, der tat, was er wollte, und dann wieder auf mich. In seinem Blick lag Zorn. »Aber der Regierung geben wir die Schuld. Sie tut nichts für uns hier. Sie bringt uns keine Hilfe. Wir sitzen auf den Dächern unserer Häuser und sehen zu, wie unsere Kinder, unsere Angehörigen vor unseren Augen an Krankheiten sterben, so wie meine Enkelin und mein Sohn dieses Jahr. Wenn wir medizinische Versorgung erhalten hätten, lebten sie heute noch.« Er schaute wieder weg. Die Sonne ging unter – ein gewaltiger orangefarbener Flammenball, der stumm im Strom versank. Der Mann rollte eine kleine Matte aus und setze sich eine weiße Kappe auf. »Bitte entschuldigen Sie mich, Sir, es ist Zeit fürs Gebet.« Er verbeugte sch nach Westen, nach Mekka, über den Strom, der ihm seine Familie genommen hatte, und rief eine höhere Macht an.

Wir erreichten Chilmari am frühen Abend. An der geräumigen *ghat* lagen etliche große Boote vertäut. Am Bug eines glänzenden Metallgefährts stand wie ein Admiral, mit hinter dem Rücken verschränkten Armen, eine vertraute Gestalt. Ich winkte heftig. Sie winkte zurück – Aditya ließ mich nie im Stich. Was für ein Boot! Wir würden diese Reise in großem Stil beenden.

Als ich aufs Deck gelangt war, begrüßte ich Aditya mit ausholendem Handschlag. »Aditya, du bist ein Genie!« Staunend ließ ich meine Blicke über die Brücke und das mit allen möglichen aufregenden Antennen bestückte Dach schweifen. Das Deck vibrierte unter dem Dröhnen der starken Motoren. »Da sind wir ja im Nu im Golf von Bengalen. Fantastisch!«

»Wovon redest du?«, fragte er.

»Vom Boot – du bist ein Genie. Wie hast du das nur ergattert?«

Er seufzte. »Das ist nicht unser Boot, Mark. Es gehört der Regierung. Unseres liegt dort.« Er zeigte das Ufer hinauf.

»Wo denn?«, fragte ich. Ich sah nur ein paar lange, schlanke Kanus mit gewölbten Verdecken aus Bambusmatten.

»Das in der Mitte. Es ist ein wenig eng, aber ein gutes Boot.«

»Herrgott!«, sagte ich. »In dem sollen wir reisen?«

»Was hast du erwartet?«, erwiderte er gereizt. »Wir sind hier in Bangladesch, nicht in Saint Tropez.«

Ich sah neidisch zu, wie die geübte Crew, die Vorbereitungen zum Ablegen treffend, umherschwärmte. »Meine Güte, wer zum Teufel ist das?«, rief ich aus, denn mir war plötzlich jemand mit dem Aussehen des Travestiestars Danny La Rue aufgefallen, mit aufgebauschten, in hellem Orange gefärbten Haaren, der mich intensiv durch eine dunkle Brille mit rosafarbigem Gestell anstarrte.

»Ach«, sagte Aditya, der mich an den Schultern packte und weiter übers Boot zog. »Hör zu, ich erkläre dir rasch, wie der Hase läuft, damit du Bescheid weißt. Das ist der Leiter der nationalen Tourismusbehörde von Bangladesch. Du hattest Recht, mein Freund«, fuhr er fort. »Unsere Reise drohte zu einer Werbetour für den Tourismus in Bangladesch zu werden. Wie du siehst, ist er für solch einen Spaß nicht geschaffen. An der Grenze hat er sich beinahe in die Hosen gemacht. Es war eine harte Schule für ihn. Ich musste einiges an Maratha-Diplomatie aufbieten, aber nun sehnt er sich danach, endlich hier abhauen zu können. Sag ihm Guten Tag, danke ihm und drücke ihm dein Bedauern darüber aus, dass er geht. Das ist alles.«

Dieser Danny La Rue erinnerte mich an einen der großen bunten Fische, die an Korallenriffen umherschwimmen – die Sorte mit den gummiartigen grauen Lippen.

Er hatte eine deutliche Aussprache, betonte jeden Vokal. »Es ist eine Ehre – eine große Ehre –, Sie kennen zu lernen, Mister Shand«, sagte er, wobei er mit seiner glitschigen Flosse meine Hand packte. Er überreichte mir eine Karte. »Willkommen in Bangladesch.«

»Vielen Dank. Es ist auch mir eine Ehre, Sie kennen zu lernen«, sagte ich folgsam. »Ich habe gehört, Sie sind meinem Freund Aditya eine große Hilfe gewesen. Es klingt so, als hätten Sie ein ziemliches Abenteuer hinter sich.«

»Oh, Mister Shand«, rief er aus, während er sich an sein helles orangefarbenes Haar fasste. »Das war nichts. Ich habe nur meine Pflicht getan als führender Repräsentant des Tourismus in meinem Land.«

»Aber ich höre, Sie verlassen uns. Wie schade. Es wäre wundervoll gewesen, mit einem Experten wie Ihnen zu rei...«

Aditya stupste mich an und flüsterte aus geschlossenen Zähnen: »Übertreib's nicht. Die Pfeife könnte bleiben.«

Aber keine zehn Pferde würden ihn auf dem Boot halten. Er sehnte sich nach den Annehmlichkeiten Dhakas. »Also, Mister Shand«, verkündete er, »ich glaube, Sie sind jetzt in sicheren Händen. Der gefährliche Teil ist vorbei. Mister Aditya war so überaus nett, mich von meinen Pflichten zu erlösen.« Er hustete leicht und bedeckte mich mit kleinen Speichelklümpchen. »Ich leide an einer scheußlichen Atemwegsbeklemmung.«

»Bitte fahren Sie nach Hause und erholen Sie sich. Vielen Dank für Ihre Hilfe«, log ich. »Ich melde mich bei Ihnen, wenn wir in Dhaka sind.«

»Bong Voyage, Mister Shand, Mister Aditya«, erwiderte er.

»Bon voyage«, gab ich zurück. Er zwängte seinen langen Körper auf den Vordersitz eines Landcruisers. Aditya und ich schritten auf dem Ufer zu unserem kleinen Boot. »Übrigens«, sagte ich, »wo ist Shaams?«

Aditya deutete auf eine kleine Gestalt, die auf dem Dach neben Neeraj stand. Neeraj war nicht unbedingt groß, aber im Vergleich zu Shaams war er ein Riese. Shaams bellte in raschen Stakkatosätzen Befehle an seine Mannschaft.

»Wie ist er?«, fragte ich.

Er lachte. »Shaams ist in Ordnung. Er handelt nur nach Vorschrift. Wie ein Uhrwerk. Er überprüft dauernd Listen und will immer genau wissen, was alles kostet. Ein typischer Teeanbauer. Er spielt sich ungeheuer auf, aber ich frage mich, wie lange das anhält. Ich glaube nicht, dass er genau weiß, worauf er sich da eingelassen hat. Er ist ein ziemlich behütetes Leben gewohnt.«

Ich wusste, was er meinte. Ich hatte den Teeplantagen von Goodricke in Indien, der Schwestergesellschaft der Firma Duncan in Bangladesch, wo Shaams als stellvertretender Geschäftsführer arbeitete, regelmäßig Besuche abgestattet. Die Sorge der Firma um das Wohlergehen ihrer Angestellten – von den Managern bis zu den Teepflückerinnen – war legendär.

Als ich Shaams gegenübertrat, wusste ich sofort, ich hatte den idealen Kandidaten für meinen Schrank voller absolut nutzloser Reiseartikel gefunden. Shaams war ein Mann für Schnickschnack. Er trug eine dieser japanischen Uhren, welche die Zeit in 100 verschiedenen Ländern anzeigten und Stoppuhr, Taschenrechner und Wecker in einem waren.

Er stellte sich auf merkwürdige Weise vor. »Ich bin Shaams«, sagte er und schüttelte mir fest die Hand. »Und das ist Magi.« Magi war schwarz, schwer und lang. Magi war eine Taschenlampe, Marke Maglite. Er wog sie in der Hand. »Magi ist gut zum Blenden und zum Schlagen zu benutzen. Mit Magi schlage ich viele Leute. Magi wird auf der Reise nützlich sein. Auf den Flüssen wimmelt es von Räubern.«

»Schön, Shaams«, sagte ich. »Darf ich dir einen Freund von mir vorstellen?« Ich holte einen meiner Leki-Stecken aus dem Rucksack, zog ihn zu voller Länge aus und wog ihn in meiner Hand. »Das ist Leki, Shaams. Ich schlage keine Leute. Ich schlage Hunde mit Leki. Aber nur solche, die meinen Hund angreifen.«

Seine aufgeweckten Augen blitzten begeistert. Sein kleiner schwarzer Schnauzbart zuckte nervös. »Was hat das gekostet?«

»Keine Ahnung«, antwortete ich. »Wahrscheinlich um die 50 Lappen.«

»Was für 50 Lappen?«

»Ich meine englische Pfund, Shaams.«

Er führte auf seiner Armbanduhr rasch eine Berechnung durch. Dann pfiff er. »Genau 4 100 Takas. Magi hat nur 2 350 Takas gekostet.« Er beäugte Leki sehnsüchtig. Shaams war ein witziges Kerlchen – keck, forsch und energiegeladen. Er konnte einfach nicht still sitzen.

Unsere Crew bestand aus vier *majhi*: Mukram, dessen Vater das Boot gehörte, Zahir, seinem Bruder, Shahalam und Sukumuddin. Sie unterschieden sich gewaltig von der *Kailash*-Crew. Sie waren bedrückt, verzweifelt. Sie hatten alle traurige Augen.

Das Boot war ihr Ein und Alles. Es wurde zum Fischen und Transportieren von Gütern wie Jute, Heu, Holz und eigentlich allem verwendet, das ihre Familien ernähren konnte. Es war ein Boot ganz in der landestypischen Bauweise (ich sage immer Schaluppe dazu), etwa sechs Meter lang, der Rumpf aus einem Stück Holz gehauen und mit Bambusaufbauten. Innen war es niedrig – ich musste mich bücken – und in drei Abteile unterteilt, die auf einen langen, spitzen Bug hinausliefen.

Die Bauart dieser schlanken, eleganten Boote hat sich seit Jahrhunderten nicht verändert, mit Ausnahme einer einfallsreichen Neuerung, die seit kurzem die Flussschifffahrt in Bangladesch revolutioniert hat – des Motors. Aber der war keine gewöhnliche Maschine, sondern eine Förderpumpe, die für den Einsatz auf Booten umgebaut worden war, um die hohen Importsteuern zu umgehen, die auf ausländischen Bootsmotoren lagen. Bei Motoren für Wasserpumpen fällt diese Steuer weg. Sie sind billig und leicht zu warten. Unsere stammte aus China und war von einer vertrauten Firma hergestellt, Dong Fen. Anscheinend war ich lebenslang mit diesen Gerätschaften verbandelt: ein grummelnder, qualmender Motor, der einst mein Haus in Bali versorgt hatte, ein weiterer, der mich vor gar nicht so langer Zeit den steilen Weg zum Hochland von Tibet hinaufbefördert hatte, und nun einer, der mich den Fluss hinabbefördern sollte.

Mit ohrenbetäubendem Knattern erwachte der Dong Fen zum Leben, und wir wichen an der *ghat* zurück, um dem Lärm und den gnadenlosen Stechfliegen zu entgehen. Bhaiti hatte bald seinen Platz gefunden – in meinem Schlafsack vorn unterm Bug. Ich bat Aditya, mir zu erzählen, was an der Grenze passiert war.

Er lachte auf. »Das werde ich dir später bei einem Drink berichten. Es ist eine ziemliche Geschichte. Ich fand es dort ganz schön schlimm. Ich hab noch nie so viel Armut gesehen – solche Verheerungen. Diese bedauernswerten Menschen.« Er seufzte. »Irgendwie komme ich mir bei dieser Reise vor wie ... wie ein ...«

»Ein Schreckgespenst?«, schlug ich vor.

»Genau. Das ist das richtige Wort. Ein Schreckgespenst. Du spürst das auch, was? Je schneller wir den Strom hinabkommen, desto besser.«

»Bei diesem Tempo brauchen wir nicht lange«, erwiderte ich. Wir pflügten gut durchs Wasser. »Rein interessehalber: Was kostet denn das Boot?«

»Es ist so billig«, sagte er, »dass es schon peinlich ist.«

Shaams unterbrach. »Genau 1 034 Takas pro Tag«, sagte er nach kurzem Rechnen an seiner Armbanduhr.

»Wie viel ist das in Pfund?«

Er tippte wieder auf seine Uhr. »Zwölf Lappen. Aditya hat schlecht verhandelt. Teuer.«

Aditya und ich schauten uns verwundert an. Wir hatten unsere Zweifel, ob Shaams das wahre Bangladesch kannte.

Wir legten an einem ruhigen Platz an der *ghat* an und vertäuten das Boot für die Nacht.

Neeraj, Bhaiti und ich machten es uns auf dem Bambusdach gemütlich. Es war kühl – der Himmel war mit Sternen übersät, die mir wie Eissplitter vorkamen. Ich war hungrig und freute mich auf das Abendessen. Aber meine Erwartungen wurden enttäuscht. Unsere Vorräte bestanden aus zwei großen Flaschen Black Label Scotch, vier Stangen Benson & Hedges, zwei Kisten Tiger Bier, zwölf Kästen Duncan's Mineralwasser und drei Dosen mit Fox's Gletscherbonbons – Fruchtgeschmack. Es gab kein Essen und auch nichts, von dem wir essen oder trinken konnten: keine Teller und Tassen.

Ich schaute verblüfft auf dieses Vorratslager. »Das nennst du Auffüllen?«

»Aber gewiss doch«, erwiderte Aditya ungehalten. »Alles Wichtige – alles *wirklich* Wichtige – ist da. Hier, nimm ein Eisbonbon. Es schmeckt köstlich.«

Ich war vor den Kopf gestoßen. »Aber was ist mit Essen – ordentlichem Essen? Und was futtert die Mannschaft?«

»Es ist alles geregelt«, erwiderte Aditya. »Sie haben etwas Reis an Bord – genug für sie. Zuerst fahren wir morgen wieder über den Strom nach Rowmari, um Neeraj abzusetzen. Anschließend machen wir in Mukrams Dorf etwas weiter stromabwärts Halt. Er holt Geschirr und Zeugs, und dort bekommen wir auch etwas zu futtern. Es tut uns nicht weh, wenn wir eine Nacht lang hungern müssen. Außerdem«, fügte er hinzu, »hatte ich einfach keine Zeit. Ich hatte die Wahl zwischen Danny La Rue und Hungern.«

Er hatte die richtige Entscheidung getroffen. »Aber woraus trinken wir?« Ich schielte sehnsüchtig nach der Flasche Black Label.

»Da heißt es improvisieren, mein Freund.« Er griff nach Bhaitis glänzender Futterschüssel und füllte sie halb mit Scotch und halb mit Mineralwasser.

»Was ist mit Bhaiti?«, fragte ich. »Was soll er fressen?«

»Er kann genauso gut trinken«, sagte Aditya. »Er ist ein Flusshund.«

Bhaiti musste an diesem Abend nicht hungern. Der treue Neeraj schaffte es, der Mannschaft etwas Reis abzuluchsen, den Bhaiti von einem Bananenblatt fraß, während wir seine Schüssel in Gebrauch hatten.

Nach etlichen Runden mit der Schüssel verkündete Shaams, er sei müde. Er verschwand nach unten und legte sich zur Ruhe.

Aditya füllte die Schüssel wieder und gab sie an Neeraj weiter. »Also«, flüsterte er, »jetzt erzähle ich euch, was an der Grenze passiert ist.«

Es wurde eine typische Maratha-Erzählung von sorgfältig geplanter Logistik, Diplomatie und Einfallskraft. Zusätzlich, strich er genüsslich vor mir heraus, enthalte sie eine Spur von Gefahr. Er war ja in Feindesland tätig. Shaams hatte ihn am Flughafen von Dhaka getroffen. Er trug die Kleidung des typischen Angestellten einer Teefirma: Hemd, Shorts, Kniestrümpfe und Turnschuhe und hatte eine kleine Tasche bei sich mit einem Lunghi, einer Zahnbürste, Zahnpasta und Rasierzeug – und Magi. Shaams hatte offensichtlich noch nie eine Teeplantage verlassen. Auf einem Markt rüstete ihn Aditya mit einem Handtuch, einigen

Laken und einem Regenumhang aus. Dann ging es ins Hotel. Der Maratha entschied, Shaams Einfallsreichtum und Vorlieben zu prüfen. Er schickte ihn nach Erfrischungen aus in einem Land, in dem Alkohol verboten ist. Shaams gewann in beiden Fächern mit fliegenden Fahnen, da er bald mit zwei Flaschen Queen Anne Whisky in Plastiktüten zurückkehrte. An jenem Abend »lockerte« er, so nannte es der Maratha, Shaams ein wenig auf.

Am nächsten Morgen holten sie das zweite Mitglied des Bangladesch-Teams ab – Danny La Rue. Der Maratha erkannte auf Anhieb, dass Danny wieder weg musste. Unter Aufbietung aller seiner diplomatischen Künste ließ er anklingen, dass diese Art von Reise für so eine Führungspersönlichkeit der Tourismusbehörde von Bangladesch unter Umständen nicht ganz das Richtige sei. Danny hatte allerdings seine Anweisungen und war von Adityas Vorschlag ziemlich verstimmt. Aditya entschied abzuwarten. Danny schlüpfte rasch in die passenden Abenteuerklamotten – einen zweiteiligen grauen Safarianzug – und packte einen großen Koffer. Dann stiegen sie in einen Landcruiser und fuhren die achteinhalb Stunden nordwärts nach Kurigram – eine Reise nicht ohne Zwischenfälle. In dem am dichtesten besiedelten Land der Welt ist das Fahren nicht ungefährlich. Ihr Fahrer schaffte es, sein Gewissen nicht nur mit einem, sondern gleich mit zwei Opfern zu belasten. Beide überlebten, rappelten sich von der Straße auf und humpelten in die Dunkelheit. Shaams, ein Veteran auf den Straßen von Bangladesch, befahl dem Fahrer, augenblicklich weiterzufahren. Wenn sie anhielten, würden sie gelyncht.

Die Nacht verbrachten sie im Gästehaus von Kurigram. Am nächsten Morgen trafen sie den Bezirkskommissar, der von meiner bevorstehenden Ankunft unterrichtet war. Von einer kleinen Truppe der Bangladesh Rifles begleitet, wanderten sie die sechs Kilometer über das sandige, ausgetrocknete Flussbett bis zu einer Stelle, wo ein Boot wartete, um sie stromaufwärts nach Doikhawa zu bringen. Danny war auf so eine Wanderung nicht eingestellt. Seine Füße bestanden nur noch aus Blasen, und sein Gesicht ähnelte bald seinem Haar – es war von orangefarbenen Farbspuren überzogen.

Das Boot brachte sie nach Doikhawa, eine sandige Landzunge, wo eine Reihe Steinpfeiler, rund 100 Meter lang, Bangladesch von Indien trennt. Die Bangladesch Rifles hatten unter einem Sonnendach ein Empfangskomitee gebildet. Vier oder fünf Stühle standen um ein Tischchen mit hübschem Tischtuch. Ein vorzüglicher Tee wartete auf die Gäste. Nach dem Tee hissten die Bangladesh Rifles eine blaue Flagge – ein Signal an den indischen Grenzschutz, dass ein Treffen erforderlich war. In dem Augenblick, als die blaue Flagge gehisst wurde, verschwanden die Inder, wie Aditya deutlich sehen konnte.

Sie warteten. Nichts geschah. Der Kommandant schlug vor, Aditya solle eine Nachricht schicken. Aditya schrieb auf Englisch eine Erklärung. Einer aus der Schar der kleinen Jungen, die als Kuriere einspringen, brachte sie hinüber. Eine Stunde später kehrte der Junge mit einem weiteren Zettel zurück. Da stand nur »Dankeschön«. Der indische Kommandant verstand kein Englisch.

Was tun? Aditya schlug vor, selbst mit erhobenen Armen und dem Pass in den Händen hinüberzugehen. Die Bangladesh Rifles wurden sehr besorgt. Die Beziehungen waren hier gespannt. Aditya könnte beschossen werden. Das wollte er natürlich nicht, insbesondere nicht von Soldaten seines Heimatlandes. Sie tüftelten eine weitere Strategie wurde aus. Der Kommandant der Bangladesh Rifles würde selbst eine Note schreiben. Er kannte das englische Alphabet. Und so schrieb er die Note auf Hindi, aber in lateinischer Schrift. Der Junge übermittelte wieder dienstbeflissen den Zettel. Einige Minuten später wurde Geschichte geschrieben. Zum ersten Mal überhaupt überquerten die Bangladesh Rifles und die indischen Grenzschutztruppen das Niemandsland und setzten sich gemeinsam zum Tee hin. Der Maratha war Diplomat geworden.

Die Inder wussten nichts von meiner Ankunft. Niemand hatte sie davon unterrichtet. Aditya bat sie, wenn ich auftauchte, die Bangladesh Rifles zu verständigen, die wiederum ihn in Kurigram unterrichten würden. Aditya würde dort bis zum Mittag des folgenden Tages warten. Die Feinde, die Freunde geworden waren, gaben sich einen herzlichen Händedruck, gingen dann fort und wurden wieder Feinde.

Gegen 11 Uhr am nächsten Tag erhielt der Bezirkskommissar vom Polizeichef in Rowmari eine Eilmeldung, dass Mister Shand eingetroffen sei. Aditya ging zur *ghat* und mietete das Boot, das sie alle flussabwärts nach Chilmari bringen sollte, was Danny sehr beunruhigte. Er wünschte sich den Komfort des Jeeps zurück, konnte aber sein Gesicht nicht verlieren. Während der Fahrt nach Chilmari zeigte sich Danny eingeschüchtert, obwohl sie von einem Soldaten begleitet wurden. Jeden Augenblick fürchtete er von Räubern überfallen zu werden. Er fror, hatte Hunger und litt noch dazu an Bluthochdruck und Atembeklemmung. Aditya bearbeitete ihn gnadenlos.

Als sie Chilmari erreichten, war Danny Wachs in Adityas Händen und fragte ihn, ob es Mister Shand etwas ausmache, wenn er sie auf dem Rest der Reise nicht begleite. Aditya sagte Danny, Mister Shand erwarte nicht, dass eine Führungspersönlichkeit der Tourismusbehörde von Bangladesch ihm auf einer solchen Reise Gesellschaft leistete. Er würde denken, dass Danny schon genug getan und sich in Dhaka mit viel wichtigeren Dingen zu beschäftigen habe. Danny war so von Dankbarkeit überwältigt, dass er Aditya umarmte und sein Gesicht mit orangefarbener Haarfarbe verschmierte.

Ich füllte Bhaitis Schüssel mit einem »Patiala Special«- vier Teile Scotch, kein Teil Wasser, benannt nach dem Maharadscha von Patiala für die ungemein starken Whiskys, die in seinem Palast kredenzt wurden.

»Ich möchte einen Toast ausbringen«, sagte ich und hob die randvolle Schüssel, »und zwar auf meine drei tapferen indischen Freunde, die weit mehr als ihre Pflicht erfüllt haben, indem sie unter gefährlichsten Umständen die feindlichen Linien infiltrierten.« Mir war danach, ihnen allen einen Orden anzuheften. »*Jaimata*, Aditya! *Jaimata*, Neeraj! *Jaimata*, Bhaiti!« Ich hob Bhaitis Schüssel, nahm einen langen Schluck und reichte sie an Neeraj weiter.

»*Jaimata*«, schrie Neeraj und reichte die Schüssel an Aditya weiter.

»*Jaimata*«, brummte Aditya und schob sie Bhaiti hin.

»Wuff«, bellte Bhaiti.

Ich bot ihnen das letzte Eisbonbon an. Eins war noch übrig, das grüne, das keiner mochte. Sie lehnten beide ab.

»Nein, ihr müsst es nehmen«, sagte ich. »Ich bestehe darauf. Ihr verdient es.« Ich sah zu, wie Neeraj es durchsägte, und genoss das Kitzeln des Papiers um den am besten schmeckenden Eisbonbon – den mit Erdbeergeschmack – an meiner Haut, der noch in den Falten meines Lunghis steckte. »Übrigens«, sagte ich, »hat das Boot einen Namen?«

»Noch nicht«, meinte Aditya. »Wir müssen ihm einen geben. Warum nennen wir es nicht nach Shaams?«, schlug er vor. »Schließlich ist es ein Boot aus Bangladesch.«

Wir alle dachten schweigend nach.

»Ich hab's«, sagte Aditya plötzlich. »Nennen wir es die *Koyel*. Koyel ist der Landesvogel von Bangladesch, die Dajaldrossel. Sie ist dreist, schrill, laut und steckt den Schnabel immer in anderer Leute Angelegenheiten. Was sagt ihr?«

»Auf die *Koyel*«, riefen wir und leerten Bhaitis Schüssel.

Aditya hatte eine gute Idee, dachte ich später, als ich mich bemühte, Bhaiti meinen Schlafsack zu entreißen. In der Vergangenheit war die Dajaldrossel wegen ihrer Aggressivität von der Landbevölkerung in Bengalen zum Kämpfen abgerichtet worden.

Wir verbrachten beinahe den ganzen nächsten Vormittag damit, auf dem Jamuna von der rechten auf die linke Uferseite zu wechseln – von Chilmari nach Rowmari. An der *ghat* umarmten Aditya und ich Neeraj. Ich schenkte ihm einen meiner Leki-Stecken.

»Nein, nein, Sir! Äh, Boss ... äh, Mark.« Er grinste. »In Bangladesch könnt ihr alle Lekis gebrauchen.«

»Na gut«, sagte ich. »Schicke Topguy und den *majhi* meinen Segen – und bis bald.«

Er ging in die Hocke und drückte Bhaiti an sich. Bhaiti verabschiedete ihn mit einem besonders freundlichen Lecken – einem unters Kinn, nur für Leute reserviert, die er wirklich mochte.

Neeraj schulterte seinen Rucksack und stieg das Ufer hoch. »Möge Bolenath bei euch sein«, schrie er und legte die Hände dachförmig zum *namaste*-Gruß zusammen.

»Bholay Shankar«, riefen Aditya und ich. Er stieg weiter das Ufer hoch.

»Neeraj«, rief ich.

»Sir? Äh, Boss ... äh, Mark?«

»Pass auf, dass du nicht erschossen wirst.«

Wir steuerten südwärts. Am frühen Nachmittag nahmen wir mehr Fahrt auf, als hätte der Strom an Tempo gewonnen und würde uns schneller über eine Wasserfläche schieben, die nun aufgewühlt und unruhig war, ein Labyrinth wirbelnder Strudel. Wir hatten den Zusammenfluss mit dem Tista erreicht. In der Monsunzeit donnert der Tista von seiner Quelle an der Grenze von Nepal und Sikkim herab, rauscht über die exponierten Hänge des Vorgebirges zum Himalaya und nimmt Erdreich und Schlick auf, womit er seinen Beitrag zu den geschätzten 150 Millionen Tonnen leistet, die der Jamuna jedes Jahr vom Norden herabschafft.

Ich fühlte mich wie eine Spinne in einer auslaufenden Badewanne, die in den Ausguss gespült wird, den Ausguss des Golfs von Bengalen. Bangladesch ist ein gewaltiges Abflussbecken, in das der ganze Subkontinent seinen Abfall gießt. Aber die Flüsse bringen Leben und Verzeihen in diesen Ausguss eines Landes. Wasser ist Bangladesch. Zehn Prozent der Menschen leben auf Booten. Bis zu 50 Prozent sind für ihren Lebensunterhalt auf das Meer und die Flüsse angewiesen, und alle sind, um sich zu ernähren, vom Regen und den Überschwemmungen abhängig.

Wir reisten am Scheitelpunkt zweier Jahreszeiten: *seet*, die Anfang November einsetzt, wenn die Blumen zu blühen beginnen und der Tau schwer fällt, und *basanto*, wenn die Morgen nebelverhangen sind, die Tage warm, aber die Nächte kühl. Diese beiden Jahreszeiten folgen *hemanto*, die am Ende der Regenzeit in September beginnt und im November zu Ende geht. *Hemanto* hebt Bangladesch aus seinem feuchten Grab, damit es wieder ein Land wird – ein sich ständig veränderndes Land. Neuland taucht auf in Gestalt von Inseln, Halbinseln und vor allem *chars*, den reichhaltigen Ablagerungen von Erdreich und Schlick, die den Menschen das Leben zurückgeben. Darauf wird gepflanzt und geerntet, vielleicht nur für ein paar Monate, was aber ausreicht, um die Bäuche ihrer Familien zu füllen.

In diesem Jahr war es anders. Wie in vielen Gebieten der Erde ändern sich die Wettermuster, was nach Meinung der Experten auf die Entwaldung und die globale Erwärmung zurückzuführen ist. Jahreszeiten gehören der Vergangenheit an und werden alle zu einer. In Bangladesch war so viel Regen gefallen, dass alle großen Flüsse gleichzeitig übergelaufen waren und das Land praktisch in ein Meer verwandelt hatten.

Hätte ich diese Reise letztes Jahr zur gleichen Zeit gemacht, wäre ich bei meinem Aufenthalt in Mukrams kleinem Dorf auf Menschen getroffen, die vor Leben sprühten. Die Blumen hätten geblüht. Die goldene Jute wäre geerntet gewesen und hätte in Bündeln wie die seidenen Haarlocken einer mittelalterlichen Prinzessin dagelegen, darauf harrend, auf den Markt gebracht zu werden. In den Dörfern wäre das Summen und Brummen von Jahrmärkten zu hören gewesen. Die Kinder hätten gelacht und in den seichten Stellen am Flussufer getaucht, geplanscht und gespielt. Nicht aber in diesem Jahr – dem Jahr der schlimmsten Überschwemmungen seit Jahrhunderten. Die Menschen standen nach drei Monaten noch immer unter Schock und stocherten verzagt in den Überresten ihres Lebens. Und sie waren wütend, ganz wie der alte Mann mir auf der Fähre berichtet hatte – nicht auf den Fluss, sondern auf die Regierung. Die über

100 Geschichten, die Shaams übersetzte, waren entsetzlich, eine schrecklicher als die andere.

Drei Monate lang hatten die Leute auf ihren behelfsmäßigen Behausungen gesessen und zusehen müssen, wie der Strom zu einem Meer wurde – einem Meer voller Leichname. Die Leichen unbekannter Familien, aber auch die von Mitgliedern der eigenen Familie, die Kadaver von Leoparden, Hirschen und Elefanten aus dem Dschungel Assams – alles brauste in einer gewaltigen Todeswoge an ihnen vorbei. Im Gefolge kamen Cholera, Typhus und sämtliche anderen Seuchen, die den Körpern der bereits schwer in Mitleidenschaft gezogenen Bewohner in Windeseile jegliche Flüssigkeit entzogen. Medizinische Hilfe gab es nicht. Während der drei Monate blieb die Regierung nahezu untätig. Einige wenige Hilfsschiffe tauchten auf mit ein bisschen Weizen, Reis und Keksen. Eine 15-köpfige Familie erhielt nur neun Kilo Reis. Eine würdevolle alte Dame, vor wenigen Monaten noch eine der Reichen im Ort, sagte uns, sie würde als Bettlerin sterben.

Die Öffentlichkeit wurde nicht informiert. Die Katastrophe wurde von der Oppositionspartei, die hier herrschte, totgeschwiegen, weil sie die Verheerungen unbedingt herunterspielen und eine schlechte Presse vermeiden wollte. Ein wütender alter Mann erwähnte uns gegenüber, der Staatspräsident der 1970er-Jahre, Scheich Mujibur Rahman, habe immer in Hülle und Fülle zu essen gehabt. Und genauso habe heute seine Tochter, die Premierministerin Scheich Hasina Wajed, reichlich zu essen. »Während sie essen«, sagte er, »verhungern wir.«

Diese Leute besaßen nichts – doch sie gaben uns bereitwillig. Mukrams Mutter versorgte uns mit Töpfen, Pfannen und Tassen. Wir kauften ein wenig groben Reis und Dal, aber Gemüse war nicht zu bekommen. Wir erwarben Brennholz, die zersplitterten Überreste der Häuser hier. Mukrams Mutter wusch den Bug der *Koyel* mit Flusswasser ab und segnete damit das Schiff und ihre Söhne, damit wir eine sichere Reise hätten. Die Mannschaft zeigte sich sehr nervös. Piraterie und Mord waren an der Tagesordnung.

Der Strom wurde noch breiter und tiefer, als wir an klobigen weißen Schleppern vorbeikamen, die Kähne voller Eisenbahnwaggons zur *ghat* von Bahadurabad transportierten, einem wichtigen Eisenbahnknotenpunkt mit Anschluss nach Dhaka. In der Nähe der *ghat* strömt der Jamuna herrschaftlich an einem anderen Wasserlauf vorbei – der ihn eigentlich geboren hat. Es ist der alte Brahmaputra, mittlerweile bloß noch ein Kanal voller Schlick, der sich gemächlich östlich an Dhaka vorbeiwindet, um sich südlich der Hauptstadt mit dem Padma zu vereinigen. Bis 1797 war dies der Hauptarm des Brahmaputra, doch gewaltige Überschwemmungen, die ein Drittel der Bevölkerung in den Tod rissen, veränderten seinen Lauf, und er wurde zur breiten Wasserader, die das Land in zwei Hälften teilt.

Wir mussten uns zwischen tausenden kleiner Kanus, in denen jeweils ein einsamer Fischer stand, einen Weg bahnen. Wie Bronzestatuen warteten sie, dass etwas an ihren langen Leinen anbiss oder in ihren Netzen schwamm. Die Mannschaft schrie ihnen zu: »*Mach, Mach*?! Fisch, Fisch?!« Sie drehten sich langsam um und breiteten verzweifelt die bloßen Hände aus, die Haken und Netze leer. Bangladesch lebt vom Fisch. Mysteriöserweise war die Lebensessenz ihres Landes, das ölige Protein, aus dem Wasser verschwunden.

Später am Abend tanzten kleine Dhaus wie Glühwürmchen in und aus dem Nebel. An ihrem Bug brannten Sturmlampen, und im Kielwasser zogen sie Netze – leere Netze. An einer kleinen *ghat* gelang es uns, an einem fliegenverpesteten Stand ein paar winzige magere Fische zu erstehen. Sie waren nicht mehr frisch, aber wenigstens etwas Essbares.

Die Mannschaft briet sie über einem Feuerchen aus modrigem Bambus vom Deck der *Koyel*. Sie boten sie uns an. Aditya und ich lehnten ab. Sie brauchten etwas zu essen nötiger als wir. Shaams schloss sich rasch der Mannschaft zur Mahlzeit an. Die Reise forderte von dem plapperhaften kleinen Teeanbauer schon ihren Tribut. Er wurde verdrossen und klagte über Hunger und Schmerzen in den Beinen.

Die Mannschaft war entsetzt, als ich, bevor wir selbst aßen, Bhaiti von unserem Dal mit Reis ein kleines Bisschen vorsetzte. Das überstieg ihr Begriffsvermögen. Ich konnte ihre Reaktion verstehen. Hunde genossen hier keinen Vorrang. Der Reis war grob und stank, aber mit viel Whisky hinuntergespült schmeckte er einigermaßen.

In den frühen Morgenstunden weckte uns Bhaiti. Er stand mit gesträubter Mähne am Ufer und bellte wütend. In einem Gewirr aus Beinen, Armen, Schlafsäcken, einem fliegenden Leki und einer schweren Magi sprangen Aditya, Shaams und ich auf den Sand. Shaams schaltete Magi ein, deren gewaltiger Lichtstrahl gerade noch ein paar Leute streifte, die sich flink davonstahlen. Wir konnten das Patschen ihrer bloßen

Füße auf dem Sand hören. Die Mannschaft war in heller Aufregung. Der jüngste, Shahalam, stand bis zur Hüfte im Wasser, wo er sein Heil gesucht hatte.

Aditya und ich setzten uns hin und lobten unseren treuen Wachhund. Shaams hüpfte wie ein wütendes Frettchen auf und ab, schwenkte Magi und schickte den fliehenden Räubern eine Salve Verwünschungen nach. »Seora bacha!«, gellte er. »Haramzada! Tor mayere chudi! Torpachay bamshbibo!« Als er sich wieder beruhigt hatte, bat ich um Übersetzung. Shaams hatte keine vornehme Zurückhaltung an den Tag gelegt. Schweinebrut, Saukerle hatte er sie genannt und ihnen gesagt, er würde ihre Mütter ficken und ihnen Bambusstecken in den Arsch treiben. Wir hatten noch mal Glück gehabt – dank Bhaiti. Von nun an behandelte die Mannschaft den Tripuri-Jagdhund von den Lushaibergen mit größtem Respekt.

Das Entsetzliche, das die unglücklichen Menschen am Oberlauf des Jamuna während der Monsunmonate hatten erleiden müssen, trat Aditya und mir eines Spätabends vor Augen, als wir mit Bhaiti über eine leere Sand-*char* spazierten. Wie in Mukrams Dorf erzählten die Bewohner jeder behelfsmäßigen Siedlung, die wir bei unserer Reise den Jamuna hinab aufsuchten, die gleiche tragische Geschichte. Aber nichts hatte uns darauf gefasst gemacht, was wir an jenem Abend aufspürten. Es war der letzte Nagel zum Sarg.

Bhaiti war in den kalten Abendnebel davongerannt. Wir hörten ihn in der Ferne bellen. Wenige Minuten später kehrte er fröhlich, mit dem Schwanz wedelnd, zurück. Er trug etwas – die liebste Hundebeute, einen Knochen. Den legte er mir vor die Füße und blickte mich erwartungsvoll an, als wollte er, dass ich ihn wegwarf und mit ihm spielte. Ich hob ihn auf. Er war weiß gebleicht und fühlte sich kalt in meiner Hand an. Es war ein kleiner Knochen, und er sah aus wie der Schenkelknochen eines Kindes. Wir folgten Bhaiti über den pulvrigen Sand.

Bhaiti begann heftig zu buddeln. Entsetzt sahen wir zu, wie er zuerst einen Schädel, dann einen Brustkorb und schließlich eine ganze Ansammlung Knochensplitter freilegte. Er hatte eine makabre Ruhestätte gefunden, die Überreste von Dorfbewohnern, die während des Monsuns vom Strom fortgerissen worden waren. Hier waren sie in ihrem feuchten Grab verrottet, bis der Fluss sich zurückzog. Die Sonne und ein Aasfresser hatten ganze Arbeit geleistet. Ich packte Bhaiti grob und warf ihn hinter mich in den Sand. Er sah verletzt und verdutzt aus, als er im Sand kauerte. Wie sollte er auch Bescheid wissen? Für einen Hund ist ein Knochen ein Knochen. Ich hob ihn auf und streichelte ihn versöhnlich.

Aditya grub ein Loch im Sand. Sorgfältig betteten wir die sterblichen Überreste um und kennzeichneten die Stelle mit einem Hügel aus Treibholz. Es war nicht viel, aber das Beste, was wir tun konnten. Ich fragte mich, wie viele andere unter meinen Füßen lagen, menschliche Überreste mit den Knochen von Tieren vermischt, die es aus den Dschungelgebieten Assams hierher gespült hatte.

Am nächsten Tag erreichten wir eine Grabstätte ganz anderer Art, welche die *Koyel* schlingern und schwanken ließ, um dann wie ein Surfbrett geradeaus über die Stromwellen zu schießen. Hier vereint sich der heiligste Fluss Indiens, der Ganges, die Mutter aller Flüsse, mit dem Jamuna oder dem Brahmaputra, dem Vater aller Flüsse, und bringt nicht nur den Schlick Indiens, sondern auch seine Asche mit: die Asche der Millionen Hindus, die im Lauf der Jahrhunderte an den heiligen Ufern eingeäschert worden sind. Gemeinsam fließen sie als Padma oder »Lotusblume« weiter, die ihre Blütenblätter zum Ozean hin ausbreitet.

Wir näherten uns Dhaka, einer Stadt, die ihre Lage und ihren Wohlstand dem Ganges verdankt. Im 16. Jahrhundert änderte der Ganges seinen Lauf und strömte nach Osten, womit er Dhaka in ein bedeutendes Wirtschafts- und Handelszentrum verwandelte, da er es mit dem Rest des Mogulenreichs und – durch den Golf von Bengalen – mit dem Rest der Welt verband.

Bei der Überfahrt nach Aricha, einem lebhaften Wasser- und Schienenverkehrsknotenpunkt am linken Ufer des Padma, gerieten wir in heftigen Verkehr. Schlepper zogen kreuz und quer, stießen gewaltige Rauchwolken aus und verdunkelten den klaren blauen Himmel. Überfüllte Passagierfähren steuerten gefährlich nahe vorbei und ließen ihre Signalhörner ertönen, um die kleine *Koyel* aus dem Weg zu scheuchen. Ganze Flotillen hölzerner Dhaus, beladen mit Baumstämmen, Ziegen, Hühnern und Rindern, glitten nahezu antriebslos vorbei, denn ihre Segelfetzchen blähten sich nur gelegentlich in einem Windhauch.

Am Ufer warben grelle Plakate für Coca-Cola, Autos und Waschmaschinen. Darunter ergoss sich eine pastellfarbene Lava, als Frauen zur *ghat* hinunterströmten, um zu baden und in großen Metalltöpfen Wasser zu holen, die sie elegant auf den Köpfen balancierten. Mango- und Orangenhaine umgaben Betonhäuser mit unzähligen Antennen auf den Dächern. Übers Wasser schallte der beständige scheppernde Klang von Popmusik.

Die *Koyel* schwenkte plötzlich herum, um dem aufgeblähten Kadaver einer Kuh auszuweichen, den ein schwarz glänzender Überzug aus Flügeln bedeckte, denn da zankten sich Krähen im Futterrausch. Bhaiti, der aus seiner Ecke unter dem Bug gekrochen war und sich uns an Deck angeschlossen hatte, sprang auf dem ganzen Boot umher und bellte frustriert seine alten Feinde an. Er betätigte sich auch wieder als Insektenscharfrichter – ein wirbelndes schnappendes Fellbündel – und schlachtete tausende von Fliegen, die sich vom Ufer aus auf die *Koyel* stürzten.

Unheil braute sich zusammen, als wir uns in einem Netz verfingen, das, unter der Wasseroberfläche unsichtbar, nur an auf und ab tanzenden, über den ganzen Strom verstreuten kleinen Plastikflaschen festgemacht war. Wir sahen uns von wütenden Fischern in Kanus umringt, die uns mit gezückten Messern bedrohten. Shaams erwies sich der Situation gewachsen, als er sich als Polizist ausgab. Er ließ eine Tirade von Beschimpfungen über sie niederregnen und teilte ihnen mit, dass er ihre Boote entern und ihnen nicht Bambus, sondern Magi in den Hintern stopfen würde. Sie verschwanden schleunigst. Auch wenn es sich nicht überwachen lässt, ist das Netzfischen illegal. Diese Methode unselektiven Fischfangs hat die Bestände im Fluss schon fast ausgerottet, da nicht nur erwachsene Fische, sondern auch die Jungen erwischt werden, die künftigen Brüter. Aus dem Abendnebel rückte eine Armada *dholias* heran, die breiten, wunderschönen Frachtboote aus Holz, die seit Jahrhunderten auf den hiesigen Flüssen fahren – erst eins, zwei, drei, dann in Reihen von 50 zusammengebunden. Wie Geisterschiffe glitten sie stumm vorbei, nur das Flackern einer Sturmlampe am Heck erhellte kurzzeitig die Lotsen, der einzige Beweis, dass sie bemannt waren. Erst, als sie uns passiert hatten, schallte das Tuckern ihrer Motoren über den Strom.

Es war unsere letzte Nacht auf der *Koyel* und unsere letzte geruhsame. Morgen würden wir uns ins Getümmel von Dhaka stürzen. Dort würden wir uns vom Boot und seiner Mannschaft verabschieden. In Dhaka wollten wir in ein anderes Gefährt umsteigen, um es mit der Meghna aufzunehmen, dem größten Mündungssystem der Welt und dem Zugang zum Meer, dem Endpunkt unserer Reise im Golf von Bengalen.

Es war neblig und kalt am nächsten Morgen, als wir nach links drehten und einen kleinen Kanal hinauffuhren, um den Dhaleshwari zu erreichen, den verkehrsreichen Nebenfluss, der Dhaka mit dem Padma und dem Meer verbindet. Bhaiti, Aditya und ich saßen zusammengekauert am Bug und sahen den schon am frühen Morgen an seichten Stellen Badenden zu, wie sie eintauchten, sich einseiften und wieder abtauchten, um dann einen Augenblick entspannt in der sanften Strömung zu treiben. Der Ruf des Muezzins hallte blechern über den Fluss und rief sie zum Gebet.

Wir fuhren in den Dhaleshwari ein. Wie ein Zauberer, der seinen Mantel hebt, verschwand der Nebel und enthüllte ein wimmelndes buntes Durcheinander aus Farbe, Geräusch, Bewegung und Wahnsinn. Der Hauptzufluss der Hauptstadt war erwacht. Es gab keinen Augenblick zu verlieren.

Alt und Jung rangen in vielerlei Booten um Platz. Dhaus, Pirogen, *oolaks*, *dholias* und *pulwars*, bestückt mit Segeln, Rudern und Staken und angetrieben von umgebauten Motoren, vermischten sich mit fröhlich angestrichenen Fähren, Schleppern, Dampfern, Fischerbooten und Tankern. Sie beförderten Jute und Schlamm, Heu und Reis, Ziegen und Büffel, Backsteine und Bambus, Kochtöpfe und Kokosnüsse, Lastwagen, Autos und Öl. Es war wie eine Zeitschlaufe – im Grunde hatte sich seit Jahrhunderten an diesem Flusswirrwarr nichts Wesentliches verändert. Seit der Einführung des Islam hat sich Dhaka, die »Stadt der Könige«, in seiner Bedeutung als Handelsknotenpunkt gesonnt. Nach und nach eröffneten sich zu Lande Routen entlang der großen Stammstrecke bis nach Afghanistan, zu Wasser vom Golf von Bengalen östlich bis Birma, Java und China und westlich bis zu den arabischen Ländern und weiter bis zum Mittelmeer. Und Dhaka wurde zu einem Umschlagplatz für Segelschiffe mit Reis, Jute, Seide und Elfenbein aus dem indischen Subkontinent, mit Tee aus China und Gewürzen von den Molukken. Als das große Mogulenreich in Blüte stand, trafen Schiffe aus Persien und der Türkei ein und brachten kostbare Teppiche, Edelsteine, fein bemaltes Glas, die großen muslimischen Gelehrten und die Sufimystiker.

Während ich am Bug der *Koyel* stand und die Szene vor mir betrachtete, fiel mir ein, dass John Masefield hier die Inspiration zu seinem vielschichtigen Gedicht Cargoes (Frachten) gefunden hatte.

Quinquireme aus Ninive vom fernen Ophir
Rudert heim zum Hafen im sonnigen Palästina
Mit einer Fracht aus Elfenbein
Mit Affen und Pfauen,
Sandelholz, Zedernholz und süßem weißen Wein.

Stattliche spanische Galeone, vom Isthmus kommend,
Taucht durch die Tropen an palmgrünen Stränden vorbei
Mit einer Fracht aus Diamanten,
Smaragden, Amethysten,
Topasen und Zimt und goldenen Moedors.

Schmutziger britischer Dampfer mit salzverkrustetem Schlot
Schiebt sich in irrem Märzwetter durch den Ärmelkanal
Mit einer Fracht Kohle aus Tyne,
Eisenbahnschienen, Muldenblei,
Brennholz, Eisenwaren und billigen Blechtabletts.

Ohne den Dichter herabwürdigen zu wollen, bewegte mich der Anblick dazu, eine eigene Strophe hinzuzufügen:

Tapfere Bangla-Schaluppe mit langem Bambusbug
Schnürt den Strom hinab durch dichten Winternebel
Mit einer Fracht aus Whisky, Zigaretten und Bonbons,
einem Hindu, einem Engländer und einem indischen Flusshund.

Als wir der Flottille landeinwärts folgten, ging es zu wie auf einer belebten Autobahn ohne Mittelstreifen. Laut Gesetz sollten die einfahrenden Boote sich links halten, die ausfahrenden rechts. Aber der Fluss kannte keine Gesetze, und der kreuzende Verkehr stiftete zusätzliche Verwirrung. Da wir eine kleine, bescheidene Schaluppe waren, duckten wir uns zur Sicherheit hinter eine über zehn Meter hoch mit Stroh beladene *dholia*. Der Lotse steuerte sie einfallsreich von seinem Platz oben auf dem Heuballen aus, indem er den Fuß an ein langes Ruder drückte. Hinter uns folgte Rauch rülpsend ein kleiner Frachter aus Metall, so beladen mit Erdreich, dass er nur einen Zentimeter über die Wasserlinie hinausragte.

Bald langweilte Zahir die langsam voranrückende Schlange. Er versuchte den schwimmenden Heuhaufen zu überholen, reihte sich aber rasch wieder ein, als eine wie eine Moschee angemalte Fähre mit laut tutenden Hornsignalen vorbeizog. Wir machten an einer Anlegestelle fest, wo eine Reihe winziger Boote mit gebogenen Bambusbaldachinen sanft im seichten Wasser schaukelte. Sie sahen wie schwimmende Hundehütten aus. Ich war aufgeregt, denn die Bewohner dieser Hütten waren die Bahdi, die Flusszigeuner, die schon seit Jahrhunderten Heilkräuter und die rosafarbenen Süßwasserperlen aus den Mollusken im Flussschlick verhökern.

Erwähnungen dieser »Tränen der Natur« sind in den uralten vedischen Texten 1 500 Jahre vor Christi Geburt zu finden. Alexander der Große und Julius Cäsar waren von den rosigen Prachtstücken verzaubert. Ich wollte einige Perlen kaufen, um Halsketten für meine Frau und meine Tochter daraus zu machen.

Shaams und ich schafften es, uns in eines der Zigeunerboote zu zwängen. Das Innere war ordentlich und schlicht. Neben einer Schlafmatte und Regalen voller Töpfe und Pfannen nahm eine Holztruhe den breitesten Raum ein – zweifellos, dachte ich, der Behälter für ihre Schätze. Aber ich sollte enttäuscht werden. Als ich sie öffnete, entdeckte ich nur billige kleine Plastikfächer voller moderner Kosmetika. Die Tage der Bahdis sind gezählt. Gelegentlich verkaufen sie noch rosa Perlen – kleine für um die zwei Pfund, größere für fünf oder sechs –, aber sie kümmern sich kaum mehr darum. Billige Kosmetika stellen ein viel lukrativeres Geschäft dar, und die Mollusken verschwinden rapide, werden zu Kalk verarbeitet.

Wir glitten wieder in die Fahrrinne, sausten rasch zwischen einer kleinen offenen Fähre mit an ihren weißen Käppchen erkennbaren Pilgern auf dem Weg zu einer Moschee und einer langsam vorrückenden Schaluppe mit Bündeln goldener Jutestängel hindurch. Gefährlich dicht am abbröckelnden Flussufer stand ein baufälliger *rajbari*, dessen verblichene Fassade vom Morgentau glänzte. Diese schlossähnlichen Paläste beherbergten einst die reichen hinduistischen *zamindars* oder Landherren, die sich vom europäischen Geschmack beeinflussen ließen – eine sonderbare Mischung der viktorianischen Architektur, des Jugendstils und der Neorenaissance.

Als wir uns Dhaka näherten, nahm das Durcheinander zu. Abwracker schwärmten wie Ameisen aus, um die rostigen Knochen eines außer Dienst gestellten Hochseeschiffs zu zerlegen. Bei einer Werft lagen Teile knallig bemalter Holzboote in Rot, Grün und Gelb in der Sonne und warteten darauf, wie Legosteine zusammengesetzt zu werden. Eine Kricketmannschaft ganz in Weiß übte in der Nähe einer Ziegelei, deren Schlot dreckige schwarze Wolken ausstieß, der sich mit den Abgasen der Boote vermischte und den Himmel mit einem braunen Smog verdunkelte. Eine Gabelweihe flatterte geduldig in der Luft, bis sie zwischen zwei Boote hinabstürzte, um sich einen Vormittagsimbiss zu schnappen. Scharen kleiner Jungen schmissen sich, als sie ein weißes Gesicht sahen, ins Wasser, um unter Lebensgefahr mitten im Flussverkehr auf unser Boot zuzuschwimmen. Sie klammerten sich an die Bordwand der *Koyel* und bettelten um Geld. Ich verteilte Hände voll Münzen. Ihre kleinen braunen Gesichter strahlten vor Freude, bevor sie zurück ans sichere Ufer kraulten. Andere, größere Geschöpfe schwammen noch anmutiger um uns – Süßwasserdelfine. Viele hoben sich direkt vor unserem Bug aus dem Wasser. Die schlauen, anpassungsfähigen Säugetiere hatten endlich eine Zuflucht gefunden, wie verschmutzt auch immer, wo es keine Netze wie auf dem offenen Fluss gab. Sie waren zu Aasfressern geworden.

Der Fluss wurde enger, als wir in die Buriganga einfuhren, die in den Süden der Altstadt von Dhaka fließt. Schwimmende Restaurants belegten nun das Flussufer, Heck an Bug, und fügten dem Irrsinn ein gewisses Großstadtflair hinzu. Auf einem, der *Mary Anderson*, servierten weiß befrackte Ober einheimischen Geschäftsleuten, die unter grünen, blauen und roten Sonnenschirmen ihre ausländischen Kunden bewirteten, das Essen. Die Ganga-Pura-Brücke erhob sich nicht weit von uns. Eine riesige Plakatwand warb für die Wunder von Femenol – eine schwach dosierte Antibabypille –, offensichtlich nicht sehr gefragt in einer Stadt mit einer explodierenden Bevölkerung von nahezu zwölf Millionen. Zahir stellte den Motor ab, als wir uns dem Flusskai in Sadarghat näherten. Er wollte uns lieber hier im freien Wasser Lebewohl sagen als am Kai selbst, damit er rasch hinein- und hinausschlüpfen konnte, um die kleine *Koyel* aus Holz nicht zwischen den Stahlrümpfen der zahllosen Fähren zu beschädigen, die hier abfuhren und anlegten. Wir packten unser Zeug für einen raschen Abgang zusammen, verabschiedeten uns von der Mannschaft und wünschten ihr eine sichere Reise zurück in den Norden.

Zahir wartete geduldig und steuerte dann zwischen einer ablegenden und einer ankommenden Fähre auf die rostige alte Pier zu, wo die *Koyel* sanft hielt. Tausende von Menschen stürzten sich auf uns, als wir an Land gingen. Ich wollte noch zum Abschied winken, aber das Boot war schon verschwunden und hatte sich wieder in die endlose Flottille eingefädelt. Ich drehte mich um und geriet in die Arme einer Wahnsinnigen. Sie krächzte irrsinnig, presste mich fest an sich und drückte ihr abstoßendes, pickeliges Gesicht gegen meines. Ich musste mich ihr mit Gewalt entziehen und Bhaiti aus einer Auslage mit fliegenverpesteten Datteln zerren, auf die er zwecks Insektenhinrichtungen zugesprungen war.

Wir wurden von einer Unzahl Träger zu unserem Transportmittel fortgerissen, den berüchtigten Rikschas von Bangladesch – protzig mit Schmuck und Troddeln versehenen und psychedelisch bemalten Dreirädern. Dhaka ist die Rikschahauptstadt der Welt mit einer geschätzten Flotte von 600 000, die ihren Geschäften nachgehen und einen ungeheuren Fahrradstau auslösen. Wir mieteten drei. Mit Bhaiti und mir in einer, Shaams und Aditya in einer anderen und unserem Gepäck in der dritten fuhren wir los und reihten uns in den Strom aus Rädern ein, der sich wie ein schillerndes Band durch die Straßen Dhakas zog.

An Dhaka mit seiner Bevölkerung von zwölf Millionen, die jedes Jahr durch den Zustrom verzweifelter Menschen vom Land anwächst, fand ich keinen Gefallen. Dhaka wächst rasch zu einer der größten Städte der Welt heran und weist bereits die stärkste Umweltverschmutzung auf. Ein dreckiger, tödlicher Cocktail aus Blei, Kohlendioxid, Baustaub und Autoabgasen hing wie eine dauerhafte Gewitterwolke über dem Ort. Ich merkte, dass ich keine Luft mehr bekam, vom Rauchen war gar keine Rede mehr. Was Therapeuten, Hypnotiseure und Nikotinpflaster nicht vermochten, schafften ein paar Stunden in einer Rikscha.

Zum Glück wurden Bhaiti und ich während unseres kurzen Aufenthalts in dem luxuriösen klimatisierten Apartment, das im Firmensitz von Duncan's Tea für Führungskräfte reserviert war, hermetisch versiegelt. Dort fing ich wieder zu rauchen an, las die Zeitungen und guckte mir Kricket im Fernsehen an. Bhaiti und ich wurden von hinten und vorn von Butlern bedient, während Aditya mit Shaams aufbrach, um nach einem Boot Ausschau zu halten.

Ich erhielt auch ein Fax von Neeraj. Es war eine beängstigende Lektüre.

Lieber Mark

Betr.: Grenzübertritt

Nachdem ich dich in Bangladesch verlassen hatte, ging ich zur Polizeiwache und traf den Inspektor, der uns geholfen hatte, als wir vorher in

Rowmari waren und von Indien herkamen. Es wurde schon fast dunkel, aber irgendwie gelangte ich mit dem Inspektor auf dem Motorrad rasch über die unebene Straße nach Mankachar.

Als wir dort ankamen, war die Sicht schlecht. Der freundliche Inspektor berichtete mir von der Aufregung im Ort, weil die Sicherheitskräfte tags zuvor drei Schmuggler getötet hatten, die nach Bangladesch eindringen wollten und auf die wiederholten Warnungen der Sicherheitskräfte nicht antworteten.

Der Inspektor riet mir, kein Risiko einzugehen, aber ich war gezwungen, vor Anbruch der Nacht eine Entscheidung zu treffen, wie ich an die Flaggenreihe der Grenze kommen konnte, die den Übergang bildete und etwa anderthalb Kilometer von mir entfernt war. Mein Leben stand auf dem Spiel. Der Inspektor konnte nicht weiter mitgehen, da dies für ihn der äußerste Punkt war.

Ich dankte ihm für seine Hilfe und werde diese Augenblicke nie vergessen. Nun lag es an mir, die weiteren Schritte zu entscheiden, bevor es zu dunkel wurde. Ich besann mich eine Weile. Mit ganzem Herzen dachte ich an Bolenath und bewegte mich auf das Eingangstor zu, indem ich den Pass in der einen und den schweren Seesack in der anderen hielt. In der Nähe war niemand zu sehen.

Nachdem ich einige Meter gegangen war, hörte ich das Geräusch von Feuerwerksknallern. Es fiel mir schwer, zwischen Gewehrfeuer und einem Knaller zu unterscheiden.

Ich rief mehrmals und hielt den Pass in der erhobenen Hand, damit sie sahen, dass ich Inder bin. In der Ferne hörte ich einen Schuss, aber unmittelbar darauf trat wieder völlige Stille ein. Nach einer Weile merkte ich, dass ich nahe am Eingangstor war. Zu meinem Entsetzen wurde ich plötzlich von den Hunden angegriffen.

Ich weiß nicht, ob sie aus Indien oder Bangladesch kamen, aber sie waren fürchterlich wütend. Ich wünschte mir den Leki, um sie zu vertreiben, doch auf einmal hörte ich das Geräusch eines automatischen Gewehrs. Ich wurde angerufen und gefragt, was ich hier tue. Ich antwortete, ich versuchte, die Hunde zu verscheuchen. Sie forderten mich auf, zu bleiben, wo ich war. Ich sagte, ich sei Inder mit einem gültigen Pass.

Nun hieß es erst, es sei nicht die Zeit für einen Grenzübertritt. Dann sagte mir der Wachposten, er müsse sich die Erlaubnis seines Vorgesetzten holen. Ich bat ihn, mir zu gestatten, auf die andere Seite zu kommen. Er folgte wenigstens meiner Bitte und erlaubte mir den Grenzübertritt. Ich stieß einen großen Seufzer der Erleichterung aus, als ich wieder in Indien war. Derlei unvergessliche Augenblicke brachten mich dazu, die ganze Episode in zehn Minuten zu berichten, wozu ich sonst 40 lange Minuten gebraucht hätte. Mein unverzagter Mut rettete mich aus schlimmer Lage.

Ich fand die wartende *Kailash*. Unendliche Erinnerungen für mich. Danke für alles, mein Freund. Das ist das Ende der Episode, als ich allein auf mich gestellt war.

Möge Bolenath für den Rest der Reise bei dir sein. Neeraj.

Am Abend ging ich mit Bhaiti Gassi, mit einer zusammengerollten Zeitung als Schaufel für seine Hinterlassenschaften. Wir stahlen uns auf den kleinen Dachgarten, der von schönen Kletterpflanzen umgeben und nur für die obersten Führungskräfte reserviert war. Nur einmal wagten wir uns auf die Straße, um Geld zu wechseln. Die Wechselstube war auf der anderen Straßenseite. Wir brauchten eine Stunde, nicht weil die Geldwechsler so saumselig waren, sondern der Verkehr so dicht, dass Bhaiti und ich nicht über die Straße kamen.

Während ich mich erholte, waren Aditya und Shaams weniger glücklich gewesen. Sie hatten die meiste Zeit wieder an der *ghat* verbracht, um ein Boot ausfindig zu machen, wo sie mit den Gewerkschaftsführern verhandelt hatten, den Strolchen, die den Flussverkehr in der Hand haben. Sie kehrten gerade zurück, als wir uns zu einem Essen vor dem Fernsehen mit eiskaltem Bier, Fish and Chips und Eiskrem für mich sowie Steak mit Reis für Bhaiti niederließen, von Thomas auf Tabletts serviert. Das Kricketmatch hatte gerade angefangen.

Aditya war gereizt und aufgebracht. »Also, ihr zwei, bewegt euren Arsch. Packt zusammen. Wir reisen ab. Ich habe ein Boot gefunden.«

»Was für ein Boot?«, fragte ich unbestimmt, während mein Blick am Bildschirm klebte, als Sachin Tendulkar die ersten drei Bälle bis an die Spielfeldgrenze beförderte.

»Das siehst du, wenn du dort bist«, gab er giftig zurück.

Wir ersparten uns eine höllische, erstickende Rikschafahrt zur *ghat* und reisten stattdessen stilvoll in einem klimatisierten Landcruiser. Unterwegs frischten wir unsere Grundvorräte auf – Mineralwasser, Zigaretten, Whisky, Bier und natürlich einige Dosen mit Fox's Eisbonbons mit Fruchtgeschmack. Wir kämpften uns durch die Menge an der *ghat*, wobei wir dem Dattelverkäufer und der Wahnsinnigen auswichen. Fährschiffe rumpelten in langer Reihe aneinander wie hungrige Schweine am Trog.

»Wo ist das Boot?«, fragte ich Aditya.

»Da«, erwiderte er.

»Wo?«, fragte ich.

»Da – bist du blind?« Er deutete auf eine der großen Fähren.

Ich schluckte. Aditya hatte allen Ernstes die *Titanic* für mich gemietet. Sie hieß hier *Tanvir*. »Bist du übergeschnappt?«, rief ich verdutzt aus. »Wir sind nur zu dritt plus ein Hund. Dies hier muss doch Platz für ...«

Aditya unterbrach mich. »Offiziell 400, aber gewöhnlich stopfen sie um die 700 hinein.«

»Also na ja – ich meine, konntest du nichts Kleineres finden?«

»Verdammte Kacke«, rief er. »Bist du nie zufrieden? Vor einer Woche hast du dich über die *Koyel* beschwert. Jedenfalls konnte ich kein kleineres Boot auftreiben.«

»Nun ja«, antwortete ich, »es ist mir ein bisschen peinlich. Ich meine, schau dir doch die Fähre dort an.« Ich deutete auf das Fährschiff, das neben unserem vertäut war. Auf ihm waren die Menschen wie Sardinen gedrängt und fächelten sich mit Zeitungen Luft zu. Eine junge Frau beugte sich über die Bordwand und erbrach sich ins Wasser.

»Oh«, sagte er mit Sarkasmus in der Stimme, »auf einmal packt dich das Mitleid, was? Seit wann bist du denn Mutter Theresa? Sieh es doch so«, erklärte er geduldig. »Dein Geld kommt jemandem zugute. Es füllt die Bäuche einer Familie. Die Mannschaft zum Beispiel besteht aus zwölf Leuten. Und dem Kapitän.«

Ich war mir nicht so sicher, ob der Kapitän Geld brauchte, um sich den Bauch zu füllen. Er trug ein makelloses weißes Hemd, eine karierte Seidenkrawatte, einen pfauenblauen Lunghi und hatte eine schicke Lederbrieftasche in der Hand, die im Schaufenster von Hermès nicht fehl am Platz gewesen wäre. Ich hoffte, darin waren die Karten. In den Gewässern von Bangladesch sinken jedes Jahr etwa fünf Fährschiffe, die im Durchschnitt 100 Menschen mit in den Tod reißen. Erhöhte Gefahr drohte uns dadurch, dass wir uns gerade auf dem Höhepunkt der Zyklonsaison befanden.

Bhaiti und ich ließen uns im Komfort des Erster-Klasse-Abteils nieder – nur 58 bequeme schaumstoffgepolsterte rote Sitze, eingefasst von Schondeckchen aus Spitze. Die Kabine roch nach Erbrochenem, Schweiß und Diesel. Über dem Eingang war ein Schild: »Allmächtiger Gott, Allah, bewahre mich vor aller Gefahr«. Darunter stand in fetten Großbuchstaben: »DIESES ABTEIL KOSTET DOPPELT SO VIEL WIE EINES UNTEN«. Das schaute ich mir auch an. Es war so groß wie eine Kegelbahn – 342 leere harte Holzsitze.

Der Strom bot vom hohen Bug der *Tanvir* eine andere Perspektive, als wir den Buriganga hinabdampften. Nun konnte ich Zahirs Steuerkünste erst voll einschätzen, als Schaluppen wie die *Koyel* um unseren Bug schwärmten wie Ratten, die ein sinkendes Schiff verließen. Wir stießen wieder auf den Dhaleshwari und wurden bald in die schmutzigen Dünste der Ziegeleien am Ufer gehüllt. Die Luftverschmutzung war das Abfallprodukt einer Industrie, die eine lebenswichtige Rolle für die Bevölkerung von Bangladesch spielt. Auch wenn es erstaunlich klingt, aber es gibt praktisch kein Gestein in diesem Land – nur einen kleinen Steinbruch. Was es je an Gestein gegeben haben mag, ist lange schon unter hunderten und aberhunderten Metern Schlick begraben. Bangladesch ist auf Schlick erbaut. Die Ziegel werden aus Laterit hergestellt, der direkt unter dem Erdreich zu finden ist. Der Lehm wird mit einem roten Farbstoff und Kohlenstoff vermischt, die Splitter werden zermahlen und zu einer Art Beton verarbeitet.

Als wir den Wendekreis des Steinbocks überquert hatten, gelangten wir wieder in den Padma und legten spätabends in Chandpur an, am geschäftigen Umschlaghafen für Dampfer und Eisenbahn. Dort sah es wie in Dantes Inferno aus, von Scheinwerfern bestrahlt wie ein Gefängnishof. Ein ständiger Menschenstrom floss in die Schiffe und wieder heraus. Leute schrien, Hörner, Sirenen schrillten, und Pfeifen gellten. Die Luft war zum Ersticken erfüllt vom durchdringenden Geruch nach Benzin und Diesel, die das Wasser des Hafens schwarz und glänzend wie Tinte machten. Tausende Menschen lagen schlafend auf der *ghat*, in ihren Decken wie Leichname ausgebreitet.

Wir machten neben einer alten Marinefregatte fest, rieben uns mit einem Mückenschutzmittel ein und versuchten zu schlafen. Bhaiti war angeschlagen, seine Schnauze war heiß, sein Fell pappig. Er verweigerte das Fressen und kringelte sich elend auf einem der Sitze zusammen. Es war eine lange, laute Nacht. Immer wieder wurden wir aus dem Schlaf gerissen. Eine betäubende Sirene und ein blendend weißer Suchscheinwerfer, der die *Tanvir* in bengalisches Licht tauchte, kündete die Ankunft des *ghazi* an – eines der gewaltigen Schaufelraddampfer, die vor Ort »Raketen« genannt werden. Der Dampfer lief gebieterisch in den Hafen ein und ließ unsere 400-sitzige Fähre als Zwerg erscheinen. Es war nicht die einzige Unterbrechung. Unsere Ankunft in Chandpur fiel mit dem Jahrestag des Befreiungskrieges von Bangladesch zusammen. Am 16. Dezember 1971 hatte sich die pakistanische Armee nach einem kurzen, aber blutigen Konflikt ergeben. Ostpakistan existierte nicht mehr, und als 139. Staat der Welt wurde die Volksrepublik Bangladesch geboren. Die ganze Nacht über plärrten aus Lautsprechern Tondokumente jener blutigen Tage – packende Siegesreden, untermischt mit Kriegsgeräuschen, fallenden Bomben und dem Rattern von MGs.

Wir entwichen früh am nächsten Morgen. Endlich waren wir auf dem Meghna. Die Dreifaltigkeit war endlich erfüllt. Schließlich hatten sich die drei Ströme – Jamuna, Padma und Meghna – verbunden, um das größte Flussdelta der Welt zu bilden, ein Gebiet von der Größe der Niederlande und Belgien zusammengenommen. Und Bhaiti hatte sich erholt, die klare frische Luft hatte ihm sein Köpfchen geklärt. Er war wach, aufgeregt, seine wunderschönen assamesischen Augen hell und fröhlich. Ich sah ihm an, dass auch er wie ich die Erwartung empfand, das Gefühl, das einen befällt, wenn er sich dem Ende einer langen Reise nähert.

Wir steuerten direkt südlich auf die Insel Bhola zu, in Wirklichkeit nur eine riesige *char* in der Mitte des Geflechts aus Wasseradern, das im Lauf der Jahrhunderte von den Gezeiten geschaffen worden war. Von da hofften wir, ein seetüchtiges Boot zu erwischen, das uns in den Golf von Bengalen hinaustragen konnte. Meine Reise würde erst zu Ende sein, wenn ich das Meer erreichte – wenn ich das Salz schmeckte. Als wir uns durch die Kanäle wanden, wurde die Landschaft üppig und fruchtbar, von Reisfeldern, Bananenplantagen und hohen Palmen überzogen, die anmutig schwankten, als würden sie uns auf unserem Weg zuwinken.

Der Vögel stellten sich wieder ein. Der Maratha saß auf Deck. Das Fernrohr an die Augen gedrückt, hielt er Ausschau nach den Blitzen in Blau und Rot, wenn Eisvögel von der Uferböschung aufflogen.

Wir verließen die *Tanvir* in Bhola und verbrachten die Nacht im Gästehaus. Es war leer bis auf einen alten Wachmann. Strom gab es nicht. Bholas Strom wurde von einem Generator geliefert, und der war kaputt. Zweifellos stammte er von der Firma Dong Fen. Wir aßen zu Abend Curry, würzige Pappadams, Dal und Reis, über einem Feuer auf dem Rasen vor dem

Gästehaus vom Wachmann zubereitet. Am nächsten Morgen brachen wir zeitig in einer Motorrikscha zum Seehafen von Doulatkhan auf.

Ironischerweise war es wieder ein Polizist, der uns in Doulatkhan zu Hilfe kam. Während Aditya und ich auf der Polizeiwache warteten, war Shaams zur kleinen Trichtermündung gegangen, um ein Boot für uns zu suchen. Er kehrte mit leeren Händen zurück. Den Seefahrern von Bangladesch, Abkömmlingen jener geschickten arabischen Händler, waren die Verhandlungskünste eines Teeanbauers aus dem Oberland nicht gewachsen.

Der Polizist wurde Pandit genannt, weil er eine Autorität in Filmen war. Tatsächlich war er ein besessener Filmfreak. Als der Film *Gandhi* herauskam, hatte er 36 Wochen angestanden, bis er Einlass fand. Seine Lieblingsfilme waren die freizügigen, die mit den quirligen südindischen Mädchen – unverschnitten, wie er es nannte. Sein Rekord bestand in 23 unverschnittenen Videos an einem Tag. Doch er kannte einen Film, der sich gewaltig vom Rest abhob – *Der letzte Tango in Paris*. Er hatte jede Vorführung angesehen, solange der Film lief. Er beschrieb ihn als »voll gewagt und voll unverschnitten«.

Pandit hatte mehr Erfolg im Verhandeln mit den Seefahrern. Sie würden uns in Chittagong absetzen, dem größten Hafen von Bangladesch am Ende des schmalen Südzipfels an der Grenze zu Birma. Unser neues Boot war 15 Meter lang, hatte einen tiefen Kiel für die Seefahrt und war in Chittagong aus *chapl*-Holz erbaut worden. Es war ein tapferes, munteres Gefährt und erinnerte mich an ein Piratenboot. Der gebogene Bug war mit einer Mondsichel und Sternen aus glänzend gehämmertem Metall verziert. Es hieß *Oh God*.

Die Kombüse, die Mannschaftsquartiere und der Abtritt befanden sich hinten. Unser Kapitän und Besitzer Ahmed hatte seine Kabine mittschiffs in einem dunklen kleinen Harem, der mit dicken bestickten Kissen bedeckt war. Das Licht war weich und diffus, wie es durch Buntglasfenster in Form morgenländischer Halbkreisbögen einfiel. Bis wir unseren Proviant erstanden hatten, war es nach Achmeds Meinung zu spät, um die Segel zu setzen, also schliefen wir die Nacht über an Bord auf einem quadratischen Eisendeck, umgeben von einem filigranen Metallgitter, das wie Pfauenschwänze geschmiedet war. Über uns hingen kreuz und quer kleine bunte Flaggen an Bambusstangen.

Ahmed war gutmütig, respektlos und sehr dick. Seinen Kopf umwickelte er mit einem alten Handtuch, um ihn vor der Sonne zu schützen. Seine Finger hatte er immer fest am Hintern, wo er versuchte, die Falten seines Lunghi aus seinen Speckwülsten zu ziehen. Er war ein echter Seebär und Kapitän über sieben Besatzungsmitglieder.

Wir erwischten am nächsten Tag die Mittagsflut und tuckerten aus der Hafenenge in den Shahbazpur-Kanal. Den hunderten von Kindern, die neben uns am Ufer entlangrannten, winkten wir zum Abschied zu. Wir gingen auf südöstlichen Kurs und reihten uns in die Prozession hochseetauglicher Boote ein – Frachtschiffe, Tanker und hunderte kleiner Dhaus für den Fischfang, deren Segelfetzen sich aufblähten, als der frische Wind sie über das kabbelige Wasser hüpfen ließ. Der Himmel war indigoblau. Möwen und Meerschwalben folgten uns kreischend über dem Kielwasser.

Als wir die Nordspitze der Insel Hatiya umrundeten, wurde die Farbe des Wassers nach und nach von einem schlammigen Braun zu einem schlammigen Blau. Ich warf einen Eimer über Bord und schmeckte das Wasser – nicht eine Spur von Salz.

Am Nachmittag frischte der Wind auf und schob graue Federwolken über den Himmel. Mich packte ein nervöser Schauer, da mir eine frühere Erfahrung auf einem Boot einfiel, als ich aufgrund eines Hurrikans vor den Salomon-Inseln Schiffbruch erlitt. Der Golf von Bengalen gilt als die Ecke der Welt, die für Zyklone am berüchtigtsten ist. Noch heute reden die Leute von dem Wirbelsturm von 1971, dem 500 000 Menschen zum Opfer fielen. Hingegen tötete der von 1991, der sogar noch heftiger war, dank der Sturmbunker – lange rechteckige Betongebilde, die sich an der Küste von Hatiya aufreihten – nur 200 000 Menschen.

Die Wolken verflüchtigten sich und damit auch meine Befürchtungen. *Oh God* schnitt durch Wasser von der Farbe frisch vergossenen Bluts. Ahmed stellte den Motor ab, und wir trieben in einen engen, aber tiefen Kanal mitten in einem Labyrinth immer zahlreicher werdender Eilande. Ich stritt mich mit Ahmed, denn ich wollte weiter, wollte nachts weiter auf das Meer zusegeln, das mir anscheinend auswich. Mir lief auch die Zeit davon. Ranesh wartete auf mich und Bhaiti. Doch Ahmed wollte kein Risiko eingehen. Nachts zu fahren sei in diesen ewig wechselnden Gewässern viel zu tückisch.

Die fette frische Erde der *chars* war ein Paradies für Watvögel. Scharen von Flussuferläufern, Grünschenkeln und Scherenschnäbeln patrouillierten in den Übergangszonen. Über uns ließen sich Seeadler von der Thermik tragen. Nach dem Abendessen begaben Aditya, Bhaiti und ich uns auf das Metalldeck. Wir legten uns in unsere Schlafsäcke und lauschten auf den Wind, der an den Flaggen über uns zerrte, wobei uns das Schnarchen von Ahmed und Shaams aus dem Harem unter uns begleitete. Aditya schloss sich dem bald an. Da schlichen Bhaiti und ich still vom Deck weg und zum Bug. Wir kuschelten uns zusammen in den Schlafsack und schliefen, vom sanften Schaukeln des Boots eingelullt, schließlich auch ein.

Um 9 Uhr am folgenden Tag hatten alle genug von mir. Wir waren seit den frühen Morgenstunden nach Süden gesteuert und passierten gerade die Südspitze der Insel Sandwip. Zu jeder vollen Stunde hatte ich einen Eimer über Bord geschmissen. Zu jeder Stunde hatte ich das Wasser für schlammig befunden. Wo war das Meer, verdammt noch mal?

»Wenn wir noch lange so weitermachen«, stieß Aditya gereizt hervor, »sind wir bald in der Antarktis. Wir haben Chittagong fast hinter uns. Zum Donnerwetter, Mark, hier ist das Meer.«

»Das stimmt nicht«, erwiderte ich störrisch. »Es schmeckt nicht nach Salz.« Ich musste Salz finden. Salz bedeutete Meer. Meer bedeutete das Ende meiner Reise. Nur dann würde ich akzeptieren, dass ich erfolgreich war. Aber wo war das Meer? Von der Landkarte her war ich im Golf von Bengalen. Die gehört zum Meer. Es konnte doch nicht so schwer zu finden sein. Der Beginn meiner Reise war schon schwer genug gewesen. Jeder Grenzübertritt war zu einem Chaos geworden. Das Ende konnte doch nicht so getrübt und enttäuschend sein wie alles andere. Vielleicht ging der Fluss endlos weiter.

Aditya seufzte und ging zur Besatzung hinüber, um sie zu beschwichtigen. Aber sie musste nicht mehr lange warten. Ein paar Minuten später rief ich Ahmed zu, er solle das Boot anhalten. Das Wasser in meinem Eimer war salzig! Ich hatte das Meer erreicht! Es schmeckte wie Sekt. Bei einer Sandbank, die unterhalb des Wassers gerade noch zu erkennen war, verlief eine rasche Strömung. Ich kletterte über die Bordwand. Ahmed warnte mich noch, aufzupassen. Der Grund sei weich – Treibsand. Er habe schon manchen Mann gesehen, der in Sekunden eingesaugt worden war. Es gab hier keinen Meeresgrund, keine Steine.

Doch Ahmed irrte sich. Es gab einen Stein – einen Zauberstein, den ich den ganzen Weg hierher in einem Taschentuch transportiert hatte genau für diesen Augenblick. Ich hatte ihn einem winzigen Gletscherrinnsal ganz oben am Dach der Welt entnommen, wo der Fluss geboren wurde, und ihn hierher in den Golf von Bengalen gebracht, wo der Strom seine lange Reise in hohem Alter beendete. Es war wie das Geschenk eines Kindes an einen geschätzten Älteren. Ich watete hinaus und spürte schon, wie der kühle, seidige Schlick an meinen Beinen sog. Ich langte in meine Tasche, faltete das Taschentuch auseinander und holte den glatten runden Kiesel heraus. Dann wandte ich mich nach Norden – nach Tibet. Ich warf den Stein hoch und sah zu, wie er in hohem Bogen durch die Luft flog und dann, kaum eine Kerbe in der Wasseroberfläche hinterlassend, versank, so unbedeutend wie ein fallender Regentropfen, doch andererseits ein Symbol der endlichen Zusammenführung.

Ich watete behutsam zum Boot zurück. Es war Zeit für Bhaiti und mich, dem Strom unsere letzte Verehrung zu zollen. Ein widerstrebender Flusshund kam in meine Arme. Ich sah Bhaiti an. Er sah mich an mit seinen kühlen, hypnotischen und von Ergebenheit etwas verschleierten Augen.

»Tut mir Leid, Brüderchen«, sagte ich, »aber ich verspreche dir, diesmal ist es das letzte Mal.«

Er seufzte. Ich hielt mir die Nase zu. Er verschloss seine Nüstern. Gemeinsam duckten wir uns unter die Wasseroberfläche.

EPILOG

Rechtzeitig zu Weihnachten war ich wieder zu Hause. Die letzten 24 Stunden waren wie in einem Wirbel vergangen, und erst auf dem langen Rückflug sammelte ich wieder meine Gedanken.

Nachdem die *Oh God* uns in Chittagong abgesetzt hatte, waren wir die lange Strecke in den Nordosten von Bangladesch zum Teeanbaugebiet Shumssanagar gefahren, wo wir uns von Shaams verabschiedeten.

Am Mittag des nächsten Tages erreichten Aditya, Bhaiti und ich die Grenze zwischen Indien und Bangladesch in Tamabil, das sich in den Schatten der Jaintiaberge drückt. Die Grenze selbst war durch zwei schwarz-weiß gestreifte Pfähle markiert, die 50 Meter Asphalt voneinander trennten – Niemandsland. Ranesh wartete schon, winkte uns aus Indien zu. Ich winkte zurück. Zum Glück brauchten in dieser abgelegenen Ecke Tiere keinen Pass. Wenn ich Bhaiti dazu bringe, ohne mich nach Indien zu laufen, dachte ich, käme ich ohne die unvermeidliche Bürokratie aus. Und ich hasse lang hinausgezogene Abschiede.

Ich kniete mich hin, nahm Bhaiti die Leine ab und drückte ihn fest an mich. Er schaute mich mit seinen kühlen, hypnotischen Augen an, und dann – ich könnte es beschwören – blinzelte er mir zu.

»Wir kommen schon wieder zusammen, Brüderchen«, sagte ich. »Bleibe brav. Ranesh!«, schrie ich. »Ruf Bhaiti! Ruf ihn!«

»Bhaiti«, schrie Ranesh, »komm! Bhaiti, komm her!«

Der kleine Tripuri-Hund aus den Lushaibergen von Assam sah mich fragend an und lief dann langsam unter den Schlagbaum, auf Indien zu. Er hielt immer wieder inne und drehte sich zu mir um.

»Komm, komm!«, schrie Ranesh. »Bhaiti, komm her! Komm mit mir nach Wild Grass und zu Sumo!«

Auf halber Strecke blieb Bhaiti stehen. Er sah zu Ranesh hin. Dann sah er zu mir zurück. Der Hund aus dem Nirgendwo war wieder im Nirgendwo – im Niemandsland.

»Komm her, Bhaiti!«, lockte Ranesh.

Bhaiti setzte sich hin und kratzte sich. Er dachte nach. Eine vorüberfliegende Fliege musste dran glauben. Dann hatte er sich entschieden und trottete zurück nach Bangladesch zu mir. Bhaiti gab mir klar zu verstehen, dass wir diese Reise gemeinsam zu beenden hätten.

Zwei Stunden später ging ich langsam über die Grenze wieder von Indien zurück nach Bangladesch und hatte nur noch die Leine in der Hand. Aus purer Gewohnheit zog ich daran, aber diesmal spürte ich keinen Widerstand. Mein Pass war nun voll gestempelt. Da hieß es: »Ausreise aus Bangladesch mit E/Hund, klein. Einreise nach Indien mit E/Hund, klein. Ausreise aus Indien ohne E/Hund, klein. Einreise nach Bangladesch ohne E/Hund, klein.«

Als ich es mir in dem engen Sitz etwas bequemer machte, vermisste ich ihn schon. Aber ich wusste, dass wir beide auf dem Dach der Welt wieder vereint sein würden, um uns erneut dem Fluss zu stellen. Wir würden es uns gut gehen lassen, wie mühsam die Reise auch sein mochte. Der Mut, den mein kleiner Flusshund mir eingeflößt hatte, und die Kameradschaft, die er mir immer erwiesen hatte, gaben mir das Gefühl, wir könnten es mit allem und jedem aufnehmen.

Doch dann im Januar erhielt ich verstörende Nachrichten. Die Chinesen hatten den gesamten Bereich der Tsangpo-Schlucht in Tibet dicht gemacht, wo der Fluss durch das tiefste Tal der Welt rauscht, bevor er Indien erreicht. Ausländer durften, wie es amtlich hieß, aus »Gründen des Umweltschutzes« nicht mehr dorthin. Der Fluss in Tibet hatte da sicher wieder seine manipulierenden Finger im Spiel.

Ich machte mir allerdings meinen eigenen Reim darauf. Während ich auf dem Abschnitt zwischen Indien und Bangladesch unterwegs war, hatten zwei amerikanische Forscher in Begleitung eines Filmteams eine Expedition in die Schluchten des Tsangpo geleitet. Sie seilten sich in den letzten unerforschten Bereich der Schluchten ab und machten eine interessante Entdeckung, und zwar entsprechend der »romantischen Idee der Geografie«, die Entdecker seit Jahrhunderten im Ungewissen gelassen hatte. Sie hatten nämlich Wasserfälle gefunden – wenn auch nicht im Ausmaß der Niagara- oder Victoriafälle, aber Fälle in einer Höhe von immerhin 25 Metern. Sie hatten sie passend »Hidden Falls« genannt.

Unglücklicherweise hatten die Amerikaner eine chinesische Forschungsexpedition ausgestochen, die nur wenige Kilometer weiter flussaufwärts ebenso nach den Wasserfällen suchte. Beide reklamierten die Entdeckung für sich. Der Fernsehsender, der die Entdecker unterstützte, ließ eine gewaltige Werbekampagne vom Stapel und konnte den Preis für sich verbuchen.

Mir war es egal, wer die Fälle zuerst entdeckt hatte. Ich applaudierte beiden Expeditionen. Eine Entdeckung von dieser Größenordnung ist wahrhaftig eine bemerkenswerte Leistung, doch für einen einfachen Reisenden wie mich hatte sie fürchterliche Folgen, denn es hieß, dass ich nicht mehr nach Tibet zurückkehren konnte, um meine Reise abzuschließen. Aus der Traum, den ich schon seit 20 Jahren hatte.

Ich gab dennoch nicht auf. Ich probierte es mit allen Schlichen und Kniffen. Ich zog alle Strippen. Zahllose Bittbriefe gingen an bedeutende Personen. Und zahllose weitere wurden zu meinen Gunsten geschrieben. Doch meine Bitten stießen auf taube Ohren. Ich konnte nichts anderes tun als zu warten. Ich warte und hoffe immer noch, das letzte große Asienabenteuer zu Ende zu bringen.

Ein Jahr später flog ich erneut nach Indien. Ich kam wieder zu meinem Fluss und zu meinem Flusshund. Am Ufer des Brahmaputra wurde ich mit all der Zuneigung eines lange aus den Augen verlorenen älteren Bruders empfangen. Bhaiti war gealtert. Weiße Flecken zeigten sich nun in seinem rostbraunen Rock und den einst kohlschwarzen Haaren an der Schwanzspitze. Er hatte sich weitere Narben zugezogen. Seine Ausbildung auf den Straßen von Guwahati hatte ihm gute Dienste geleistet. Das Alter hatte aber nicht die Macht seiner kühlen, hypnotischen Augen getrübt, und sein Atem war, als er mir sanft die Unterseite des Kinns leckte, noch so mild wie an unserem ersten Tag.

Mit brüderlichem Stolz begegnete ich Bhaitis wachsender Familie, einem ausgelassenen Haufen kleiner Jagdhunde, die von ihrer vernarrten Mutter Sumo verhätschelt wurden. Während der wenigen Tage in Wild Grass waren Bhaiti und ich, wie alte Flusshunde eben so sind, unzertrennlich.

Da fasste ich einen Entschluss. Wenn ich es je schaffte, die Schluchten des Tsangpo zu erreichen, würde ich Bhaiti nicht mehr dorthin mitnehmen. Der einst obdachlose Hund hatte ein wahrhaft famoses Obdach gefunden. Seine Wanderjahre waren vorbei.

Aber wie war es mit meinen?

Einige Tage nach meiner Rückkehr nach England erhielt ich einen Anruf.

»Mark«, schallte eine vertraute Stimme an mein Ohr. »Hier ist Charles. Charles Allen. Also, erinnerst du dich noch, was ich dir über den Penispark erzählt habe? Nun ...«

DANK

An erster Stelle möchte ich Charles Allen danken. Er gab mir nicht nur die Inspiration, sondern ließ es auch selbstlos geschehen, dass ich ihm seinen Traum entführte. Er war es auch, der mich mit dem Fluss bekannt machte. Salaam.

Folgenden Menschen schulde ich eine ganze Menge, denn ohne ihre Hilfe hätte ich diese Reise nicht antreten können: Salman Haidar; Lord Howe of Aberavon, Dr. L. M. Singhvi, Mister A. H. Mahmoud Ali, Sir David Gore-Booth, Smt. Maneka Ghandi, Seiner Hoheit dem Hochkommissar für Bangladesh David Walker, Krupa David, Abu Subhan, Ranjit Barthakur, Manju Barua, Ambuj Sharma, John Edwards, Dinesh Kumar, John Greengrass, Goeffrey Fairhurst, Vira Mehta und Ozing Dai.

In Indien, Bangladesh, Tibet, Nepal und England habe ich mich jederzeit auf die Großzügigkeit und Güte unzähliger Menschen aus allen Schichten verlassen können. Einige wollten lieber anonym bleiben. Von anderen erfuhr ich nie deren Namen, viele sind im Buch genannt. Ich danke Ihnen allen ganz aufrichtig.

Bei meinem Verlag Little, Brown möchte ich meinem Lektor Tim Whiting, Joanna Thurman, Rachael Ludbrook, Catherine Hill und Linda Silverman danken. Ebenso danke ich Philippa Harrison, die ursprünglich das Buch in Auftrag gab, und meinem Agenten Abner Stein.

Eine enorme Dankesschuld habe ich gegenüber Annabel und Simon Elliot, die mich vier lange Monate in ihrem Haus in Dorset beherbergten, verköstigten und überhaupt mich und meine Launen ertrugen, während ich dieses Buch schrieb; gegenüber der Rajmata von Jaipur für ihre Geduld, Güte und Gastfreundschaft während meines Aufenthalts in Delhi; gegenüber Don McCullin als dem verlässlichsten Freund und wie immer gegenüber meinem Vater Bruce Shand und Gita Mehta, die entweder trösteten oder mit der Peitsche knallten, wenn es hart auf hart kam.

Für meine Reisegefährten ist keine Anerkennung groß genug. Ganz besonderer Dank geht an die Besatzungen der *Kailash*, der *Koyel*, der *Tanvir* und der *Oh God* –, an Neeraj Pathania, Jaro Dai, Nawang Topgay, Yatish Bahuguna, F. H. M. Shamshuzzaman (»Shaams«) und natürlich an meinen alten Freund und Veteranen vieler vergangener und noch kommender Reisen, Aditya Patankar.

Schließlich kann ich nie genug den assamesischen Geschwistern Reeta Dev Verma und Ranesh Roy danken, Ersterer dafür, dass sie mir Bhaiti überlassen, und Letzterem dafür, dass er ihm ein Zuhause geboten hat.

Oh. Wie konnte ich das nur vergessen. Eine dicke Umarmung für den treuesten aller meiner Gefährten – meinen Tripuri-Hund aus den Lushaibergen in Assam: Bhaiti.

BIBLIOGRAFIE

Allen, Charles, *A Mountain in Tibet: The Search for Mount Kailash and the Sources of the Great Rivers of India*, London 1982.
Allen, Charles, *The Search for Shangri-La. A Journey into Tibetan History*, London 1999.
Bailey, Frederik M., *No Passport to Tibet*, London 1956.
Bangladesh: *a Lonely Planet Travel Survival Kit*, 3. ed., London 1996.
Bernstein, Henry T., *Steamboats on the Ganges* (1960), Calcutta 1987.
Bertrand, Gabrielle, *Geheimnisvolles Reich der Frauen: zwei Jahre unter den tibetanischen Stämmen in Assam*, Zürich 1957.
Bordoloi, B. N. u. a., *Tribes of Assam*, Bd. 1–3, Guwahati 1988–1991.
Chambers, C. (Hg.), *The Care and Treatment of Dogs in India*, 1933.
Chambers, C. (Hg.), *Indian Notes about Dogs, their Diseases and Treatment*, 1881.
Chamoli, S. P., *Rafting Down the Mystic Brahmaputra*, New Delhi 1992.
Chan, Victor, *Tibet Handbook: A Pilgrimage Guide*, Chico, Calif. 1994.
Chowdhury, J. N., *A Comparative Study of Adi Religion*, Shillong 1971.
Chowdhury, J. N., *Ki Khun Khasi-Khara* (The Khasi People), Shillong 1996.
Duncan, Ronald Cardew, *Tomu from Tibet, and Other Dog Stories*, London 1950.
Eden, Emily, *Up the Country: Letters Written to her Sister from India* (1872), London 1997.
Elwin, Verrier, *The Art of the North-East Frontier*, Shillong 1959.
Elwin, Verrier (Hg.), *India's North-East Frontier in the 19th Century*, Oxford 1959.
Elwin, Verrier, *Leaves from the Jungle* (1936), Oxford 1993.
Elwin, Verrier, *Myths of the North-East Frontier of India* (1958), New Delhi 1999.
Elwin, Verrier, *A Philosophy for NEFA*, 2. ed., Shillong 1959.
Elwin, Verrier, *The Tribal World of Verrier Elwin. An Autobiography*, London 1964.

Fazl-i-'Allâmi, Abu, *Ain-I-Akbari*. Übersetzt von Heinrich Blochmann (1872–77), Frankfurt/M. 1993.
Fields-Babineau, Miriam, *Dog Training: Basics*, New York 1997.
Desideri, Ippolito, *An Account of Tibet – The Travels of Ippolito Desideri of Pistoia, 1712–1721*, London 1932.
Gohain, U. N., *Assam Under the Ahoms* (1942), Guwahati 1999.
Griffith, Percival Joseph, *A History of the Joint Steamer Companies*, London 1979.
Hamilton, Angus, *In Abor Jungles*, London 1912.
Harrer, Heinrich, *Sieben Jahre in Tibet: mein Leben am Hofe des Dalai Lama*, 26. Aufl., Berlin 1998.
Harrer, Heinrich, *Wiedersehen mit Tibet*, Neuausg., Frankfurt/M. 1997.
Heber, Reginald, *Reise durch die oberen Provinzen von Vorder-Indien, von Calcutta bis Bombay 1824 und 1825*, Weimar 1831–32.
Hedin, Sven, *Entdeckung und Abenteuer in Tibet*, 5. Aufl., Wiesbaden 1979.
Hedin, Sven, *Discoveries in Former Times Compared with my own Researches in* 1906–08, Stockholm 1917.
Hooker, Joseph Dalton, *Himalayan Journals: Tagebuch auf einer Reise in Bengalen, dem Himalaya in Sikkin und Nepal*, Leipzig 1855.
Hopkirk, Peter, *Der Griff nach Lhasa: die Erschließung Tibets im 19. und 20. Jahrhundert*, München 1992.
Hopkirk, Peter, *The Great Game: On Secret Service in High Asia*, New York 1990.
India: *a Lonely Planet Travel Survival Kit*, London 1999.
India: *the Rough Guide*, 3. ed., London 1999.
Jackson, Frank (Hg.), *The Mammoth Book of Dogs: A Collection of Stories, Verse and Prose*, London 1998.
Kawaguchi, Ekai, *Three Years in Tibet*, Benares, London 1909.
Kipling, John Lockwood, *Beast and Man in India: A Popular Sketch of Indian Animals*, London 1904.
Landor, Arnold Henry Savage, *Auf verbotenen Wegen in Tibet* (1898), Stuttgart 1999.
McCrindle, J. W., *Ancient India as Described by Megasthenes and Arrian*, 2. ed., Calcutta 1960.
Majupuria, Trilok Chandra, *Religious and Useful Plants of Nepal and India*, Lashkar 1988.
Masson, Jeffrey, Susan McCarthy, *Wie Tiere fühlen*, Reinbek 1997.
Morshead, Ian, *The Life and Murder of Henry Morshead: a True Story from the Days of the Raj*, Cambridge 1982.

Nair, P. Thankappan, *Tribes of Arunachal Pradesh*, Guwahati 1985.

Novak, James J., *Bangladesh: Reflections on the Water*, Bloomington 1993.

Osik, N. N., *British Relations with the Adis*, New Delhi 1992.

Osik, N. N., *A Brief History of Arunachal Pradesh*, New Delhi 1996.

Pranavananda, Swami, *Exploration in Tibet*, 2. ed., Calcutta 1955.

Pranavananda, Swami, *Kailash-Manasarovar*, Calcutta 1949.

Rawat, Indra Singh, *Indian Explorers of the 19th Century*, New Delhi 1973.

Rennell, James, *Memoirs of a Map of Hindoostan or the Moghul Empire*, London 1785.

Shand, Mark, *Auch Elefanten weinen. Auf einem Dickhäuter durch Indien*, München 1999.

Soman, W. V., *The Indian Dog*, 1983.

Stein, Rolf Alfred, *Tibetan Civilisation*, London 1972.

Stracey, Patrick D., *Elephant Gold*, London 1963.

Swinson, Arthur, *Beyond the Frontiers: The Biography of Colonel F. M. Bailey, Explorer and Special Agent*, London 1971.

Thomas, Elizabeth Marshall, *Das geheime Leben der Hunde*, Reinbek 1995.

Walker, Annabel, *Aurel Stein: Pioneer of the Silk Road*, London 1995.

Warrell, David, Sarah Anderson, *Expedition Medicine*, London 1998.

Warren, Walter Kenneth, *Tea Tales of Assam: Recollections of the Early Days in »Tea« as Concerned the Warren Family*, Liss 1975.

Webber, Thomas W., *The Forests of Upper India and their Inhabitants*, London 1902.

Yule, Henry, A. C. Burnell, *Hobson-Jobson, a Glossary of Colloquial Anglo-Indian Words and Phrases* (1903), New Delhi 1995.

BILDNACHWEIS

John Bulmer: S. 161;

Yatish Bahuguna: S. 162 unten;

John Bulmer: S. 162 oben rechts;

Jaro Dai: S. 176 oben links;

Paddy Mark: S. 174 unten links;

Aditya Patankar: S. 168 oben rechts; S. 169 oben; S. 169 unten; S. 170 oben; S. 170 unten; S. 171 unten; S. 172 oben; S. 172 unten links; S. 172 unten rechts; S. 173 oben; S. 173 unten; S. 175 oben links; S. 175 oben rechts; S. 175 unten links; S. 175 unten rechts;

Anonymous Pilgrim: S. 162 oben links;

Mark Shand: S. 163 oben; S. 163 unten; S. 164 oben; S. 164 unten; S. 165 oben links; S. 165 oben rechts; S. 165 unten; S. 166 oben; S. 166 unten; S. 167 oben links; S. 167 oben rechts; S. 167 unten; S. 168 oben links; S. 168 unten; S. 171 oben; S. 174 oben links; S. 174 oben rechts; S. 174 unten rechts; S. 176 oben rechts; S. 176 unten.

REISEN · MENSCHEN · ABENTEUER
BEI FREDERKING & THALER

Björn Klauer
EXPEDITION POLARLICHT
216 Seiten, 41 Farbfotos,
geb. mit SU, 14 x 22 cm
ISBN 3-89405-614-2

Immer gen Norden
Eine Schlittenhundeexpedition durch Spitzbergen

Martin Buckley
MIT DEN TASCHEN VOLLER SAND
416 Seiten, 12 Farbfotos,
geb. mit SU, 14 x 22 cm
ISBN 3-89405-474-3

Von Wüste zu Wüste
Eine ungewöhnliche Entdeckungsreise rund um die Welt.

Stanley Stewart
AUF DEN SPUREN VON DSCHINGHIS KHAN
320 Seiten, 16 s/w-Fotos,
geb. mit SU, 14 x 22 cm
ISBN 3-89405-619-3

Bei Adlerjägern und Yakzüchtern
Zu Pferd über die endlosen Steppen und sanften Gebirge der Mongolei

DER BERG DER BERGE

»...und plötzlich begriff ich, dass wir auf dem Gipfel des Mount Everest waren und die ganze Welt sich unter uns ausbreitete.«

Sir Edmund Hillary

Stephen Venables (Hg.)
EVEREST
Bildband
252 Seiten, 391 s/w und Farbfotos, geb. mit SU,
30,5 x 29,3 cm
ISBN 3-89405-465-4

Mit Beiträgen von Sir Edmund Hillary, Seiner Heiligkeit dem 14. Dalai Lama, Ed Douglas, John Keay, Tashi Tenzing und Reinhold Messner

Eine atemberaubende Dokumentation der Erkundung des Mount Everest vom Beginn des 20. Jahrhunderts bis zur Gegenwart, mit rund 400 Aufnahmen aus dem Archiv der berühmten Royal Geographical Society.

Ein Werk, das den Forschergeist, den Enthusiasmus, die Freude und die Entbehrungen aller greifbar macht, die den Mut und die Unbeirrbarkeit besaßen, die Herausforderung des höchsten Berges der Erde anzunehmen.